ENGLISH GRAMMAR

「체계를 잡아 놨으니 이젠 그냥 읽기만 하면 되는」

체계적영문법
(영문법 사전)

「체계를 잡아 놨으니 이젠 그냥 읽기만 하면 되는」
체계적 영문법

초판 1쇄 발행 2024년 10월 25일

지은이 양인석
펴낸이 장현수
펴낸곳 메이킹북스
출판등록 제 2019-000010호

디자인 최미영
편집 강인영
교정 강인영
마케팅 김소형

주소 서울특별시 구로구 경인로 661, 핀포인트타워 912-914호
전화 02-2135-5086
팩스 02-2135-5087
이메일 making_books@naver.com
홈페이지 www.makingbooks.co.kr

ISBN 979-11-6791-600-6(03740)
값 23,000원

ⓒ 양인석 2024 Printed in Korea

잘못된 책은 구입하신 곳에서 바꾸어 드립니다.
이 책의 전부 또는 일부 내용을 재사용하려면 사전에 저작권자와 펴낸곳의 동의를 받아야 합니다.

홈페이지 바로가기

메이킹북스는 저자님의 소중한 투고 원고를 기다립니다.
출간에 대한 관심이 있으신 분은 making_books@naver.com로 보내 주세요.

ENGLISH GRAMMAR

「체계를 잡아 놨으니 이젠 그냥 읽기만 하면 되는」

체계적 영문법
- 영문법 사전 -

양인석 著

책 이름을 왜 이렇게 했는지,

반드시 '머리말'과 '뒤표지(저자 소개)'를 읽어주십시오.

메이킹북스

머 리 말

  영어는 말이다.
말은 태어나서 자라나면서 자기도 모르게 자연스럽게 하게 되는 것이지 특별히 어렵게 공부를 하는 것이 아니다.
그런데 나는 전에 학교에서 마치 수학 공부하듯이 배웠다.
그 결과 우리는 영어를 잘 듣고 말하지 못한다.
과거보다는 나아졌지만 아직도 미국인들도 어려운 대학수학능력시험 문제나 TOEIC을 한국 학생들은 요령으로 풀어 일반 미국인보다 좋은 성적을 받지만 정작 말을 잘하지는 못하는 뭔가 잘못된 영어 교육이 되풀이되고 있다.
이처럼 과거 우리나라 영어 교육 방식에 문제가 많았다.
어린아이가 자라나면서 말을 하게 되는 방식으로 바뀌어야 한다.
어차피 영어를 공부할 수밖에 없게 된 이상 그 방법을 국가에서 연구해야 하고, 그 방법에 방해가 된다면 이 책 같은 문법책들도 모두 없어지는 것이 오히려 좋다.
  그런데 우리 한국의 현실상 대부분 원어민들처럼 배우는 여건이 안 되어서 어쩔 수 없이 문법책으로도 공부를 해야 하는 실정이고, 그렇다면 그나마 제대로 된 문법책으로 가르쳐야만 한다.
그렇다면 제대로 된 문법은 어떤 것인가?
문법은 체계이며 체계는 마치 집안의 족보처럼 일관성 있는 관계 정리이다.
그런데 대부분 영어 문법책들의 목차를 보면 문장의 종류, 명사, 대명사, 관사, 동사, 형용사, 부사, 조동사, 부정사, 동명사, 분사, 관계사, 수동태, 화법, 가정법, 시제, 비교, 전치사, 접속사 등등 ----
이것들이 마치 모두 격이 같은 동렬의 항목인 것처럼 구성되어 있다.
문장론과 품사론이 뒤섞여 있고 상위 개념과 하위 개념이 뒤섞여 있다.
할아버지와 손자가, 삼촌과 조카가 마치 격이 같은 동렬의 항목인 것처럼 되어 있다.
그렇게 비체계적인데도 문법책이라고 하고 있으니 그런 책으로 공부하다 보면 답답할 것이다.
실력이 쌓여갈수록 답답하고, 전에 내가 그러했듯이 체계를 잡고 싶어질 것이다.
그래서 전에 내가 공부할 때 하도 답답해서 체계화했었는데 그것을 깨끗이 다시 정리하였고 나아가 많은 사람들이 보면 좋을 것 같아 이렇게 내놓는다.
  이 책은 두 가지 공부 방법이 있다.
① 목차 부분을 복사를 하든지 잘라내든지 하여 책 옆에 두고 항시 내가 지금 전체 중에서 어느 부분을 보고 있는지 확인하며 3번만 꼼꼼히 읽어주시길 바란다.
② 아니면 필요한 부분만 그때그때 문법사전처럼 찾아서 공부해도 좋을 것이다.
부디 이 책이 빠르고 올바른 영어 문법 체계 잡기에 도움이 되기를 바란다.

양인석

목 차

제1편 문장론 -- 35
제1장 문장의 개념과 형식 ---------------------------- 36
제2장 문장의 종류 ---------------------------------- 37
제1절 내용에 따른 분류, 제2절 동사 종류에 따른 분류, 제3절 형태에 따른 분류
제3장 문장의 구성 ---------------------------------- 156
제1절 문장의 구성 요소   제2절 주어의 표현방법, 가주어와 진주어
제3절 주어와 동사의 순서, 도치(倒置)
제4절 주어와 동사의 일치   제5절 구두점

제2편 품사론 -- 181
제1장 명사   제1절 명사의 일반적 내용   제2절 명사 역할 하는 것
제2장 관사   제1절 부정관사 (a 또는 an)   제2절 정관사 the
제3장 대명사 -- 214
제1절 인칭대명사   제2절 지시대명사   제3절 의문대명사
제4절 부정(不定, 정해지지 않은)대명사   제5절 관계대명사
제4장 동사 -- 239
제1절 자동사   제2절 타동사   제3절 동사의 활용 (동명사, 분사, 부정사)
제4절 동사의 시제   제5절 동사의 태(態)
제5장 조동사 --------------------------------------- 341
제6장 형용사 --------------------------------------- 369
제1절 개념과 역할   제2절 형용사의 종류   제3절 형용사 역할 하는 것
제7장 부사 --- 389
제1절 개념과 역할   제2절 부사의 종류   제3절 부사 역할 하는 것
제8장 품사의 비교 ---------------------------------- 406
제9장 전치사 --------------------------------------- 429
제10장 접속사   제1절 등위접속사   제2절 종속접속사

제1편 문장론 ----- 35

제1장. 문장의 개념과 형식 ----- 36

제1절. 문장의 개념

제2절. 문장의 형식
1. 문장의 구성 요소
2. 문장의 표기 방식
3. 문장 속의 말의 순서

제2장. 문장의 종류 ----- 37

제1절 내용에 따른 분류
1. 평서문 ----- 38
   1) 평서문 문장에서 동사가 be동사인 경우
   2) 평서문에서 동사가 have동사인 경우 ----- 41
   3) 평서문에서 동사가 일반동사인 경우 ----- 42
   4) 평서문에서 조동사가 있는 경우 ----- 43
   5) 평서문 속에 의문사가 있는 경우 ----- 44
2. 의문문 ----- 45
   1) 의문문에서 동사가 be동사인 경우
   2) 의문문에서 동사가 have동사인 경우 ----- 47
   3) 의문문에서 동사가 일반동사인 경우 ----- 48
   4) 의문문에서 조동사가 있는 경우 ----- 48

5) 의문문에서 의문사가 있는 경우 ------------------------------49
     (1) 일반적 경우
        ① be동사인 경우   ② 조동사나 have동사인 경우 ③ 일반동사인 경우
     (2) 의문사 + 동사 순서인 경우 -------------------------------50
        【정리】문장 형태 ---------------------------------------51
     (3) 문장 속에서 의문사 + 주어 + 동사 순서로 쓰는 경우(간접의문)
        【참고】의문사 없는 직접의문문을 문장 속의 간접의문으로 할 경우

  6) 부가의문문 ---53
     (1) 긍정문 뒤에 쓰는 부가의문문
        ① 문장에서 동사가 be동사인 경우
        ② 문장에서 동사가 일반동사인 경우
        ③ 문장에서 조동사나 have동사가 쓰인 경우
     (2) 부정문 뒤에 쓰는 부가의문문
        ① 문장에서 동사가 be동사인 경우
        ② 문장에서 동사가 일반동사인 경우
        ③ 문장에서 조동사나 have동사가 쓰인 경우
     (3) 청유문 뒤에 쓰는 부가의문문
     (4) 명령문 뒤에 쓰는 부가의문문

3. 청유문 ---55

4. 감탄문 ---55
  1) 「How + 형용사나 부사 + 주어 + 동사!」의 형식
  2) 「What + (a/an) + 형용사 + 명사 + 주어 + 동사!」의 형식

5. 명령문 ---56

제2절. 동사의 종류에 따른 분류 ----------------------------57

1. 제1형식 (주어 + **완전자동사**) 문장
2. 제2형식 (주어 + **불완전자동사** + 주격보어) 문장 ----------------58
3. 제3형식 (주어 + **완전타동사** + 목적어) 문장 --------------------60
4. 제4형식 (주어 + **수여동사** + 간접목적어 + 직접목적어) 문장 -----61
5. 제5형식 (주어 + **불완전타동사** + 목적어 + 목적격보어) 문장 -----61

【참고】문장 5형식을 기본으로 하는 문장 분석 연습

제3절 형태에 따른 분류 -----------------------------------66

1. 단문 --66
  1) 단문이란?

  2) 단문의 확장
    (1) 나열되는 명사(주어, 보어, 목적어)의 확장
      ① 명사의 확장   ② 명사 역할하는 **동명사의 확장**
      ③ 명사 역할하는 to부정사의 확장   ④ 명사 역할하는 **명사절의 확장**

    (2) 동사의 확장   (3) 형용사의 확장   (4) 부사의 확장

2. 중문 --70
  1) S+V, 등위접속사 S+V   2) S+V ; S+V   3) S+V ; 접속부사, S+V

3. 복문 --73
  1) 명사절 (명사 역할하는 종속절) ---------------------------------73

    (1) 주어 역할하는 명사절
      ① 일반적인 접속사절   ② 의문사절   ③ 관계사절

    (2) 목적어 역할하는 명사절 --------------------------------75
      ① 예문
        가. 일반적인 접속사절   나. 의문사절
        다. 관계사절 --77
          가) 관계형용사절   나) 복합관계대명사절   다) 복합관계형용사절

② 명사절과 화법 --79
  가. 평서문(평이하게 서술된 보통 문장)의 화법
  나. 의문문의 화법   다. 명령문의 화법

③ 목적어 역할 하는 명사절을 이끄는 wish 가정법 ------------80
  가. wish 직설법
  나. wish 가정법
    가) wish시점(주절)과 대상시점(종속절)이 같은 시제인 경우(가정법 과거)
    나) wish시점(주절)보다 대상시점(종속절)이 먼저인 경우(가정법 과거완료)

(3) 전치사의 목적어 역할하는 명사절 ------------------------82
  ① 일반적인 접속사절   ② 의문사절   ③ 관계사절

(4) 보어(보충해주는 말) 역할하는 명사절 ------------------------83
  ① 일반적인 접속사절   ② 의문사절   ③ 관계사절

(5) 명사절을 간단히 하기 ----------------------------------84
  ① 동명사구로 간단히 하기   ② to부정사구로 간단히 하기

【참고】 주절의 단어에 따른 명사절의 동사 (동사 원형 등) ① ② ③ ---87
----

2) 부사절 ---90
  (1) 개념

  (2) 부사절의 형태

  (3) 부사절의 예문 --------------------------------------91
    ① 일반적인 접속사절
    ② 관계사절 (복합관계부사절)
    ③ 의문사절 (의문사 + ever절)
      가. 의문대명사+ever절 나. 의문형용사+ever절 다. 의문부사+ever절

(4) 부사절에서의 시제 ------------------------------------94
　① 시간　　② 조건

(5) 부사절을 간단히 하기 ------------------------------94
　① 부사절을 분사구문으로 간단히 하기
　　가. 분사란
　　나. 분사가 들어간 구문 (분사구와 분사구문)
　　다. 부사절을 분사구문으로 간단히 만든 예문
　　　　【참고】 분사구문에서 콤마는 어떻게 쓰는가? ------------96
　② 부사절을 to부정사구로 간단히 하기 ----------------------102
　③ 부사절을 전치사구로 간단히 하기 ------------------------102
　④ 도치 ('--이지만' 이라는 양보의 부사절에서 도치하여 간단히 하기) ------102
　⑤ 생략 ---103
　　가. 「접속사+주어+be동사+분사」의 부사절에서 「주어+be동사」 생략
　　　　【비교】 전치사 as + 동명사
　　나. 「접속사+주어+동사+부사구」의 부사절에서 「주어+동사」 생략

(6) 부사절 분장 중 가정법 ------------------------------105
　① 현재 및 미래의 사실(불확실하면 불확실 자체가 사실)을 나타내는 경우(직설법)
　　가. 직설법 조건문의 일반적인 예문
　　　　【참고】 직설법 과거
　　나. 주절에서의 주어 동사 도치
　　다. If 조건문의 여러 특수한 형태들 (If 대용어구, 관용어구 등)

【참고】 가정법 현재 ----------------------------------110

　② 가정법 과거 ---------------------------------------111
　　가. 개념
　　나. 형태

【참고】 가정법 미래 -----------------------------113
【비교】 if절의 동사(과거동사, should, were to)와 주절의 조동사 ---115

다. If 생략에 따른 주어와 동사의 도치 ------------------116

　　라. If 가정문의 여러 특수한 형태들 (If 대용어구, 관용어구 등)

　　마. 가정절 (종속절(가정의 if부사절))의 생략(또는 함축)

　③ 과거 사실의 반대(사실이 아닌 것이 확실한 완전 가정) 를 나타내는 경우
　　(가정법 과거완료) --------------------------------------120

　　가. 형태

　　나. If 생략에 따른 주어와 동사의 도치

　　다. If 가정문의 여러 특수한 형태들 (If 대용어구, 관용어구 등)

　　라. 가정절 (종속절(가정의 if부사절))의 생략(또는 함축)

　　마. 혼합 시제

　④ as if 가정법 (마치 ~처럼) -----------------------------125

　　가. as if 직설법 (불확실한 사실)

　　나. as if 가정법 (확실한 사실과 반대)

　　　가)「주절 + as if절」에서 주절의 동사와 as if절의 동사가 같은 시점일 경우

　　　나)「주절 + as if절」에서 주절의 동사보다 as if절의 동사 시점이 먼저인 경우

3) 형용사절 --128

　(1) 관계대명사절

　　① 관계대명사의 개념과 종류

　　② 주격 관계대명사절

　　　가. 일반적인 예문
　　　　【참고】관계대명사 that

　　　나. 삽입절이 있는 경우 ----------------------------------131

③ 목적격 관계대명사절 ------------------------------ 131
　가. 동사의 목적격으로 쓰인 관계대명사
　나. 전치사의 목적격으로 쓰인 관계대명사

④ 소유격 관계대명사절 ------------------------------ 135

⑤ 관계대명사의 계속적 용법 -------------------------- 138
　가. 계속적 용법의 **주격 관계대명사절**
　　【비교】제한적 용법과 계속적 용법

　나. 계속적 용법의 **목적격 관계대명사절** ------------ 140

　다. 계속적 용법의 **소유격 관계대명사절** ------------ 143

⑥ 관계대명사의 생략 -------------------------------- 144
　가. 제한적 용법에서　　　　나. 계속적 용법에서

⑦ 유사한(비슷한) 관계대명사절 ----------------------- 146
　가. 주격 유사 관계대명사절　　나. 목적격 유사 관계대명사절

(2) 관계부사절 -------------------------------------- 148
　① where　② when　③ why　④ how

【정리】관계부사에서의 생략 등

(3) 형용사절을 간단히 하기 ---------------------------- 153
　① 형용사절(주격 관계대명사절)을 분사구로 간단히 하기
　② 형용사절을 to부정사구로 간단히 하기

【참고】형용사절(관계사절)과 형용사구(to부정사구) -------------- 155

제3장 문장의 구성 --156

제1절 문장의 구성 요소

1. 단어(word)   1) 개념   2) 종류   3) 예

2. 구(phrase)   1) 개념   2) 종류

3. 절(Clause)   1) 개념   2) 종류

4. 문장(Sentence)
   1) 개념   2) 특징   3) 종류   4) 기본구성

제2절 주어의 표현방법, 가주어와 진주어 ----------------------162

【비교】 진주어가 동명사구?

제3절 주어와 동사의 순서, 도치(倒置) ------------------------164

1. 장소표현이 문장 앞에 올 때는 주어와 동사가 도치됨
2. 강조하는 부사가 문장 앞에 올 때 도치
3. 반복을 피하기 위해 쓰는 부사(neither, so)가 앞에 있을 때 도치
4. nor (or + not 로서 부정문 두 개를 이어주는 등위접속사임)를 쓸 때 도치
5. not only---but also 문구에서 not only가 문장 앞에 올 때 도치
6. so---that~(그렇게---해서~하다) 구문에서 so가 문장 앞에 올 때 도치
7. 가정법 종속절(if절)에 should, were, had pp가 있는데 if를 생략할 때 종속절에서의 도치
8. 종속절(부사절)을 이끄는 only if, only when 등이 문장 앞에 올 때 주절에서의 도치
9. 비교 구문에서 도치
10. 보어를 앞으로 쓸 때 도치

제4절 주어와 동사의 일치 (주어를 단수 취급할 것인가, 복수 취급할 것인가?) --171

제5절 구두점(Punctuation) --------------------------------176

1. 문장 끝에 쓰는 구두점
   1) . 마침표(period)   2) ! 느낌표(exclamation mark)   3) ? 물음표(question mark)

2. 문장 속에 쓰는 구두점
   1) , 쉼표(comma)
      (1) 세 개 이상 나열할 때
      (2) 두 문장을 이을 때 등위접속사와 함께
      (3) 두번째 문장에서 접속부사와 함께
      (4) 부사절과 주절 사이에서
      (5) 관계대명사절(형용사절) 앞뒤에서
      (6) 도시와 나라(또는 주) 사이에서
      (7) 월, 일과 연도 사이에서

   2) ; semicolon
      (1) 두 문장을 이을 때 (= , and)   (2) 두 문장을 이을 때 접속부사와 함께

   3) : colon
      (1) 추가 설명 또는 답을 줄 때   (2) 편지에서 인사말 다음에
      (3) 제목과 부제목 사이에   (4) 시간과 분 사이에

   4) - dash
      (1) 문장에 내용을 추가할 때   (2) 가끔 ,(comma)를 대신함

   5) ( ) parentheses

   6) ' apostrophe
      (1) 간단히 할 때   (2) 명사의 소유격을 나타낼 때

3. 기타 구두점 --179
   1) " " 따옴표(quotation marks)
      (1) 인용할 때   (2) 어떤 단어를 강조할 때
   2) - (hyphen)

제2편 품사론 ------181

제1장 명사 (名詞, Noun) ------182

제1절 명사의 일반적 내용

1. 가산 명사와 불가산 명사

2. s가 붙으면 뜻이 달라지는 명사들 ------195

3. 수량 명사 ------196
   1) 기수사, 서수사, 배수사   [참고] 기수와 서수
   2) 읽기
      (1) 숫자   (2) 소수점   (3) 분수   (4) 연도   (5) 날자
      (6) 시간   (7) 금액   (8) 전화번호   (9) 주소 쓰기

4. 명사의 소유격 ------199

【참고】 행위자를 나타내는 접미사

제2절 명사 역할 하는 것 ------201

1. 동명사(구) ------201
   1) 주어로 쓰인 동명사(구) (명사구)
      【비교】 동명사와 명사
   2) 목적어로 쓰인 동명사(구) (명사구)
   3) 전치사의 목적어로 쓰인 동명사(구) (명사구)
   4) 보어로 쓰인 동명사(구) (명사구)
   5) 동명사가 들어간 관용적 표현

2. 부정사구 ------205
   1) 주어로 쓰인 부정사구(명사구)
   2) 목적어로 쓰인 부정사구(명사구)
   3) 보어로 쓰인 부정사구(명사구)

3. 명사절 --206
  1) 일반적인 접속사절
  2) 의문사절
    (1) 의문대명사절   (2) 의문형용사절   (3) 의문부사절
  3) 관계사절
    (1) 관계형용사절 (2) 복합관계대명사절 (3) 복합관계형용사절

제2장 관사 (冠詞, Article) ------------------------------------208

제1절 부정관사 (a 또는 an)

제2절 정관사 the
1. 그
2. 대표 단수 (전체를 표시함)
3. the + 형용사 (복수 보통명사와 같은 뜻으로서 복수 취급함)
4. the + 국적 (00나라 사람들이란 뜻으로서 복수 취급함)
5. 최상급, 서수, only, same 앞에서
6. the를 붙이는 경우와 안 붙이는 경우 ------------------------210

제3장 대명사 (代名詞, Pronoun) ---------------------------214

제1절 인칭대명사
1. 종류   2. 소유대명사
  【정리】명사의 소유격과 소유대명사
  【참고】이중소유격과 소유대명사

3. 재귀대명사 ---216
  1) 재귀적 용법   2) 강조적 용법   3) 관용적 용법

제2절 지시대명사 --217

제3절 의문대명사 --218

제4절 부정(不定, 정해지지 않은) 대명사 ---------------------------218
　　　one, another, the other, some, others, the others/
some, any/ all, each, every/ most, none, both, either, neither

【참고】 most ---225
【참고】 many, much, few, little
【참고】 ~ of ~ 는 단수 취급하는가, 복수 취급하는가? ---------------228
【참고】 부정대명사와 부정형용사 ---------------------------------229

제5절 관계대명사 --231
　　　〈자세한 것은 문장론 – 문장 분류 – 형태에 의한 분류 – 복문 – 형용사절 참고〉

【참고】 관계사 (Relative)
【비교】 복합관계사와 의문사 +ever -------------------------------234
【참고】 no matter 의문사 + 주어 동사,~~ --------------------------237
【비교】 however와 how ---238
【참고】 however ---238

제4장 동사 (動詞, Verb) ------------------------------------239

제1절 자동사

1. 제1형식 동사

1) be동사(있다는 뜻)
   (1) 뒤에 부사가 오는 경우   (2) be동사 앞에 부사가 오는 경우

2) 다른 완전자동사들
   (1) 자동사만 있는 경우
   (2) 완전자동사 + 부사나 부사구(전치사구)
   (3) 자동사 + 분사(--하면서 라는 부대적인 상황을 나타내는 분사구문)

3) 뜻이 특이한 1형식 동사들

2. 제2형식 동사 --241

1) be 동사
   (1) be 동사 뒤에 보어로서 형용사(형용사, 분사, to부정사)가 오는 경우
      ① be 동사 + 형용사
      ② be 동사 + 현재분사(--ing)
       가. 진행형   나. 가까운 미래
      ③ be 동사 + 과거분사(p.p) ⇒ 수동태
      ④ be 동사 + to부정사
       가. 예정   나. 의무   다. 가능

   (2) be 동사 뒤에 보어로서 명사(명사, 명사절, 명사구)가 오는 경우
      ① be 동사 + 명사 ② be 동사 + 명사절 ③ be 동사 + 명사구

2) 제2형식 자동사인 일반동사 ---------------------------------243
   (1) 자동사 뒤에 형용사가 오는 경우
      ① 감각동사

② 상태 변화를 나타내는 동사 ---------------------------244
　　　가. 자동사 + 형용사
　　　나. 자동사 + to부정사(형용사적 용법)
　　　다. 자동사 + 분사
　　③ --인 것 같다, --처럼 보인다. (자동사 + to부정사(형용사적 용법))
　　④ 계속을 나타내는 동사 ---------------------------------246
　　　가. 자동사 +형용사　　　　나. 자동사 + to부정사(형용사적 용법)

　(2) 자동사 뒤에 명사가 오는 경우 ---------------------------246
　　① 일반적 문장　　　② 자동사 + 동명사 관용적 표현

제2절 타동사 ---248

1. 제3형식 동사

1) 뒤에 오는 목적어로 부정사가 오는 동사

2) 뒤에 오는 목적어로 동명사가 오는 동사 (부정사가 목적어로 오면 안되는 경우)

3) 뒤에 오는 목적어로 부정사나 동명사 모두 올 수 있는 동사 ---255
　(1) 부정사가 오든 동명사가 오든 뜻이 같은 동사
　(2) 부정사가 올 때와 동명사가 올 때가 뜻이 다른 동사

4) 자동사로 혼동하기 쉬운 3형식 타동사 (전치사 필요 없이 바로 목적어가 옴)
　【참고】 타동사로 혼동하기 쉬운 자동사

5) 3형식 동사 + 목적어 + 특정 전치사 경우 ------------------260
　(1) 목적어 다음에 of　　(2) 목적어 다음에 with
　(3) 목적어 다음에 for　　(4) 목적어 다음에 from
　(5) 목적어 다음에 as
　　【참고】 동사+목적어+as+명사(형용사,분사 등이 오기도) 형태
　(6) 목적어 다음에 to

6) 구동사(phrasal verbs) ----------------------------------264

2. 제4형식 동사 --274

  1) 4형식 동사들

  2) 4형식을 3형식으로 바꾸기

  3) 3형식으로 바꿀 수 없는 4형식 동사 ----------------------276

  4) 4형식으로 쓸 수 없는(혼동하기 쉬운) 3형식 동사

  5) 뒤에 「전치사 +사람」을 쓰면 안 되는(혼동하기 쉬운) 타동사

    【참고】 ask ---278
    【참고】 말하다 (talk, speak, say, tell)

3. 제5형식 동사 --281
    5형식 동사와 목적보어로 쓸 수 있는 것들 표

    【참고】 help   【참고】 want, wish, hope --------------294

제3절 동사의 활용 ---295

1. 동사를 활용해서 나온 것들 (동명사, 분사, 부정사)
  〈연관학습〉 동명사, 분사, 부정사

2. 동명사, 분사, 부정사의 동사적인 성질 ------------------------297
  1) 자체 부정을 할 수 있음   2) 의미상의 주어가 있음
  3) 목적어, 보어를 가짐   4) 시제 표현을 할 수 있음
  5) 수동 표현을 할 수 있음

3. 부정사 --301
  1) 개념
  2) 용법
    (1) 명사적 용법   (2) 형용사적 용법   (3) 부사적 용법

3) 부정사 형태 --303
   (1) to부정사
     ① 단순 부정사   ② 완료형 부정사
   (2) 원형부정사
     ① 지각동사나 사역동사 + 목적어 + 동사원형(원형부정사)
     ② help + (to) 동사원형

4) 부정사의 의미상의 주어 ----------------------------------304
   (1) 별도로 표시하는 경우
     ① for를 쓰는 경우   ② of를 쓰는 경우
   (2) 별도로 표시하지 않는 경우
     ① 문장의 주어와 같아서   ② 목적어와 같아서
     ③ 의미상 주어를 생략하는 경우

   【비교】 to부정사의 의미상 주어에 따른 능동과 수동 -----------306

5) be + 형용사 + to부정사 표현 -----------------------------307
   【비교】 부사로 쓰인 likely (아마도)

6) 의문사 + to부정사 표현 ('~인지'라는 표현) ------------------309

7) to부정사의 관용적 표현 ------------------------------ ----309

4. 동명사 --310
   〈자세한 것은 명사 - 명사 역할 하는 것 - 동명사 및 연관학습표 참고〉

5. 분사 ---311

 1) 개념

 2) 용법
   (1) 형용사 역할을 한다.
       - 분사가 명사를 앞에서 수식하는 경우
       - 분사가 명사를 뒤에서 수식하는 경우

【주의】 분사형태이지만 이미 형용사로서 뜻이 있는지 살펴야 함
　　　【참고】 분사 역할(용법) 정리

　(2) 부사절을 분사로 간단히 할 수 있다. ------------------------314

　3) 분사의 관용적 표현 --------------------------------------315

제4절 동사의 시제 (12가지) ------------------------------318
  1. 현재
   1) 현재 일어나는 사실이나 상태를 나타냄
   2) 일반적 사실을 나타냄　　　3) 일상적 습관을 나타냄

  2. 과거 --319
　　　【참고】 기본형 – 과거 – 과거분사 표 (불규칙 동사표) ------320

  3. 미래 --325
   1) 미래를 표현하는 조동사(will 등) + 동사원형
   2) 현재형으로 미래 표현
   3) 현재진행형으로 가까운 미래 표현 (가깝고 구체적인 미래)
   4) 여러 가지 미래 표현들

  4. 현재진행 ---326
   1) 현재 진행중인 일　2) 일정기간 동안 계속되는 일　3) 가까운 미래계획

  5. 과거 진행　　　6. 미래 진행 -----------------------------327

  7. 현재 완료 --327
   1) 행위나 상태가 과거부터 현재까지 이어지고 있는 경우 현재완료를 씀
   2) 과거지만 발생 시점이 중요하지 않고 현재와 연결되는 경우 현재완료를 씀
   3) 방금 끝난 일을 나타낼 때 현재완료를 씀
   4) have got, have gotten 쓰는 경우

  8. 과거 완료　　　9. 미래 완료 -----------------------------330
  10. 현재완료진행　　11. 과거완료진행　　12. 미래완료진행

제5절 동사의 태(態) ------331

1. 현재형 수동태
   1) 3형식 문장의 수동태   2) 4형식 문장의 수동태
   3) 5형식 문장의 수동태

2. 과거형 수동태 ------334
3. 미래형 수동태 ------335

4. 현재진행형 수동태
5. 과거진행형 수동태

6. 현재완료형 수동태 ------336
7. 과거완료형 수동태
8. 미래완료형 수동태

9. 수동태로 흔히 사용되는 표현들 ------336
10. 형식은 능동이지만 뜻은 수동인 경우 ------340

제5장 조동사 (助動詞, Auxiliary verb) ------341

제1절 조동사의 개념과 특징

1. 개념
   【참고】조동사의 종류   【참고】조동사 자체가 문장의 동사
2. 특징 ------342

제2절 can ------343

1. 능력, 가능성을 나타냄   2. 허락 (의문문에서는 요청)
3. 추측
   1) 현재나 미래 추측   2) 과거 추측

제3절 could --344
  1. can의 과거로 쓸 경우   2. 공손한 허락, 요청
  3. 제안
  4. 추측
   1) 현재나 미래 추측   2) 과거 추측

  5. 가능성 상상 (가정법)
   1) 현재나 미래 표현   2) 과거에 대한 회상

제4절 may ---347
  1. 공손한 허락 (의문문에서는 요청)

  2. 추측
   1) 현재나 미래 추측   2) 과거 추측

  3. 기원
  4. may well 표현

  5. may as well (차라리 ---하는 것이 낫겠다) 표현
   1) 현재   2) 과거에 대한 평가

제5절 might ---349
  1. may의 과거
  2. 공손한 허락(의문문에서는 요청)
  3. 추측
   1) 현재나 미래 추측   2) 과거 추측
  4. 상상 (가정법)
   1) 현재나 미래 표현   2) 과거 회상

  5. might as well (차라리 ---하는 것이 낫겠다.)
   1) 현재   2) 과거에 대한 평가

제6절 must ---351

  1. 의무, 필수

  【참고】 must와 have to부정사 / need, dare

  2. 추측
    1) 현재나 미래 추측   2) 과거 추측

제7절 will --353

  1. 의지가 담긴 미래
  2. 단순한 미래
  3. 현재나 미래 추측
  4. 요청, 문의
  5. 현재의 상태, 습성(경향), 항시 일어나는 일   6. 가능성

제8절 would --354

  1. will의 과거형   2. 공손한 요청

  【참고】 would like to

  3. 추측
    1) 현재나 미래 추측   2) 과거 추측

  4. 상상 (가정법)
    1) 현재나 미래 표현   2) 과거에 대한 회상

  5. 과거의 반복된 행동(--하곤 했다)

  6. would rather (--하는 것이 낫겠다)
    1) 현재   【비교】 had better   2) 과거에 대한 평가

제9절 shall ---359

1. I 또는 We가 주어일 때 단순미래
2. 말하는 사람의 의지를 담은 미래
3. I 또는 We와 함께 의문문으로 쓰여 '제안'이나 '동의를 물음'
4. (공적인 상황 등) 격식 있고 예의바른 미래 표현

제10절 should ---360

1. shall의 과거형
2. 충고, 의무   3. that절에서 감정 표현
4. 상상 (가정법)
   1) 현재나 미래 표현   2) 과거에 대한 회상(후회)
   3) 미래 가정의 if절에 쓰임
5. 추측
   1) 현재나 미래 추측   2) 과거 추측

【참고】현재나 미래의 추측 -----363   【참고】과거에 대한 추측
【참고】현재나 미래의 상상   【참고】과거에 대한 회상
【비교】추측인가? 회상인가?
【참고】조동사의 쓰임 정도
   ① 일어날 가능성 ② 추측 ③ 요청 ④ 충고 (조언)

제6장 형용사 (形容詞, Adjective) ---369

제1절 형용사의 개념과 역할(용법)

1. 형용사의 역할(용법)
  1) 명사 수식 (한정적 용법)
     (1) 명사 앞에서 수식   (2) 명사 뒤에서 수식
  2) 서술적으로 쓰이기도 한다. ---370
     (1) 단순한 문장   (2) 형용사 + 부정사 형태
     (3) 형용사 + 전치사구 형태 (4) 형용사 + that절 형태
  3) 전치사처럼 뒤에 목적어를 취하기도 한다. ---374

2. 형용사의 어순(단어의 순서) ------------------------------375
   1) 전치한정사   2) (중앙)한정사   3) 후치한정사 (수사)   4) 형용사

【참고】 단어의 순서 (어순) -------------------------------378

| 전치(앞에 위치)한정사 + (중앙)한정사 + 후치한정사 + 형용사 | + 명사

【참고】 형용사를 쓰는 위치 -------------------------------380
   ① so/ as/ too/ how + **형용사** + a + 명사
   ② such/ what/ quite/ rather + a + **형용사** + 명사

【참고】 so와 such ---------------------------------------381

제2절 형용사의 종류 ------------------------------------382

  1. 일반 형용사
   1) 성질을 나타내는 형용사   2) 수량을 나타내는 형용사
   3) 물질을 나타내는 형용사   4) 기타

【참고】 혼동하기 쉬운 비슷한 형용사들

  2. 지시 형용사   3. 의문 형용사
  4. 부정(不定) 형용사   5. 관계 형용사

【참고】 형용사의 분류표

제3절 형용사 역할 하는 것 ------------------------------385

  1. 분사
   1) 현재분사
   2) 과거분사
      (1) 수동의 의미를 가지는 경우   (2) 완료의 의미를 가지는 경우

  2. 형용사구 ---------------------------------------386
   1) 분사구   2) to 부정사구   3) 전치사구

  3. 형용사절 ---------------------------------------388
   1) 관계대명사절   2) 관계부사절

제7장 부사 (副詞, Adverb) --------------------------------389

제1절 부사의 개념과 역할

 1. 동사를 수식한다.
  1) 문장 끝에 부사를 쓴다.
  2) 그런데 be동사나 조동사 다음, 일반동사 앞에 부사를 쓰기도 한다.
  3) 빈도부사(always, usually, often 등)는 be동사나 조동사 다음, 일반동사 앞에

 2. **형용사를 수식** 3. **다른 부사를 수식** 4. **문장 전체를 수식**

제2절 부사의 종류 --------------------------------------391

 1. 단순 부사
  1) 시간 표현 부사   2) 장소 표현 부사
  3) 정도 표현 부사   [참고] 부사인 very와 much
  4) 양태(樣態) 표현 부사 ---------------------------------395
  5) 빈도(頻度) 표현 부사   [참고] 부정을 나타내는 단어들 ------396

 2. 지시부사   3. 의문부사   4. 관계부사

【참고】 부사와 형용사 형태가 같은 품사 --------------------------399

【참고】 too와 either / so와 neither 【참고】 I hope so / I hope not

제3절 부사 역할 하는 것 --------------------------------401

 1. 부사구
  1) 분사구(문)
  2) to부정사구
   (1) 목적을 나타내는 표현
   (2) 이유를 나타내는 표현
   (3) '--하기에는' 이라는 표현   (4) '--할 정도로' 라는 표현
   (5) 관용적 표현
  3) 전치사구
  4) 관용적으로 쓰이는 전치사구

2. 부사절 --403
      1) 일반적인 접속사절   2) that절, whether절, if절, 의문사절
      3) 관계사절 (복합관계부사절)
      4) 의문사절
         (1) 의문대명사+ever절 (2) 의문형용사+ever절 (3) 의문부사+ever절

제8장 품사의 비교 (比較, Comparison) ------------------406

제1절 같은 것을 비교

제2절 비슷한 것을 비교

  1. 명사 비교
     1) similar to   2) like

  2. 형용사 비교   3. 부사 비교

제3절 몇 배인 것을 비교 --------------------------------408

  1. 셀 수 있는 명사   2. 셀 수 없는 명사

  3. 형용사 비교 (몇 배 ---한)

제4절 다른 것을 비교 ----------------------------------409

제5절 비교급 --410

  1. 형용사 비교
     1) --er 아니면 more --
     2) 음절수 관계없이 항상 more 쓰는 경우
        (1) 동일인이나 동일사물의 성질 표시
        (2) 분사 형태 형용사의 비교급

2. 부사 비교 --411
　【비교】 more, less, fewer
　【참고】 비교급, 최상급 불규칙 변화표 ------------------413

3. 비교 대상을 주의하자. -------------------------------414
　1) 형용사 비교급에서　　2) 부사 비교급에서

4. get, grow + 비교급 ---------------------------------415

5. 비교급을 강조하거나 수식할 때 -----------------------415
　1) 둘 사이에 차이가 많이 나서 강조할 때
　2) 둘 사이에 차이가 크지 않을 때

6. the + 비교급, the +비교급 --------------------------416

7. no + 비교급과 not + 비교급의 차이 ------------------417

8. 라틴어 비교급 ---------------------------------------418
　【참고】 prefer, would rather 사용형태

9. rather than --420
　1) 명사 비교　 2) 형용사 비교　 3) 부사 비교　 4) 동사 비교

제6절 최상급 (-- 중에서 가장) ------------------------422

1. 형용사 최상급

2. 부사 최상급

　【비교】 most, least, fewest

3. 최상급 앞에 쓰는 the 또는 소유격 ---------------------425
　1) 형용사 최상급인데도 뒤에 명사가 올 수 없는 경우 the나 소유격 안 씀
　　(1) 뒤에 명사 없이 최상급 형용사 자체가 주격보어인 경우
　　(2) 논리적으로 뒤에 명사가 올 수 없는 경우
　2) 부사의 최상급인 경우 -----------------------------427

4. 비교급으로 최상급 표현하기 --------------------------------427
   1) 비교급 + than any other 단수 명사
   2) 부정의 완료형 + 비교급

  5. 원급으로 최상급 표현하기 ----------------------------------428

  6. 최상급을 강조하거나 수식할 때 ----------------------------428

제9장 전치사 (前置詞, Preposition) ------------------------429

   전치사 표 (장소, 시간, 관계)

   【참고】 전치사와 접속사 -----------------------------------435
   【참고】 전치사 + 명사절 -----------------------------------436
   【참고】 전치사와 부사 -------------------------------------437

제10장 접속사 (接續詞, Conjunction) ----------------------438

 제1절 등위접속사

 제2절 종속접속사 ---------------------------------------441

  1. 명사절을 이끄는 접속사   2. 형용사절을 이끄는 접속사

  3. 부사절을 이끄는 접속사 -----------------------------------448
   1) 일반적인 접속사
    (1) 시간 표현   (2) 이유 표현
     【참고 - 부연설명】 that절, whether절 등이 <u>부사절</u>인지 <u>명사절</u>인지?
    (3) 목적 표현   (4) 결과 표현
    (5) 조건 표현   (6) 양보 표현   (7) 장소 표현

   2) 부사절을 이끄는 관계사 (복합관계부사) --------------------454

   3) 부사절을 이끄는 의문사 ---------------------------------455
    (1) 의문대명사+ever절 (2) 의문형용사+ever절 (3) 의문부사+ever절

【참고】 that --456
  1. 한정사 (지시형용사)
  2. 대명사
    1) 지시대명사
    2) 관계대명사
        ※ 관계대명사로 주로 that을 쓰는 경우
  3. 접속사
    1) 명사절을 이끄는 that
      (1) 목적절을 이끄는 that
      (2) 주어절을 이끄는 that
      (3) 보어절을 이끄는 that
      (4) 동격절을 이끄는 that
      (5) It ~ that 가주어 진주어
        [비교] It ~ that 강조구문
        [참고] It ~ that 강조구문의 that을 관계사로 바꾸면?
    2) 부사절을 이끄는 that
      (1) 형용사 보충어
      (2) so ~ that 구문
      (3) such ~ that 구문
  4. 부사
    1) 지시부사
    2) 관계부사

【참고】 접속사 that 생략 ---------------------------------462
  1. 명사절을 이끄는 that 생략
  2. 형용사절을 이끄는 that 생략
  3. 부사절을 이끄는 that 생략

【영어 읽는 법】

		발음 기호							
모음	단모음	a 아	ə 어	i 이	e 에	æ 애	ʌ 어	u 우	ɔ 오
	장(~)모음	ɑː 아~	əː 어~	iː 이~	uː 우~	ɔː 오~			
	이중모음	ai 아이	ei 에이	ɔi 오이	au 아우	ou 오우	iə 이어	uə 우어	eə 에어 / ɛə 에어
자음	무성음	p ㅍ	k ㅋ	t ㅌ	f ㅍ	s ㅅ	θ ㅆ	ʃ 쉬	tʃ 취 / h ㅎ
	유성음	b ㅂ	g ㄱ	d ㄷ	v ㅂ	z ㅈ	ð ㄷ	ʒ ㅈ	dʒ 쥐 / m ㅁ / n ㄴ / ŋ ㅇ / r ㄹ / l ㄹ
반자음 =반모음		j 이	w 우						

예문) 나는 생각한다. 그녀가 친절하다고

I	think	that	she	is	kind.
[ai]	[θiŋk]	[ðæt]	[ʃiː]	[iz]	[kaind]
[아이]	[쓰이ㅇㅋ]	[ㄷ애ㅌ]	[쉬이~]	[이ㅈ]	[ㅋ아이ㄴㄷ]
[아이]	[씽ㅋ]	[댙]	[쉬이~]	[이즈]	[카인드]
(아이	씽크	댙	쉬	이즈	카인드)

【용어 사전학습】

- **구** (句, phrase) : 2개 이상 단어가 모여 일정한 의미를 만드는 것이다.
  (예) to the cozy house (그 편안한 집에 ---부사구, 전치사(to)구)
  내용적으로는 명사구, 형용사구, 부사구가 있고
  형태적으로는 동명사구, 분사구, 부정사구, 전치사구 등이 있다.

- **절** (節, clause) : 주어(명령문처럼 생략되는 경우도 있음)와 동사로 이루어진 것이다.
  문장 자체일수도 있고(예; I go to the cozy house.), 문장의 일부분일 수도 있다
  (예; I go to the very cozy house because I like it. 나는 그 매우 편안한 집에 간다. 나는 그것을 좋아하기 때문에)
  내용상으로는 명사절, 형용사절, 부사절이 있고
  형태적으로는 that절, 의문사절, 관계대명사절 등이 있다.

- **명사** : 사람, 사물, 개념의 이름을 나타내는 말이다. (예) house(집) 등

- **대명사** : 명사를 대신하여 쓰는 말이다. (예) I(나), it(그것)

- **동사** : 사람이나 사물의 동작이나 작용을 나타내는 말이다. (예) go(간다)

- **형용사** : 사람이나 사물의 성질이나 상태를 형용(形容)하는, 즉 나타내는 말이다.
  명사를 수식하거나 보충하는 말(보어)로 쓰인다. (예) cozy(편안한)

- **부사** : '매우, 빨리, 학교에'처럼 문장의 뼈대는 아니지만 부수적으로 동사나 형용사나 다른 부사나 문장 전체를 수식하는 말이다.
  (예) very(매우)

- **전치사** : 명사나 대명사 앞에 놓여서(전치해서) 명사나 대명사와 함께 부사 역할(형용사 역할 할 때도 있음)을 하게 하는 말이다. (예) to(~에)

- **접속사** : 절(주어 + 동사)과 절을 연결하든지, 절 속에서 두 성분들(단어와 단어, 구와 구)을 연결(접속)시켜 주는 말이다. (예) because(~때문에)

제1편
문 장 론

제1편 문장론 (文章論)

제1장 문장의 개념과 형식

제1절 문장의 개념

문장은 마침표나 물음표나 느낌표로 끝나는 완전한 하나의 의사표현 단위이다.

제2절 문장의 형식

1. 문장의 구성 요소

문장은 어떤 것이든 **주어**(동작이나 상태의 주체가 되는 것으로 ~은, ~는, ~이, ~가 등이며 명사나 대명사 등이 주어로 쓰임. 명령문처럼 주어가 생략될 수도 있음)**와 동사**(동작이나 작용을 나타내는 품사로 '~이다' '~한다' '~다' 등임), 그리고 마침표 등의 **구두점**으로 구성되어 있으며, 여기에다가 문장에 따라 **목적어**('~을', '~를' 등이며 명사나 대명사 등이 목적어로 쓰임), 그리고 **보어**(주어나 목적어를 보충 설명해주는 것으로 명사, 대명사, 형용사 등이 보어로 쓰임)가 추가되면서 여러 형태의 문장을 구성한다. (자세한 것은 문장의 종류 - 문장 5형식 참고)

2. 문장의 표기 방식

문장을 시작할 때 첫 번째 영어 알파벳은 대문자로 쓰고 그 이후부터는 'I(나)' 등과 같은 특별한 경우를 제외하고는 소문자로 쓰며, 마지막에는 마침표 등의 구두점으로 마무리한다.

3. 문장 속의 말의 순서   《영어와 한국어의 차이점 [말의 순서(語順)]》

영어	한국어
주어(Subject) 다음에 **동사**(Verb)가 와서 (즉, 핵심적인 내용을 먼저 써서) 문장의 기본을 빨리 만들어 놓고 그 다음에 부수적인 사항들을 나중에 붙인다.	**주어** 다음에 세세한 부수적인 사항들을 다 쓰고 나서 마지막에 **동사**를 써서 문장을 만든다. *(그래서 한국말은 끝까지 들어봐야 안다.)*
I go I go to school I go to school by car I go to school by car with my mother I go to school by car with my mother everyday.	**나는** 매일 나는 매일 엄마와 나는 매일 엄마와 차를 타고 나는 매일 엄마와 차를 타고 학교에 나는 매일 엄마와 차를 타고 학교에 **간다.**

제2장 문장의 종류

제1절 내용에 따른 분류

문장은 내용적으로는 평서문(긍정문, 부정문), 의문문, 청유문, 감탄문, 명령문 등으로 구분할 수 있다. 그중에서 먼저 평서문과 의문문만 간략히, 동사에 따라 문장이 어떻게 구성되는지 살펴보면 다음 표와 같다.

		be동사, have동사, 조동사	일반동사
평서문	긍정문	그냥 쓰면 된다.(조동사는 본동사원형 앞에) ■ You <u>are</u> happy. (너는 행복하다.) ■ You <u>have</u> done it.(너는 그것을 해 왔다.) ■ You <u>can</u> do it.(너는 그것을 할 수 있다.)	동사를 주어 다음에 그냥 쓰면 된다. ■ You <u>study</u> English. (너는 영어를 공부한다.)
평서문	부정문	be동사, have동사, 조동사 뒤에 not을 쓴다. ■ You <u>are not</u> happy. (너는 행복하지 않다.) ■ You <u>have not</u> done it. (너는 그것을 해 오지 않았다.) ■ You <u>can not</u> do it. (너는 그것을 할 수 없다.)	일반동사 앞에 do동사를 쓰면서 not을 쓴다. ■ You <u>do not study</u> English. (너는 영어 공부하지 않는다.) do not = don't
의문문	긍정문	be동사, have동사, 조동사를 앞에 쓴다. ■ <u>Are</u> you happy? (너는 행복하니?) ■ <u>Have</u> you done it? (너는 그것을 해 왔니?) ■ <u>Can</u> you do it? (너 그거 할 수 있니?)	do동사를 앞에 쓴다. ■ <u>Do</u> you <u>study</u> English? (너는 영어 공부하느냐?)
의문문	부정문	be동사, have동사, 조동사를 앞에 쓰면서 not을 쓴다. ■ <u>Aren't</u> you happy? (너는 행복하지 않니?) aren't = are not ■ <u>Haven't</u> you done it? (너는 그것을 해 오지 않았니?) haven't = have not ■ <u>Can't</u> you do it? (너 그거 할 수 없니?) can't = can not	do동사를 앞에 쓰면서 not을 쓴다. ■ <u>Don't</u> you <u>study</u> English? (너는 영어 공부하지 않느냐?) don't = do not

1. 평서문(平敍文)

'--는 —하다', '--는 —하지 않다.' 식으로 **평**이(**平易**)하게 서술(**敍述**)된 보통 문장이다.

1) 평서문 문장에서 동사가 be동사인 경우

문장에서 동사가 be동사이면 다음 표와 같이 주어에 따라서 be동사 형태가 달라진다.

주어			be동사 형태 (기본형태는 be)	
			현재	과거
1인칭 (나, 우리)	단수 (혼자)	I (나)	am	was
	복수 (여럿)	we(우리), you and I(너와 나), she and I (그녀와 나), Tom and I (톰과 나) my son and I (내 아들과 나), he and we(그와 우리), they and we (그들과 우리)	are	were
2인칭 (너, 너희)	단수	you (너)	are	were
	복수	you(너희들), you and he(너와 그), you and they(너와 그들), you and my friend(너와 내 친구), you and Jack(너와 잭)	are	were
3인칭 (1인칭과 2인칭이 아닌 모든 것)	단수	he (그) she (그녀), it (그것), this(이것, 이사람), that(저것, 저사람), Mary(메리), Jack(잭), my uncle(내 삼촌), your car(너의 차) our school(우리의 학교), your and my house (너와 나의 집(1개)),	is	was
	복수	they(그들, 그것들), these(이것들, 이 사람들), those(저것들, 저 사람들), he and she(그와 그녀), he and they (그와 그들), Tom & Jerry(톰과 제리), your pen and my pen (너의 펜과 나의 펜)	are	were

(1) 긍정문(肯定文) (~이다)

■ I **am** a student.(나는 **이다**. 한 명의 학생)
   = I'm a student. (I'm은 I am을 간단히 쓴 **축약형**)
   과거는 I **was** a student. (나는 **이었다**. 한 명의 학생)(축약형 없음)

■ You **are** a student. (너는 **이다**. 한 명의 학생) = You're a student.
   과거는 You **were** a student. (you were의 축약형은 없음)

■ She **is** happy. (그녀는 **이다**. 행복한 = 그녀는 행복하다.) = She's happy.
   과거는 She **was** happy.

■ He **is** reading a book now.(그는 읽고 있는 중**이다**. 한 권의 책을 지금)
   = He's reading ~.   과거는 He **was** reading a book then.(그때)

■ It **is** a tree.(그것은 **이다**. 하나의 나무)= It's a tree.   과거는 It **was** a tree.

■ We **are** happy. (우리는 **이다**. 행복한) = We're happy.
   과거는 We **were** happy.

■ You **are** students. (너희들은 **이다**. 학생들) = You're students.
   (you는 단수, 복수 같음)
   과거는 You **were** students.

■ They **are** happy. (그들은 **이다**. 행복한) = They're happy.
   과거는 They **were** happy.

■ They **are** trees. (그것들은 **이다**. 나무들) = They're trees.
   과거는 They **were** trees.

■ He and I **are** students. (그와 나는 **이다**. 학생들)

■ These **are** on vacation. (이 사람들은 **이다**. 휴가 중)
   = These're on vacation.
   과거는 These **were** on vacation.

■ Those **are** trees. (저것들은 **이다**. 나무들) = Those're trees.

(2) 부정문(否定文) (~아니다)

보통은 be동사 뒤에 **부정의 부사**(*not*)를 써서 부정문을 만든다.

- I **am** *not* a student. (나는 **아니다**. 한 명의 학생) = I**'m** *not* a student.
  과거는 I **was** *not* a student. (나는 **아니었다**. 한 명의 학생)
    = I **was***n't* a student.

- You **are** *not* a student. (너는 **아니다**. 한 명의 학생)
  = You**'re** *not* a student.
  are not은 aren't로 줄일 수 있으므로 You **are***n't* a student.라고 해도 맞다.
  과거는 You **were** *not* a student. = You **were***n't* a student.

- She **is** *not* happy. (그녀는 **아니다**. 행복한)
  = She**'s** *not* happy. = She **is***n't* happy.
  과거는 She **was** *not* happy. = She **was***n't* happy.

- He **is** *not* a student. = He**'s** *not* a student. = He **is***n't* a student.
  과거는 He **was** *not* a student. = He **was***n't* a student.

- It **is** *not* a tree. = It**'s** *not* a tree. = It **is***n't* a tree.
  과거는 It **was** *not* a tree. = It **was***n't* a tree.

- We **are** *not* happy. = We**'re** *not* happy. = We **are***n't* happy.
  과거는 We **were** *not* happy. = We **were***n't* happy.

- You **are** *not* students.
  = You**'re** *not* students. = You **are***n't* students.
  과거는 You **were** *not* students. = You **were***n't* students.
  (너희들은 학생들이 아니었다.)

- They **are** *not* happy.
  = They**'re** *not* happy. = They **are***n't* happy.
  과거는 They **were** *not* happy. = They **were***n't* happy.

■ They **are** *not* trees. = They'**re** *not* trees. = They **are***n't* trees.
 과거는 They **were** *not* trees. (그것들은 아니었다. 나무들)
 = They **were***n't* trees.

■ These **are** *not* expensive. (이것들은 **아니다**. 비싼)
 = These'**re** *not* expensive. = These **are***n't* expensive.
 과거는 These **were** *not* expensive. = These **were***n't* expensive.

2) 평서문에서 동사가 have동사인 경우

 (have가 일반동사('가지고 있다'는 뜻)가 아닌 경우이며, 이 경우 have를 조동사처럼 취급한다.)

 문장에서 동사가 **have동사**이면 현재형은 3인칭 단수만 **has**, 그 외는 모두 **have**이며, 과거형은 모두 **had**를 쓴다.

주어	have 동사 형태 (기본형태는 have)	
	현재	과거
1인칭, 2인칭, 3인칭 복수	have	had
3인칭 단수	has	

(1) 긍정문

■ I <u>have</u> <u>written</u> three books so far. (나는 <u>써 왔다.</u> 3권의 책들을, 지금까지)
 여기서 written은 write(쓰다)의 과거분사(pp)이다.
 have동사 + 과거분사 = '~해 왔다'는 <u>완료형</u> 문장 (품사론 - 동사 - 시제 참고)

(2) 부정문

 be동사처럼 **have동사**도 부정문을 만들 때는 **have동사** 뒤에 *not* 을 쓰면 된다.

■ He **has** *not* <u>read</u> the book. (그는 <u>읽어 오지</u> 않았다, 그 책을)
 read(현재[ri:d]읽다) - read(과거[red]읽었다) - read(과거분사[red]읽은, 읽힌)
 이 문장에서는 완료형으로서 have동사와 함께 read가 과거분사로 쓰였다.

그리고 여기서 has not = hasn't,   He has = He's 이므로
= He **has*n't*** read the book. = He**'s *not*** read the book.
(그래서 He's 가 He is인지 He has인지 문장에서 잘 파악해야 한다.)

3) 평서문에서 동사가 일반동사인 경우

(be동사나 have동사('가지다'라는 뜻의 일반동사가 아닌 경우) 등이 아닌 일반적인 대부분의 동사를 일반동사라 함)

문장에서 동사가 일반동사면 현재형은 3인칭 단수만 대개 동사 기본형(원형)에 --s나 --es를 붙이고, 그 외(1인칭, 2인칭, 3인칭 복수)는 모두 동사의 기본형을 쓰며, 과거형은 --d나 --ed를 붙이는 경우도 있고 불규칙적으로 전혀 다른 형태가 되는 경우도 있다.

주어	형태	
	현재	과거
1인칭, 2인칭, 3인칭 복수	동사 기본형 (놀다 play, 가다 go 등)	- 규칙적인 경우 : …d 나 …ed 를 붙임 (충고했다 advised, 놀았다 played 등)
3인칭 단수	대개 동사 기본형(원형)에 …s나 …es를 붙임 (놀다 plays, 가다 goes 등)	- 불규칙적인 경우 : 전혀 다른 형태를 씀 (갔다 went 등)

(1) 긍정문

■ I **play** the piano hard. (나는 친다. 피아노를 열심히)

■ She **plays** the piano hard. (그녀는 친다. 피아노를 열심히)
여기서 She가 3인칭 단수이므로 동사는 play 가 아니라 plays 를 쓴다.

■ She **played** the piano hard yesterday. (그녀는 쳤다. 피아노를 열심히 어제)

■ You **have** a book. (너는 가지고 있다. 한 권의 책을)
여기서 have는 have동사가 아닌 '가지다'란 뜻의 일반동사임

■ He **has** a book. (그는 가지고 있다. 한 권의 책을)

(2) 부정문

일반동사를 부정할 경우는 be동사나 have동사처럼 뒤에 not을 쓰는 것이 아니라 **do동사**가 대신하여 조동사처럼 앞쪽에 쓴다.

즉, **do동사** (3인칭 단수일 때는 does) + *not* + 일반동사(이때는 동사의 원형을 씀) 순서로 쓴다.

- I **do** *not* have a book. (나는 가지고 있지 않다. 한 권의 책을)

- You **do** *not* play the piano. (너는 피아노를 치지 않는다.)
  do *not* 은 **don't** 로 간단히 할 수 있다.

- He **does** *not* have a book. (그는 가지고 있지 않다. 한 권의 책을)
  여기서 **does** *not* 을 **does**n't 로 간단히 할 수 있다.

4) 평서문에서 조동사가 있는 경우

조동사는 can, must 등으로서 본동사 앞에서 본동사를 도와주는 동사이다. 문장에서 조동사가 있는 경우 조동사는 주어에 따라 변하지 않으며, 조동사 뒤에는 동사의 원형을 쓴다.   (자세한 것은 품사론 - 조동사 편 참고할 것)

(1) 긍정문

- You **can** do it. (너는 할 수 있다. 그것을)

- You **must** study it. (너는 공부해야 한다. 그것을)

(2) 부정문

조동사가 있는 문장을 부정할 때에는 be 동사나 have 동사처럼 조동사 뒤에 *not* 을 쓴다.

- You **can** *not* do it. (너는 할 수 없다. 그것을)
  여기서 **can** *not* 을 **can't** 로 간단히 할 수 있다.

- You **must** *not* do it. (너는 해서는 안 된다. 그것을)
  여기서 **must** *not* 을 **must**n't 로 간단히 할 수 있다.

5) 평서문 속에 **의문사**가 있는 경우

의문사란
- **의문대명사** (who 누구(가), whom 누구(를), what 무엇, which 어느 것,
  whose 누구의 것 ⇒ **명사 역할을 하므로 주어, 보어, 목적어가 됨**),
  (주어나 목적어가 될 수 있는 것은 명사나 대명사뿐) (보어는 명사, 대명사, 형용사)
- **의문형용사** (whose 누구의, what 어떤, which 어느
  ⇒ **형용사 역할을 하므로 명사를 수식함**),
- **의문부사** (when 언제, where 어디, how 어떻게, why 왜
  ⇒ **부사 역할을 함**) 를 말한다.

(1) 긍정문

■ He <u>knows</u> **who** you are. (그는 안다. **누구**인지 네가)
여기서 who you are가 knows의 목적어이다.
who는 '누구'라는 의문대명사임

■ **What** you do <u>is</u> important. (**무엇**을 네가 하는지가 중요하다.)
What you do가 주어이다. what은 '무엇'이라는 의문대명사임

이처럼 문장 속에 들어간 간접적인 의문인 경우는 **who** you are나 **What** you do처럼 의문사 + 주어 + 동사 순서로 쓴다.

그런데 여기서 what을 의문대명사가 아니라 관계대명사(= the thing which)로 보고 '네가 하는 **것**은 중요하다'라고 해석할 수도 있다.

(2) 부정문

의문사가 있어도 마찬가지로 일반적인 문장처럼 일반동사면 do동사 다음에 not을, be동사나 have동사나 조동사면 그 다음에 not을 쓰면 된다.

■ He **does** *not* know who you are. (그는 모른다. 누구인지 네가)

■ What you do **is** *not* important. (무엇을 네가 하는지는 중요하지 않다.)

2. 의문문(疑問文)

' --인가?' 식으로 물어보는 문장이다.
의문문은 동사를 맨 앞으로 쓰며, 물음표(?)를 붙인다.

1) 의문문에서 동사가 be동사인 경우

(1) 긍정 의문문

그대로 be동사를 맨 앞으로 빼서 의문문을 만든다.   **be동사 + 주어**

■ **Am** I hired? (**입니까?** 내가, 고용된 = 제가 고용된 상태입니까?) ← I am hired.(평서문)
대답은 Yes, you are.(그래, 넌 고용되어 있어.)
   No, you aren't.(아니, 넌 고용 안 되어 있어)
과거는 **Was** I hired? (**였나요?** 내가, 고용된) ← I was hired.(나는 고용되어 있었다.)

■ **Are** you a student? (**입니까?** 너는 한 명의 학생) ← You are a student.
대답은 Yes, I am.(그래, 나는 학생이야.)
   No, I am not.(아니, 나는 학생이 아니야.)
그런데 Yes, I'm.은 틀리다. (문장이 이렇게 주어 + be동사만으로 끝날 때는
            「주어 + be동사 축약」은 하지 않음)
과거는 **Were** you a student? (**였나요?** 너는, 한 명의 학생) ← You were a student.

■ **Is** she happy? (**입니까?** 그녀는, 행복한) ← She's happy.
대답은 Yes, she is.(그래, 그녀는 행복해.)/ No, she isn't.(아니, 행복하지 않아.)
과거는 **Was** she happy? ← She was happy.

■ **Is** he reading a book now? (**입니까?** 그는, 읽고 있는 중, 한 권의 책을, 지금)
         ← He is reading a book now.
대답은 Yes, he is.(그래, 그는 ~하는 중이야)/ No, he isn't.(아니, ~ 안 하고 있어)
과거는 **Was** he reading a book then? ← He was reading a book then.
              (그는 책을 읽고 있었다. 그때)

■ **Is** it a tree? (**입니까?** 그것은, 하나의 나무) ← It is a tree.
과거는 **Was** it a tree? ← It was a tree.

- **Are** we happy? (**입니까?** 우리는, 행복한) ← We are happy.
  과거는 **Were** we happy? ← We were happy.

- **Are** you students? (**입니까?** 너희들은, 학생들) ← You are students.
  과거는 **Were** you students? ← You were students

- **Are** they happy? (**입니까?** 그들은, 행복한) ← They are happy.
  과거는 **Were** they happy? ← They were happy.

- **Are** these on vacation? (**입니까?** 이 사람들은, 휴가 중) ← These are on vacation.
  과거는 **Were** these on vacation? ← These were on vacation.

(2) 부정 의문문

그대로 be동사 + not을 맨 앞으로 빼서 의문문을 만든다.
  be동사 + 부정어 + 주어

- **Ai*n't*** I hired? (**아닙니까?** 내가, 고용된 = 제가 고용된 상태가 아닙니까?)
                        ← 평서문은 I am not hired.(나는 고용되어 있지 않다.)
  원래 am not의 축약형은 없는데, 이처럼 의문문에서 am not을 ain't 로 쓰기도 하며, 부가의문문에서는 aren't I 로 말하기도 한다.
    대답은 Yes, you are. [그래(한국말로는 아니), 넌 고용되어 있어.]
          No, you aren't. [아니(한국말로는 그래), 넌 고용 안 되어 있어.]

  과거는 **Was*n't*** I hired? (**아니었나요?** 내가, 고용된)

- **Are*n't*** you a student? (**아닙니까?** 너는, 한 명의 학생)
    대답은 Yes, I am. [그래(한국말로는 아니), 난 학생이야.]
          No, I'm not. [아니(한국말로는 그래), 난 학생이 아니야.]

  과거는 **Were*n't*** you a student?

- **Is*n't*** he a student? (**아닙니까?** 그는, 한 명의 학생)
    대답은 Yes, he is. [그래(한국말로는 아니), 그는 학생이야.]
          No, he isn't. [아니(한국말로는 그래), 그는 학생이 아니야.]

  과거는 **Was*n't*** he a student?

■ **Are*n't*** you students? (**아닙니까?** 너희들은, 학생들)
　　대답은 Yes, we are. [그래(한국말로는 아니), 우리는 학생들이야.]
　　　　　No, we aren't. [아니(한국말로는 그래), 우리는 학생들이 아니야.]

　과거는 **Were*n't*** you students?

■ **Are*n't*** those expensive?
　　(**아닙니까?** 저것들은, 비싼 = 저것들은 비싸지 않습니까?)
　　대답은 Yes, they are. [그래(한국말로는 아니), 그것들은 비쌉니다.]
　　　　　No, they aren't. [아니(한국말로는 예), 그것들은 비싸지 않습니다.]

　과거는 **Were*n't*** these expensive?

2) 의문문에서 동사가 have동사 인 경우

　(have가 일반동사('가지고 있다'는 뜻)가 아닌 경우이며, 이 경우 have를 조동사처럼 취급한다.)

　　be동사처럼 have동사를 그대로 맨 앞으로 빼서 의문문을 만든다.
　　　　have동사 + 주어

■ <u>Have</u> you <u>been</u> there so far? (너는 거기에 있어 봤느냐? 지금까지)
　you have been there so far.(너는 지금까지 거기에 있어 봤다.)에서 <u>완료형</u>을 만드는 have동사가 앞으로 나가서 의문문이 되었다.

　　대답은 Yes, I have. (그래, 나는 그랬었어.)
　　　　　No, I haven't. (아니, 나는 그러지 않았어.)

■ <u>Have*n't*</u> you <u>finished</u> these reports?
　　(너는 이 보고서들을 끝내지 않았느냐?)　-- 부정의 의문문
　부정의 의문문에서는 not을 have동사에 붙여 쓴다.
　Have not = Haven't

　　대답은 Yes, I have. [그래(한국어로는 '아니'), 나는 끝냈어.]
　　　　　No, I haven't. [아니(한국어로는 '그래'), 나는 끝내지 않았어.]

3) 의문문에서 동사가 일반동사 인 경우

be동사나 have동사('가지다'라는 뜻의 일반동사가 아닌 경우) 등이 아닌 일반동사는 do동사가 대신하여 조동사처럼 맨 앞으로 쓴다.

Do동사(3인칭 단수일 때는 does) + 주어 + **일반동사**

■ **Do** you **have** a book? (너는 가지고 있느냐? 한 권의 책을)
　　여기서 have는 have동사가 아니고 '가지다'라는 뜻의 일반동사다.

　　대답은 Yes, I do. (그래, 나는 가지고 있어.)
　　　　　No, I don't. (아니, 나는 가지고 있지 않아.)

■ **Do***n't* you **trust** me? (너는 믿지 않느냐? 나를) -- 부정 의문문
　　부정의 의문문에서는 not을 조동사처럼 do동사에 붙여 쓴다.
　　Do not = Don't

　　대답은 Yes, I do. [그래(한국어로는 '아니'), 나는 믿어.]
　　　　　No, I don't. [아니(한국어로는 '그래'), 나는 믿지 않아.]

■ **Does** he **have** a book? (그는 가지고 있느냐? 한 권의 책을)

　　대답은 Yes, he does. (그래, 그는 가지고 있어.)
　　　　　No, he doesn't. (아니, 그는 가지고 있지 않아.)

4) 의문문에서 조동사가 있는 경우

be 동사나 have 동사처럼 조동사를 그대로 맨 앞으로 빼서 의문문을 만든다.
　조동사 + 주어 + **본동사**(동사원형)

■ **Can** you **do** it? (너는 할 수 있느냐? 그것을)

　　대답은 Yes, I can. (그래, 나는 할 수 있어.)
　　　　　No, I can't. (아니, 나는 할 수 없어.)

- **Can't** you **do** it? (너는 할 수 없느냐? 그것을) -- 부정의 의문문
  부정의 의문문에서는 not을 조동사에 붙여 쓴다.   Can not = Can't

  대답은 Yes, I can. [그래(한국어로는 '아니'), 나는 할 수 있어.]
  　　　　No, I can't. [아니(한국어로는 '그래'), 나는 할 수 없어.]

- **Must** you **do** it? (너는 해야 하느냐? 그것을)

  대답은 Yes, I must. (그래, 나는 해야 해.)
  　　　　No, I don't have to (do it). (아니, 나는 할 필요 없어.)

  여기서 I mustn't (= must not) 이라고 하면 '나는 해서는 안 돼.'라는 뜻이 되어 버린다.

5) 의문문에서 의문사가 있는 경우

(1) 일반적 경우

의문사가 있어도 위에서 본 것과 마찬가지로 be동사나 have동사나 조동사는 주어 앞으로 빼서 의문문을 만들고, 일반동사(이)면 do동사를 주어 앞에 써서 의문문을 만들면 된다.

① be동사인 경우

- **의문사** + **동사** + 주어　순서로 의문문을 만든다.

  - **Who are** you? (**누구냐**? 너는)
  - **Where are** you from? (너는 **어디**에서 왔느냐? = 출신지가 어디냐?)
    전치사(from)의 목적어로 부사(where)가 온 것이 이상하다고 생각할 수 있다.
    이것은 뜻을 명확히 하려고 from을 썼다고 볼 수도 있지만, 이 경우는 아예 전치사와 함께 where가 의문대명사로 쓰인 것으로 보면 될 것 같다.

② 조동사나 have동사인 경우

- **의문사** + **조(助)동사** + 주어 + **본동사**　순서로 써서 의문문을 만들면 된다.

  - **Where** <u>will</u> he <u>go</u>? (어디에 그는 **갈 것인가**?)
  - **When** <u>can</u> you <u>come</u>? (언제 너는 **올 수 있니**?)

- have동사도 조동사처럼 앞으로(의문사 다음에) 빼서 의문문을 만든다.
  - **Where** <u>have</u> you <u>been</u>? (어디에 너는 **있어 왔느냐**? = 어디 있었니?)

③ 일반동사인 경우
  - **의문사 + do동사 + 주어 + 일반동사** 순서로 의문문을 만든다.

■ What do you have? (무엇을 너는 **가지고 있느냐**?)
   여기서 have는 have동사가 아닌 '가지다'란 일반동사니까 do동사를 앞에 대신하여 쓴 것이다. what은 have의 목적어인 의문대명사(무엇)임.

■ What do you think about me? (무엇을 너는 **생각하느냐**? 나에 대해서)
   (= 나에 대해 **어떻게** 생각해?) think의 목적어가 필요하므로 부사인 how가 아니라 대명사인 what을 써야 함 (명사나 대명사만이 주어와 목적어로 쓸 수 있음)

■ How did you think it? (어떻게 너는 **생각했느냐**? 그것을)
   여기서는 주어, 동사(think)와 목적어(it)가 다 있으므로 부사인 how를 써야 한다.

■ Who did you m eet? (**누구를** 너는 **만났느냐**?)   who는 의문대명사(누구)
   meet의 목적어인 Whom이 와야 하는데 오늘날 회화에서는 who를 많이 쓴다.

■ Who do you rent the house *from*? (**누구에게서** 그 집을 **임차하고 있나요**?)
   *from*의 목적어인 Whom이 와야 하는데 오늘날 회화에서는 보통 who로 쓴다.

■ How many students do you teach English? (얼마나 많은 학생들에게 영어를 **가르치고 있느냐**?)   teach A B = A에게 B를 가르치다(4형식 문장)
   여기서 How는 의문사인데 many라는 형용사를 꾸며주는 부사, 즉 의문부사임.

■ How big a bag do you need? (얼마나 큰 가방이 **필요하냐**?) How는 의문부사

■ Which book do you like? (어느 책을 너는 **좋아하느냐**?)
   여기서 Which는 의문사인데 book이라는 명사를 수식하는 형용사, 즉 의문형용사임.

(2) 의문사 + 동사 순서인 경우

   의문문은 보통 '의문사 + 동사 + 주어'로 써야 하는데, 주어가 의문사를 겸하는 경우 (의문사이면서 주어)는 주어가 앞으로 가 버렸으므로 당연히 **의문사 + 동사** 만 있게 된다.

■ Who did it? (누가 했느냐? 그것을) -- who가 주어(의문사이면서 동시에 주어)인 경우
■ What brings you here? (**무엇이 데려오는가**? 너를 여기에 = (너)네가 여기 왜 오는가?)
   what이 의문사이면서 주어이다. you는 주어가 아니라 brings의 목적어임

【정리】문장 형태

	평서문	의문문	
		(의문사 없는) 일반 문장	의문사가 있는 문장
조동사	S + 조동사 + V(동사 원형)	조동사 + S + V(동사 원형)	의문사 + 조동사 + S + V(동사 원형) What can I do? 그런데 Who can do it? (누가 그걸 할 수 있지?)는 Who가 의문사 + S 이므로 그렇게 됨
일반동사	S(주어) + V(일반동사나 be동사나 have동사)	do동사 + S + V(일반동사 원형)	의문사 + do동사 + S + V(일반동사 원형) Where do you live? 그런데 Who lives there? (누가 거기 살아?)는 Who가 의문사 + S 이므로 Who 다음에 do동사 + V 만 남게 되는데, (조동사와는 달리) 원래 없었던 do동사를 굳이 써서 Who does live there? 라고 하지는 않음
be동사 have동사		V(be동사나 have동사) + S	의문사 + V(be동사나 have동사) + S

(3) 문장 속에서 의문사 + 주어 + 동사 순서로 쓰는 경우 (간접의문)

예를 들어 '네가 누구인지 그는 아느냐?'라는 문장에서 '그는 아느냐?'는 직접적 의문이고 '네가 누구인지'는 간접적 의문이다.

이처럼 문장 속에서 간접적인 의문(~인지)은 의문사 + 동사 + 주어 순서가 아니라 **의문사 + 주어 + 동사** 순서가 된다.

■ Does he know **who** you **are**? (그는 아느냐? **누구**인지 네가)

일반동사(know)의 의문문이므로 do동사(Does)가 앞으로 나와 의문문을 만들었는데, know의 목적어인 'who you are'는 간접 의문(네가 누군지)으로서 글의 순서를 잘 보아야 한다.

'네가 누구냐?' 는 who are you? 이지만 '네가 누구인지 그는 아느냐?' 라는 전체문장 속에서 '네가 누구인지'는 간접적인 의문이므로
의문사 + 주어 + 동사 순서로 해서 who you are가 된 것이다.

■ Doesn't he know **who** you **are**? (그는 모르느냐? **누구**인지 네가)
    -- 부정(not)의 의문문 (Doesn't + 주어 + 일반동사(know))

■ Does he know **which book** you **like**?
   (그는 아느냐? **어느 책을** 네가 좋아하는지)

■ Do you know **who went** there?
   (너는 아느냐? **누가** 거기에 갔는지)

　직접의문인 '누가 거기에 갔느냐?'는 Who went there? 이다.
「의문사 + do동사 + 주어 + 일반동사 원형」 순서인데, 여기서는 who가 의문사이면서 주어까지 겸하고 있어서, 그러면 do동사와 일반동사 원형만 남는데, 그렇다고 해서 did go 라고 쓰지는 않고 went를 쓴다.

　이러한 직접의문을 의문문 문장 속의 간접의문으로 고치면「의문사 + 주어 + 동사」 순서인데, 여기서는 who가 의문사이면서 주어까지 겸하고 있어서 who went there 순서가 된 것이고, 결국 위의 직접의문문과 모양이 똑같다.

■ **What** do you think he **eats**?
   (너는 생각하느냐? **무엇을** 그가 먹는다고 = 그가 무엇을 먹는다고 생각하니?)

　직접의문인 '그가 무엇을 먹느냐?'는 What does he eat? 이다.
「의문사 + do동사 + 주어 + 일반동사 원형」 순서이다.

　이러한 직접의문을 의문문 문장 속의 간접의문으로 고치면「의문사 + 주어 + 동사」 순서가 되어 what he eats(그가 무엇을 먹는지)가 된다.

　그런데 여기서 간접의문을 담고 있는 전체적 의문문이 Do you know what he eats? (---인지 아느냐?) 처럼 그에 대한 대답이 Yes나 No (압니다, 모릅니다)로 되는 것은 Do you know + 의문사 + 주어 + 동사? 순서로 쓰지만,
Do you think --? 처럼 **think, believe, imagine, suppose 등 생각 동사로** 된 경우 (Yes나 No로 대답하는 것이 아니라 '~~라고 생각한다' 등으로 대답하는 경우)는 간접의문의 의문사가 앞으로 가서 <u>**What**</u> do you think <u>he eats</u>? 순서가 된다. (Do you think <u>what he eats</u>? 가 아니고)

【참고】 의문사 없는 직접의문문을 문장 속의 간접의문으로 할 경우

의문사 없는 직접의문, 예를 들어 Are you happy? (너 행복해?)라는 직접의문문을 문장 속의 간접의문으로 하고자 하면 물론 '주어 + 동사 순서'로 바뀌는데 if 나 whether 등을 써서 다음처럼 연결하면 된다.

■ I don't know **if you are happy**. (나는 모른다. **네가 행복한지**)

이렇게 '~인지'라는 불확실한 내용을 이끌 때는 if나 whether를 쓰면 되고, that은 사실적 내용을 이끌 때 쓴다.

- Do you know **whether** he went there? (그가 거기 **갔는지** 아니?)
- Do you know **(that)** he went there? (그가 거기 **간 것을** 아니?)

그리고 목적절을 이끄는 that은 생략할 수도 있어서 ( )를 쳤다.

----

6) 부가(附加)의문문

부가의문문은 '--하다, **그렇지?**' 라는 부가적인 뜻으로서 ---, **동사 + 주어?** 형태로 쓰는데, '~하다, 안 그래?'처럼 긍정문 뒤에는 부정의 부가의문문을, 부정문 뒤에는 긍정의 부가의문문을 쓴다.

역시 be동사나 have동사나 조동사는 그대로 부가의문을 쓰고, 일반동사는 do동사로 쓴다.

(1) 긍정문 뒤에 쓰는 부가의문문

① 문장에서 동사가 be동사인 경우

■ He is a boy, <u>isn't he</u>? (그는 소년이다, <u>그렇지 않니?</u>)

■ This was very big, <u>wasn't it</u>? (이것은 매우 컸다, <u>그렇지 않았니?</u>)

② 문장에서 동사가 일반동사인 경우

일반동사(like 등)면 do동사로 부가의문문을 쓴다.

■ You like me, <u>don't you</u>? (너는 나를 좋아한다, <u>그렇지 않니?</u>)

■ He met you, <u>didn't he</u>? (그는 너를 만났었다, <u>그렇지 않았니?</u>)

③ 문장에서 조동사나 have동사가 쓰인 경우

■ You can speak English, <u>can't you</u>? (너는 영어를 말할 수 있다, <u>그렇지 않니?</u>)

■ She has been to America, <u>hasn't she</u>? (그녀는 미국에 가본 적 있다, <u>그렇지 않니?</u>)

(2) 부정문 뒤에 쓰는 부가의문문

① 문장에서 동사가 be동사인 경우

■ He isn't a boy, <u>is he</u>? (그는 소년이 아니다, <u>그렇지?</u>)

■ This wasn't big, <u>was it</u>? (이것은 크지 않았다, <u>그랬었지?</u>)

② 문장에서 동사가 일반동사인 경우

■ You don't like me, <u>do you</u>? (너는 나를 좋아하지 않는다, <u>그렇지?</u>)

■ He didn't meet you, <u>did he</u>? (그는 너를 만나지 않았다, <u>그랬었지?</u>)

③ 문장에서 조동사나 have동사가 쓰인 경우

■ You can't speak English, <u>can you</u>? (너는 영어를 말할 수 없다, <u>그렇지?</u>)

■ She hasn't been to America, <u>has she</u>? (그녀는 미국에 가본 적이 없다, <u>그렇지?</u>)

(3) 청유문(~하자) 뒤에 쓰는 부가의문문

■ Let's go to bed, <u>shall we</u>? (잠자러 가자, <u>그럴까?</u>)
이 경우 shall을 쓴다.

(4) 명령문(~해라) 뒤에 쓰는 부가의문문

　명령문의 부가의문문은 긍정 명령문이나 부정 명령문이나 상관없이 대개 will you? 를 쓴다.

■ Go to bed, <u>will you</u>? (잠자, <u>알았지?</u>)
　이런 긍정 명령문의 부가의문문은 <u>won't you</u>?를 쓰기도 하는데 그 경우는 조금 부드럽게 '그러지 않을래요?' 하고 권유하는 표현이 된다.

■ Don't be late, <u>will you</u>? (늦지 마, <u>알았지?</u>)

3. 청유문 (請誘文)

　'-- 하자'고 청하는 문장이다.　대개 Let us의 축약형인 Let's를 써서 권유한다.

■ Let's go out. (가자. 밖에)

■ Let's not go out. (가지 말자. 밖에)

4. 감탄문 (感歎文)

　놀라운 감정을 표현하는 문장이 감탄문이다. 느낌표(!)가 있다.
　감탄을 표현할 때는 감탄사(Wow! 와!, Ouch! 아야!, Oops! 이런!, Oh! 오! 등)만으로 쓰이는 경우도 있고, Oh my God(Gosh)!(어머나 세상에!, 저런!, 오 신이시여!) 식으로도 쓰이며, 감탄문은 How로 시작하는 감탄문과 What으로 시작하는 감탄문이 대표적으로 쓰인다.　How + 형용사나 부사,　　What + 명사

1) 「How + <u>형용사나 부사</u> + (주어 + 동사) !」의 형식

■ How <u>beautiful</u> these flowers are! (얼마나 아름다운가! 이 꽃들은)

■ How <u>well</u> she dances! (정말 잘하는구나! 그녀가 춤추기를)
■ How <u>good</u> a dancer she is! (정말 좋은 댄서네요! 그녀는)
　(이렇게 How + 형용사 + a + 명사 + 주어 + 동사 형태의 감탄문은 많이 쓰이진 않음)

■ How <u>fast</u> the bird flys! (정말 빨리! 그 새가 나는구나)
　How <u>fast</u>! 만으로도 의미를 알 수 있으면 뒤의 주어 동사는 생략 가능하다.

2) 「What + a/an(단수가산명사일 때만) + 형용사 + 명사 + (주어 + 동사)!」의 형식

■ What a good **dancer** (she is)! (정말 좋은 댄서로구나! 그녀는)
  she is 는 말 안 해도 알 수 있는 경우는 생략할 수 있다. 그래서 ( )를 친 것

■ What a fast **flier** (the bird is)! (정말 빠른 나는 것이로구나! 그 새는)

그런데 다음처럼 What 뒤에 오는 명사가 복수명사이거나 셀 수 없는 명사인 경우에는 a나 an은 붙이지 않는다.

■ What beautiful **flowers** (these are)! (얼마나 아름다운 꽃들인가! 이것들은)

■ What good **weather** (we have)! (얼마나 좋은 날씨를! 우리는 가졌는가)
  weather가 셀 수 없는 명사이므로 앞에 부정관사 a가 없다.

■ What a **surprise**! (와 놀라워!)
  뒤에 주어(놀라운 것)와 동사가 없어도 의미를 알 수 있어서 주어와 동사가 생략되었고, 명사 surprise 앞에 형용사가 없어도 감탄의 의미가 된다면 명사(surprise) 앞에 형용사가 없을 수 있다.

  What a **mess**! (엉망인데!)도 마찬가지다.

5. 명령문 (命令文)

명령하는 문장으로서 동사는 원형(기본형)을 쓰고, 주어가 생략된 경우가 많다.

■ Go out. (가라, 밖에)

■ Don't be late. (늦지 마)

■ You be late. (너 늦어라) 주어를 써서 강조하고 있다.

  동사 원형을 쓰므로 Are early. 이나 Is early. 이라고 하면 안 되고 Be early.(일찍 해) 라고 해야 한다.

■ Let me know it. (내가 그것을 알게 해라 = 내게 알려라.)

제2절. 동사의 종류에 따른 분류 (문장의 5가지 형식)

1. 제1형식 (주어 + 완전자동사) 문장
[주어가 (~하게) 동사한다]

완전자동사가 들어간 문장이 1형식 문장이다. 자동사는 뒤에 목적어가 필요 없는 동사인데, 완전자동사는 뒤에 목적어뿐 아니라 보어도 필요 없이 그 동사 자체만으로 쓸 수 있는 **완전한 자동사**이다.

■ The boy **went.** (그 소년은 갔다)

주어 (Subject)	동사 (Verb)
The boy 그 소년은	**went** **갔다**

to the school.
그 학교에

여기서 to the school(그 학교에. to라는 전치사와 the school이라는 명사로 이루어졌으므로 모양은 전치사구이고, '그 학교에' 라는 부사의 뜻이므로 뜻은 부사구) 은 있으나 없으나 문장에 꼭 필요한 것은 아니다.

즉 부사나 부사 역할을 하는 부사구는 문장의 뼈대가 아니므로 이 문장의 뼈대는 '주어(The boy) + 완전자동사(went)' 뿐이다.

주어 (Subject)	동사 (Verb)	부사	부사구
I 나는	**came** **왔다**	here 여기에	to meet you 널 만나기 위해

여기서 here는 부사이고 to meet you(널 만나기 위해. to + meet(동사)라는 to부정사로 이루어졌으므로 모양은 to부정사구이고, '널 만나기 위해' 라는 부사의 뜻이므로 뜻은 부사구) 도 부사 역할을 하는 구이다.

즉, 부사나 부사 역할을 하는 부사구는 문장의 뼈대가 아니므로 이 문장의 뼈대는 '주어(I) + 완전자동사(came)' 뿐이다.

주어 (Subject)	동사 (Verb)	부사
He 그는	**turned** **돌았다**	quickly 빨리

부사(quickly)처럼 동사(turned)한다.

주어 (Subject)	동사 (Verb)	부사
I 나는	am 있다	off 떨어져, 멀어져

= '나는 쉬고 있다.' 또는 '나는 떠나겠다 = 나 갈게'라는 뜻

주어 (Subject)	동사 (Verb)	부사	부사구
I 나는	am 있다	off 떨어져, 멀어져	to Seoul. 서울로

= '나 서울로 갈게 (출발할게).'라는 뜻

부사	동사 (Verb)	주어 (Subject)
There	is 있다	a book 한 권의 책이
There	are 있다	two books 두 권의 책이
There	remains 남아 있다	a book 한 권의 책이
There	remain 남아 있다	two books 두 권의 책이

부사(There)가 앞에 있으므로 주어와 동사가 도치되어 주어보다 동사가 앞에 있다.
 [그런데 주어가 대명사(it 등)로서 맨 뒤에 있게 될 경우는 도치되지 않고
 Here it is.처럼 쓴다.]

2. 제2형식 (주어 + 불완전자동사 + 주격보어) 문장
[주어가 보어이게 동사이다 = 주어가 보어이다]

불완전한 자동사가 들어간 문장이 2형식 문장이다.
불완전자동사는 뒤에 보어(보충어)가 와야 되는 **불완전한 자동사**이다.
즉, 앞에 나와 있는 주어를 보충해서 설명해주는 주격보어가 필요한 것이다.
보어로는 **명사나 형용사**가 쓰인다.

주어 (Subject)	동사 (Verb)	주격보어 (Subjective Complement)	
I 나는	am 이다	a girl 소녀	보어가 **명사**인 경우 (나는 소녀이다.)
I 나는	am 이다	happy 행복한	보어가 **형용사**인 경우 (나는 행복하다)
When we should go 언제 우리가 가야 하는지가	is 이다	important 중요한	(언제 우리가 가야 하는지가 중요하다.)

여기서 am은 불완전자동사, a girl 이나 happy 는 I(주어)를 보충 설명해 주는 주격 보(충)어이다.

I 가 a girl 이나 happy 하다는 것, 즉, '<u>주어가 주격보어 하다</u>'는 것이다.

그 다음 문장에서 is는 불완전자동사, important 는 주어(When we should go)를 보충 설명해주는 주격보(충)어이다.

위에서 본 be동사 이외에 다음 같은 일반동사들이 2형식 문장에 많이 쓰인다.

주어(Subject)	동사(Verb)	주격보어 (SC)	
The weather 날씨가	turned 변했다	cold. 차가운	주어(날씨)가 보어(차가운) 되었다.
He 그는	seems 보인다	stupid. 어리석은	주어(그)가 보어(어리석게) 보인다.
He 그는	looks 보인다	tired. 피곤한	주어(그)가 보어(피곤해) 보인다.
He 그는	got ~되었다	tired.	주어(그)가 보어(피곤해) 졌다.
He 그는	grew 점점~했다	tired.	주어(그)가 보어(피곤해) 지게 되었다.
I 나는	feel 느낀다	better. 더 좋은	주어(나)가 보어(더 좋게) 느낀다.
He 그는	became 되었다	a doctor. 의사	주어(그)가 보어(의사) 되었다.
It 그것은	smells 냄새 난다	good 좋은	주어(그것)가 보어(좋은) 냄새난다.
It 그것은	sounds 소리 난다	great 좋은, 훌륭한	주어(그것)가 보어(좋은) 소리가 난다.
He 그는	remains 여전히 ~이다	seated 앉은	주어(그)가 보어(앉은) 상태로 여전히 있다.

3. 제3형식 (주어 + 완전타동사 + 목적어) 문장
[주어가 목적어를 (~하게) 동사한다]

완전한 타동사가 들어간 문장이 3형식 문장이다.

타동사는 뒤에 목적어가 오는 동사인데, 완전타동사는 뒤에 목적어만 오면 되고 보(충)어는 필요 없는 **완전한 타동사**이다.

주어(Subject)	동사(Verb)	목적어 (Object)	부사구
The boy 그 소년은	gave 주었다	a book 한 권의 책을	to me. 나에게

여기서 to me 는 '나에게' 라는 부사의 뜻을 가진 부사구로서 문장에 꼭 필요한 뼈대는 아니다. 그래서 문장 성분에 들어가지는 않는다.

주어 (S)	동사 (V)	목적어 (O)	
I 나는	want 원한다	something to eat. 어떤 것 먹을 (= 먹을 것) (something to eat 전체를 목적어로 보면 됨) (to eat는 something을 수식하는 것으로서 '먹을' 이라는 뜻의 **형용사 역할**을 하는 to부정사이다 = to부정사의 **형용사적** 용법)	나는 먹을 것을 원한다.
I 나는	want 원한다	to eat something. 먹는 것 어떤 것 (= 어떤 것을 먹는 것) (to eat something 전체를 목적어로 보면 됨) (something은 to eat의 목적어임. to eat는 want의 목적어로서 '~를 먹는 것'이라는 뜻의 **명사 역할**을 하는 to부정사이다 = to부정사의 **명사적** 용법)	나는 어떤 것을 먹는 것을 (먹기를) 원한다.
I 나는	think 생각한다	that she is kind. 그녀가 친절하다는 것 (=그녀가 친절하다고)	

4. 제4형식 (주어 + 수여동사 + 간접목적어 + 직접목적어) 문장
[주어가 간접목적어에게 목적어를 동사한다]

수여동사가 들어간 문장이 4형식 문장이다.

수여는 누구(간접목적어)에게 무엇(직접목적어)을 수여한다, 즉 준다는 뜻이며, **수여동사**는 목적어가 이처럼 2개인 완전타동사이다.

주어 (Subject)	동사 (Verb)	간접 (Indirect) 목적어 (Object)	직접 (Direct) 목적어 (Object)
The boy 그 소년은	gave 주었다	me 나에게	a book. 한 권의 책을

이처럼 give(주다)는 3형식 동사도 되고 4형식 동사도 된다.
이렇게 많은 동사들이 여러 가지 형식으로 쓰인다.

5. 제5형식 (주어 + 불완전타동사 + 목적어 + 목적보어) 문장
[주어가 목적어를 목적보어하게 동사한다]

불완전타동사가 들어간 문장이 5형식 문장이다.

불완전타동사는 목적어가 오는 타동사인데 목적어만 오는 것이 아니라 목적어를 보충해주는 목적격 보어가 필요한 **불완전한 타동사**이다.

■ You **make** me happy. (너는 만든다. 나를, 행복하게)
　행복한 것은 나이므로 'happy(행복한)'는 목적어인 me(나)를 보충 설명해 주는 목적어 보충어(목적 보어) 이다.

주어 (S)	동사 (V)	목적어 (O)	목적보어 (Objective Complement)
You 너는	make 만든다	me 나를	happy. 행복하게
I 나는	want 원한다	him 그를 (그가)	to eat korean food. 먹기를, 한국 음식을 (= 한국 음식을 먹기를) (to eat는 목적어인 him이 하는 행동, 즉 목적어를 보충해주는 목적보(충)어이다)
We 우리는	named 이름 지었다	the dog 그 개를	Buddy. 버디라고

【주어가 동사한다. 목적어가 목적보어 하기를(되기를)】
【 = 주어는 목적어가 목적보어 하기를(되기를) 동사한다.】

주어 (Subject)	동사 (Verb)	목적어 (Object)	목적보어 (Objective Complement)
--- 명령문에서는 주어(You) 생략	**Call** 불러라	me 나를	Jin. 진이라고 an artist. 예술가라고

불완전타동사가 어떤 것들이고 목적 보어로 쓰이는 것들은 어떠한 것들인지 자세한 것은 품사론 - 동사 편에서 제5형식 동사를 참고하라.

【참고】 문장 5형식을 기본으로 하는 문장 분석 연습

1형식 동사가 2형식 동사나 3형식 동사 등으로 쓰이는 경우도 있는 것처럼 대부분의 동사들은 여러 가지 형식의 동사로 사용된다.

그리고 이 부분은 이 책을 다 보고 전체적인 공부가 어느 정도 된 다음에 다시 돌아와서 보기를 바라는데,

아무리 긴 문장이라도 전체적인 핵심구조는 앞에서 설명한 5가지 형식 중 하나에 해당되므로 그 전체적인 핵심구조를 파악하고 그 핵심구조에 부수적인 (거품 같은) 어구들을 이해할 필요가 있는 것이다.

즉, 주어(S) + 동사(V) 의 문장, 주어(S) + 동사(V) + 보어(C)의 문장, 주어(S) + 동사(V) + 목적어(O)의 문장, 주어(S) + 동사(V) + 목적어(O) + 보어(C)의 문장 등 어떤 것이든 기본 뼈대 구조는 그러하지만,

S, V, C, O 등을 각각 수식하는 여러 가지 형용사절(관계사절 등), 형용사구(분사, 부정사구, 전치사구 등), 부사절, 부사구(부정사구, 전치사구 등), 명사절(that절 등), 명사구(동명사구, 부정사구 등) 등등이 여러 형식의 구조 속에서 S, V, C, O 등을 각각 수식 또는 연결하는 거품 같은 말들로서 들어 있게 되는 것이다.

이것을 다음과 같이 연습해 보자.

〈연습1〉 제1형식

■ I would **walk** along the riverside listening to music which made me relaxed whenever I was angry.

 (나는 **걷곤 했다**. 강변을 따라, 날 안정시키는 음악을 들으며, 내가 화났을 때마다)

이 문장은 S(I) V(would walk) 로 구성되어 있는 1형식 문장이다.

▶ 주어(S)
 I (<u>나는</u>)

▶ 동사(V)
 would walk (<u>걷곤 했었다.</u>)

<u>주어, 동사 다음에 문장의 주된 성분에 들어가지 않는 여러 가지들, 즉 전치사구</u>(along the riverside / 강변을 따라 라는 뜻이므로 부사구임), <u>분사구문</u>(listening to music / 음악을 들으면서 while I listened to music 이라는 부사절을 분사인 listening 으로 고쳐서 간단히 한 것), <u>관계대명사절</u>(which made me relaxed / 앞의 선행사인 music을 수식함 / 관계사절 안에는 V(made) O(me) C(relaxed) 가 있는 5형식이 들어있음), <u>부사절</u>(whenever I was angry / 여기에는 또 S(I) V(was) C(angry) 가 있는 2형식이 들어 있음) <u>이 들어 있는 문장이다.</u>

이처럼 문장의 전체적인 구조는 1형식 문장인데, 그 속에는 또 여러 형식이 있을 수 있는 것이다.

〈연습2〉 제2형식

■ One of the important points missed by many people when they are socialized **is** that they focus too much on the things that appear to their eyes and not enough on what are essential but invisible.

 (가장 중요한 점들 중 하나는, 많은 사람들에 의해서 놓친, 그들이 사회화될 때, **이다**. 그들이 그들 눈에 보이는 것들에 너무 많이 초점을 두는 것, 그리고 본질적이지만 보이지 않는 것들에 충분히 초점을 두지 않는 것)

이 문장은 S(One of ~~) V(is) C(that절 이하) 로 구성되어 있는 2형식 문장이다.

▶ 주어(S)

One of the important points missed by many people when they are socialized

[사회화될 때(when they are socialized / 부사절) 많은 사람들이 놓치는(missed/ 과거분사로서 points를 수식함) 중요한 점들 중 하나는]

▶ 동사(V)

is (~ 이다.)

▶ 보어(C)

that they focus too much on the things that appear to their eyes and not enough on what are essential but invisible.

[그들이 그들 눈에 나타나는 것들에 너무(too much) 초점을 두고(focus on ~) 본질적이지만 보이지 않는 것들(what = the things which) 에는 충분히 초점을 두지 않는 것]

that절이 보어로 쓰인 명사절이며,

이 that절 속에서는 또

S (they),

V (구동사인 focus on and don't focus on / 여기에서는 앞에 focus가 있으니까 뒤에는 not on 만 남기고 생략했음),

O (the things 와 what) 가 있는 3형식과

부사 (too much),

관계대명사절 (that appear to their eyes / 앞의 the things를 수식하고 있는데 여기서의 that은 관계사절을 이끄는 관계대명사(뒤에 불완전한 절이 나옴)임. /반면에 맨 앞에 that they focus ~ 에서의 that은 명사절을 이끄는 접속사(뒤에 완전한 절이 나옴)임.)

부사 (enough),

전치사구 (on what),

관계대명사절 (what are essential but invisible / 여기서의 what은 the things that과 같은 복합관계대명사임) 이 들어 있다.

이처럼 문장의 전체적인 구조는 2형식 문장인데, 그 속에는 또 여러 형식이 있을 수 있다.

〈연습3〉 제3형식

■ The man who experienced the extreme situation **challenged** conventional wisdom and **found** that the degree of emotions running high varied little as he went through a variety of environments.
 (그 사람은, 그 극한 상황을 겪은, **이의를 제기했다**. 일반적 통념에, 그리고 **발견했다**. 고조되는 감정의 정도가 별로 달라지지 않았다는 것을, 그가 여러 환경을 겪을 때)

 이 문장은 S(The man ~~) V(challenged and found) O(conventional wisdom 과 that절 이하)로 구성되어 있는 3형식 문장이다.

▶ 주어(S) : The man who experienced the extreme situation
         (그 극심한 상황을 경험한 그 사람은)

 관계대명사절(who ~~)이 The man을 뒤에서 수식하고 있고, 관계대명사(who)절 속에서는 또 S(who = and he) V(experienced) O(the extreme situation) 가 있는 3형식이 들어 있다.

▶ 동사(V) : 2개 --- challenged and found
         (~에 이의를 제기했다 그리고 ~를 발견했다.)

▶ 목적어(O) : 2개
   conventional wisdom (통념) 과
that the degree of emotions running high varied little as he went through a variety of environments.
   [그가 다양한 환경을 겪을 때(as 이하), 고조되는(running high) 감정의 정도 (the degree of emotions)는 별로 달라지지 않았다(varied little)는 것]

 that절이 목적어로 쓰인 명사절이며, that절 속에서는 또 S (the degree of emotions running high /여기에는 부사인 high가 running을 수식하고 분사인 running이 emotions를 뒤에서 수식함), V (varied little) 가 있는 1형식과 부사절[as he went through a variety of environments /여기에는 또 S(he) V(구동사인 went through) O(a variety of environments) 가 있는 3형식이 들어 있음] 이 들어 있다.

 이처럼 문장의 전체적인 구조는 3형식 문장인데, 그 속에는 또 여러 형식이 있을 수 있다.

제3절 형태에 따른 분류

동사의 개수 등을 기준으로 단문, 중문, 복문으로 나눌 수 있다.

1. 단문(單文) Simple sentence

1) 단문이란?

단문은 주어와 동사가 1개인 문장이다.

■ You are a girl. (너는 소녀이다.)

■ You make me happy. (너는 만든다. 나를, 행복하게)

2) 단문의 확장

단문은 일관성 있게 확장되어야 한다.

(1) 나열되는 명사(주어, 보어, 목적어)의 확장

① 명사의 확장

확장에 사용되는 접속사는 and/ but/ or/ either...or.../ neither...nor.../ not...but.../ both...and.../ not only...but also../ ..as well as... 등이 있다.

그리고 두 개를 나열할 때는 ,를 사용하지 않으며, 세 개 이상을 나열할 때는 콤마(,)를 사용하며 이때 and 앞에 있는 콤마(,)는 생략할 수 있다.

즉 ...milk, butter, and meat...와 ...milk, butter and meat... 둘 다 맞다.

■ The **fruits** and **oranges** look fresh.(✗) (그 과일들과 오렌지들은 싱싱해 보인다.)

and가 2개의 명사(fruits와 oranges)를 확장하고 있는데 orange(오렌지)는 fruit(과일)의 한 종류일 뿐이므로 확장하기에는 격이 같지 않아서 틀림.

(즉, '그 과일들과 오렌지들은'이라는 것은 말이 이상함.

과일들과 야채들, 사과들과 오렌지들처럼 해야 말이 자연스러움)

■ The **fruits** and **vegetables** look fresh. (O)

(그 과일들과 야채들은 싱싱해 보인다.)

fruits(과일)과 vegetables(야채)는 격이 같은 동렬의 항목이므로 확장하기에 적당하여 맞음.

과일과 야채, 과일과 고기 등은 맞지만 과일과 사과, 야채와 배추 등은 틀림

② 명사 역할하는 **동명사의 확장**

    동사에서 온 명사 형태(모양은 동사의 기본 원형 + ing. 자세한 것은 품사론 - 명사 역할하는 동명사 편과 동사의 활용 편을 참고)를 동명사라 하는데, 이것도 역시 「동명사 and 동명사」식으로 확장 연결해야 한다.

■ They are outsiders (who are) bent on **exploiting** the forest and **destroying** the homes.   be bent on ~ing (~하는 것에 열중하다)
    (그들은 외부인들이다. 열중하고 있는, 숲을 **개발하는 것**에, 그리고 집들을 **파괴하는 것**에)

    여기서는 and가 exploiting(개발하는 것)과 destroying(파괴하는 것)을 이어주고 있다. (그런데 이 문장은 형용사절(who are ~)이 있는 복문으로 볼 수 있다.)

■ We solved the problem by **doing** by hand rather than **using** a computer.
    (우리는 해결했다. 그 문제를, 손으로 **하는 것**에 의해서, 컴퓨터 **사용하는 것**보다)

    여기서는 rather than(차라리 --보다)이 doing과 using을 이어주고 있다.

③ 명사 역할하는 **to부정사의 확장**

    to부정사는 동사에서 온 것 (to + 동사의 기본 원형. 자세한 것은 품사론 - 동사 - 동사의 활용 편을 참고) 으로 명사, 형용사, 부사 역할을 하는 것인데, 역시 「to부정사 and to부정사」식으로 확장 연결해야 한다.

■ **To answer** quickly is more important than **to answer** accurately.
    (빨리 **대답하는 것**이 더 중요하다. 정확히 **대답하는 것**보다.)

    여기서는 than이 To answer quickly 와 to answer accurately를 이어준다.

④ 명사 역할하는 **명사절의 확장**

■ I didn't know **how large the lake was** or **how deep it was**.
    (나는 몰랐다. **얼마나 큰지 그 호수가** 또는 **얼마나 깊은지 그것이**)

    여기서는 or가 2개의 명사절(how large the lake was 와 how deep it was)을 이어준다. (그런데 이 문장은 명사절이 있는 복문인데, '확장' 공부 때문에 여기에 함께 썼다.)

    여기서 how절은 명사절로서 간접적인 의문이기 때문에 의문사(how) + 주어 (the lake) + 동사(was) 순서가 된 것이다.

(2) 동사의 확장

■ He **is studying** English and **singing** a song.
　(그는 공부하고 있다, 영어를, 그리고 부르고 있다, 노래를)

　여기서는 and가 is studying 과 is singing을 연결해 주는 것이며, is는 반복되므로 뒤의 is를 생략한 것이다.

■ 반복되는 것은 생략하므로
　　He **likes to sing** songs and **likes to write** songs. 와
　　He **likes to sing** songs and **to write** songs. 와
　　He **likes to sing** songs and **write** songs. 모두 맞다.
　(그는 좋아한다. 노래 부르는 것을, 그리고 작곡하는 것을 ― 뒤의 likes to를 생략함)

■ He neither **goes** nor **comes**. (그는 가지도 않고, 또한 오지도 않는다.)

　여기서는 neither ― nor(이것도 아니고 또한 저것도 아니다)가 goes와 comes를 이어주고 있다.

■ The birds not only **protect** their nests but also **build** them well.
　(그 새들은 그들의 둥지를 보호할 뿐만 아니라, 그것들을 잘 짓는다.)

　여기서는 not only -- but also(이것뿐만 아니라 또한 저것도)가 protect와 build를 이어주고 있다.

(3) 형용사의 확장

■ He is **young** and **aggressive**. (그는 젊고 공격적이다.)
　접속사(and)가 형용사 2개(young, aggressive)를 연결해 주고 있다.

■ He seems either very **silly** or very **serious**.
　(그는 매우 어리석거나 또는 매우 진지해 보인다.)

　either --- or(이거든 저거든) 가 형용사 2개(silly, serious)를 연결해 주고 있다.

■ 형용사를 확장할 때는 and를 생략할 수 있는데, and 앞에 콤마(,)가 없었다면 and를 생략하면서 콤마(,)를 쳐 주어야 한다.

   She was a **serious** and **enthusiastic** woman.
   (그녀는 진지하고 열성적인 여자였다.)
   = She was a **serious, enthusiastic** woman.

■ They are not only **useful**, but various products are (also) **made** from them.

   (그들은 유용할 뿐만 아니라, 다양한 생산물들이 그들로부터 만들어진다.)

   not only ~ but also - (~뿐 아니라 -도) 가 형용사 2개(useful, made)를 연결하고 있는데, also에 ( )가 쳐 있는 것은 also를 생략할 수 있다는 의미이다.

(4) 부사의 확장

■ She spoke **softly** but **enthusiastically**. (그녀는 말했다. 부드럽고 열정적으로)

   접속사(but)가 부사 2개(softly, enthusiastically)를 연결해주고 있다.

■ They sweetened tea **with a spoonful of jam** or **with a spoonful of sugar**. (그들은 달게 했다. 차를, 잼 한 스푼으로 또는 설탕 한 스푼으로)

   여기서 with a spoonful은 2번 반복되므로 뒤의 것은 생략할 수 있다
   = They sweeten tea **with a spoonful of jam** or **sugar**.

■ They take part in government either **directly** or **indirectly**.
   (그들은 참가한다. 정부에, 직접적으로 또는 간접적으로)

   either — or (이거든 저거든) 가 부사 2개(directly, indirectly)를 연결하고 있다.

■ He is famous not only **in korea**, but also **abroad**.
   (그는 유명하다. 한국에서만 아니라 해외에서도)

   not only -- but also (이것뿐만 아니라 저것도)가 부사 2개(in korea, abroad)를 이어주고 있다.

2. 중문(重文) Compound sentence

중문은 등위(같은 것을 연결하는)접속사 등으로 연결되어서 동사가 2개 이상인 문장이다.

연결 방법은 1) S(주어) + V(동사), 등위접속사 S + V,
2) S + V ; S + V,
3) S + V ; 접속부사, S + V. 처럼 3가지가 있다.

그리고 주어가 같으면 위에서 살펴본 단문에서의 동사의 확장으로 보아도 된다.

1) S + V, 등위접속사 S + V

■ He went there, **and** she came here.
(그는 거기에 갔다, **그리고** 그녀는 여기에 왔다.)

■ He cried, **but** she laughed. (그는 울었다, **그러나** 그녀는 웃었다.)

■ He may come, **or** he may stay. (그는 올지도 모른다, **또는** 머무를지도 모른다.)

■ He didn't pass the exam, **nor** did he expect it.
(그는 그 시험에 합격하지 않았다, **또한** 그것을 기대하지**도** 않았다.)

이처럼 등위접속사로서 nor (= or not)가 쓰이게 되면 did he처럼 주어와 동사가 도치된다.

■ He was tired, **for** he had worked all night. (그는 지쳤다, **왜냐하면** 밤새 일 했었기 **때문에**) 일한 것이 지친 것보다 먼저여서 과거완료(had worked)씀

■ He was tired, **so** he went bed. (그는 지쳤다, **그래서** 잤다.)

■ He didn't study, **yet** he passed the exam.
(그는 공부하지 않았다, **그러나** 그 시험에 합격했다.)

■ We must hurry up, **otherwise** we will be late for the meeting.
(우리는 서둘러야 한다, **그렇지 않으면** 늦을 것이다. 그 모임에)

여기서 otherwise는 부사인데 등위접속사처럼 쓰였다.

■ He ate very much, **and** finally had stomachache.
　(그는 매우 많이 먹었다, **그리고** 마침내 복통이 났다.)

　여기서 and 이하는 분사구인 finally having stomachache로 간단히 바꿀 수도 있다.
　(접속사 and를 생략하고 동사 had를 ing 붙여 분사로 만든 것인데, 이런 분사구문에 관하여는 복문 - 부사절을 간단히 하기 편과 품사론 - 동사의 활용 편을 참고할 것)

2) S + V **;** S + V

■ He went there**;** she came here. (그는 거기 갔다, **그러나** 그녀는 여기 왔다)

　여기서 ; 는 , + but 처럼 쓰였다.

3) S + V **; 접속부사,** S + V

　;first /　;firstly 첫 번째로
　;second /　;secondly 두 번째로
　;otherwise, 그렇지 않으면
　;consequently, (= ;as a result,　;therefore,　;thus,) 그 결과로서(따라서)
　;however, (= ;nevertheless,) 그러나(그럼에도 불구하고)
　;on the other hand, 반면에
　;furthermore, (= ;moreover,　;in addition,　;also,) 게다가
　;indeed, 참으로
　;instead,　그 대신에
　;then,　그러면(그 다음에는)

■ He studied hard, **but** he didn't pass the exam.
　　(그는 열심히 공부했다, **그러나** 그 시험에 합격하지 못했다.)
　= He studied hard **;** he didn't pass the exam.
　= He studied hard **; however,** he didn't pass the exam.
　= He studied hard.　However, he didn't pass the exam.

but은 접속사이므로 「절, 절」 등에서 콤마 다음에 써서 앞뒤의 절과 절을 연결할 수 있지만
however 등은 접속사는 아니고 접속의 내용을 가진 부사일 뿐이므로 comma(,) 다음에서 독립적으로 앞뒤의 절과 절을 연결할 수는 없고
(따라서 He studied hard, **however** he didn't pass the exam. 는 틀림),
다음의 예처럼 써서 접속의 내용을 나타낸다.

① 접속사와 함께

「**접속사** + 절, **접속부사** 있는 절」

■ <u>While</u> it may be true, it's **nevertheless** unacceptable.
 (그것이 사실일지 몰라도, 그럼에도 불구하고 받아들일 수 없다.)

「절 + **접속사** + **접속부사** 있는 절」

■ I got my leg hurt <u>and</u> **consequently** I can't go there.
 (나는 다리를 다쳐서 거기 갈 수 없다.)

② semicolon(;) 다음에 써서

■ He studied hard ; **however,** he didn't pass the exam.
 (그는 열심히 공부했다. 그러나 그는 그 시험에 합격하지 못했다.)

③ 마침표(.) 다음에 써서, 즉, 새로운 문장에서 앞 문장과 연결시킴

■ He studied hard**. However,** he didn't pass the exam.

3. 복문(複文) Complex sentence

복문은 주절(문장에서 기본 뼈대가 되는 주된 절)과 종속절(주절에 종속되어 딸린 절)이 종속(종속절을 연결하는) 접속사로 연결된 문장이다.

종속접속사로 이어진 종속절에는 명사절, 부사절, 형용사절이 있다.

즉, 명사절이 있는 복문, 부사절이 있는 복문, 형용사절이 있는 복문이 있는 것이다. 그래서 명사절, 부사절, 형용사절을 차례로 살펴보자.

1) 명사절 (명사 역할하는 종속절)

명사절은 명사 역할을 하는 절로서, 이를 이끄는 종속접속사는 that 뿐만 아니라 whether, if, how, who, what, which, why, when, whoever, 기타 등등이 종속접속사 역할을 한다.

> 종속접속사로 연결된 밑줄 친 부분이 종속절(명사절)이고
> 밑줄 안 친 부분의 V가 주절의 동사라고 하면
> - <u>종속접속사 + S + V</u> + V
> - <u>종속접속사(종속절의 S 역할 겸함) + V</u> + V
> - S + V + <u>종속접속사 + S + V</u>
> - S + V + <u>종속접속사(종속절의 S 역할 겸함) + V</u> 등
>   여러가지 문장 형태가 있다.

(1) 주어 역할하는 명사절 (주절이 아니고 주어절임)

일반적인 접속사 이외에도 의문사, 관계사 등도 명사절을 이끄는 접속사로 쓰인다.

① **일반적인 접속사**(that, whether 등)**절** (주어 역할)

■ **Whether he keeps good condition** has been questioned.
   (**그가 좋은 컨디션을 유지하는지**가 의문시되어져 왔다.
   = 그가 좋은 상태를 유지하는지 의심되어져 왔다)
   여기서는 Whether he keeps good condition 이라는 명사절이 주어이다.

■ The fact **that the earth is round** is common-sense.
   (**지구가 둥글다**는 사실은 상식이다.)
   여기서 that절은 fact를 수식하는('~라는') 형용사절처럼 보일 수도 있지만, 수식하는 것이 아니라 the fact와 완전히 똑같은 **동격절**로서 명사절로 볼 수 있다.

■ It is true **(that) he went there**. (사실이다. **그가 거기 갔다는 것**이)

여기서 that이 이끄는 명사절(that절)은 앞에 있는 주어인 It과 같은 것이다.
즉, that절이 진(짜)주어이며, 앞의 It은 that절 대신 주어를 간단히 하기 위해 쓴 가(짜)주어이다.
이때 that은 대화에서(구어체에서는) 생략하기도 한다. 그래서 ( )를 쳤다.

② 의문사(疑問詞)절 (주어 역할)

■ **When we should go** is important. (**언제 우리가 가야 하는지**가 중요하다)

여기서 When we should go 라는 명사절이 주어이다.
'언제'라는 뜻의 의문부사('~할 때 라는 접속사가 아님) when이 명사절을 이끄는 접속사로 쓰였다.

■ **Who will go there** is undecided. (**누가 거기 갈 것인지**가 미정이다.)

여기서 Who will go there 라는 명사절이 주어이고, '누가'라는 의문대명사 who가 명사절을 이끄는 접속사(명사절 속의 주어 역할도 같이 겸함)로 쓰였다.

이것을 It (가주어) ~ who--(진주어)로 바꾸어 다음처럼 표현할 수도 있다.
= It is undecided **who will go there.**

③ 관계사(關係詞)절 (주어 역할)

■ **Whoever likes music** is welcome.(**음악을 좋아하는 사람 누구든지** 환영한다.)
Whoever likes music 이 명사절로서 이 문장 전체의 주어이다.

여기서 <u>whoever</u>는 명사절(Whoever likes music)을 이끄는 접속사 역할을 하는데 그 명사절 속에서 likes의 주어이기도 하면서 또한 복합적으로 전체 문장의 주어인 is의 주어이기도 하다.
그래서 이를 '복합' 관계대명사라고 한다.

이 whoever는 <u>'--하는(who) **누구든지 모두**'(Anyone),</u>
즉 Anyone(누구든) who(그리고 그는) 라는 뜻이다.

나중에 이 책 '형용사절'편에서 관계대명사가 나오게 되므로 그 부분을 먼저 참고하기 바라면서 먼저 좀 살펴본다면, 원래 who 같은 관계대명사는 '~하는 OO' [OO가 있는데, 그리고 그(것)은(를) ~] 식으로 관계대명사 **앞**에 수식받는 명사인 **선행사**(先行詞 OO. 수식받는 OO이 앞에 있어서 선행사라 함)가 있기 마련인데, **선행사**(OO)**와 관계대명사**(그리고 그(것))**가 한 단어로 묶어진 경우도** 있다.

바로 여기서의 whoever가 <u>**선행사인 Anyone**</u>(누구든지)**과 관계대명사인 who**(그리고 그는 = ~하는)**가 합쳐진 것**으로서 **복합관계대명사** (선행사를 이미 포함하는 관계대명사로서 명사절을 이끎) 라고 한다.

(2) 목적어 역할하는 명사절

① 예문

가. 일반적인 접속사(that, whether 등)**절** (목적어 역할)

■ We know **(that) it is true.**(우리는 안다. **그것이 사실이라는 것을**)

여기서 that it is true. 는 전체 문장에서 목적어 역할을 하는 명사절이며, that은 명사절을 이끄는 종속접속사이다.

이렇게 목적어절을 이끄는 that은 생략할 수 있다. 그래서 ( )를 친 것

■ We know **(that) it is true but <u>that</u> this is not true.**

(우리는 안다. **그것은 사실이고 그러나 이것은 사실이 아니라는 것을**)

여기서는 등위접속사 but으로 목적어 역할 하는 명사절들(앞 that절과 뒤 that절)이 확장되고 있는데 첫 번째 종속접속사인 that은 (생략)할 수 있지만 <u>두 번째 that</u> 부터는 생략할 수 없다. (혼란을 막기 위해서)

■ I don't know **whether he knows it.** (or not)

(나는 모른다. **그가 그것을 알고 있는지** (또는 모르는지))

= I don't know **whether or not he knows it.**

= I don't know **if he knows it** (or not).

여기서 ( )는 생략할 수 있다는 뜻이다(or not).

접속사 whether와 if의 차이점은 품사론 - 접속사 편을 참고하기 바람.

■ He asked **if I would help**. (그는 물었다. **내가 도와주겠느냐고**)

나. 의문사절 (목적어 역할)

■ We know **who she is**. (우리는 안다. **그녀가 누구인지**)
여기서 who는 관계대명사가 아니라 '누가'라는 뜻의 의문대명사(대명사 역할 하는 의문사) 로서 명사절을 이끄는 접속사이다.

원래, 그녀가 누구냐? 는 who is she ? (의문사 + 동사 + 주어? 순서) 인데 의문사가 명사절을 이끄는 종속접속사로 쓰여서 '그녀가 누구인지' 라는 명사절에서는 간접의문이 되므로 「의문사 + 주어 + 동사 순서」가 되어 who she is 가 된 것이다.

■ We know **who went there**. (우리는 안다. **누가 거기 갔는지**)
원래, 누가 거기 갔느냐? 같은 의문문은 **의문사 + 동사 + 주어? 순서**로서 who went there? 이다.
(여기서는 who가 의문사뿐 아니라 주어까지 포함되어 있어서 의문사 + 동사 + 주어? 를 이렇게 표현할 수밖에 없음)

그런데 의문사가 종속접속사로 쓰여 간접의문(누가 거기 갔는지)을 나타낼 경우는 **의문사 + 주어 + 동사 순서** (who went there.)이다.
[여기서는 who가 의문사이면서 동시에 주어(명사절 안에서의 주어)]

결국 이런 경우는 원래 의문문('누가 거기 갔니?') 이든 명사절('누가 거기 갔는지') 이든 둘 다 who went there 로서 같은 순서 형태가 된다.

■ **Who** do you think **did it**? (**누가** 당신은 생각하십니까? **그걸 했다고**
　　　　　　　　　　　　　　　　　= 누가 그걸 했다고 생각하나요?)
여기서는 do you think ~ (~ 생각하십니까?)라는 주절과
Who did it (누가 그걸 했는지/ 의문사 + 주어 + 동사 순서) (여기서는 who가 의문사이면서 동시에 주어임)라는 종속절로 되어 있다.

다. 관계사절 (목적어 역할)

가) 관계형용사절 (목적어 역할)

■ I gave him **what money I had**. (him은 간접목적어, what 이하 절은 직접목적어)
  (나는 그에게 주었다. **내가 가졌던 그 돈을**)

여기서 what은 money를 수식하는 **관계**(and 그리고) **형용사**(that 그)인데, 명사절(what money I had)을 이끄는 접속사 역할을 하고 있다.

원래 ■ I gave him money, **and** I had **that** money.
  (나는 그에게 돈을 주었다. **그리고** 나는 **그** 돈을 가지고 있었다.)에서 앞의 money와 뒤의 that money 가 같은 대상이므로 앞의 money를 설명해주는 and I had that money.를 앞의 money(선행사)로 가져다가 붙여서 간단히 한 것이다. (and가 있는 중문을 and가 없는 복문, 즉 관계형용사절로 바꾼 것)

즉, <u>접속사(and) + 형용사(that)를 관계형용사(what)로 고쳐서</u> 앞에 나와 있는 명사(<u>선행사</u>)인 money<u>를 수식</u>(형용사는 명사를 수식하므로) <u>하면 되는 것</u>이다.

| 위 문장에서 and (관계) + that (지시 형용사) = what (관계형용사) |
| 그리고   그 |

⇒ I gave him *what* money I had.
  (나는 그에게 주었다. <u>그리고 그</u> 돈을 내가 가졌었다.)
  (= 나는 그에게 주었다. **내가 가졌던 그 돈을**)

여기서 what은 all the 라는 뜻으로 '적지만 모두'라는 의미를 가진다.

나) 복합관계대명사절 (목적어 역할)

■ He always says **whatever comes into his mind**.
  (그는 항상 말한다. **그의 마음에 떠오르는 무엇이든지**)

이 문장은 He always says **anything**, and **it** comes into his mind.에서 **anything**과 **and it**(= 관계대명사 that / 그리고 그것)이 합쳐져서 **whatever**가 된 것이다.

그래서 whatever는 '어떤 것이 있는데 그리고 그것은 ~' = '~하는 어떤 것(모두)' 인 셈이다.

즉 whatever는 '어떠한 것이나 모두' (anything that = 어떤 것(이나), 그리고 그것은) 라는 뜻의 복합관계대명사(그 자체에 수식받는 선행사인 명사 anything이 이미 포함되어 있는 관계대명사) (위에서 whatever가 선행사를 포함하다 보니 says의 목적어이면서 또한 복합적으로 comes의 주어가 되어 '복합'이라고 함) 로서 명사절을 이끄는 접속사인데, 접속사 겸 종속절(명사절)의 주어이다.

■ You may have **whichever you want**.
　(너는 가져도 좋다. **네가 원하는 어느 것이든지**)

여기서 whichever도 '어느 것이나 모두'(anything that) 라는 뜻의 복합관계대명사이다.

다) 복합관계형용사절 (목적어 역할)

■ You may have **whatever book you want**.
　(너는 가져도 좋다. **네가 원하는 어떤 책이든지**)

이 문장은 You may have **any book**, and you want **it**.
(너는 어떤 책을 가져도 좋다, 그리고 너는 그것을 원한다. = 원하는 어떤 책을 가져도 좋다)
　= You may have any book that you want
　　　　　　(여기서 that은 '그리고 그것은'이라는 and it = 관계대명사 that)
에서 any(어떤)와 that(그리고 그것) 이 합쳐져서 whatever가 된 것이다.

그래서 whatever는 '어떤(any), 그리고 그것은(and it = that) ~'
　　　= '~하는 어떤'인 셈이다.

whatever가 any book 중에서 book은 아니고 any만을 포함하기 때문에 whatever book이 된다.

그래서 whatever는 book을 수식하므로 '**형용사**'인데, 선행사(any ~)를 포함하므로 '**복합**'(선행사를 포함하므로 have의 목적어이며, 동시에 복합적으로 want의 목적어)이며, 접속사(that = and it 에서 and)를 포함하므로 '**관계**', 따라서 **복합관계형용사**이다.

즉, '**~하는 어떤(모든) ~**' (any ~ that = 어떤 ~, 그리고 그것은) 라는 **복합관계형용사**인데, **명사절**을 이끄는 접속사로 쓰였다.

② (목적어 역할하는) **명사절과 화법**(話法)(화법이란 남의 말을 인용하여 재현하는 방법임)

가. 평서문(평이하게 서술된 보통 문장)의 화법

■ He said **(that) he was going to leave Seoul**.
(그는 말했다. **그가 서울을 떠날 것이라는 것**을) (그는 자기가 서울을 떠나겠다고 말했다.)

이것은 원래 He said, "I am going to leave Seoul."(그는 말했다, "나는 서울을 떠날 것이다.")라는 직접화법(그는 말했다 "나는 ~이다"라는 식으로 직접적으로 표현하는 법)을 간접화법(그는 자기가 ~였다고 말했다 라는 식으로 간접적으로 표현하는 법)으로 바꾸어 쓴 말이다.

즉, 직접화법에서는 현재형 am 이었는데 간접화법에서는 주절의 과거형 said에 따라 시제를 같게(시제 일치) 하기 위하여 과거형인 was로 바뀐 것이다.

■ 그런데 He said **(that) the earth is round**. (그는 말했다, **지구가 둥글다는 것**을)
처럼 항상 사실(지구가 둥근 것은 항상 사실)인 경우는 주절이 과거(said)이지만 간접화법에서도 과거형(was)이 아니라 현재형(is)을 쓴다. (시제일치의 예외)

■ He said **(that) he had eaten rice**.(그는 말했다, **그가 밥을 먹었었다는 것**을)

이것은 원래 He said, "I ate rice."(그는 말했다 "나는 밥을 먹었다".)라는 직접화법을 간접화법으로 바꾸어 쓴 말이다.

즉, 직접화법에서는 과거형 ate였는데 간접화법에서는 과거형 said에 따라 시제를 일치시키기 위하여, 먹은 것이 말한 시점보다 먼저이므로 과거완료(대과거 : 과거보다 더 먼저)인 had eaten으로 바뀐 것이다.
(그때보다 더 전에 먹었었다고 그때 말했다)

나. 의문문의 화법

■ He asked me **if I wanted a drink**.(그는 나에게 물었다, **내가 술이 필요한지**를) (drink는 가산명사로 쓸 수 있어서 a 붙임)

이것은 원래 He said to me, "Do you want a drink?" (그는 내게 말했다, "너는 술이 필요하냐?") 라는 직접화법을 간접화법('~인지'가 되므로 if)으로 바꿔 쓴 말이다.
asked와 시제를 일치시키기 위해서 want가 과거시제인 wanted로 바뀌었다.

□ He said to me, "Can you help me?"
  (그가 내게 말했다, "너 나 도와줄 수 있어?" -- 직접화법)
⇒ ■ He asked me if I could help him.
    (그가 내게 물었다, **내가 그를 도와줄 수 있는지**를 -- 간접화법)
  asked와 시제를 일치시키기 위해서 can이 과거시제인 could로 바뀌었다.

다. 명령문의 화법

명령문인 직접화법은 간접화법으로 바꿀 때 명사절이 아니라 <u>to부정사 구문</u>으로 바꾼다.

즉, He said, "Eat rice."(그는 말했다, "밥 먹어") 를
■ He told me <u>to eat rice</u> (그는 내게 말했다, 밥 먹으라고)로 바꾸는 것이다.
  me가 목적어이고 to부정사(to eat)가 목적보어인 5형식 문장으로 되는 것이다.

③ (목적어 역할하는) **명사절을 이끄는 wish 가정법** (I wish + 명사절)

가. wish 직설법(直說法) (이룰 수 있는 소망을 나타내는 것으로서 이것은 가정법 아님)

■ I wish **(that) I will get a job related to my major.**
  (나는 바란다. **전공과 관련된 직업을 갖기**를)

■ I wished **(that) I would get a job related to my major.**
  (나는 바랬다. **전공 관련 직업 갖기**를) wished 때문에 시제일치에 따라 will이 would로

나. wish 가정법(假定法)

wish 가정법은 사실과 반대되는 희망사항(아쉬움)을 표현하는 경우에 쓴다.

가) wish 시점(주절)과 대상 시점(종속절)이 같은 시제인 경우 (가정법 과거)

종속절인 명사절에 가정법 동사(**<u>과거동사</u>**) 를 쓴다.
  이때 be동사 경우는 were를 쓴다.
  <u>조동사</u> 를 쓸 경우는 would, could 등을 쓴다.

■ I wish **(that) you *went* there.**   that은 생략 가능해서 ( )표시함
  (나는 바란다. **네가 거기 가기**를 = 그런데 사실은 갈 수 없어 아쉽다.)

⇒ I am(또는 feel) sorry (that) you don't go there. (네가 안 가서 유감이다.)
　　= It's a pity (that) you don't go there.

■ I wish **(that)** I *were* you.　내가 (지금) **너이기를** (지금) 바란다.
　　　= 내가 너라면 좋겠다. = 나는 네가 아니어서 아쉽다.= I am sorry
　⇒ I am sorry (that) I am not you.

■ He wishes **(that)** he *had* much money.
　　(그는 **자기가** (지금) **돈이 많다면 하는 것을** (지금) 바란다.
　　= 사실은 돈이 없어서 아쉽다.)
　⇒ He is sorry (that) he doesn't have much money.

■ I wished **(that)** you *went* there.
　　[내가 (그때) **네가 거기 가기를** (그때) 바랐다.
　　= 그런데 사실은 갈 수 없었기에 아쉬웠다. = I was sorry]
　⇒ I was sorry (that) you didn't go there.(그때 가지 않아서 그때 아쉬웠다.)

■ I wish **(that)** you *would* go there.　　that은 생략 가능해서 (　)표시함
　　(나는 바란다. **네가 거기 가기를**
　　= 갈지 안 갈지 모르지만(안 갈 것 같지만) 가면 좋겠다.)
　⇒ I am sorry (that) you don't go there.(지금 가지 않아서 지금 아쉽다.)

■ I wish **(that)** you *could* speak English.
　　(나는 (지금) 바란다. (지금) **네가 영어를 말할 수 있기를**
　　= 영어를 말할 수 없어서 아쉽다.)
　⇒ It's a pity (that) you can't speak English.(지금 영어를 못해서 지금 아쉽다.)

■ I wished **(that)** you *could* speak English.
　　(나는 (그때) **네가 영어를 말할 수 있었으면 하는 것을** (그때) 바랐다.
　　= 네가 영어를 말할 수 없어서 아쉬웠다)
　⇒ It was a pity (that) you couldn't speak English.
　　(그때 영어를 못해서 그때 아쉬웠다.)

나) wish 시점(주절)보다 대상 시점(종속절, 명사절)이 먼저인 경우 (가정법 과거완료)

'그때 ~였더라면' 하는 과거 희망사항(아쉬움)을 표현하는 방법으로, 종속절인 명사절에는 과거완료형(완료형은 'have동사 + pp' 형태인데 자세한 것은 품사론 - 동사 - 시제 편을 참고할 것) *had pp*(과거분사 past participle)를 쓰는데, 그 대신 *would have pp*(~했을 텐데), *could have pp*(~할 수 있었을 텐데) 등을 쓰기도 한다.

■ I wish **(that) you** *had gone* **there**.
　(나는 네가 (전에) **거기 갔었더라면 하는 것을** (지금) 바란다.
　　= 갔으면 좋을 텐데, 사실은 가지 않아서 아쉽다.)
　⇒ I am sorry (that) you didn't go there. (네가 그때 가지 않아서 지금 아쉽다.)

■ I wish **(that) you** *would have gone* **there**.(나는 네가 (전에) **거기 갔었더라면 하는 것을** (지금) 바란다) (= 네가 거기 갔더라면 좋을 텐데)
　⇒ I am sorry (that) you didn't go there. (네가 그때 가지 않아서 지금 아쉽다.)

■ I wish **(that) you** *could have gone* **there**. (나는 네가 (전에) **거기 갈 수 있었더라면 하는 것을** (지금) 바란다) (= 네가 거기 갈 수 있었더라면 좋을 텐데)
　⇒ I am sorry (that) you couldn't go there. (네가 그때 갈 수 없어서 지금 아쉽다.)

■ I wished **(that) you** *had gone* **there**.
　(나는 네가 (그때보다 더 전에) **거기 갔었더라면 하는 것을** (그때) 바랐다.
　　= 보다 더 전에 갔었더라면 좋았는데, 사실은 가지 않아서 아쉬웠다.)
　⇒ I was sorry (that) you hadn't gone there.
　(네가 그전에 가지 않아서 그때 아쉬웠다.)

(3) 전치사의 목적어 역할하는 명사절

① **일반적인 접속사**(that, whether 등)**절** (전치사의 목적어 역할)

■ We are talking about **whether we should go there**.
　(우리는 말하고 있는 중이다. **우리가 거기 가야 하는지**에 관하여)
　여기서 whether가 이끄는 명사절은 전치사인 about의 목적어로 쓰였다.
　　(about +명사절 = 명사절에 관하여)

■ I was amazed at the fact **that he died**.(나는 놀랐다. **그가 죽었다는** 그 사실에)
　that절은 the fact와 똑같은 **동격절**인 명사절이다.

② 의문사절 (전치사의 목적어 역할)

■ I am interested in **when and where the event is held**.
(나는 관심 있다. **언제 그리고 어디서 그 행사가 열리는지**에)

　여기서는 의문부사 when and where가 이끄는 명사절이 전치사 in의 목적어로 쓰였다. 행사 시간이 확정돼 있다면 현재형(is)으로, 미래 언젠가 예측해야 하는 것이면 will be held를 쓰게 될 것이다. (품사론 - 동사 - 시제 부분 참고)

③ 관계사절 (전치사의 목적어 역할)

■ You may dance with **whoever comes here**.
(너는 춤출 수 있다. **여기 오는 누구**하고라도)
　여기서는 whoever가 이끄는 명사절이 전치사 with의 목적어로 쓰였는데, whoever는 복합관계대명사로서 anyone who (누구라도, 그런데 그는
= ~하는 누구라도) 이다

■ You may dance with **whomever you meet here**.
(너는 춤출 수 있다. **네가 여기서 만나는 누구**하고라도)
　여기서도 whomever가 이끄는 명사절이 전치사 with의 목적어로 쓰였는데, whomever는 복합관계대명사로서 anyone whom (누구라도, 그런데 그를 = ~하는 누구라도)이다

(4) 보어(보충해 주는 말) **역할하는 명사절**

① **일반적인 접속사**(that, whether 등)**절** (보어 역할)

■ What I know is **that it is true**.
　(내가 아는 것은 **그것이 사실이라는 것**이다.)
　여기서 접속사 that이 이끄는 명사절은 주어(What I know 내가 아는 것)를 설명(보충)해주는 주격보어 역할을 하고 있다. (A는 B이다)
　이렇게 A=B 로 쓰이는 접속사 that은 생략할 수 없다(원칙).

■ The problem is **whether we should go there**.
　(문제(A)는 **우리가 거기에 가야 하는지**(B)이다.)　　주어(A)는 보어(B)이다.

② **의문사절** (보어 역할)

■ The problem is **when we should go there**.
   (문제(A)는 **언제 우리가 거기에 가야 하는지**(B)이다.)

③ **관계사절** (보어 역할)

■ This is **what I want**. (이것이 **내가 원하는 것**이다.)
   여기서 what은 복합관계대명사로서 the thing which (그것이 있는데 그런데 그것 = ~하는 것)이다.
   This is <u>the thing which</u> I want.에서 관계대명사 which는 관계(and) + 대명사(it)이므로
   This is <u>the thing</u>, <u>and</u> I want <u>it</u>. (이것이 <u>그것</u>이고 <u>그리고(그런데)</u> 나는 <u>그것</u>을 원한다.) 라는 뜻이다.

(5) 명사절을 간단히 하기

① 명사절을 동명사구로 간단히 하기

■ I am proud **that I am your father**.(나는 자랑스럽다. 내가 너희들의 아빠인 것에)
   = I am proud of **being your father**.
      (am의 원형인 be에 ing를 붙여 동명사를 만듦)
      (동명사 being의 의미상의 주어는 문장의 주어(I)와 같아서 별도 표시 안 함)

   여기서 that절은 형용사(proud)를 수식하는 (주어(I)의 보어(proud)를 보충해 주는) 부사절로 볼 수도 있고 (품사론 - 부사 - 부사역할어 참고), that 앞에 'of the fact' 등이 생략된 것이라는 동격의 **명사절**로 볼 수도 있다. **그래서 여기에서 썼다.**

■ I am afraid **that she will be lazy**.
   (나는 걱정스럽다. **그녀가 게으를 것이다 라는 것**에) (= 게으를까 봐 걱정된다.)
   = I am afraid of **her being lazy**. (동명사의 의미상 주어는 소유격 her)
   위에서 설명한 것처럼 that절을 명사절로 볼 수도 있으므로 여기서 소개하고 있다.

② 명사절을 to부정사구로 간단히 하기

　　의문사나 whether가 명사절을 이끄는 접속사 역할을 할 경우 그 명사절의 동사가 should, can, could 등이면 그 동사를 없애면서 명사절을 to부정사구로 간단히 바꿀 수 있다.

　　이러한 「의문사 + to부정사」 문장에서 to부정사의 의미상의 주어는 주절의 주어와 같은데, 의미에 따라서 주절의 목적어와 같을 때도 있다.
　　　　　(이렇듯 이러한 문장들은 to부정사의 의미상의 주어를 쉽게 알 수 있는 경우에 쓰임)
　　그런데 「why + to부정사」 형태는 쓰이지 않는다.

- I don't know **how I can go there**.
　(나는 모른다. **어떻게 내가 거기 갈 수 있는지를**) = I don't know **how to go there**.

- I decided **where I should go**. (나는 결정했다. **어디로 내가 가야 하는지를**)
　= I decided **where to go**.

- I will show you **where you should hang the towel**.
　(나는 너에게 보여주겠다. **어디에 네가 그 수건을 걸어야 하는지를**)
　= I will show you **where to hang the towel**.

- I am considering **when I should go**.
　(나는 고려하고 있는 중이다. **언제 내가 가야 하는지를**)
　= I am considering **when to go**.

- I am not sure **who(m) I should take to the conference**.
　(나는 확실치 않다. **누구를 내가 데려가야 할지를, 그 회의에**)
　　　　(sure뒤에 of가 탈락되었다고 보면 명사절로 볼 수 있음)
　= I'm not sure **who(m) to take to the conference**.

- The key is deciding **whose car I should ride**.
　(핵심은 결정하는 것이다. **누구의 차를 내가 타야 할지를**)
　= The key is deciding **whose car to ride**.

- Do you know **what you should do**? (너는 아느냐? **무엇을 네가 해야 하는지를**)
　= Do you know **what to do**?

■ I wonder **what clothes I should take** when I go on a trip.
　(나는 궁금하다. **어떤 옷을 내가 입어야 하는지를**, 내가 소풍 갈 때)
　= I wonder **what clothes to take** when I go on a trip.

■ Tell me **which pen I should choose**.
　(내게 말해줘. **어느 펜을 내가 골라야 하는지를**)
　= Tell me **which pen to choose**.

■ He was not aware of **which he should choose**.
　(그는 몰랐다. **어느 것을 그가 골라야 하는지**)
　= He was not aware of **which to choose**.

　〈to부정사는 전치사의 목적어로 쓰이지 않지만, 의문사 + to부정사는 전치사(위 문장의 of)의 목적어로 쓰일 수 있다.〉

■ The document contains a statement on **what we should not engage in**. (그 문서는 담고 있다. 진술을, **무엇을 우리가 관여하지 말아야 하는지**에 관한).
　= The document contains a statement on **what not to engage in**.

■ I haven't decided **whether I should do it**.
　(나는 결정하지 못했다. **내가 그것을 해야 하는지를**)
　= I haven't decided **whether to do it**.

■ **Who(m) we should blame** is not important as of now.
　(**우리가 누굴 탓해야 할지**는 중요하지 않다. 현재로서는)
　= **Who(m) to blame** is not important as of now.

■ **Who(m) we should vote for** is a difficult matter.
　(**우리가 누구에게 투표해야 할지**는 어려운 문제이다.)
　= **Who(m) to vote for** is a difficult matter.

【참고】 주절의 단어에 따른 명사절(종속절)의 동사 (동사 원형 등)

① 주절에 중요(--해야 한다)를 나타내는 **동사, 명사, 형용사**가 있으면 뒤에 오는 **명사절**에 동사원형을 쓴다.

가. 동사
- **제안**하다 advise(충고하다), suggest, propose, recommend
- **주장**하다 insist(고집하다), claim
- **재촉**하다 urge, prompt   경고하다 warn
- **요구**하다 ask(요청하다), require, request, demand, desire(소망하다), claim
- **명령**하다 order, mandate, command, dictate 등

■ He insisted **that she go there**. (그는 고집했다. **그녀가 거기 가야 한다고**)
insist(~해야 한다고 고집하다)라는 중요를 나타내는 동사가 있기 때문에 종속절(that절)에 she에 따른 goes를 쓰지 않고 원형인 go를 쓴 것이다.
should go(가야 한다)에서 해야 한다는 조동사 should를 생략한 것으로 볼 수 있다.

그런데 He insisted **that she went there**. (그는 주장했다. **그녀가 거기 갔다고**) 에서는 '갔다는 사실' 자체를 주장한 것이지, 가야 한다는 '중요한 것'을 주장한 것은 아니므로 went 가 맞다.
(해석해보고 문맥에서 파악해야 함)
(마찬가지로 suggest도 '암시하다'일 경우 등은 '중요'를 말하는 것이 아니므로 동사원형이 아닌 일반시제를 쓰면 된다.)

■ He requested **that we not sleep**.
(그는 요구했다. **우리가 잠을 자서는 안 된다는 것을**)
request(~해야 한다고 요구하다)가 있기 때문에 명사절(that절)에 동사원형인 sleep를 썼고 동사원형을 부정(반대)할 때는 앞에 not을 쓰면 되므로 not sleep 라고 한 것이다.
should not sleep(자서는 안 된다)에서 해야 한다는 조동사 should를 생략한 것으로 볼 수 있다.

■ I propose **that the meeting be postponed**.
   (나는 제안한다. **그 모임이 연기되어야 한다는** 것을)
   propose(~해야 한다고 제안하다)가 있기 때문에 명사절(that절)에 is가 아니라 동사원형인 be를 쓴 것이다.
   should be postponed(연기되어야 한다)에서, 해야 한다는 조동사 should를 생략한 것으로 볼 수 있다.

나. 명사 : advice, demand, insistence, preference, proposal, order, recommendation, request, requirement, suggestion 등

■ He accepted the suggestion **that he not smoke**.
   (그는 받아들였다. 제안을, **그가 담배를 피워서는 안 된다는**)
   suggestion(~해야 한다는 제안)이라는 중요한 것을 나타내는 명사가 있기 때문에 명사절(that절)에 동사원형인 smoke를 썼고 동사원형을 부정(반대)할 때는 앞에 not을 쓰면 되므로 not smoke라고 한 것이다.
   should not smoke에서 해야 한다는 조동사 should를 생략한 것으로 볼 수 있다.

   여기서 that절은 suggestion을 설명해주는 것이므로 suggestion과 같은 격(동격)이다. 그래서 이런 that절을 동격절이라고 한다.

다. 형용사 (감정, 이성 판단 형용사)

   It is essential/ important/ imperative/ indispensable/ necessary/ vital/ crucial/ critical/ urgent 등이 있으면 뒤에 오는 절에
   should + 동사원형을 쓰며 이때 should는 생략할 수 있다.

■ It is essential **that she (should) do** physical exercise everyday.
   (필수적이다. **그녀가 매일 운동을 해야 한다는** 것은)
   = It is essential for her to do physical exercise everyday.

   이처럼 that절(that she should do ~)은 to부정사구(to do physical exercise)로 바꿀 수 있다.
   즉, It(가 주어) = that절(진 주어) = to부정사구(진 주어)

[참고] It is 감정 표현 명사 + that + S + (should) 구문
- It is a pity that he (should) miss the opportunity.
  (애석하다. 그가 그 기회를 놓치는 것이)

② 그런데 It is natural---. It is strange--- 뒤에 오는 that절에서는 should를 생략하지 않는다.

- It is natural that a student should do the homework.
  (당연하다. 학생이 숙제를 해야 한다는 것은)

- It is strange that he should behave so.
  (이상하다. 그가 그렇게 행동하다니)

- It is strange that he should not know it.
  (이상하다. 그가 그것을 모르다니)

③ It's time --- = It's about time --- = It's high time ---
  (--해야 할 시간이다. = 이미 했어야 했다.)
이미 했어야 했는데 지금 바로 해야 한다는 의미가 있어서 뒤에 오는 절에서는 should + 동사원형이나 과거동사(가정법동사)를 쓴다.

- It's time you should go to school.
  (~해야 할 시간이다. 네가 학교 가야 한다는)
  = It's time you went to school. (학교 갈 시간이다.)
  = It's time (for you) to go to school.

----

2) 부사절 (부사 역할하는 종속절)

(1) 개념

부사절은 부사 역할을 하는 절이다.
그래서 동사, 형용사, 다른 부사를 수식하는 절이다.
이 부사절을 이끄는 종속접속사 또는 접속사 역할을 하는 접속사구는 다음과 같은 것들이 있다.

- 시간 : when(~할 때), while(~하는 동안), before(~전에), after(~후에), since(~이래로), whenever(~할 때는 언제든지), by the time(~할 때까지는, ~할 때쯤에는), the first time(처음 ~했을 때), once(~하자마자)

- 장소 : where(~하는 곳에), wherever(~하는 어디든지, 어디서 ~하여도),

- 이유 : because(= now that = in as much as ~때문에), as(~ 때문에), since(~이므로), in that(~라는 점에서), seeing that(~인 것으로 보아)

- 목적 : so that~(~를 위하여, ~하도록) , lest + 주어 + (should)~ [~하지 않도록, ~하면 안 되니까 = for fear (that) + 주어 + (should)~]

- 결과 : so ~ that…(그렇게 ~해서 …하다. …하도록 그렇게~하다), such ~ that [so~that과 마찬가지인데, so 다음에는 **형용사나 부사** + (관사) + (명사), such 다음에는 (관사) + (형용사) + **명사**]

- 조건 : if(~라면), unless(~하지 않으면), save(= except ~를 제외하면), once (일단 ~하면), in case(~를 대비하여, ~할지도 모르니까), as long as(~하는 한),

- 양보 : though(~이지만), although(비록 ~일지라도), even though(비록 ~일지라도), while(~하는 반면에), whereas(~하는 반면에) 등

- 기타 여러 가지 형용사 수식하는 부사절의 that 등등

(2) 부사절의 형태

주절 + **종속접속사** + **종속절**. 또는
종속접속사 + **종속절**, + 주절 (이 경우 종속절 다음에 콤마, 있음)처럼 쓴다.

그런데 '반면에'를 뜻하는 whereas 와 while이 종속접속사인 경우는 종속절이 주절보다 뒤에 와도 주절, + **종속접속사** + **종속절**처럼 주절 뒤에 comma(,) 를 치는 것이 원칙이다.

그리고 **단문 + 등위접속사 + 복문** [등위접속사가 문장(단문)과 문장(복문)을 연결]
즉, **단문 + 등위접속사 + 종속접속사 + 종속절 + 주절**인 경우도 있다.

예컨대, I don't know where to begin in writing a paper, but **once I start** the paper seems to write itself.
(나는 모른다. 어디에서 시작을 해야 할지, 논문을 쓰는 데 있어서, 그러나 **일단 한번 시작하면** 그 논문이 저절로 써지는 것처럼 보인다.)에서
but은 중문을 만드는 등위접속사이고 once는 복문을 만드는 종속접속사이다.

once I start 는 복문에서의 종속절이고 the paper seems to write itself. 는 복문에서의 주절이다.

(3) 부사절의 예문

일반적인 접속사뿐 아니라 관계사 등도 부사절을 이끄는 접속사 역할을 한다.

① 일반적인 접속사절

■ **Because the car was expensive**, we couldn't buy it.
(**그 차가 비쌌기 때문에**, 우리는 살 수 없었다. 그것을) Because절이 부사절
이 문장은 다음처럼 바꿔 쓸 수 있다.
= The car was <u>so</u> expensive <u>that</u> we couldn't buy it.
= It was <u>so</u> expensive a car <u>that</u> we couldn't buy it.
= It was <u>such</u> an expensive car <u>that</u> we couldn't buy it.
= <u>So</u> expensive was the car <u>that</u> we couldn't buy it.
 (so expensive가 문장 앞(문두)에 오면 주어(the car) 동사(was)가 서로 도치됨)

= The car was <u>too</u> expensive (for us) <u>to</u> buy.
   [너무(too) 비싸서 살 수 없다. = 사기에는 너무(too) 비싸다.]

이처럼 '너무 ~ 해서 …… 할 수 없다'는 표현은 'so ~ that - can not ……'이나 'too ~ to ……' 이다.

■ Study hard **so (that) you can pass the exam**.　( )는 생략 가능
〈열심히 공부해라. **그 시험에 합격할 수 있도록(합격하기 위하여)**〉
= Study hard **in order that you can pass the exam**.
= Study hard in order to pass the exam.
= Study hard to pass the exam. (즉, 부사절은 to부정사구로 간단히 할 수도 있다)
= Study hard **so (that) you don't fail the exam**.
= Study hard **so (that) you won't fail the exam**.

■ The pen is to students **what the gun is to soldiers**.
(펜이 학생들에 대한 관계는 **총이 군인들에 대한 관계와 같다**.)
<u>여기서 what은 as(~와 마찬가지로, ~로서) 의 뜻으로 관용적으로 쓰이는 접속사로서 다음처럼 바꾸어 쓸 수도 있다.</u>

= **What the pen is to students**, the gun is to soldiers.
= The pen is to students **as the gun is to soldiers**.
= **As the pen is to students**, the gun is so to soldiers.
   (펜이 학생들에 대한 것처럼, 총도 그러하다. 군인들에게)
= **As the pen is to students**, so is the gun to soldiers.
   (부사 so가 앞에 나오면 동사인 is가 the gun 앞으로 도치되어 나옴)

② **관계사절** (복합관계부사절)

■ You may come here **whenever you want**.
(너는 여기 올 수 있다. **네가 원할 때 언제든지**)
여기서 whenever는 종속절(부사절)을 이끄는 접속사 역할을 하는 것으로서 '~할 때는 언제든지(at any time when)'라는 뜻의 복합관계부사(선행사를 포함하는 관계부사) 이다.

이 문장은 You may come here at any time, and you want to come at the time. (너는 여기 와도 좋다. 어떤 시간에, 그리고 너는 그 때에 여기 오기를 원한다.) 에서 at any time과 and at the time(= 관계부사 when / 그리고 그 때에) 이 합쳐져서 whenever가 된 것이다.

그래서 whenever는 '어떤 시간에, 그리고 그때에 ~' = '~할 때 어떤 시간이든지 = ~할 때 언제든지'인 셈이다.

즉 whenever는 선행사(at any time)를 포함하므로 부사절 (whenever you want)에서 부사 역할을 하면서 동시에 복합적으로 전체 문장에서 부사 역할도 해서 **복합**, 접속사(and)를 포함하므로 **관계**, 부사구(at the time)를 포함하므로 **부사**가 되어 **복합관계부사**인 것이다.

■ You can do it **however you want**. (너는 그것을 할 수 있다. **원하는 어떤 방법으로든**)
여기서 however는 '어떻게든' (in any way that) 이라는 뜻의 복합관계부사임

③ 의문사절 (의문사 +ever 절)   * 이것을 복합관계사로 보는 책들도 있음

가. 의문대명사 + ever 절

■ **Whatever you like**, I will buy it.
[네가 좋아하는 무엇이든지(무엇을 좋아하든지), 나는 그것을 사겠다.]
여기서 whatever는 no matter what 으로 바꾸어 쓸 수 있다.

나. 의문형용사 + ever 절

■ **Whatever book you want**, it is free.
(네가 어떤 책을 좋아하든지, 그것은 공짜다.) 여기서 whatever는 no matter what

다. 의문부사 + ever 절

■ **However hard I tried**, I couldn't do it.
(내가 아무리 열심히 노력해도, 그것을 할 수 없었다.) however는 no matter how

(4) 부사절에서의 시제

일반적인 부사절에서는 각각 그에 맞는 시제를 쓰면 된다.

그런데 **시간**이나 **조건** 등을 나타내는 부사절에서는 미래형은 쓰지 않고 **현재형**이 미래형을 대신한다. 이것은 시간이나 조건 접속사에 이미 미래의미가 포함되어 있으며, A할 때 B한다, A하면 B한다 식으로 B의 절대적 先行부사절(A)이므로 현재로 표현하는 것이다.
(한국어도 '그가 오면' 이라고 하지 '그가 올 것이면'이라고 하지 않는다.)

① **시간** (when, while, after, before, until, as soon as절 등)

■ **After she comes,** we will leave. (**그녀가 온 후에** 우리는 떠날 것이다.)
　　After she will come 이 아니라 After she comes 로 써야 한다.

■ It will not be long **before he comes** back.
　(오래지 않을 것이다. **그가 돌아오기 전에** = 곧 돌아올 것이다.)

② **조건** (if, unless, once, in case, so long as절 등)

■ **If you come,** I will give you the car. (**네가 온다면** 나는 그 차를 주겠다.)
　　If you will come 이 아니라 If you come 으로 써야 한다.

그런데 If you **will** not do it, I will not do it, either. (네가 그것을 안 하면 나도 안 하겠다.) If you **will** come this way, I will show you it. (이쪽으로 오시면 그걸 보여드릴게요.)처럼 If절 안의 will이 미래를 나타낸다기보다는 be willing to의 의미를 가진다든지 하는 경우는 이러한 부사절에서도 will 같은 조동사를 쓴다.

(5) 부사절을 간단히 하기

① 부사절을 분사구문으로 간단히 하기

부사절을 (대개는 부사절의 주어와 주절의 주어가 같은 경우) 분사가 있는 **분사구문으로 간단히 할 수 있다.**

가. 분사란

분사란 동사에서 나와서 형용사 역할을 하는 것으로, 동사의 형용사적 표현 형태이다.

…ing형태(동명사 형태와 동일)의 현재분사(<u>interesting</u> book <u>재미를 주는</u> 책) 와
…ed형태(다른 형태도 있음)의 과거분사(<u>interested</u> people <u>재미를 느끼는</u> 사람들) 가 있다.

분사에 관하여는 품사론 - 동사 - 동사의 활용 편을 함께 참고하라.

나. 분사가 들어간 구문 (분사구와 분사구문)

분사가 들어간 구문		역할	예문
분사구		형용사 역할	■ A boy **studying English** is there. (영어 공부하는 한 소년이 거기에 있다.) ■ The man **known for the event** laughed. (그 사건으로 알려진 그 남자가 웃었다.)
분사구문	부사절을 간단히 한 분사구문	부사 역할	■ <u>Studying English</u>, I fell asleep. (영어 공부하던 동안에, 나는 잠 들었다.) While I studied English에서 접속사 While 생략, 주어(I)도 주절의 주어와 같으므로 생략, 동사는 분사로 고쳐 분사구문 만듦
	등위접속사 (and, but 등)가 있는 중문을 간단히 한 분사구문	부대적인 상황, 연속 동작 등 연결하는 역할	■ We left Jeju at six pm, **arriving in Seoul at seven pm.** (우리는 오후 6시에 제주를 떠났다, <u>그리고 오후 7시에 서울에 도착했다</u>.) 원래 이 문장은 We left Jeju at six pm, and arrived in Seoul at seven pm. 을 분사구문으로 고친 것이다. (and 이하 절에서 접속사 and와 주어 we를 생략하고 동사 arrived를 분사로 고친 것)

다. 부사절을 분사구문으로 간단히 만든 예문

가) 종속접속사 + 주어 + 일반동사 형태의 **부사절**을 <u>분사구문</u>으로 고치기

■ **After I finished my homework**, I went to bed.
　(나는 **숙제를 다 마친 후에**, 잤다.)

= <u>After finishing my homework</u>, I went to bed.
　(**부사절**의 주어 I는 주절의 주어와 같으므로 생략하고 동사 finished는 분사 finishing으로 고침)

= <u>Finishing my homework</u>, I went to bed.
　(종속접속사 After도, 쓰지 않아도 의미를 알 수 있어서 꼭 필요하지 않으면 생략함)

■ **When he returned home**, he found a letter.
   (**그가 집으로 돌아왔을 때** 그는 편지 한 통을 발견했다.)
 = **When returning home,** he found a letter. = **Returning home,** he ~
   (부사절의 주어 he는 생략하고 동사 returned는 **분사**로 고침, when도 알 수 있으면 생략)
 = **On returning home**, he found a letter. (집에 오자마자, ~~)
   (관용적으로 on이나 upon을 쓰기도 하는데, 이 경우 returning 은 분사가 아니라 **동명사임**)
 = **Upon returning home**, he found a letter. (명사-명사 역할어-동명사 참고)

■ You may be deceived **if you trust too much**.
   (너는 기만당할 수 있다(당할지도 모른다), **지나치게 믿는다면**)
   = You may be deceived **if trusting too much**.
      (부사절의 주어 you는 주절의 주어와 같아서 생략, 동사 trust는 분사 trusting으로 고침)
   = You may be deceived **trusting too much**. (접속사 if도 꼭 필요하지 않으면 생략)
  《trusting 앞에 콤마 쓰는지? [참고] 분사구문에서 콤마는 어떻게 쓰는가?》
   (부사절이 문장 머리나 중간에 있으면 주절과 구별하는 콤마를 쓰지만, 부사절이 문장 끝에 올 경우는 부사절을 이끄는 접속사 앞에 콤마 없는 것처럼)
   ■ 분사구문이 문장 머리나 중간에 있으면 **콤마를 써서** 분사구문임을 알려 혼동 방지함
   ■ 분사구문이 문장 끝에 있으면 **콤마를 안 씀** (trusting 앞에 콤마 없는 것처럼)
    - He came here **singing the song**.(그는 그 노래를 부르며 여기 왔다. - **동시동작**)
       singing 앞에 콤마 없음 (= He came here as(또는 while) he sang the song.)
   그런데
    ● 부가적인 정보의 부연(추가)설명을 할 때 **콤마를 쓰는** 경우가 있다.
    - He came here, **singing the song**.(그는 그 노래를 부르며 여기 왔다. - **동시동작**)
    - He started last night, **arriving in Seoul this morning**.
       (그는 지난 밤 출발했고, 그리고 오늘 아침 서울에 도착했다. - **연속동작**)
       (= He started last night, **and he arrived in Seoul this morning**.)
       (여기서는 부사절을 분사구문 만든 것이 아니고 and로 연결되는 중문을 분사구문으로 한 것)
       (연속 동작일 때도 분사 앞에 콤마 없을 수 있으나, 새로운 정보 추가 의미일 경우 보통 콤마를 씀)
    - He said that, **turning out (to be) false**.
       (그는 그 말을 했다. 그런데 거짓으로 드러났다. - **결과**)
    ● 콤마 없으면 혼동할 우려가 있을 때 **콤마를 쓰는** 경우가 있다.
    - I saw Mary, **going home**. (나는 집에 가면서(가는 길에) 메리를 보았다.)
       여기서 going 앞에 콤마가 없으면 '메리가 집에 가는 것을 보았다'가 될 수 있을 것이다.

나) **종속접속사 + 주어 + be동사 + 현재분사** 형태의 **부사절**을
　　분사구문으로 고치기

■ The boy, **while he was studying English**, fell asleep.
　(그 소년은, **영어 공부하고 있던 동안**, 잠들었다.)

　= The boy, **while being studying English**, fell asleep.
　　(부사절의 주어 he는 생략하고 동사 was는 분사 being으로 고침)
　= The boy, **while studying English**, fell asleep. (be동사의 분사 being은 생략가능)
　= The boy, **studying English**, fell asleep.
　　(종속접속사 while도 꼭 필요하지 않으면 생략함)
※ The boy 대신 **주어가 대명사이면** 분사구문이 중간에 올 수 없음 (He, studying ~~은 틀림)

다) **종속접속사 + 주어 + be동사 + 과거분사** 형태의 **부사절**을
　　분사구문으로 고치기

■ When he was told to go to school, the boy began to cry.
　(그가 학교 가라는 말을 들었을 때, 그 소년은 울기 시작했다.)
　　　　　　　　told는 tell의 과거분사로서 '들은'이라는 뜻

　= **When being told to go to school**, the boy began to cry.
　　(부사절의 주어 he는 생략하고 동사 was는 being으로 고침)
　= **When told to go to school**, the boy began to cry.
　　(be동사의 분사인 being은 생략 가능) (그래서「**접속사 + 과거분사**」만 남는 경우가 많음)
　= **Told to go to school**, the boy began to cry.
　　(접속사 When도 꼭 필요하지 않으면, 즉 없애도 의미가 통하면 생략함)

라) **종속접속사 + 주어 + be동사 + 형용사** 형태의 **부사절**을
　　분사구문으로 고치기

■ While he was fond of her, he didn't go there with her.
　(그가 그녀를 좋아했지만, 그는 거기 가지 않았다. 그녀와 함께)

　= **While being fond of her**, he didn't go there with her
　　(부사절의 주어 he 생략, 동사 was는 분사 being으로 고침)
　= **While fond of her**, he didn't go there with her.
　　(be동사의 분사 being은 생략할 수 있음, 접속사 While은 뜻이 필요해서 놔둠)

■ **As I was tired**, I went to bed early.
 (나는 피곤했기 때문에, 잠잤다. 일찍)

　= **Being tired**, I went to bed early.
　　[접속사(As)는 없애도 뜻을 알 수 있어서 생략,
　　 주어(I) 생략,　　동사(was)는 분사(being)로 고침]

　= **Tired**, I went to bed early. (be동사의 분사 being은 생략할 수 있음)
　(그런데 보통 이렇게 쓰지는 않고 명확한 의미 전달을 위해서 Being tired라고 쓴다.)

마) 종속접속사 + 주어 + 완료시제 형태의 **부사절**을 <u>분사구문</u>으로 고치기

■ **After Mary had had dinner**, she watched TV.
　(매리는 저녁을 먹은 후에, TV를 보았다.)

 (저녁 먹은 것이 TV 본 것보다 먼저여서 시제가 앞서기 때문에 과거완료인 had had를 씀)
 〈had had중 앞의 것은 과거완료를 만드는 과거형 have동사이고, 뒤의 had는 have(먹다 = eat)의 과거분사〉

= **After having had dinner**, Mary watched TV.
　(부사절의 주어 Mary 생략,　동사 had had는 분사 having had로 고침)

= **Having had dinner**, Mary watched TV.
　(종속접속사 After도 꼭 필요하지 않으면 생략함)

바) 종속접속사 + 주어 + 부정어 형태의 **부사절**을 <u>분사구문</u>으로 고치기

■ **Because I have not met him**, I don't know him.
　(나는 그를 만났던 적이 없으므로, 나는 그를 모른다.)

　= **Not having met him**, I don't know him.
　(접속사 Because 생략,　부사절의 주어(I)는 주절의 주어와 같아서 생략,
　　동사인 have met(현재완료시제)은 분사 having met 으로 고침,
　　부정어 not은 분사 앞에 씀 (분사를 부정할 때는 분사 앞에 not이나 never 등을 씀))

　여기서 부사절을 분사구로 고칠 때 부정어 not을 분사 앞에 써야 되며,
Having not met him처럼 하면 안 된다. (그런데 이처럼 쓰는 경우도 있음)

사) 중문 속의 복문에서의 **부사절**을 **분사구문**으로 고치기

■ Problems occur everyday, and **once they are done** they look simple.
 [문제들은 매일 일어난다, 그리고 **일단 그것들(they 문제들)이 해결되면**
  그것들(they)은 간단하게 보인다.]
= Problems occur everyday, and **once being done** they look simple.
 (부사절(once절)의 주어 they(그 문제들)는 주절(they look~)의 주어(they)와 같아서 생략,
  동사 are는 분사 being으로 고침)
  = Problems occur everyday, and **once done** they look simple
   (be동사의 분사인 being은 생략할 수 있음,   접속사 once는 필요해서 놔둠)

아) 부사절의 주어와 주절의 주어가 다를 경우 **부사절**을 **분사구문**으로 고치기
    (이렇게 주어가 서로 달라서 주어를 생략하지 않고 놔두는 것이 **독립분사구문**)

■ He was listening to the music, **as his eyes were closed**.
   (그는 음악을 듣고 있었다, **그의 눈이 감겨진 채로**)
 = He was listening to the music, **his eyes being closed**.
  (접속사 as 생략, 부사절의 주어인 his eyes는 주절의 주어(He)와 달라서
 생략하지 않고 그대로 놔두고(**독립분사구문**), 동사인 were는 분사인 being으로 고침)
 = He was listening to the music, **his eyes closed.**(be동사의 분사 being은 생략)
 = He was listening to the music, **with his eyes closed.**〈이처럼 with를
넣어(with+명사+분사) '~한 상태로' 라고 하는 **분사구문의 부대적인 상황**(동시동작)을 나타내기도 함〉

■ **After the homework had been done**, he went to bed.
  (**숙제가 다 마쳐진 후**, 그는 잠잤다.) 잠 보다 숙제한 시점이 먼저여서 과거완료 씀
= **The homework (having been) done**, he went to bed.
  (접속사 After 생략,
  주어 the homework은 주절의 주어 he와 다르므로 그냥 놔둠 (**독립분사구문**),
  동사 had been done(과거완료수동 형태)은 분사 having been done으로
고치는데, be동사의 분사는 생략 가능, 즉 being을 생략하는 것처럼 여기서는
be동사의 완료형 분사 having been을 생략할 수 있고 생략하면 다음처럼 됨)
   = **The homework done**, he went to bed.

■ **If weather permits**, the work will be initiated as planned.
   (**날씨가 허락한다면**, 그 일은 계획대로 시작될 것이다.)
   = **Weather permitting**, the work will be initiated as planned.
   〈접속사 If 생략, 주어 weather는 주절의 주어 the work 과 다르므로 그냥 놔둠(**독립분사구문**), 동사 permits는 분사 permitting으로 고침〉

■ **Because enough was said**, I will say no more.
   (**충분한 정도가 말해졌으므로** 나는 더 이상 말 안 하겠다.)
   = **Enough said**, I will say no more. (접속사와 분사 being 생략)

■ If it's fine tomorrow, I'll go. = **It being fine tomorrow**, I'll go. (날씨 좋으면 갈게)

쟈) 부사절의 주어가 일반주어(특별히 의미 있는 누구가 아니라 그냥 일반 사람)인 경우의
   부사절을 분사구문으로 고치기 (이런 일반주어 구문이 **비인칭 독립분사구문**)

   If we speak generally,---.(**우리가 일반적으로 말하자면**,---.)처럼 부사절의 주어가 일반주어(일반적 we)인 경우는 이것을 분사구문으로 만들 때 일반주어 we를 생략하고 **Generally speaking**,---.로 간단히 한다.
   strictly speaking(엄밀히 말하자면), frankly speaking(솔직히 말하자면) 등이다.
   분사구문의 주어가 주절의 주어와 달라서 분사구문의 주어를 생략하지 않고 그대로 써서 주절과는 독립적인 것처럼 보이는 것이 **독립분사구문**인데, 주어가 달라도 분사구문의 주어가 일반주어라서 특별히 주어라고 할 것이 없어 (非인칭이라서) 주어를 생략하는 것이 **비인칭 독립분사구문**이다.

   다음과 같이 마치 **전치사나 접속사처럼 쓰이는 분사들**이 이러한 **비인칭 독립분사구문**이라 할 수 있다.

■ **Considering** his age, he is healthy. (그의 나이를 **고려하면**, 그는 건강하다.)
■ It was inappropriate **given** his condition. (그의 상태를 **고려하면**, 그건 부적절했다.)
■ All things **considered**, it was successful. (모든 걸 **고려하면**, 그건 성공이었다.)
■ **Assuming** (that) he's still alive, what would he do now?
   (그가 아직 살아 있다고 **가정하면** 지금 무엇을 할까?)

- **Supposing** (that) you're fired, what will you do then?
  (당신이 해고당했다고 **가정하면**, 어떻게 하겠어요?)
- **Concerning** studying English, I have much to say. (= **Regarding** ~)
  (영어 공부하는 것**에 관하여**, 나는 할 말이 많다.)
- **Granting** (that) it is true, ~~
  (그것이 사실이**라 할지라도**, ~~) = **Granted** ~
- Starting salary of the company varies enormously **depending on** experience.
  (그 회사의 초임은 경력**에 따라** 크게 차이가 난다.)
- **According to** the forecast, it looks like it will rain later.
  (일기예보**에 따르면**, 나중에 비가 올 것 같다.)
- **Judging from** what I heard, he seems to be an able man.
  (내가 들은 것**으로 판단해 보면**, 그는 유능한 사람인 것 같다.) 등등 많이 있다.

차) 분사구문의 강조

- **As he likes soccer**, he has many friends.
  (그는 축구를 좋아하므로, 친구가 많다.)

  = **Liking soccer**, he has many friends.(부사절을 분사구문으로 만든 문장)

  = **Liking as he does soccer**, he has many friends.(분사를 강조한 문장)

문장을 다 쓰면서 **분사를 앞으로** 하여 이유를 나타내는 분사구문을 강조한 것이다. 여기서는 분사가 앞으로 나갔기 때문에 주어 다음에는 일반동사(likes)를 대신한 대동사(does)가 쓰였다.

- **As I was injured**, I went to the hospital.
  (나는 다쳤기 때문에, 그 병원에 갔다.)

  = **(Being) injured**, I went to the hospital. (be동사의 분사 being은 생략 가능)

  = **Injured as I was**, I went to the hospital.
  문장을 다 쓰면서 **분사를 앞으로** 하여 이유를 나타내는 분사구문을 강조한 것이다.

② 부사절을 to부정사구로 간단히 하기

■ I study hard **so that I can pass the examination**.
　(나는 열심히 공부한다. **내가 그 시험에 합격할 수 있도록** (합격하기 위해))
　= I study hard **in order to pass the examination**. (시험 합격하기 위해)
　〈in order to~ 는 '~를 위해 정리(order)된 상태로' = '~하기 위하여' 라는 의미임〉
　= I study hard **to pass the examination**.

③ 부사절을 전치사구로 간단히 하기

　'**종속접속사 + 종속절,** + 주절' 에서 주절 앞에 종속절(**부사절**)은 **전치사구**로 고쳐서 간단히 할 수도 있다.

■ **Because he helped me**, I could do it.
　(**그가 도와주었기 때문에**, 나는 그것을 할 수 있었다.)

　= **With his help**, I could do it. (그의 도움으로, ---)(부사절을 **전치사구**로 간단히)
　이것은 직설법 과거인데, 가정법과거(그의 도움이 있으면 난 그걸 할 수 있을 텐데)인지 문맥에서 판단해야 함

④ 도 치 ('--이지만' 이라는 양보의 부사절에서 도치하여 간단히 하기)

■ **Though she is a little girl**, she is very strong.
　(그녀는 **비록 작은 소녀지만**, 매우 강하다.)　though = as

　⇒ **Little girl though**(또는 **as**) **she is**, she is very strong.

　이처럼 접속사 Though나 as 와 주어 she, 동사 is는 그대로 두고 **주격 보어** (명사) little girl을 접속사 as(또는 though) **앞으로 도치**시키면서 관사 a는 뺀다.

■ **Pretty as she was**, she looked a little subdued.
　(**그녀는 비록 예뻤지만**, 다소 우울해 보였다.) = Though she was pretty, ~~
　주격 보어(형용사) pretty를 as 앞으로 도치시키고 있다.

■ **Hard as he studied**, he failed.
　(**그는 열심히 공부했지만**, 실패했다.) 부사 hard를 as 앞으로 도치시키고 있다.

⑤ 생략

가. 「접속사 + 주어 + be동사 + 분사」의 부사절에서 「주어 + be동사」 생략

■ The policy will be executed **as announced last month**.
   (그 정책은 실행될 것이다. **지난달에 발표된 대로**)

접속사 as 다음에 it(그 정책) was 가 생략되었다.

그런데 이것은 사실 분사구문에서 be동사의 분사가 생략된 것으로 볼 수 있다.
The policy will be executed **as it <u>was</u> announced last month**.

= The policy will be executed **as having been announced last month**.
〈it은 생략, 발표된 시점이 먼저(과거인 <u>was</u>)이므로 was가 완료형 분사(having been)가 됨〉

= The policy will be executed **as announced last month**.
   [be동사의 분사 being이나 having been은 생략할 수 있음]

【참고】 as	접속사	전치사	부사
	~대로, ~때문에 ~동안에 ~와 같이(비교) ~하듯이 ~이긴 하지만	~로서 ~처럼	~와 같은 정도로

■ The policy is unsettled **as it was not**(또는 it hasn't been) **announced**.
   (그 정책은 미확정 상태다. **그것이 발표되지 않았기 때문에**)

= The policy is unsettled **as not having been announced**.
   (**as절을 분사구문**으로 만든 것: **접속사인 as**는 필요해서 남겨두고, The policy와 it이 같으므로 it 생략, 발표 안 된 시점이 먼저이므로 was는 having been으로, not은 분사 앞에)

= The policy is unsettled **as not announced**.
   (be동사의 분사인 being이나 having been은 생략 가능)

【비교】 전치사 as + 동명사

■ The project was viewed **as having been stolen**.
(그 계획은 여겨졌다. **훔쳐진 것**으로) (전치사 as + 동명사)

(여겨진 시점과 훔쳐진 시점이 같으면 동명사로 being을 썼을 텐데
훔쳐진 시점이 먼저이므로 be동사의 완료형 동명사인 having been을 씀
- 수동형 완료 동명사 -)

여기서 as는 접속사가 아닌 전치사로서 having been 은 분사가 아닌 동명사이고, 분사의 생략과는 달리, 전치사 다음의 동명사는 생략할 수 없다.

■ The project was treated **as not having been approved**.
(그 계획은 취급되었다. **승인되지 못했던 것**으로)

(동명사의 부정은 그 앞에 not 등을 씀)

나. 「접속사 + 주어 + 동사 + 부사구」의 부사절에서 「주어 + 동사」 생략

■ **As in the past,** we will employ only the most qualified people.
(**과거에도 그랬듯이**, 우리는 채용할 것이다. 가장 자격 있는 사람들만을)

부사절을 이끄는 종속접속사 As 다음에 'we did' (= we employed only the most qualified people.)가 생략되었다.
(부사절과 주절의 주어와 동사가 we employ로서 같으므로 생략 가능)

(6) 부사절이 있는 문장 중 가정법 (假定法)

(Conditional Sentences 1, 2, 3 로 구분하기도 하지만, 이 책에서는
한국에서 이미 익숙한 **직설법 조건문, 가정법과거, 가정법과거완료** 로 구분하기로 한다.)

① 현재 및 미래의 사실(불확실하다면 불확실한 그 자체가 사실임)을 나타내는 경우
(있는 그대로 조건문을 쓰는 **직설법**(直說法)**조건문** - 이것은 가정법이 아님)

가. 직설법 조건문의 일반적인 예문

있는 그대로 쓰기 때문에 if가 이끄는 종속절(조건절)에는 **현재동사**를, 주절에는 <u>will, can, may, shall</u> 등을 쓰면 된다.

■ **If he <u>comes</u>**, I <u>will</u> date him. (**그가 온다면** 나는 그와 사귀겠다.)
조건절에서는 미래일지라도 현재동사로 쓰므로 will come이 아니라 comes를 쓴다.

■ **If she <u>is</u> kind**, we <u>can</u> hire her. (**그녀가 친절하다면** 우리는 그녀를 고용할 수 있다.)

그녀가 친절한지 아닌지 모르는 불확실한 경우에는 이처럼 직설법으로 해야지, 확실한 현재 사실의 반대를 가정하는 가정법 (If she **were** kind, we **could** hire her.)으로 쓰면 틀린다.

반대로 그녀가 불친절한 것이 확실한 현재 사실이라면 가정법으로 해야지, 직설법으로 쓰면 틀린다.

■ **When night <u>comes</u>**, the sun <u>will</u> disappear. (**밤이 오면**, 해가 사라질 거야.)

밤이 오는 것은 조건이라고 할 수 없고 당연히 오는 것이므로 if가 아니라 when을 쓰는 것이 원칙이며 (반대로 완전 불확실 조건이면 when 아니고 if 씀), 그때 해가 사라지는 것은 항상 사실인 경우이므로 will disappear 대신 현재동사인 disappears로 쓰기도 한다.

【참고】 불확실한 과거(의 조건)**를 나타낼 경우 (직설법 과거)**

■ **If he found the house**, he must know more than that.
(**그가 그 집을 발견했다면** 그는 틀림없이 그보다 많은 것을 알 거야.)

그가 전에 그 집을 발견했는지 여부를, 말하는 이가 모르는 상황에서 하는 말로서, If절만 보면 뒤에 설명할 가정법과거(그가 그 집을 발견한다면)와 형태가 같다.

나. 주절에서의 주어 동사 <u>도치</u>

■ The event will not be open **only if it rains**. (it은 비인칭 주어)
　(그 행사는 열리지 않을 것이다. **오로지 비가 와야만**)

　= **Only if it rains** <u>will the event</u> not be open
　이처럼 강조를 나타내는 only if 등이 문장 맨 앞에 오면 주절의 주어(the event) 와 동사(will)는 도치시킨다. (일반동사면 do동사 + 주어 + 일반동사원형으로 도치)

다. If 조건문의 여러 특수한 형태들 (If 를 대신하는 어구, 관용어구 등)

가) providing (that) 이나 provided (that) (~라면, ~ 이기만 하면)

　접속사 If는 providing (that)이나 provided (that)으로 바꿀 수도 있다. 둘다 같지만 공식적인 문서에는 providing보다 provided가 더 많이 쓰인다.

　이것은 If we provide that ~~ ⇒ Providing (that) ~~
　　　　　If it is provided that ~~ ⇒ Provided (that) ~~ 으로 된 비인칭 독립분사구문이라고 생각하면 쉽다. (supposing, assuming 등도 마찬가지)

■ **Providing (that) he can speak korean**, I will talk to him.
　(**그가 한국말을 할 수 있다면**(할 수 있다는 것을 제공한다면), 나는 그에게 말할 텐데)
　(한국어를 할 수 있는지 여부를 모르므로 가정법이 아닌 직설법으로 쓴 것임)

　providing (that) 이나 provided (that)은 '-- 이기만 하면' (= so long as, on condition that, if only)이란 뜻이다.

　providing (that) 이나 provided (that), granting (that) 이나 granted (that), so long as 등은 일반적으로는 가정법에는 안 쓰고 직설법에만 쓰이는 경향이 있다.

나) supposing (that) 이나 suppose (that)　　supposed (that) ~~은 안 씀

■ **Supposing (that) what you said is true**, ~~
　(**당신이 한 말이 사실이라면**(사실이라는 것을 추정한다면), ~~)

■ **Suppose (that) he comes tomorrow**, ~~
　(가정해 봐라, 그가 내일 온다고 = **그가 내일 온다면**)

다) assuming (that) 이나 assume (that)   assumed (that) ~~은 안 씀

■ Assuming (that) you pass the exam, ~~
   (당신이 그 시험에 합격한다면(합격한다는 것을 추정한다면), ~~)

■ Assume (that) it is true, ~~
   (추정해봐라, 그것이 사실이라고 = **그것이 사실이라면, ~~**)

【참고】 supposing 이나 assuming은 조건을 붙이지는 못한다.
The newspapers may be distributed **if** the leaflets are inserted.
 (그 신문은 전단지들이 삽입되면(삽입되는 **조건으로**) 배포해도 좋다.)
여기서 if 대신 provided that, on condition that, as long as 등을 쓸 수 있지만, supposing이나 assuming은 쓰지 않는다.

라) If --- not (= unless) (---가 아니라면)
   If---not 은 unless로 바꿀 수도 있다.

■ I will talk to him **if** she **doesn't** mind.
   (나는 그에게 말할 것이다. **그녀가 꺼리지 않는다면**)
    mind는 명사로는 '마음'이고, 동사로는 '주의하다, 꺼리다'이다.
   = I will talk to him **unless she minds**.

   if — not은 '~가 아니라면'인데 unless는 '~하지 않는 한'이므로 대개는 서로 바꿔 쓸 수 있지만 의미상 바꿔 쓰지 못하는 경우도 있다.

마) even if (= even though = whether or not) (--일지라도, --이든 아니든)
   even if 는 whether or not으로 바꿀 수도 있다.
   granting(또는 granted) that(--일지라도) 보다는 even if가 사실이 아닐 가능성이 높은 것에 사용한다.

■ The event will be open **even if** it rains. (그 행사는 열릴 것이다. **비가 올지라도**)
   = The event will be open **whether or not** it rains.
   = The event will be open **whether** it rains **or not**.

바) in case (that) (--라면, --할 경우에, --할 경우에 대비해서, --할지도 모르니까)

  '-- 경우에 대비해서' 라는 뜻의 in case (that)이 이끄는 종속절에는 should + 동사원형을 쓰기도 하는데 이 때 should는 생략해도 된다.

- I will be back **in case you (should) need my help**.
  (나는 돌아올 것이다. **네가 나의 도움이 필요할 수 있으니까**)

- I said nothing **in case I lost my temper**.
  (나는 아무 말도 안 했다. **화가 나 이성을 잃을까 봐**)

【참고】 in case of + 명사 (명사 대신 동명사를 쓰지는 않음)
- **In case of** a breakdown, call this number. (O)(고장 나면 이 번호로 전화해)
- **In case of** breaking down, ~~~~. (×)

사) only if (--할 경우에 한하여, --해야만)

- We can get through this **only if we unite**.
  (우리는 **단결해야만** 이것을 헤쳐나갈 수 있다.) only if가 문두에 오면 can we로 도치됨

아) if only (오로지(단지) --라면, --이기만 하면)

- Any dish will do **if only it tastes good**.
  (**맛있기만 한다면** 어떤 요리든 좋다.)

자) what if --- ? (---하면 어쩌지?)

- **What if** he forgets to bring it? (그가 그거 가져오는 걸 잊으면 어쩌지?)
  what 다음에 will happen이 생략되었다고 볼 수 있다.

차) without -- (--이 없다면)(= but for --)

- **Without treatment**, he will die. (**치료를 안 받으면**, 그는 죽을 것이다.)
  without = If he doesn't get treatment.

카) with
- **With his help**, I could do it. (**그의 도움으로** 나는 그것을 할 수 있었다.)

  지금 이 직설법 과거 문장하고 똑같은 문장이 가정법 과거(그의 도움이 **있다면** 나는 그것을 할 수 있을 텐데)로 쓰일 수도 있으니 문맥에서 파악해야 한다.

타) except for -- (--을 제외하면, --을 제외하고) (= but for --)
- There was no car **except for his car**. (**그의 차를 제외하면** 차가 없었다.)

【참고】 but for the fact that절로 쓰지, but for that절로 쓰지는 않는다.
(in that 등 몇몇 예외를 제외하고는 전치사 뒤에 that절 안 씀)
- **But for the fact that you're busy,** I can meet you.
  (**네가 바쁘다는 사실만 아니라면** 나는 너를 만날 수 있다.)

파) if any (만약 있다면)
- Let me know all my faults, **if any**. (나의 모든 잘못을 알려 달라, **만약 있다면**)

하) if ever (만약 있다고 해도)
- I see her very seldom, **if ever**. (난 그녀를 아주 드물게 본다, **설령 본다고 해도**)

갸) if possible (가능하다면), if necessary (필요하다면) 등등
- Call me **if necessary**. (**필요하다면** 전화해요.)

냐) so long as (--하는 조건으로, --한다면, --하는 한은, --이기만 하면)
- You can go out **so long as you promise to be back soon**.
  (**곧 돌아온다고 약속한다면** 너는 외출해도 좋다.)

【비교】 as long as도 so long as 대신 쓸 수 있는데, 시간적 의미가 좀 더 크다.
- You can stay here **as long as you like**.
  (**네가 좋아하는 동안**(오래)(좋아하는 한은, 좋아하기만 한다면) 여기 머물 수 있다.)

댜) on (the) condition that -- (--의 조건으로, --한다면, --이기만 하면)
- He will help you **on condition that he is paid**.
  (**그가 돈을 받는다면** 너를 도울 거야.)

랴) otherwise (그렇지 않으면)

■ Shut the door, **otherwise** it will get cold.
　(문 닫아, **그렇지 않으면** 추워질 거야.)
　여기서 otherwise는 **if you don't shut the door** 이다.

먀) if so (그렇다면), if not (그렇지 않다면)

■ Are you coming? **If so**, can you come earlier?
　(오고 있니? **그렇다면** 더 일찍 올 수 있나?)

■ I'll run if it's fine; **if not**, not. (날씨 좋으면 뛰겠고 **그렇지 않다면** 안 뛰겠다.)

뱌) as if (마치 ―처럼) 직설법

　이에 대하여는 ④ as if 편(뒤에 나옴)을 참고할 것

샤) I wish 직설법(이룰 수 있는 소망) (~~ 라면 좋겠다)

■ I wish to go home. 3형식
■ I wish (that) I will go home. 3형식
■ I wished (that) I would go home. 3형식 (직설법과거)
　(나는 집에 가기를 바랐다. wished 때문에 will이 시제일치에 따라 would로 된 것)
■ I wish you a happy new year. 4형식
■ I wish you to go home. 5형식

【참고】 가정법 현재

If he **be** kind, I will meet him.
(잘 모르겠는데 그가 친절하다면 나는 그를 만나겠다.)

과거에는 이처럼 불확실한 경우에 동사원형(여기서는 be)**을 써서 표현했었다고** 하며, 이것을 가정법 현재라 하는데 오늘날은 이런 경우 직설법(여기서는 is)을 쓰므로 가정법 현재는 이제 의미가 없어졌다.

다만, 현대 영어에서도 다음과 같은 경우 등에 가정법 현재 형태가 남아 있다.

- 명사절에서 should가 생략되면서 **동사원형**만이 남아서 마치 가정법 현재처럼 보이는 경우 (명사절 편 참고)
  He insisted that she (should) **go** there. (그는 고집했다. 그녀가 거기 가야 한다고)

- 기원문 등에서 **동사원형**을 쓰는 경우
  God **bless** you! (신의 축복이 있기를!)   Long **live** the King! (국왕 만세!)

- 'lest ~ should 동사원형' (--하지 않도록)에서 should를 생략하면서 **동사원형** 만이 남는 경우 등
  Tell him to study hard lest he (should) **fail** in the examination.
  (그에게 열심히 공부하라고 말하라. 그가 시험에 떨어지지 않도록)

----

② **현재** 사실의 반대(사실이 아닌 것이 확실한 완전 가정)나 가능성 희박한 **미래나 일상적 상황**에서 '만약 ~라면'으로 공손함 등을 나타내는 경우 **(가정법 과거.** ~라면 ~할텐데**)**

가. 개념 (가정법 과거가 쓰이는 3가지)

가) 현재 사실의 반대 (非사실이 확실한 것에 대한 완전 가정)
- **If the sun rose from the west**, he would come.
  (해가 서쪽에서 뜬다면 그가 올 것이다.) (rose 때문에 would대신 will은 틀림)

현재 사실의 반대란 직설법에서도 있을 수 있는 것('~하면 -하다'에서 아직 ~안 했으니 현재사실 반대?) 아니냐 할 수 있는데, 그런 뜻이 아니라 '해가 서쪽에서 뜨면'처럼 **사실이 아닌 것이 확실한 것(현재 사실의 반대)**을 가정한다는 의미이다.

나) 가능성 희박한 미래 (가능성 희박한 것에 대한 완전 가정)
- **If you won the lottery**, what would you do?
  (**복권 당첨되면** 뭐 할 거야?) (가정법 동사 won 때문에 would대신 will은 틀림)

- I would do it **if I became the President**. (**대통령 되면** 그걸 할 텐데)
  만약 대통령이 될 가능성 있는 후보가 말을 한다면 I will ~ if I become ~ (직설법) 이라고 할 것이다.

■ **If I found it**, I would call you. (**그것을 발견하면**, 전화할거야)
　If I find it(직설법)은 발견할 것으로 생각하며 하는 말인데, If I found it은 찾기 어려울 것으로 생각하며 하는 말이다.

다) 일상적 상황에서 직설법보다 공손함 등을 표현

■ Would you mind **if I opened the door**?
　(**제가 문을 열어도** 괜찮으시겠습니까?) (opened 때문에 would대신 will이나 do는 틀림)
　would 때문에 가정법 동사인 opened를 쓴 것이므로 여기서 open을 쓰면 틀리며, 직설법(Do you mind if I open the door?)보다 훨씬 공손한 표현이 된다.
　그래서 가정법이 이처럼도 쓰기 때문에, 가정법은 비현실적 세계(가정)만을 표현하는 것처럼 설명하는 것은 잘못이다.
　문 열기 어려운 사람이 하는 말이 아니라 일상적으로 하는 말인 것이다.
　(즉, 불가능하거나 가능성이 희박한 비현실세계만을 표현하는 것이 아니고 현실적 일상도 표현하는데, 다만 if절에 과거동사를 써서 비현실적인 방법으로 말하면서 주절에 would, could 등을 쓰니까 공손하게 들리는 것임)

나. 가정법 과거의 형태

　<u>종속절</u>(If 부사절 / 직설법의 조건절과 구분하기 위해 가정법에서는 **가정절**이라고 하자)<u>에는</u> **과거동사**(be동사는 항상 were, 구어체에서는 was를 쓰기도 함)<u>를</u>, 주절에는 **would, could, might, should 등**<u>의</u> (과거가 아니라 과거형)조동사를 쓴다.
　〈would ~할 텐데(~일 텐데)/ could ~할 수 있을 텐데/ might ~할지도 모를 텐데/ should ~할 텐데(~일 텐데)(이 경우 should는 별로 안 쓰고 would로 많이 씀)
　　~해야 할 텐데('~하는 게 좋을 것 같은데' 의미이므로 가정법에 어울리지 않아 잘 쓰이진 않음)〉
　시점이 현재인데도 가정절(if절)에 과거동사(가정법 동사)를 쓴 것은 그만큼 (현재보다 과거가) 멀게 느껴져서 현재 사실과 반대(가정)임을 의미한다. 따라서 가정법 과거라고 했지만 시점이 과거가 아니라 동사형태가 과거라는 의미이다.

■ **If I <u>had</u> enough money**, I <u>would</u> buy the car.
　(**내가 지금 충분한 돈이 있다면**, 그 차를 살 텐데 = 돈 없어서 못 사서 아쉽다.)
　부사절(가정절)에 과거형인 had(가정법 동사)를 썼다는 것은 현재 사실(돈이 충분히 없다) 과 반대라는 것이다.
　여기서 had 자리가 빈칸이면서 have와 had 중 고르라고 한다면 뒤의

would를 보고 가정법임을 생각하면서 had를 고를 수 있어야 하며, money 다음에 now와 yesterday 중에서 고르라고 하면 가정법과거(현재시점)이므로 현재 시점임을 알고 now를 고를 수 있어야 한다.

■ I would help you if I could.
　　(**내가 (지금) 할 수 있다면**, (지금) 너를 도울 텐데 = 도울 수 없어서 아쉽다.)
　　능력 표현을 할 때는 if절에 조동사 can의 과거동사인 could를 써서 가정법 과거를 나타내면 된다. could 다음에 help you가 중복되므로 생략되어 있다.

■ If he found the house, he would probably visit it.
　　(**그가 그 집을 발견한다면** 그는 아마도 그곳을 방문할 텐데.) 가정법과거(현재시점)
　　이 문장은 직설법 과거(과거시점)로 볼 수도 있어서 문맥에 따라 판단해야 한다. 즉, 전에 그가 발견했는지 여부(與否)를 모르는 상황에서 '그가 발견했다면 아마도 방문하곤 했을 것이다.'(직설법과거)라고 말할 수도 있기 때문이다.

■ If I were going to be writing a book, I might ask for your advice.
　　(**내가 책을 쓰게 된다면** 당신께 조언을 구할지도 모릅니다.)

■ If I had a son like me, I should worry about him.
　　(**내가 나 닮은 아들이 있다면** 나는 그를 걱정(해야) 할 겁니다.)
　　현재시점인데 if절에 had를 썼다면 가정법이다.(사실은 나 닮은 아들이 없다는 것)
　　그런데 가정법과거 주절에 should를 잘 쓰지는 않으며, 굳이 '~해야 할 텐데'를 쓴다면 If I ~~~, I would have to worry about him. 식으로 많이 쓴다.

【참고】 가정법 미래
　　미래를 가정할 때 불확실한 경우는 앞에서 본 직설법 조건문으로, 불가능하거나 가능성이 희박한 경우는 가정법 과거로 또는 지금 말하려는 가정법 미래로 하게 된다.
　　그런데 직설법 조건문이나 가정법과거는 **동사의 형태를 가지고 말하는 것**인데, 가정법미래는 if절에 should(만에 하나 ~), were to부정사(거의 불가능하지만 ~), would(만약 ~) 등을 쓰는 형태인데 그 뜻이 '미래'라는 **의미를 가지고 말하는 것**이어서 분류체계가 일관되지 못하다.
　　그래서, **별도로 가정법 미래를 구분하는 이들도** 있지만, **다른 이들은** 그러한 용어를 별도로 만들 필요는 없다고 하면서 if절의 were to는 일종의 가정법 과거 형태로 볼 수 있겠으나, 그 이외는 **직설법(조건문)이나 가정법 과거의 일종**으로 본다.

직설법으로 보는 이들은 if절에 과거동사가 쓰여야 가정법 과거이며, 직설법의 if절에도 일반적이지는 않지만 would(만약 ~, 주어의 의지), should (happen to 의미, 특히 영국 영어에서) 등의 조동사를 씀으로써 말하는 사람의 생각을 더하여 공손함이나 불확실 등을 표현할 수 있으며, 가정법 미래라는 것들도 이처럼 직설법 조건절(if절)에 would, should 등의 조동사가 들어간 것뿐이라고 한다.

가정법 과거의 일종으로 보는 이들은 가정법 과거는 if절에 과거동사를 쓰는 것이 원칙이지만 would(주어의 의지, 요청할 때, 불확실한 예측, 공손함)를 쓰는 경우도 있고, were to, should(가능성 적은 happen to 의미, 특히 영국 영어에서) 등을 쓰는 경우도 있다고 한다.

가정법과거의 if절에는 과거동사가 와야 하지만 예외적으로 should, would 등의 과거형 조동사가 오는 경우도 있으며, 가정법인지 여부를 결정하는 중요한 것은 '주절에 과거형 조동사가 있는가?'이므로 가정법미래라는 것들 중에서 if절과 주절에 과거형 조동사가 있다면 가정법과거로 볼 수 있고, 그 밖에 주절에 will 등이 있다든지 하는 것들은 직설법(조건문)이라 보면 될 것이라 생각된다.

■ If he **should** come, I **would** go. (만에 하나 그가 온다면, 나는 갈 텐데.)
　　〃　　　　　　　I **will** go. (혹시 그가 온다면 나는 가겠다.) (직설법)
　　〃　　　　　　　**give** him this note. (혹시 그가 온다면 이 쪽지 전해줘.)(직설법)

■ If I **were to** be born again, what would I be?
(불가능하지만 내가 다시 태어난다면 난 무엇이 될까?)

■ If you **would** help me, I could finish it early.
(네가 만약 날 도와준다면 나는 그것을 빨리 마칠 수 있을 텐데)
(would는 만약~ 라고 하는 불확실한 예측을 말하면서 또한 **주어**(you)**의 의지**를 나타낸다.)

■ I would be obliged if you **would** keep it a secret.
(당신이 만약 그걸 비밀로 해 주시면 고맙겠습니다.)

■ If I **would** go there, he would be glad.
(만약 내가 거기 간다면 그는 기뻐할 것이다.)

【비교】 if절의 동사(과거동사, shoud, were to) 와 주절의 조동사

■ **If he should come**, I will go. (만에 하나 **그가 온다면**, 나는 갈 것이다.)
  = **Should he come**, I will go. (if 생략하면 주어 he와 조동사 should가 도치됨)

 이 문장에서 will을 쓴 것은 (그가 올 것이) 일어날 수도 있고, 만약 온다면 가정 및 상상이 아니라 직설법적으로(확실히 의지적으로) ~을 하겠다(will go)는 것이고, 만약 would go를 쓰면 (그가 올 것이) 거의 일어날 수 없기도 하고, 가정법적으로 '온다면' '갈 텐데' 정도로 말하고 있음을 의미한다.

《*If절에 과거동사를 쓰는 가정법이라면 주절에도 will 등이 아니라 반드시 would등을 써야 하겠지만, 다음 같은 문장에서는 동사를* **다음처럼** *할 수도 있다.*
 *If I **would** go there, I **will** meet him.* (만약 내가 거기 간다면 그를 만나겠다. 만약이라고 해도 갈 가능성이 있으며, 가게 되면 확실히 의지적으로 만나겠다는 것)
   (if절에 would가 오는 것이 일반적이지는 않음)
*If the conditions **are** met, it **could** be done.* (그 조건들이 충족되면 그것이 이루어질 수도 있다. 직설법적으로 조건이 충족되면 그것이 이루어질 수 있다기보다 이루어질 수**도** 있다는 것)》

■ **If he were to come**, I would go. (거의 불가능하겠지만 **그가 온다면**, 나는 갈 텐데.)
  = **Were he to come**, I would go. (if 생략하면 주어 he와 동사 were가 도치됨)
 were to는 일어날 가능성이 거의 불가능함을 뜻하며, be to부정사 용법 (~해야 한다, ~할 예정이다) 중에서 예정을 가정법으로 (be가 were로) 바꾼 것이다.

If he **comes**, S + will, can, may 등 ~	직설법	(올지 안 올지 모르지만) 그가 온다면, S는 will 등~
If he **came**, I would go. 〈일반적인 가정법 과거 문장〉	가정법	(거의 안 오겠지만 그가 온다면, 나는 갈 텐데. 거의 안 옴) S는 **would** 등~
If he **should come**, S + would, could, might, should, will, can, may 등 ~	일명 가정법 미래	*(혹시)* 또는 (만에 하나) 그가 온다면, S는 ***will*** 또는 **would** 등~ (주절에 *직설법* 가능)
If he **were to come**, S + would, could, might, should 등 ~	일명 가정법 미래	(오는 것이 불가능하지만) 그가 온다면, S는 **would** 등~

다. If 생략에 따른 주어와 동사의 도치
(if 절의 동사가 were, should, had 등일 경우만 도치됨)

■ **If I were you**, I wouldn't go. (**내가 너라면**, 가지 않을 텐데.)
  = **Were I you**, I wouldn't go. (if 생략하면 주어 I와 동사 were가 도치됨)
  확실한 사실(나는 네가 아님)의 반대이므로 가정법으로 써야지 직설법 (If I am you, ~) 으로 쓸 수 없다.

참고로 일명 가정법 미래라고 하는 다음 문장에서도 도치를 볼 수 있다.

■ **If he should come**, I would go.
  (만에 하나 **그가 온다면**, 나는 갈 텐데.)
  = **Should he come**, I would go.
  (if 생략하면 주어 he와 조동사 should가 도치됨)

라. If 가정문의 여러 특수한 형태들 (If 를 대신하는 어구, 관용어구 등)

가) supposing (that) 이나 suppose (that)

■ **Supposing (that) he could speak korean**, I would talk to him.
  (**그가 한국말을 할 수 있다면**, 그에게 말할 텐데) 한국어 할 수 없음을 아니까 가정법으로 함

나) assuming (that) 이나 assume (that)

■ **Assuming (that) you won the lottery**, what would you do?
  (**당신이 그 복권에 당첨된다면**, 뭘 하겠니?) 복권당첨이 어려워 가정법으로 씀

다) If --- not (= unless) (---가 아니라면)

■ I wouldn't go there **if** she were **not** there. (구어체에서는 were대신 was도)
  (나는 거기 가지 않을 텐데, **그녀가 거기 없다면**)
  = I wouldn't go there **unless** she were there. (구어체에서는 was도 씀)

라) even if (= even though) (--일지라도)

- I wouldn't go there **even if I could** (go there)
  (나는 가지 않을 것이다. **갈 수 있더라도**)

마) if only 〈오로지(단지) --라면, --이기만 하면,
            --이면 좋을 텐데(wish 가정법과 의미가 유사함)〉

- **If only I knew the phone number**, I would call.
  (**전화번호만 알아도**, 전화할 텐데)
- **If only I knew**! (**내가 알기만 한다면야** 얼마나 좋겠나)
- **If only I were rich**! (내가 **부자라면(부자이기만 하면)** 얼마나 좋겠나)
  = I wish (that) I were rich.

바) what if --- ? (---하면 어쩌지?)

- **What if** he changed his mind? (그가 마음을 바꾸면 어쩌지?)
  what 다음에 would happen 이 생략되었다고 볼 수 있다.

사) without -- (--이 없다면)(= but for --) (= if ~ not)

- **Without enough money**, I would not buy the car.
  (내가 **충분한 돈이 없다면**, 그 차를 사지 않을 텐데) (돈 있으니 사겠다.)
  = **But for enough money**, I would not buy the car.
  = **If I didn't** have enough money, I would not buy the car.

- **Without air**, nothing could live. (**공기가 없으면**, 아무도 살 수 없을 거야.)
  = **But for air**, nothing could live
  = **Except for air**, nothing could live.
  = **If it were not for** air, nothing could live.
  = **Were it not for air**, nothing could live. (if생략되면 주어it 동사were 도치됨)
  = **If there were no** air, nothing could live.
  = **But for the fact that there is air,** nothing could live.
    (공기가 있다는 사실만 아니면, ~~~~) But for + that절 형태로는 쓰지 않음
    But for the fact that절은 **직설법**(현재동사 is), 주절은 **가정법**(과거형조동사 could)

아) With -- (-- 있다면)
- **With** your help, I could do it. (**너의 도움이 있다면**, 난 그걸 할 수 있을 텐데.)
    With your help, = If there were your help,

자) **Would that** 가정법 과거 (--라면 얼마나 좋을까)
- **Would that** she **were** healthy now. (그녀가 지금 건강하다면 얼마나 좋을까)
    Would that은 I wish that처럼 쓰인다. (가정법 동사인 were를 씀)

차) **Would rather** (차라리 -- (선호한다)) **가정법 과거**
- I **would rather** (that) she **didn't** meet you. (doesn't가 아니라 가정법 동사인 didn't 씀)
    (나는 차라리 그녀가 너를 현재 만나지 않는 게 좋을 거라고 생각해)

- He **would** *much* **rather** (that) she **didn't** meet you.
    (그는 그녀가 너를 현재 만나지 않기를 매우 바란다.)

- I **would rather go** there than stay here. (would rather + **동사원형**)
    (나는 차라리 현재 여기 머무는 것보다 거기 가는 게 낫겠다.)

카) **Would** you mind if ~~
- **Would** you mind if I **opened** the door?
    (내가 그 문을 지금 열면 꺼리시겠어요? = 문 열어도 될까요?)
    would 때문에 가정법 동사(open의 과거형 opened)를 쓴 것임

타) It is (high/ about) time (that) 가정법 과거
- It is **time** (that) you **went** to bed. = It is time for you to go to bed.
    (이제 잠잘 시간이야.)   가정법 동사(과거형인 went)를 씀

파) as it were (말하자면, 이를테면 = so to speak)
- He is, **as it were**, a man of few words. (그는 말하자면 말수가 적은 남자였다.)

하) as if (마치 —처럼) 가정법 과거
    이에 대하여는 ④ as if 편(뒤에 나옴)을 참고할 것

갸) I wish 가정법 과거
    이에 대하여는 복문 - 명사절 - wish 가정법 편(앞에 있음)을 참고할 것

마. 가정절 (종속절(가정의 if부사절)**) 의 생략**(또는 함축)

가) (~라면), S + would / could 등

- I **would** like to see him. 〈나는 (가능하다면) 그를 보기를 원할 거야 = 지금 보고 싶다.〉
  '가능하다면' 등이 생략된 것으로 보면 이 문장도 일종의 가정법이라 볼 수 있다.

- I **could** go there. 《(~라면) 나는 갈 수 있을 텐데 (사실은 못 간다.)》
  '~라면' 이 생략된 것이라면 이 문장도 가정법이라 할 수 있다.

나) 가정법과거, + but 직설법현재 〈but 대신 save, except, only(접속사) 가능〉

- I <u>would</u> wear the dress, but it <u>has</u> a stain.
  (나는 그 옷을 <u>입을 텐데</u>, 그러나 그 옷은 얼룩이 <u>있다</u>.)

  이 문장은 원래 I would wear the dress (**if it didn't have a stain**) but it has a stain. 에서 종속절(if절 **얼룩이 없다면**)이 **생략**된 것이다.

  뒤에 '얼룩이 있다'라는 내용이 있어서 가정법 부사절(가정절)을 생략해도 내용을 알 수 있기 때문에 생략한 것이다.

  즉 but이 등위접속사로서 <u>두 문장을 대등하게 연결</u> [(가정법 주절 + 생략된 종속절) + but + 가정법 아닌 문장] 하는 것일 뿐, but 이하는 가정법 문장 속의 종속절(부사절)이 아니므로 가정법 동사(had)가 아닌 has(직설법 현재)를 쓴 것이다.

  = I <u>would</u> wear the dress save it <u>has</u> a stain.
  [나는 그 옷을 <u>입을 텐데</u>, 그 옷이 얼룩이 <u>있다</u>는 것을 제외하면(save가 접속사)]

다) 직설법현재, + otherwise 가정법과거 (= 직설법. + Otherwise, 가정법)

- Study hard, **otherwise** you couldn't pass the exam.
  (열심히 공부해라, **그렇지 않으면** 너는 시험 합격하지 못할 거야.)

  여기서 otherwise는 if you **didn't** study hard (가정법과거) 의미이다.

라) 주어에 포함(함축)

- **A man of common sense would** not do such a thing.
  (**상식이 있는 사람은**(사람이라면) 그런 일을 하지 않을 것이다.)

  이 문장은 If he **were** a man of common sense, he **would**n't do such a thing.로 바꿀 수 있다.

마) to부정사구가 if절을 대신함

■ I would be honoured **to achieve that**.
(내가 그 일을 **성취하면** 영광일 것이다.) to achieve that = **if I achieved that**.

바) 분사구문이 if절을 대신함

■ **Winning the lottery,** you could buy the building.
(그 **복권에 당첨되면** 너는 그 빌딩을 살 수 있을 거야.)
Winning the lottery, = **If you won the lottery,**

③ 과거 사실의 반대(사실이 아닌 것이 확실한 완전 가정)를 나타내는 경우
(가정법 과거완료. ~였다면 ~했을 텐데)

가. 형태

종속절(그때 ~였더라면) 에는 **과거완료동사** (had + 과거분사(pp라고 함. past participle)) 를 쓰고, 주절(~였을 텐데) 에는 **would have pp, could have pp, might have pp, should have pp** 등을 쓴다.

⟨would have pp ~했을텐데(~였을 텐데)/ could have pp ~할 수 있었을텐데/ might have pp ~했을지도 모를 텐데/ should have pp ~했었어야 했는데⟩

현재시점에 대한 가정법에 과거동사를 써서 심리적 거리감을 멀게 함으로써 가정법임을 나타내는 것처럼 과거시점에 대한 가정법에는 **과거완료**를 쓰는 것이고, 주절에도 '과거에 ~했을 텐데'를 나타내야 하므로 가정법 조동사 would 등의 과거형인 「조동사 would 등 + have pp」를 쓰게 된다.

(would는 '현재시점에서의 추측'이고
뒤에 have pp라는 완료형이 온 것은 과거 일이 현재시점과 연결되고 있다는 것)

■ If I <u>had had</u> enough money, I <u>would have bought</u> the car.
(내가 **충분한 돈이 있었다면**, 그 차를 샀을 텐데 = 돈이 없었기에 사지 못해 아쉽다.)
여기서 if절에 쓴 had had는 과거완료(had + have의 pp)임

■ If I <u>could have gone</u>, I <u>would have done</u> that.
(내가 **갈 수 있었더라면**, 그 일을 했을 것이다. = 갈 수 없어서 못했다.)
(**능력 표현**을 할 때는 if절에 could를 쓸 수 있고, 이때 had pp 대신 쓰는 것이므로 조동사인 could 다음에는 당연히 원형인 have pp가 올 것이다.)

그런데 종속절(if절)에 「had + pp」를 쓰는 것이 문법에 맞는 원칙이지만, **구어체에서는** 그 대신에 「would + have pp」 등을 쓰는 경우도 있다.

- If I would've had a little more time, I would've done the task.
  (내가 좀 더 시간이 있었다면, 그 일을 했을 텐데)   would've = would have

특히 주어의 **의지 표현**을 나타낼 때는 would를 쓸 경우가 있다.
- If you would've allowed him more time, he would've completed it.
  (네가 그에게 더 많은 시간을 허용했더라면, 그는 그것을 완성했을 텐데)
= If you had been willing to allow him more time, ~~~.

나. If 생략에 따른 주어와 동사의 도치

- If I had been you, I wouldn't have gone.
  (내가 너였다면, 가지 않았을 텐데)
= Had I been you, I wouldn't have gone.
  (if 생략하면 주어 I와 동사 had가 도치됨)

- If I had had enough money, I would have bought the car.
  (내가 충분한 돈이 있었다면, 나는 그 차를 샀을 텐데)
= Had I had enough money, I would have bought the car.

- If it hadn't been for water, nobody could have lived.
  (물이 없었다면, 누구도 살 수 없었을 텐데)
= Had it not been for water, nobody could have lived.

다. If 가정문의 여러 특수한 형태들 (If 를 대신하는 어구, 관용어구 등)

가) supposing (that) 이나 suppose (that)

- Supposing he could have spoken korean, I would have talked to him.
  (그가 한국말을 할 수 있었다면, 그에게 말했었을 텐데)

나) assuming (that) 이나 assume (that)

■ **Assuming you had won the lottery,** what would you have done?
(당신이 그 복권에 당첨되었다면, 뭘 했었겠니?)

다) If --- not (= unless)

■ I wouldn't have gone there **if** she had **not** been there.
   (나는 거기 가지 않았을 텐데, **그녀가 거기 없었다면**)
 = I wouldn't have gone there **unless** she had been there.

라) even if (= even though) (--였을지라도)

■ I wouldn't have gone there **even if I could have** (gone there).
(나는 가지 않았을 것이다. **갈 수 있었더라도**)

마) if only 가정법과거완료 〈오로지(단지) --였더라면, --이기만 했다면,
                          --이면 좋았을 텐데(wish 가정법과 의미가 유사함)〉

■ **If only I had known the phone number**, I would have called.
(전화번호만 알았어도, 전화했을 텐데)
■ **If only I had known!** (내가 알기만 했더라면 얼마나 좋았겠나)
■ **If only I had been rich!** (내가 부자이기만 했다면 얼마나 좋았겠나)
■ **If only I could have taken a picture.** (사진을 찍을 수 있었다면 얼마나 좋았겠나)

바) what if --- ?

■ **What if** he had changed his mind? (그가 마음을 바꿨었다면 어땠을까?)
   what 다음에 would have happened가 생략되었다고 볼 수 있다.

사) without -- (= but for --) (= if ~ not)

■ **Without enough money**, I would not have bought the car.
   (내가 충분한 돈이 없었다면, 그 차를 사지 않았을 텐데)(돈 있어서 사기는 했다)
 = **But for enough money**, I would not have bought the car.
 = **If** I **hadn't** had enough money, I wouldn't have bought the car.
 = **Had I not had enough money**, ~~~. (if 생략되면 주어I 동사had 도치됨)

■ **Without air**, nothing could have lived. (**공기가 없었으면**, 아무도 살 수 없었을 거야)
  = **But for air**, nothing could have lived.
  = **If it had not for** air, nothing could have lived.
  = **Had it not been for** air, nothing could have lived. (if생략하면 주어 동사 도치)
  = **If** there had been **no** air, nothing could have lived.
  = **But for the fact that there was air**, nothing could have lived.
  (공기가 있었다는 사실만 아니었다면, ~~~~) But for + that절 형태로는 쓰지 않음
  But for the fact that절은 **직설법**(was), 주절은 **가정법**(could have lived)

아) With --

■ **With** your help, I could have done it.
  (**너의 도움이 있었다면**, 난 그걸 할 수 있었을 텐데.)
  With your help, = If there had been your help,
  = If you had helped me,

자) Would that 가정법 과거완료

■ **Would that** she **had been** healthy then.
  (그녀가 그때 건강했다면 얼마나 좋았을까) (그때 건강 못해서 아쉽다.)

차) Would rather (차라리 --) 가정법 과거완료

■ I **would rather** (that) she **hadn't met** you.
  (나는 차라리 그녀가 너를 그때 만나지 않았다면 좋았을걸 하고 생각해)
  would rather 때문에 that절에는 가정법 동사를 써야 하는데 현재시점에서 한 시제 전인 과거 이야기를 하고 있으니 가정법 과거완료 동사(had met)를 쓴다.

■ I **would rather** not **have met** her. 〈would rather + 완료형(have met)〉
  (나는 차라리 그녀를 만나지 않았으면 좋았었다.)

카) as if (마치 —처럼) 가정법 과거완료
  이에 대하여는 ④ as if 편(뒤에 나옴)을 참고할 것

타) I wish 가정법 과거완료
  이에 대하여는 복문 - 명사절 - wish 가정법 편(앞에 있음)을 참고할 것

라. 가정절 (종속절(가정의 if부사절)) 의 생략(또는 함축)

가) (~라면), S + would have pp / could have pp 등

■ I would have gone there. 〈나는 거기 갔을 텐데 (사실은 못 갔다.)〉

　이 문장은 예를 들어 **If I could have afforded it,** (여유가 있었더라면) 같은 가정절(if절)이 생략된 것으로 볼 수 있다.
(생략했음을 알 수 있기 때문에 생략한 것임, 그래서 문맥을 보고 뜻을 파악해야 한다.)

■ I couldn't have done it. 〈나는 그것을 할 수 없었을 텐데 (해서 다행이다.)〉

　이 문장은 예를 들어 **If you had not helped me, (=Without your help) (네가 날 도와주지 않았더라면)** 같은 가정절(if절)이 생략된 것으로 볼 수 있다.
(생략했음을 알 수 있는 상황이기 때문에 생략한 것임)

나) 가정법과거완료, + but 직설법과거 〈but 대신 save, except, only(접속사) 가능〉

■ I would have worn the dress, but it had a stain.
　(나는 그 옷을 입었을 텐데, 그러나 그 옷은 얼룩이 있었다.)

　이 문장은 원래 I would have worn the dress (**if it hadn't had a stain**), but it had a stain. 에서 종속절(if절 **얼룩이 없었다면**)이 **생략**된 것이다.

다) 직설법과거, + otherwise 가정법과거완료 (= 직설법. + Otherwise, 가정법)

■ He studied hard, **otherwise** he couldn't have passed the exam.
　(그는 열심히 공부했다, **그렇지 않았다면** 그는 시험에 합격하지 못했을 거야.)(합격했다)
　여기서 otherwise는 if he **hadn't** studied hard(가정법과거완료) 의미이다.

라) 주어에 포함(함축)

■ **A man of common sense wouldn't have done** such a thing.
　(상식이 있는 사람은(사람이었다면) 그런 일을 하지 않았을 것이다.)

　이 문장은 If he **had been** a man of common sense, he **wouldn't have done** such a thing. 로 바꿀 수 있다.

마) to부정사구가 if절을 대신함

■ It would have been nice for me **to have achieved that**.
   (내가 **그 일을 성취했다면** 좋았을 텐데)
   for me to have achieved that = **if I had achieved that**.

바) 분사구문이 if절을 대신함

■ **Having won the lottery,** he would have donated more anyway.
   (**그 복권에 당첨되었다면** 그는 어쨌든 더 많이 기부했을 것이다.)
   Having won the lottery, = **If he had won the lottery,**

마. 혼합 시제

'전에 ~했더라면 지금 ~할 텐데'처럼 주절과 종속절의 시점이 같지 않고 혼합되어 있는 경우이다.

이 경우 종속절에는 **과거시점**의 가정법 동사인 <u>과거완료동사</u>(had pp)를, 주절에는 **현재시점**의 <u>가정법 조동사</u> would, should, could, might 등을 쓴다.

■ If you <u>had studied</u> English hard, you <u>could</u> speak English well now.
   (**네가 전에 영어를 열심히 공부했었더라면**, 너는 지금 영어를 잘 말할 수 있을 텐데)

반대로 if절에 과거동사, 주절에 과거시점을 회상하는 동사를 쓸 수도 있다.
■ If you <u>were</u> not my friend, I <u>wouldn't have given</u> you this book.
   (**네가** 그때와 지금 **내 친구가 아니라면**, 나는 전에 너에게 이 책을 주지 않았을 거야.)

   〈If you had not been my friend(네가 내 친구가 아니었다면)라고 하면 그때는 친구였지만 지금은 친구가 아닐 수도 있으므로 지금까지도 여전히 친구임을 나타내기 위해서 일부러 if절에 were(현재시점)를 쓴 것임〉

④ **as if** (또는 as though) **가정법** (if는 '~~라면'이지만 as if는 '**마치 ---처럼**')

가. as if 직설법 (**불확실한 사실**에 대하여는 직설법으로)(이것은 가정법이 아님)
■ It looks **as if it will rain** soon. (불확실하지만 **마치 비가 곧 올 것처럼** 보인다.)
   = It looks **as if it is going to rain** soon.
   = It looks **like it will rain** soon. (as if 대신 like를 쓸 수도 있다.)(특히 구어체)

= It looks like *rain*. (as if 뒤에는 **절**만 올 수 있지만, like는 접속사와 전치사 모두로 쓰일 수 있어서 **절**도 올 수 있고 **명사**도 올 수 있다.)
(여기서의 like가 형용사 같은 전치사이므로 *rain*은 **명사(비)** 이다.)

■ He acts **as though he** <u>is</u> **a movie actor**.
(그는 (영화배우인지 아닌지 불확실한데) **영화배우인 것처럼** 행동한다.)

■ It looks **as if she** <u>has gone</u>. (그녀가 **가버린**(지금 없는) **것 같다**(~처럼 보인다).)
〈(그녀가 갔는지 불확실한데) 현재완료(has gone)한 것처럼 현재(looks)한다.〉

■ He acted **as if he** <u>was</u> **a movie actor**. (직설법 과거)
(그는 (영화배우였는지 아니었는지 불확실한데) (그때) **영화배우인 것처럼** (그때) 행동했다.)

영화배우였는지 여부가 불확실해서 직설법으로 말한 것인데, 말하는 사람이 그가 영화배우가 아니었음을 알고 말했더라면 as if절에 was가 아니라 were를 써서 가정법으로 했을 것이다.

나. as if 가정법 (확실한 사실과 반대이므로 가정법으로 하는 것임)

가) 「주절(직설) + as if절(가정)」에서 주절의 동사와 as if절의 동사가 같은 시점일 경우

as if절에서 <u>과거동사</u>(가정법 동사)를 쓰며, 특히 be동사는 were를 쓴다.

■ He acts **as if he** <u>were</u> **a movie actor**.
(그는 (영화배우가 아닌데도) (지금) **영화배우인 것처럼** (지금) 행동한다.)

사실(확실히 영화배우가 아님)과 반대이므로 as if절에서 he is가 아니라 가정법 동사로 he were를 쓴 것이다.

■ Live **as if you** <u>were</u> **to die tomorrow**, and learn **as if you** <u>were</u> **to live forever**.
(**내일 죽을 것처럼** 살고, **영원히 살 것처럼** 배워라 - Mahatma Gandhi -)

be to부정사 용법(예정을 나타내는 경우)을 가정법(were to부정사)으로 쓴 것이다.

■ He acted **as if he** <u>were</u> **a movie actor**.
(그는 (그때) **영화배우인 것처럼** (그때) 행동했다.)

주절(He acted)보다 종속절(as if 부사절)의 시점이 먼저가 아니고, 같기 때문에 as if 가정법 절에서 과거완료가 아니라 과거동사 were를 썼다.

■ I feel **as if I** <u>could</u> **fly**. (나는 (지금) **날 수 있을 것처럼** (지금) 느낀다.)
　　　　　　　　　(= 기분이 날 것 같다.)
■ I felt **as if I** <u>could</u> **fly**. (나는 (그때) **날 수 있을 것처럼** (그때) 느꼈다.)
　　　　　　　　　(= 기분이 날아갈 듯 했다.)

나) 「주절(직설) + as if절(가정)」에서 주절보다 as if절의 동사의 시점이 먼저일 경우

　as if절에서 <u>과거완료동사</u>(had + pp)를 쓴다.
　필요에 따라 could have pp 등을 쓸 수도 있다.

■ He acts **as if he** <u>had been</u> **a movie actor**.
　(그는 (전에) **영화배우였었던 것처럼** (지금) 행동한다.) (이것도 일종의 혼합시제)

　사실(확실히 영화배우가 아니었음) 과 반대를 가정하는 것이므로 as if절에서 he is나 he was가 아닌 가정법 동사를 써야 하는데, 영화배우였던 것처럼의 시점이 acts 하는 시점보다 더 먼저이므로 as if he were가 아니라 as if he had been을 쓴 것이다.

■ He said **as if he** <u>had been</u> **a movie actor**.
　(그는 (그때 보다 더 전에) **영화배우였었던 것처럼** (그때) 말했다.)

(영화배우였었던 것처럼의 시점이 said 했던 그때보다 먼저이므로 이것도 일종의 혼합시제)

주절(He said)보다 종속절(as if 절)시점이 먼저이므로 as if절에서 had been을 썼다.

■ They treated him **as if he** <u>had committed</u> **the crime**.
　(그들은 (그때 보다 더 전에)**그가 그 범죄를 저질렀던 것처럼** (그때) 그를 대했다.)

　이 말을 하는 사람은 as if절에서의 he(그)가 전에 그 범죄를 저지르지 않았던 사실을 알기 때문에 가정법으로 말을 하고 있다.

■ He looks **as if he** <u>could have done</u> **everything**.
　(그는 (전에) **모든 것을 할 수 있었던 것처럼** (지금) 보인다.)

■ He felt sorry for himself **as if he** <u>could have done</u> **any better**.
　(그는 (그때 보다 더 전에) **조금이라도 더 잘할 수 있었던 것처럼** (그때) 자신을 한탄했다.)

3) 형용사절 (형용사 역할하는 종속절)

형용사 역할을 하는 절을 형용사절이라 한다.
그리고 이 형용사절을 이끄는 것은 관계대명사(접속사 + 대명사)와 관계부사(접속사 + 부사)이며 이들이 접속사 역할을 하고 있다.

'**관계**'라는 것은 '**접속**'이란 뜻이며, 이러한 관계(접속사)에 다른 무엇(대명사, 부사, 형용사) 이 합쳐진 것을 관계사(관계대명사, 관계부사, 관계형용사) 라고 한다.
「품사론 - 대명사 - 대명사의 종류 - 관계대명사 - 【참고】관계사」 부분을 참고하라.

(1) 관계대명사절

관계대명사(접속사 + 대명사)가 종속접속사가 되어 이끄는 형용사절이다.

① 관계대명사의 개념과 종류

관계대명사 등의 관계사(Relative)는 원래 관계있는 두 문장을 한 문장으로 간단히 만들기 위한 단어이다.

예를 들어 '나는 지니를 안다.' 와 '그녀는 공부를 열심히 한다.'라는 두 문장은 '나는 지니를 아는데, **그리고**(=그런데) **그녀는** 공부를 열심히 한다.' 라는 한 문장으로 말할 수 있을 것이다.

 I know Jinny **그리고**(=그런데) **그녀는** studies hard.
여기서 「**그리고**(=그런데)　**그녀는**」이 바로 관계대명사(who)이다.
　　　(접속사 = 관계)　　(대명사)
　　　　(and)　　　　(she)　　= who
 I know Jinny **who** studies hard.

그래서 관계대명사 공부할 때는 다음 말을 생각하라.
「<u>선행사</u>(先行詞. 앞 문장에서는 Jinny)**가 있는데, 그리고**(그런데) **그것은**(그는) ~~」
　　(= <u>선행사가 있는데, 관계대명사는</u> ~~) 〈= ~~**하는**(형용사절) 선행사〉

이처럼 관계대명사는 「**관계** + **대명사**」 이다.
'<u>그리고 그 사람</u>', '<u>그리고 그것</u>' 등등이다.
즉, 접속사와 대명사가 함께 포함되어 있는 것이다.

그 종류는 다음과 같다.

	주격	목적격	소유격
수식받는 명사(선행사)가 사람일 때	who, that	whom(회화에서는 보통 who로 씀), that, 생략	whose
수식받는 명사(선행사)가 사물일 때	which, that	which, that, 생략	whose, of which

② 주격 관계대명사절

가. 일반적인 예문

■ The man is my friend. (그 사람은 나의 친구다.)
　He has a book. (그는 가지고 있다. 책 한 권을)
　⇒ The man is my friend, and he has a book. (그 사람은 나의 친구이다, 그리고 그는 책 한 권을 가지고 있다.) 라는 문장이 있다고 하자.

여기서 The man과 he가 같으므로 The man을 설명(형용)해주는 and he has a book을 관계대명사를 써서 간단히 형용사(--하는)절로 바꿀 수 있다.

즉, **접속사(and) + 대명사(he)를 관계대명사** (여기서는 관계대명사가 and + he(주격)이므로 주격관계대명사 who가 필요함. 즉 has의 주어가 필요함, has의 주어인 주격 관계대명사가 필요함) **로 고쳐서** 앞에 나와 있는 명사 (그래서 이를 **선행사**(先行詞)라고 함) 인 man **뒤에**(선행사를 수식하는 형용사절이 돼야 하므로 선행사 뒤에) **쓰면 된다**.

> 위 문장에서　and + he = who 또는 that
> 　　　　　　　그리고　그

⇒ *The man **who** has a book is my friend.* (who절이 **형용사절**)
　(*그 사람은, 그리고 그는 책 한 권을 가지고 있다(있는), 나의 친구다.*)
　(= *그 사람은, 책 한 권을 가지고 있는, 나의 친구다.*)(= 책 가진 그는 내 친구다)

who가 has 하는 것(즉, **주어**가 가지는 것) 이므로 who는 주격 관계대명사이다.

> 【비교】만약 The man **who(m)** I met yesterday is my friend. 에서는 I 가 who(m)을 met 했다는 것 (즉, 내가 **목적어**를 만났다는 것) 이므로 who(m)은 목적격 관계대명사이다.

> 선행사 **관계대명사** △△ ~~~~.
> = 선행사가 있는데, **그리고 그(것)는** △△하는데, ~~~~이다.
> = △△하는 선행사는 ~~~~이다.

그리고 who대신 that을 쓸 수도 있다. (上記한 관계대명사 종류 표 참고)
  = The man *that* has a book is my friend.

【참고】관계대명사 that (주격과 목적격으로 사람과 사물에 다 쓸 수 있음)

1. 주로 that을 쓰는 경우
  ■ 선행사가 사람 + 사물(동물)일 경우
  ■ 선행사 앞에 최상급, 서수(the first 등), the only, the very, the same, all, no, every, any 등이 있는 경우
  ■ 선행사가 ~thing 으로 끝나는 경우

2. 관계대명사 that을 쓸 수 없는 경우
  ■ ,(comma) 뒤에는 올 수 없다.
  그래서 The man, **who** has a book, is my friend. 는 맞지만 The man, **that** has a book, is my friend.는 틀린다.

  ■ 전치사의 목적어로 쓸 수 없다.
  This is the hospital **in which** I was born. (여기가 내가 태어난 병원이다.)는 맞지만 This is the hospital **in that** I was born. 은 틀린다.

  ■ 계속적 용법으로 쓸 수 없다.
  He saved the child, **which** made him famous. (그는 그 아이를 구했는데 그것이 그를 유명하게 했다.)는 맞지만
  He saved the child, **that** made him famous. 는 틀린다.

나. 삽입절이 있는 경우

■ I saw a man *who* (I thought) **was a firefighter**.
  (나는 보았다 한 남자를, <u>그리고 그는</u> (내가 생각하기에) **소방관이었다**.)
  (= 나는 보았다 한 남자를, 내가 생각하기에, **소방관인**)
     (= 나는 내가 생각하기에 소방관인 남자를 보았다)

여기서 I thought은 **삽입**(내가 생각하기에)**된 절**(삽입절은 생략해서 보면 문장을 쉽게 파악 가능)**이므로**, was의 주어인 주격관계대명사 who를 쓴 것이다.

③ 목적격 관계대명사절

가. 동사의 목적격으로 쓰인 관계대명사

■ This is the book, and I wrote it.
  (이것은 그 책이다, 그리고 나는 그것을 썼다.)

여기서 the book과 it이 같으므로 the book을 설명해주는 and I wrote it 를 관계대명사를 써서 간단히 형용사절(관계대명사절)로 바꿀 수 있다.

즉, **접속사**(and) **+ 대명사**(it)**를 관계대명사**(여기서는 관계대명사가 and + it (목적격) 이므로 목적격 관계대명사인 which나 that이 필요함, 즉 wrote의 목적어가 필요함, wrote의 목적어인 목적격 관계대명사 which나 that이 필요함) **로 고쳐서** 앞에 나와 있는 명사(선행사)인 book **뒤에 쓰면 되는 것**이다.

> 위 문장에서 and + it = which 또는 that 또는 생략
>   그리고 그것을

⇒ This is the book (*which*) I wrote.
  (이것이 그 책이다. <u>그리고 그것을</u> 내가 썼다)
  (= 이것이 그 책이다 **내가 썼던**.) (이것이 내가 쓴 책이다.)

그리고 목적격 관계대명사는 생략할 수도 있다. [그래서 which에 ( )를 쳤음] 회화에서는 간단히 말하는 것을 좋아하므로 대개 생략해서 말한다.

```
┌─────────────────────────────────────┐
│     선행사   관계대명사    △△       │
│ = 선행사가 있는데, 그리고 그것을 △△한다. │
│        = △△하는 선행사              │
└─────────────────────────────────────┘
```

■ The man is my friend, and I met him there.
　(그 남자는 나의 친구이다, 그리고 나는 그를 거기에서 만났다.)

　여기서 The man 과 him이 같으므로 The man을 설명해주는 and I met him there 를 관계대명사를 써서 간단히 형용사절로 바꿀 수 있다.

　즉, 접속사(and) + 대명사(him)를 관계대명사 [여기서는 관계대명사가 and + him(목적격)이므로 목적격 관계대명사인 whom(또는 who)이 필요함, 즉 met의 목적어가 필요함, met 의 목적어인 목적격 관계대명사 whom(또는 who)이 필요함] **로 고쳐서** 앞에 나와 있는 명사(선행사)인 man **뒤에 쓰면 되는 것**이다.

```
┌─────────────────────────────────────────────┐
│ 위 문장에서   and + him = whom(who) 또는 that 또는 생략 │
│              그리고   그를                    │
└─────────────────────────────────────────────┘
```

⇒ The man ***whom*** I met there is my friend.
　　(그 남자는 <u>그리고 그를</u> 내가 거기서 만났다. 나의 친구이다.)
　　　(= 내가 거기서 만났던 그 남자는 내 친구다.)
= The man **who** I met there is my friend. (회화에서 whom대신 who 많이 씀)
= The man **that** I met there is my friend. (that을 써도 됨)
= The man **(생략)** I met there is my friend. (목적격이므로 생략도 가능)

■ He was the only man ***that*** I could trust.
　(그는 유일한 남자다, <u>그리고 그를</u> 내가 믿을 수 있다.)
　　(= 그는 내가 믿을 수 있는 유일한 남자다.)

　여기서 trust의 목적어인 목적격 관계대명사 that대신 who(m)을 쓸 수도 있고 목적격이므로 생략할 수도 있는데, 앞에 the only란 강한 한정 표현이 있기 때문에 who(m) 보다는 that을 우선하여 쓴다.

나. 전치사의 목적격으로 쓰인 관계대명사

■ The man is my friend, and I talked to **him** there. 라는 문장이 있다면

여기서 The man 과 him이 같으므로 The man을 설명해주는 and I talked to him there 를 관계대명사를 써서 간단히 형용사절로 바꿀 수 있다.

즉, <u>**접속사**(and) + **대명사**(him)를 **관계대명사**</u> (여기서는 관계대명사가 and + him(목적격)이므로 목적격 관계대명사 whom(또는 who)이 필요함, 즉 **전치사 to의 목적어**가 필요함, 전치사 to의 목적어인 목적격 관계대명사 <u>whom(또는 who)</u>이 필요함) <u>**로 고쳐서**</u> 앞에 나와 있는 명사(<u>선행사</u>)인 man <u>**뒤에 쓰면 되는 것**</u>이다.

위 문장에서 and + him = who(m) 또는 that 또는 생략 그리고 그 (목적격 관계대명사(whom 또는 who)는 생략할 수 있음)
※ 단, 전치사 바로 뒤에는 (전치사가 관계대명사 앞에 오면) - that을 쓸 수 없고 (that을 쓰면 전치사는 끝에 씀) - whom 대신 who를 쓸 수 없고 (쓸 경우 매우 어색해짐) - (혼란을 없애기 위해) 목적격 관계대명사라도 생략하지 않는다. (즉, to whom으로 써야지 to that이나 to who나 to만 쓰는 것은 틀림)
※ 단, 콤마(,) 바로 뒤에는 (계속적 용법인 경우는) - that이나 what을 쓸 수 없고 - 목적격 관계대명사라도 생략하지 않는다.

⇒ The man **_whom_ I talked to there** is my friend.
 (그 남자는 <u>그리고 그</u> 에게 내가 이야기했었는데 거기에서, 나의 친구다)
 (= **내가 거기에서 이야기를 했던** 그 남자는 나의 친구다.)
 (관계대명사 whom이 전치사 to의 목적격으로 쓰인 것)

= The man **_who_ I talked to there** is my friend.(whom대신 who도 씀)
= The man **_that_ I talked to there** is my friend.(that 써도 됨)
= The man **_(생략)_ I talked to there** is my friend.(목적격이므로 생략도 가능)

= The man **to _whom_ I talked there** is my friend.
 (전치사 to는 원래 talked to him에 쓰였었는데 him이 whom에 포함되었으므로, 전치사 to를 관계대명사 whom 앞으로 옮겨 쓸 수 있다.)

그런데

The man to *who* I talked there is my friend. (✗)(전치사+who는 안 됨)
The man to *that* I talked there is my friend. (✗)(전치사+that은 안 됨)
The man to *(생략)* I talked there is my friend. (✗)(전치사+생략은 안 됨)

■ The effect of continually pretending to agree with someone **with** *whom* **one does not agree** is disastrous.
　(그 효과는, 지속적으로 동의하는 체하는 것의, 어떤 사람에게, *그리고 그 사람* 에게
　(실제로는) **동의하지 않는다**,　비참하다)
　　　　　　　　The effect　　　is　　　disastrous.
　　　　　　　　　S(주어)　　V(동사)　　C(보어)
(= **한 사람이 동의하지 않는** 어떤 사람에게 지속적으로 동의하는 체하는 것의 효과는 비참하다)

이 문장은 원래 The effect of continually pretending to agree with someone is disastrous, **and** one does not agree with **him**.
(어떤 사람과 지속적으로 동의하는 체하는 것의 효과는 비참하다, 그리고(그런데) (실제로는) 한 사람(one, 동의하는 체해 주는 사람)이 그 어떤 사람과 동의하지 않는다.) 라는 문장을 관계대명사절로 고친 것이다.

여기서 someone 과 him이 같으므로 someone을 설명해주는 and one does not agree with him. 을 **관계대명사**절(형용사절)로 바꿀 수 있다.

즉, **접속사(and) + 대명사(him)를 관계대명사** (여기서는 관계대명사가 and + him (목적격)이므로 목적격 관계대명사 who(m)이 필요함, 즉 **전치사 with의 목적어**가 필요함, 전치사 with의 목적어인 목적격 관계대명사 who(m)이 필요함) **로 고쳐서** 앞에 나와 있는 명사(**선행사**)인 someone **뒤에 쓰면 되는 것**이다.

> 위 문장에서　and + him = who(m) 또는 that 또는 생략

⇒ 그러면 The effect of continually pretending to agree with someone **whom** **one does not agree with** is disastrous. 이 됨

= ~~~~ who ~~~with~~ (whom 대신 who 가능)
   = ~~~~ that ~~~with~~ (that도 가능)
   = ~~~~ (생략) ~~~with~~ (with의 목적격 관계대명사이므로 생략도 가능)

   = ~~~~ with whom ~~~ (whom이 with의 목적어이므로 with를 whom 앞으로 쓸 수 있음) 그렇게 해서 맨 위 문장이 된 것이다.
그런데 ~~~~ with who ~~~ (×) (전치사 다음에 whom 대신 who 안 씀)
   ~~~~ with that ~~~ (×) (전치사 다음에 that 안 씀)
   ~~~~ with (생략) ~~~(×) (전치사 다음에 관계대명사 생략 안 함)

■ I will evaluate the extent to *which* you have studied.
   (나는 그 정도를 평가할 것이다, <u>그리고 그것(그 정도)</u> 로(to) 너는 공부해 왔다.)
   (= 나는 **네가 공부해 온** 정도를 평가할 것이다. = 어느 정도 공부했는지 평가하겠다.)

   이 문장은 원래 I will evaluate the extent, **and** you have studied to **the extent**. (나는 그 정도를 평가하겠다, <u>그리고</u> 너는 <u>그 정도</u>로 공부를 해 왔다.) 에서 앞의 the extent와 뒤의 the extent(= it)가 같으므로 관계대명사 <u>which</u> (= <u>and</u> <u>it</u>)를 써서 간단히 만든 문장이다. (to it이므로 to which)

   = I will evaluate the extent *which* you have studied to.
   = I will evaluate the extent *that* you have studied to.
   = I will evaluate the extent *(생략)* you have studied to.
그런데
   I will evaluate the extent to *that* you have studied. (×)
   I will evaluate the extent to *(생략)* you have studied. (×)

④ 소유격 관계대명사절

■ I have two dogs, and their names are Dory and Nury.
   (나는 두 마리 개가 있다, 그리고 그들의 이름은 도리와 누리이다.)

   여기서 two dogs와 their가 같은 대상이므로 two dogs를 설명(형용)해 주는 and their names are Dory and Nury를 관계대명사를 써서 간단히 형용사절로 바꿀 수 있다.

즉, **접속사(and) + 대명사(their)를 관계대명사** (여기서는 관계대명사가 and + their(소유격)이므로 소유격 관계대명사 whose가 필요함, 즉 names의 소유이 필요함, names의 소유격인 소유격 관계대명사 whose가 필요함) **로 고쳐서** 앞에 나와 있는 명사(<u>선행사</u>)인 dogs **뒤에 쓰면 되는 것**이다.

위 문장에서   and + their = whose
                     그리고   그들의

⇒ I have two dogs ***whose*** names are Dory and Nury.
   (나는 두 마리 개가 있다, <u>*그리고 그들의*</u> 이름들은 도리와 누리이다.)
   (= 나는 **이름들이 도리와 누리인** 두 개가 있다.)

S + V + 선행사 + 소유격 관계대명사 + n(명사) + V

이 소유격 관계대명사는 뒤의 명사(names)를 수식하므로 사실상 관계형용사로 생각해야 한다.

■ The man is my friend, and his car is good.
   (그 남자는 나의 친구이다, 그리고 그의 차는 좋다.) 라는 문장이 있다면

여기서 The man 과 his가 같은 대상이므로 The man을 설명해주는 and his car is good.을 관계대명사를 써서 간단히 형용사절로 바꿀 수 있다.

즉, **접속사(and) + 대명사(his)를 관계대명사** (여기서는 관계대명사가 and + his (소유격)이므로 소유격 관계대명사 whose가 필요함, 즉 **car의 소유격**이 필요함, car의 소유격인 소유격 관계대명사 whose가 필요함) **로 고쳐서** 앞에 나와 있는 명사(<u>선행사</u>)인 man **뒤에 쓰면 되는 것**이다.

위 문장에서   and + his = whose
                     그리고   그의

⇒ The man ***whose*** **car is good** is my friend.
   (그 남자는, <u>*그리고 그의*</u> 차는 좋다, 나의 친구이다.)
   (= 그 남자는, **그의 차가 좋은**, 나의 친구이다. = **차가 좋은** 그 남자는 내 친구다.)

■ He is writing the novel about the woman, and he is very proud of her achievement. (그는 소설을 쓰는 중이다. 그 여자에 관한, 그리고 그는 그녀의 업적을 매우 자랑스러워한다.)라는 문장이 있다고 한다면

여기서 앞의 the woman과 뒤의 her가 같은 대상이므로 the woman을 설명해주는 and he is very proud of her achievement를 관계대명사를 써서 간단히 형용사절(관계사절)로 바꿀 수 있다.

즉, 접속사(and) + 소유격 대명사(her)를 관계대명사로 고치면 된다.

여기서는 관계대명사가 and + her(소유격)이므로 achievement를 소유격으로 꾸며 주는 소유격 관계대명사 whose가 필요하며, '그리고 그녀의 업적 = whose achievement' 이 붙어 다녀야 하므로 이를 선행사(the woman) 뒤에 쓰고 나머지를 써주면 된다.

> 위 문장에서 and + her = whose
> 그리고 그녀의

⇒ He is writing the novel about the woman **_whose_** achievement he is very proud of.

(그는 소설을 쓰는 중이다 그 여자에 관한, **_그리고 그녀의_** 업적을 그는 매우 자랑스러워한다.) (= 그는 **그가 매우 업적을 자랑스러워하는** 그 여자에 관한 소설을 쓰는 중이다.)

여기서 맨 끝의 of를 앞으로 보낼 수도 있으므로 (of her이므로 of whose)
= He is writing the novel about the woman of **_whose_** achievement he is very proud. 라고 할 수도 있다.

■ I am driving the car, and its owner is my wife.
(나는 그 차를 운전하는 중이다, 그리고 그것의 주인은 내 아내이다.)라는 문장에서

여기서 앞의 car와 뒤의 its가 같은 대상이므로 앞의 car를 설명해주는 and its owner is my wife를 관계대명사를 써서 간단히 형용사절(관계사절)로 바꿀 수 있다. 즉, 접속사(and) + 대명사(its)를 관계대명사로 고치면 된다.

여기서는 관계대명사가 and + his(소유격)이므로 owner를 소유격으로 꾸며주는 소유격 관계대명사 whose가 필요하다.

> 위 문장에서   and + its = whose = of which
> 　　　　　　그리고　그것의

⇒ I am driving the car ***whose*** owner is my wife.
　　(나는 그 차를 운전 중이다, <u>그리고 그것의</u> 주인은 내 아내이다.)
　　(= 나는 **주인이 아내인** 차를 운전 중이다.)

그리고 이처럼 선행사가 사람이 아니라 **사물일 경우**는 whose 대신 of which를 쓸 수 있으며, of which를 쓰게 되면 소유격 다음의 명사 앞에는 <u>the</u>를 쓴다.

= I am driving the car **the** owner ***of which*** is my wife.
= I am driving the car ***of which*** **the** owner is my wife.
(which가 of의 목적격 관계대명사이지만 생략 안 함/ 이보다는 whose를 많이 씀)

⑤ 관계대명사의 계속적 용법

관계대명사의 선행사를 수식(한정)하는 형용사절 역할의 관계대명사절을 제한적(한정적) 용법이라고 하며, 계속적 용법은 콤마(,)를 쓰면서 「그리고 ―는/ ――를」처럼 계속적으로 이어 나가는(계속 앞에서부터 차례로 해석하는) 경우이다.

가. 계속적 용법의 주격 관계대명사절

가) 관계대명사가 앞 문장 전체(선행사가 앞 문장 전체)를 받는 경우

■ She said nothing. (그녀는 아무 말도 안 했다.)
　That made me angrier. (그것은 나를 더욱 화나게 했다.)
　여기서 That은 앞 문장(그녀는 아무 말도 안 했다) 전체를 받는 대명사로서 주어임.

⇒ She said nothing, <u>**which**</u> made me angrier.
　　(그녀는 아무 말도 안했다. <u>그리고(그런데) 그것이</u> 나를 더욱 화나게 했다.)
　　여기서 which는 <u>접속사</u> **and** + 앞 문장 전체를 받는 <u>대명사</u> **That**
　　　　　　　　　　 (**그리고　+　그것이**) 이다.

그래서 <u>여기서는 관계대명사가 형용사절을 이끄는 것은 아니며,</u> 「절 + and + 절」 같은 중문(重文)에서 등위접속사(and)를 없애면서 관계대명사로 연결한 문장이다.

나) 관계대명사가 앞의 선행사를 받는 경우 (콤마 뒤에서 부연 설명하는 계속적 용법)

■ He doesn't like Emma, **who** is beautiful.
　(그는 엠마를 좋아하지 않는다, **비록 그녀가** 아름답지만)

　이렇게 계속 용법으로 앞에서부터 차례로 해석하는 것이 자연스럽다.
　여기서 who(관계대명사) = though(관계 = 접속사) + she(대명사 = Emma)
　즉, who는 **비록 그녀가 ~이지만** 이라는 뜻이다.

■ I can't drive the car, **which** is broken.
　(나는 그 차를 운전할 수 없다, **왜냐하면 그 차는** 고장 났다.) 앞에서부터 차례로 해석
　여기서 which(관계대명사) = for(관계 = 접속사) + it(대명사 = the car)
　즉, which는 **왜냐하면 그것이** 라는 뜻이다.

■ He, **who** was known for the book, went there.
　(그는, **그리고 그는** 그 책으로 알려졌다, 거기 갔다)
　(= 그는, 그 책으로 알려졌는데, 거기 갔다.)

　〈He 같은 **인칭대명사**는 관계대명사절의 수식을 받는 **선행사**로 쓸 수 없는 것이 원칙이지만 이처럼 계속적 용법에서는 선행사로 쓸 수 있으며(잘 쓰이진 않지만), 제한적 용법에서도 he가 특정인이 아닌 일반인을 나타낼 때나 those(them은 안됨), that(it은 안됨) 등은 선행사로 쓰이는 경우가 있다.〉

> S(선행사) + 주격 관계대명사 + V + V ⇒ S(선행사), 주격 관계대명사 + V, + V
> 　　　　(제한적 용법 ⇒ 콤마(,)가 있는 계속적 용법으로)

그리고 여기서 「주격관계대명사 + be동사」는 생략할 수 있으므로
〈계속적 용법인 경우는 관계대명사를 생략하지 않지만 지금처럼 뒤에 형용사구(known for 같은 분사구 등) 가 와서 명확히 뜻을 알 수 있으면 「주격관계대명사 + be동사」를 생략 가능〉

He, known for the book, went there. 로 간단히 할 수도 있다.

[비교] 제한적 용법과 계속적 용법
■ I have a son **who** is a doctor.
　(**의사인** 아들이 1명 있다.)(제한 용법) (아들이 총 몇 명인지는 모름)
■ I have a son, **who** is a doctor.
　(아들이 1명 있다, **그런데 그는 의사다**.)(계속 용법) (아들이 총 1명)

나. 계속적 용법의 목적격 관계대명사절

가) 동사의 목적격으로 쓰인 관계대명사

(가) 관계대명사가 앞 문장 전체나 일부를 받는 경우

■ She said that he died, **which** I didn't believe.
(그녀는 그가 죽었다고 말했다, **그러나 그것을** 나는 믿지 않았다.)

which는 접속사 **but(그러나)** + 앞 절의 일부(that he died)를 받는 대명사(**그것을**)

(나) 관계대명사가 앞의 선행사를 받는 경우

■ Jack appeared, **whom** they considered to be dead.
(잭이 나타났다, **비록 그를** 그들은 죽은 걸로 간주했었지만,)

관계대명사 whom은 앞 절의 선행사(Jack)를 받고 있으면서 considered의 목적어다.   여기서 whom = 관계(**though**) + 대명사(**him**)

이 문장에서 관계대명사 앞에 콤마가 없다면(제한적 용법으로 쓰였다면) 이상한 문장이 되어버린다.
만약 콤마가 없다면 whom이 아니라 차라리 what을 쓰면 「appear + 명사(명사처럼 보인다)」로 쓰기도 하므로 억지로 맞는 문장(잭은 그들이 죽은 걸로 간주하는 것(무엇)처럼 보였다.) 이 될 수는 있을 것이다.

나) 전치사의 목적격으로 쓰인 관계대명사

■ She built the dog house, and the dog belonged to her.
(그녀는 그 개집을 지었다, 그리고 그 개는 그녀에게 속해 있었다.)

여기서 She와 her가 같으므로 She를 설명해주는 **and** the dog belonged to **her** 를 관계대명사를 써서 간단히 형용사절(관계사절)로 바꿀 수 있을 것 같은데, 인칭대명사(she)는 일부 예외를 제외하고 선행사로 쓰지 않는 것이 원칙이다.

그런데 경우에 따라서는 다음처럼 관계대명사절 앞뒤에 콤마(,)를 쳐서 계속적 용법으로 할 수도 있고, 그 경우는 인칭대명사도 선행사로 쓰이는 경우가 있다.

> S(선행사) + 목적격 관계대명사 + S + V + V
> ⇒ S(선행사), 목적격 관계대명사 + S + V, + V

⇒ She, **whom** the dog belonged to, built the dog house.
 (그녀는, **그리고 그녀** 에게 그 개가 속해 있었다(있었는데), 그 개집을 지었다.)
 (= 그녀는 개가 있었는데 그 개의 집을 지었다.) (whom은 belonged to(전치사)의 목적어)

= She, **who** the dog belonged to, built the dog house.(whom대신 who)

그런데
She, **that** the dog belonged to, built the dog house.(×) (, 뒤에는 안 됨)
She, **(생략)** the dog belonged to, built the dog house.(×) (, 뒤에는 안 됨)

⇒ She, to **whom** the dog belonged, built the dog house.
 (전치사 to는 원래 to her에 쓰였었는데 her가 whom에 포함되었으므로, 전치사 to를 관계대명사 whom 앞으로 옮겨 쓸 수 있다.

그런데
She, to **who** the dog belonged, built the dog house.(×)(전치사 뒤 안 됨)
She, to **that** the dog belonged, built the dog house.(×)(전치사 뒤 안 됨)
She, to **(생략)** the dog belonged, built the dog house.(×)(전치사 뒤 안 됨)

■ I have two friends, and both of them are students.
 (나는 두 명의 친구가 있다, 그리고 그 둘 다 학생들이다.)라는 문장이 있으면

여기서 two friends 와 them이 같으므로 two friends를 설명해주는 and both of them are students.를 관계대명사를 써서 간단히 형용사절로 바꿀 수 있다.

즉, **접속사(and) + 대명사(them)를 관계대명사** (여기서는 관계대명사가 and + them(목적격)이므로 목적격 관계대명사 whom이 필요함, 즉 **전치사 of의 목적어**가 필요함, 전치사 of의 목적어인 목적격 관계대명사 whom이 필요함) **로 고쳐서** 앞에 나와 있는 명사(**선행사**)인 two friends **뒤에 쓰면 되는 것**이다. (콤마 치고 계속 용법으로 쓰면 됨)

위 문장에서 and + them = whom
그리고 그들

⇒ I have two friends, **both of _whom_** are students.
(나는 두 명의 친구가 있다, <u>그리고 그들</u> 중 둘 다 학생이다.)

both, some, the rest, all 등의 부분사 + of + 관계대명사(whom, which)는 콤마(,)와 함께 계속적 용법으로 쓰인다.

I have two friends, **both of _who_** are students.(×)(전치사 뒤 안됨)
I have two friends, **both of _that_** are students.(×)(전치사 뒤 안됨)
I have two friends, **both of <u>(생략)</u>** are students.(×)(전치사 뒤 안됨)

■ The most popular hobby in America, the one **on _which_** Americans spend most time, is gardening.

〈가장 인기 있는 취미는, 미국에서, 그것(the one)인데, <u>**그리고 그것(which)**</u> 에(on) 미국인들이 많은 시간을 보낸다(보내는), 정원 가꾸기이다.〉
(hobby와 the one은 같은 동격임) (, the one~~,은 계속적 용법이라기보다는 동격 삽입구임)

(= 미국에서 가장 인기 있는 취미는, 〈= <u>**그리고 그것**</u>에 미국인들이 많은 시간을 소비하는 그것(the one)은〉, 정원 가꾸기이다.)

       the hobby(= the one)   is   gardening
           S(주어)   V(동사)   C(보어)

= The most popular hobby in America, the one **which** Americans spend most time **on,** is gardening. (관계대명사만 앞에 있고 전치사 on은 뒤에 있는 경우임./ 전치사를 관계대명사 앞으로 보내면 맨 앞 문장이 됨)

= The most popular hobby in America, the one **that** Americans spend most time **on,** is gardening. (which대신 that 가능)
(계속적 용법에서 that을 안 쓰지만, 여기선 콤마 바로 뒤에 that이 오는 것은 아니므로)
(the one이 없으면 that 안 됨/ , the one~~,은 계속적 용법이라기보다는 동격 삽입구)

= The most popular hobby in America, the one **(생략)** Americans spend most time **on**, is gardening.(목적격이므로 생략가능)
  (계속적 용법에서 관계대명사 생략 안 하지만, 여기선 콤마 바로 뒤의 생략이 아니므로)
  (the one이 없으면 관계대명사가 콤마 뒤에 오는 계속적 용법이 되어 생략 안 됨)

그런데

~~, the one **on that** ~~time, ~~. (✗) (전치사 뒤에 that 안 씀)

~~, the one **on (생략)** ~~time, ~~. (✗) (전치사 뒤에 생략 안 함)

~~, the one **that** ~~time, ~~. (✗) (**spend** 시간이나 돈 **on** 취미 : '시간이나 돈을 취미에 쓰다'처럼 쓰기 때문에 time 뒤에 on이 있어야 됨) -- 기출문제

다. 계속적 용법의 소유격 관계대명사절

그리고 경우에 따라서는 다음처럼 콤마(,)를 써서 계속적 용법으로 쓸 수도 있다.

| S(선행사) + 소유격 관계대명사 + n + V(또는 S+V) + V |
| ⇒ S(선행사), 소유격 관계대명사 + n + V(또는 S+V), + V |
| S + V + 선행사 + 소유격 관계대명사 + n + V |
| ⇒ S + V + 선행사, 소유격 관계대명사 + n + V |

■ I'll meet Eunho, **_whose_** father was a fireman.
                    (= ~~~ father is a former firefighter.)
  (나는 은호를 만나겠다. <u>그리고(그런데) 그의</u> 아버지가 소방관이었다.)

  여기서 whose는 **and + his** 이다.
          (관계 + 대명사)

■ I went there with Tom, and one of his books was very old.
  (나는 거기 갔다, 톰과 함께, 그리고 그의 책들 중 하나는 매우 낡았다)

  여기서 앞의 Tom과 뒤의 his가 같은 대상이므로 앞의 Tom을 설명해주는 and one of his books was very old를 관계대명사를 써서 간단히 형용사절(관계사절)로 바꿀 수 있다.

즉, **접속사(and) + 대명사(his)를 관계대명사** (여기서는 관계대명사가 and + his(소유격)이므로 소유격 관계대명사 whose가 필요함, 즉 books의 소유격인 소유격 관계대명사가 필요함) **로 고쳐서** 앞에 나와 있는 명사(선행사)인 Tom **뒤에 쓰면 되는 것**('그의 책들 중 하나'라고 해야 하므로 'one of whose books'를 선행사 뒤에 씀) **인데 계속적 용법으로 쓸 것이므로 콤마를 치고 그 다음에 쓰면 되는 것**이다.

> 위 문장에서   and + his = whose
> 　　　　　　 그리고   그의

⇒ I went there with Tom, **one of _whose_** books was very old.
(나는 톰과 함께 거기 갔다. <u>그리고(그런데) 그의</u> 책들 중 하나가 매우 낡았다.)

⑥ 관계대명사의 생략

가. 제한적 용법에서

가) 목적격 관계대명사는 생략해도 알 수 있으므로 생략 가능
　　(단, 전치사 다음에 쓰일 때는 생략 불가)

나) 소유격 관계대명사는 생략해버리면 문장이 혼란스러워져서 생략 불가

다) 주격 관계대명사도 생략 시 문장이 혼란스러워져서 원칙적으로는 생략 불가
　　다만 다음 몇 가지 경우는 **주격 관계대명사도 생략 가능**
　　　　(It~~that 강조구문에서 that 생략은 이 책 마지막 that편 참고할 것)

(가) 「**선행사** + (**주격관계대명사** + **be동사**) + **분사나 형용사구**」처럼 <u>분사나 형용사구가 선행사를 뒤에서 수식하는 형태</u>로 될 때는 당연히 (주격 관계대명사 + be동사) 는 생략할 수 있음

■ **The man** (who is) **singing** is my cousin. (노래하는 사람은 ~~)
　(현재분사 singing 이 수식)

■ **The man** (who is) **injured** in the accident is my cousin. (다친 사람은 ~~)
　(과거분사 injured가 수식)

- **The man** (who is) **in the room** is my cousin. (그 방에 있는 사람은 ~~)
  (전치사구 in the room이 수식)

- **The man** (who is) **famous for his book** is my cousin.
  (형용사구 famous for his book 이 수식) (그의 책으로 유명한 사람은 ~~)

  그런데 **The man** who is **famous** is my cousin.처럼 형용사구가 아니라 형용사가 단독으로 뒤에서 선행사를 수식하는 형태가 되는 것은 안 되므로 (형용사 단독일 경우는 일반적으로 명사를 앞에서 수식하므로) 이 경우는 who is를 생략할 수 없다.

(나) 관계대명사가 관계대명사절의 주격보어로 쓰일 때 (주격관계대명사) 생략 가능

- I am not the man **(who)** I was. (나는 과거의 내가 아니다.)

(다) 관계대명사 뒤에 there is나 here is가 올 때 (주격관계대명사) 생략 가능

- They found another star **(which)** there is in our galaxy.
  (그들은 우리 은하계에 있는 또 다른 별을 발견했다.)

> [참고] There is나 Here is로 시작하는 문장에서
> There is a man at the door **who** wants to meet you.에서 who 생략이 가능하다고 하는 이들도 있어서 논란이 있는데, 그렇게 잘 쓰이지는 않는다.
> There is a man **who** is singing the song.에서는 who만은 생략할 수 없고 (생략시 동사가 is — is 혼란해짐) who is를 생략할 수는 있다.

(라) 관계대명사 뒤에 S+V 삽입절이 있을 때는 (주격관계대명사) 생략 가능

- The man **(who)** I think is normal seems weird today.
  (내가 생각하기에 정상인 그 사람이 오늘은 이상해 보인다.)

  삽입절(I think)이 있으면 주격관계대명사(who)도 생략이 가능하다고 하는데, 이렇게 많이 쓰이지는 않는 것 같다.

나. 계속적 용법에서 (콤마 다음에서)

원칙적으로 관계대명사 생략이 불가능하다. **(목적격도 생략 불가)**

다만, 아래처럼 「주격 관계대명사 + be동사」 뒤에 완전한 형용사구 등이 있는 경우 해석에 지장이 없으므로 「주격 관계대명사 + be동사」 생략은 가능할 수 있다. (그런데 생략처럼 보이는 것들이 계속적 용법에서의 생략이라기보다는 동격 명사구나 분사구문에서의 생략이라고 볼 수 있다.)

The book, **(which is)** similar to yours, is mine. (형용사 + 전치사 + 명사)
　　(그 책은 너의 것과 유사한데, 내 것이다.)

I have a friend, **(who is)** sensitive to cold. (형용사 + 전치사 + 명사)
　　(나는 한 명의 친구가 있다, 그런데 그는 추위를 잘 탄다.)

I met a boy, **(who was)** eager to help you. (형용사 + to부정사)
　　(나는 한 소년을 만났다, 그런데 그는 널 도우려는 열망이 있었다.)

I like the place, **(which is)** known for salmon fishing. (분사 + 전치사 + 명사)
　　(나는 그곳을 좋아한다, 그리고 그곳은 연어 낚시로 유명하다.)

그런데

I met the girl, **(who was)** cleaning the room. (분사 + 명사)
　　(나는 그 소녀를 만났다. 그리고 그녀는 그 방을 청소하고 있었다.)에서는 who was를 생략할 경우 혼란해져서 이 경우 보통 who was를 생략하지 않는다.
〈즉, 생략하면 '내가 그 방을 청소하면서'(**동시 동작/ 부대적 상황의 분사구문**) 또는 '(만난 후에) 그리고 나는 청소했다'(**연속 동작/ 부대적 상황의 분사구문**)라고 해석될 수 있기 때문〉

⑦ 유사한(비슷한) 관계대명사절

가. 주격 유사 관계대명사절

■ There is no rule **but has some exceptions**.
　· 여기서 **but**이 앞의 no와 연결된 유사한 관계대명사이다.

　원래 There is no rule **that does not have any exceptions**.
　　(규칙은 없다. **그리고 그것은 예외가 없다**)(=규칙은 없다, **어떤 예외를 갖고 있지 않은**)
　　(**예외 없는** 규칙 없다. = 모든 규칙에는 예외가 있기 마련) 라는 문장이었다.

여기서 that은 〈접속사 and + 대명사 it (선행사인 rule을 대신하는 it)〉로서 주격 관계대명사이다.

그런데 여기서 「that(관계대명사) ~ not」이 but 이라는 유사한 관계대명사가 된 것이다. 즉, 여기서 no ― but 은 no-- that-- not 을 뜻하는 것이다.

■ Only one half <u>as</u> many animals live there now **as lived ten years ago**.
 (단지 1/2만큼의 동물들이 산다. 거기에 지금, **10년 전에 살았던 만큼의**)

 여기서 **as** 는 앞의 <u>as</u> 와 연결된 유사한 관계대명사이다.

■ He is not <u>the same</u> man **as he was before**.
 (그는 같은 사람이 아니다. **그가 전에 ---였던 것과**)

 여기서 **as** 는 앞의 <u>the same</u> 과 연결된 유사한 관계대명사이다. 앞의 the same 때문에 관계대명사 who대신 as를 쓴 것이다.

■ The movie will be <u>more</u> interesting **than can be imagined**.
 (그 영화는 더 재미있을 것이다. **상상될 수 있는 것보다**)

 여기서 <u>than</u> 은 앞의 <u>more</u> 에 연결된 유사한 관계대명사이다.

나. 목적격 유사 관계대명사절

■ There is <u>no</u> work **but you can do**. (but이 no와 연결된 유사 관계대명사임)

 원래 There is <u>no</u> work **that** you can <u>not</u> do.
   (없다. 일은, **네가 할 수 없는**) 라는 문장이었다.

 여기서 that 은 〈접속사 and + 대명사 it (선행사인 work을 대신하는 it)〉으로서 do 의 목적어인 목적격 관계대명사이다.

 그런데 여기서 「that(관계대명사) ~ not」이 but 이라는 유사한 관계대명사가 된 것이다. 즉, 여기서 no―but 은 no― that-- not 을 뜻하는 것이다.

■ Do <u>such</u> work **as you like**. (그런 일을 해라. **네가 좋아하는**)

 여기서 **as** 는 앞의 <u>such</u> 와 연결되는 유사한 관계대명사이다.

(2) 관계부사절

관계부사절은 관계부사가 이끄는 절이다.
관계부사는 「관계(= 접속사) + 부사」이다.
즉, 접속사와 부사가 함께 포함되어 있는 것이다.

그런데 '**전치사**(예, in) + **대명사**(예, it) = **부사**(예, in it 그곳에)'가 되는 것처럼 '**전치사 + 관계대명사 = 관계부사**'가 된다.

접속사(관계) +	부사
	전치사 + 대명사

관계부사에는 다음과 같은 것들이 있다.

① where

■ The house is mine, and he lives there.
(그 집은 나의 것이다. 그리고 그는 거기에 산다.)라는 문장이 있다고 하자.

여기서 The house 와 there(= in it) 가 같은 장소이므로 The house를 설명해주는 and he lives there를 관계부사를 써서 간단히 형용사절로 바꿀 수 있다

즉, **접속사(and) + 부사(there) 를 관계부사로 고쳐서** 앞에 나와 있는 명사(선행사)인 house **뒤에 쓰면 되는 것**이다.

그리고 there는 in it이므로 **접속사(and) + 대명사(it) 를 관계대명사** (여기서는 and + it(목적격)이므로 목적격 관계대명사가 필요함, 즉 **전치사 in의 목적어가 필요**하고 사람이 아닌 사물이므로 목적격 관계대명사 which가 필요함) **로 고쳐서** 관계부사절이 아닌 **관계대명사절로 쓸 수도 있다.**

위 문장에서 and + there = where (관계부사)
그리고 거기에
and + in it = in which (전치사 + 관계대명사)

⇒ *The house **where** he lives is mine.* -- 관계부사절
(그 집은, <u>그리고 거기에</u> 그가 산다, 나의 것이다.)
(= 그 집은, **그가 사는**, 나의 것이다.) (= 그가 사는 집은 내 것이다.)

= The house **in which he lives** is mine. (전치사 in의 목적인 관계대명사절)
= The house **which he lives in** is mine. (전치사 in의 목적인 관계대명사절)
= The house **that he lives in** is mine. (관계대명사절,
　　　　　　　　　　　　　　　　　　　which 대신 that 쓸 수도 있음)
= The house **(생략) he lives in** is mine. (관계대명사절,
　　　　　　　　　　　　　　　　　목적격 관계대명사는 생략도 가능)

■ I went to the place, and they sang there.
(나는 그곳에 갔다. 그리고 그들은 거기에서 노래 불렀다.)
　　　　　　　　　　　(there = in the place = in it)

⇒ I went to the place ***where*** they sang. -- 관계부사절
　　　　　　　　(where = in which = and ~ in it)
(나는 그곳에 갔다, <u>그리고 거기에서</u> 그들이 노래 불렀다.)
(= 나는 **그들이 노래 부르는** 그곳에 갔다.)
= I went to **where they sang**.
　　(일반적인 선행사 the place는 생략 가능)
= I went to the place **they sang**.
　　(선행사로서 the place라는 장소 표현이 바로 앞에 있으면 관계부사도 생략 가능)

② when

■ I met him on the day, and it rained then.
(나는 그를 만났다 그날에, 그리고 비가 왔다. 그때)

여기서 day 와 then(= on the day) 이 같은 시간이므로 the day를 설명해 주는 and it rained then. 을 관계부사를 써서 간단히 형용사절로 바꿀 수 있다.

즉, <u>**접속사(and) + 부사(then)**를 관계부사로 고쳐서</u> 앞에 나와 있는 명사(<u>선행사</u>)인 day <u>뒤에 쓰면 되는 것</u>이다.

그리고 then은 on it(=the day)이므로 **접속사(and) + 대명사(it)를 관계대명사**(여기서는 and+it(목적격)이므로 목적격 관계대명사가 필요함. 즉 **전치사 on의 목적어인 목적격 관계대명사가 필요한데 사람이 아닌 사물이므로 which가 필요함**)**로 고쳐서** 관계부사절이 아닌 **관계대명사절로 쓸 수도 있다.**

위 문장에서   and + then   = when (관계부사)
        그리고   그때에
            and + on it = on which (전치사 + 관계대명사)

⇒ I met him on the day ***when*** it rained. --- 관계부사절
   (나는 그를 만났다 그날에, ***그리고 그때에*** 비가 왔다(왔던))
   (= 나는 그를 만났다 그날에, **비가 왔던**) (나는 그를 비가 온 그날 만났다.)

= I met him on the day **on which it rained**.
                    (전치사 on의 목적인 관계대명사절)
= I met him on the day **that it rained**.
   (**관계부사절**, when대신 that도 관계부사로 쓸 수 있음)
= I met him on the day **(생략) it rained**. (**관계부사절**, 선행사로서 the day 라는 시간 표현이 바로 앞에 있으면 관계부사도 생략할 수 있음)

③ why

■ This is the reason, and I did the work for it.
   (이것이 그 이유이다, 그리고 나는 그 일을 했다 그것(그 이유)을 위해서)

여기서 the reason 과 for it(그것을 위해서— 부사구)이 같은 이유이므로 the reason을 설명해주는 and I did the work for it. 을 관계부사를 써서 간단히 형용사절로 바꿀 수 있다.

즉, **접속사(and) + 부사구(for it)를 관계부사로 고쳐서** 앞에 나와 있는 명사 (**선행사**)인 reason **뒤에 쓰면 되는 것**이다.

> 위 문장에서
> and(관계) + for it (부사구) = why (관계부사)
> 그리고   그것을 위해서
>   = for which (전치사 + 관계대명사)
>   * 여기서 which(관계대명사)는 and(관계) + it(대명사)

⇒ This is the reason **why** I did the work. ---관계부사절
 (이것이 그 이유이다, **그리고 그것을 위해서** 내가 그 일을 했다)
 (= 이것이 그 이유이다, **내가 그 일을 했던**) (이것이 내가 그 일을 했던 이유다.)

= This is the reason **for which** I did the work.
  (전치사 for의 목적인 **관계대명사절**)

= This is the reason **that I did the work**.
  (**관계부사절**, why대신 that도 관계부사로 쓸 수 있음)

= This is the reason (생략) **I did the work**.
 (**관계부사절**, 선행사로서 the reason이라는 이유 표현이 바로 앞에 있으면 관계부사도 생략할 수 있음)

= This is (생략) **why I did the work**.
 (**관계부사절**, why앞에 있는 선행사가 the reason 같은 일반적인 이유 표현인 경우 선행사를 생략할 수도 있음)

 (※ 이렇게 선행사를 생략할 때는 관계부사로 that을 쓸 수는 없음)

 선행사를 생략하게 되면 관계부사절이 형용사절이 아니라 명사절처럼 볼 수도 있다.

④ how

■ This is the way, and I did the work in that way. (that way = it)
 (이것이 그 방법이다, 그런데 나는 그 일을 했다, 그 방법으로)

 여기서 the way와 in it(그 방법으로--- 부사구)이 같은 '방법'이므로 the way를 설명해주는 and I did the work in it을 관계부사를 써서 간단히 형용사절로 바꿀 수 있다.

즉, 접속사(and) + 부사(in it)를 관계부사로 고쳐서, and 없는 간단한 문장으로 하면 되는 것이다.

> 위 문장에서
> and(관계) + in   it (부사구) = how (관계부사)
> 그리고   그 방법으로   = in which (전치사 + 관계대명사)

⇒ This is (생략) *how* I did the work. ---관계부사절
  (이것이 ~~다, **그리고 그 방법으로** 내가 그 일을 했다.)
  (= 이것이 **내가 그 일을 했던** 방법이다.)

(여기서 This is the way **how** I did the work. 라고 하면 틀린다.

왜냐하면 how는 다른 관계부사와는 다르게 선행사를 생략하든지 관계부사를 생략하든지 둘 중에 하나만 써야 하기 때문이다.)

= This is the way **in which** I did the work.
  (전치사 in 의 목적격인 **관계대명사절**)

= This is the way **that** I did the work.
  (**관계부사절**,   how대신 that도 관계부사로 쓸 수 있음.
   that을 쓸 때는 선행사인 the way를 생략하지 않음)

= This is the way **(생략)** I did the work. (**관계부사절**, 선행사로서 the way 라는 방법 표현이 바로 앞에 있으면 관계부사도 생략할 수 있음.
  특히 관계부사 how는 선행사인 the way를 쓰게 되면 반드시 생략함.)

※ 관계부사 how 쓰임 예 ①~ the way ~ ②~ how ~ ③~ the way that ~

【정리】관계부사에서의 생략 등
- 일반적인 선행사(the place, the day, the reason, the way 등)는 생략 가능
- 선행사 표현(the place, the day, the reason, the way 등)이 바로 앞에 있으면 관계부사도 생략 가능
- 관계부사 how는 선행사나 관계부사 중 반드시 하나는 생략해야 함
- that도 관계부사로 쓸 수 있음 (단, 선행사 생략할 경우는 that 쓸 수 없음)

-----

(3) 형용사절을 간단히 하기

① **형용사절**(주격 관계대명사절)을 **분사구로 간단히 하기**

주격 관계대명사가 이끄는 절은 분사구로 고쳐서 간단히 할 수 있다.

분사구문 만들 때 접속사와 주어를 생략하고 동사를 분사로 고치듯이, 마찬가지로 접속사와 주어가 합쳐진 **주격관계대명사를** 생략하고 동사를 **분사로** 고치는 것이다. 그리고 이때 고친 분사가 be동사의 분사이면 이것(being, having been)도 생략할 수 있다.

■ She **who watched TV** was very surprised.
　(그녀는, **TV를 보고 있었던**, 매우 놀랐다.)
　= She **watching TV** was very surprised.

■ **The city is famous for education with the university which dates from 1096.** (그 도시는 유명하다. 그 대학의 교육으로, **1096년부터 시작된**)
　= The city is famous for education with the university **dating from 1096.**

다음은 관계대명사 다음에 be동사가 있는 경우를 보자.

■ The boy **who is reading the book** is Jack.
　　(그 소년은 **그 책을 읽고 있는**, 잭이다.)
　= The boy **being reading the book** is Jack.
　= The boy **(생략) reading the book** is Jack. (분사 being은 생략 가능)
　(그 책을 읽고 있는 소년은 잭이다.)

■ The cup **which is on the desk** is very old.
　(그 컵은 **그 책상 위에 있는**, 매우 오래되었다.)
　= The cup **being on the desk** is very old.
　= The cup **(생략) on the desk** is very old. (분사 being은 생략 가능)

■ He, **who was** known for the book, went there.
  (그는, **그 책으로 알려졌는데**, 거기에 갔다.) (계속적 용법은 선행사로 he도 가능)

   = He, **being known for the book**, went there.

   = He, **(생략) known for the book**, went there. (분사 being은 생략 가능)

■ The boy, **who had been** known for the song, went there.
  (그 소년은, 그때보다 더 전에 **그 노래로 알려졌었는데**, 그때 거기에 갔다.)

   = The boy, **having been known for the song**, went there.

   = The boy, **(생략) known for the song**, went there.
   (분사 having been은 꼭 필요한 경우가 아니면 생략 가능)

■ She made the robot, **which was** a device for the children.
  (그녀는 만들었다 로봇을, 그리고 그것은 아이들을 위한 하나의 장치였다.)

   = She made the robot, **being** a device for the children.
   = She made the robot, **(생략)** a device for the children. (being 생략)

  그래서「주격관계대명사 + be동사」는 생략할 수 있다는 말이다.

  즉, be동사를 쓸 경우 <u>주격 관계대명사와 be동사를 생략하고</u>,
be 동사가 아닐 경우는 <u>주격 관계대명사 생략하고 동사를 ~ing형(현재분사)으로</u>
고친다.

② **형용사절을 to부정사구로 간단히 하기**

■ I have a task **which I will do**. (나는 과업이 있다. **내가 할**)
   = I have a task (for me) **to do**. (to부정사의 의미상의 주어를 for me로 표시함)

■ We have a swimming pool, <u>and</u> we can swim <u>in</u> <u>it</u>.
   (우리는 수영장이 있다, <u>그리고 (and)</u> <u>그곳 (it)</u> <u>에서(in)</u> 수영을 할 수 있다.)

= We have a swimming pool *in which* we can swim.
   (우리는 **수영할 수 있는** 수영장이 있다.) (관계대명사 which = and it)

= We have a swimming pool ***where*** we can swim.
  (in which = 관계부사 where = and in it)

  이 문장을 to부정사를 이용하여 다음처럼 간단히 할 수 있다.
  = We have a swimming pool ***which*** to swim ***in***.
  = We have a swimming pool ***in which*** to swim.
  = We have a swimming pool ***to swim in***. (이처럼 간단히 쓸수록 좋다.)

【참고】 형용사절(관계사절) **과 형용사구**(to부정사구)

관계사절	부정사구	뜻
■ I have something **which I will write**. (= I have something, and I will write <u>it</u>.)	■ I have something **to write**.	나는 **쓸** 것이 있다. (작품)
■ I have something **on which I will write**. (= I have something, <u>and</u> I will write on <u>it</u>.)	■ I have something **to write on**. (= I have something on which to write.) 'write on 종이'는 말이 되지만 'write 종이'는 말이 안 되므로 on을 써야 함	나는 위에 **쓸** 것이 있다. (종이 등)
■ I have something **with which I will write**. (= I have something, <u>and</u> I will write with <u>it</u>.)	■ I have something **to write with**. (= I have something with which to write.) 'write with 펜'은 말이 되지만 'write 펜'은 말이 안 되므로 with를 써야 함	나는 가지고 **쓸** 것이 있다. (연필 등)

제3장 문장의 구성

제1절 문장의 구성 요소

문장을 이루는 표현 단위를 작은 단위부터 큰 단위로 써보면 다음과 같다.

1. 단어 (word)

1) **개념** : 알파벳 1개 이상으로 된 낱말

2) **종류** : 동사, 명사, 대명사, 형용사, 부사, 접속사, 전치사, 감탄사, 관사 등이 있다.
   이렇게 단어를 내용별로 구분해 놓은 것을 품사라고 한다.

3) **예** : I(나), school(학교), happy(행복한), very(매우), word(단어) 등등

2. 구 (句, phrase)

1) **개념** : 2개 이상 단어가 모여 일정한 의미를 만드는 것
   (절이나 문장의 한 부분이 되는 토막)

2) **구의 종류**

의미(내용)상	형태(모양)상	예
명사구	동명사구	■ **Studying English** is interesting. (**영어 공부하는 것**은 재미있다.) 여기서 studying은 동명사임
명사구	부정사구	■ **To study English** is interesting. (**영어 공부하는 것**은 재미있다.) **to부정사의 명사적 용법**
형용사구	분사구	■ The boy **studying English** is my cousin. (**영어 공부하는** 그 소년은 나의 사촌이다.) 여기서 studying은 분사임
형용사구	부정사구	■ What is the best way **to study English**? (**영어 공부하는** 가장 좋은 방법은 무엇인가?) **to부정사의 형용사적 용법**

	전치사구		■ The book **on the desk** is mine. (**책상 위에 있는** 책은 내 것이다.) ■ The car is **of no use**. (그 차는 **쓸모가 없다**.) 　　of no use는 주어(The car)를 보충해주는 　　주격보어(형용사 역할) 임
부사구	전치사구		■ I want to go **to the museum**. (나는 **그 박물관에** 가고 싶다.) 　여기서 to go는 부정사구(명사구)이며, 　to the museum은 전치사구(부사구)임
	부정사구		■ I went to the library **to study English**. (나는 **영어 공부하기 위하여** 그 도서관에 갔다.) 　　　　　　　　　　　**to부정사의 부사적 용법**
	분사구 (문)		■ **Studying English**, I fell asleep. (나는 **영어 공부하는 동안에** 잠들었다.)

3. 절 (節, Clause)

1) **개념** : 주어(명령문처럼 생략되는 경우도 있음)와 동사로 이루어진 것

2) 절의 종류

의미 (내용) 상	형태(모양)상	예
---	문장 자체가 1개의 절인 경우 (이런 문장을 단문이라 함)	■ I went there. (나는 갔다. 거기에) ■ Are you happy? (너는 행복한가?)
---	등위접속사로 연결된 절 (이런 절이 들어간 문장을 중문이라 함)	■ --- and I went there. (--- 그리고 나는 갔다. 거기에)
명사절	일반적인 접속사절 (that, whether, if 등)	■ We know **that it is true**. (우리는 안다. **그것이 사실이라는 것을**) ■ I don' know **if she is at home**. (나는 모른다. **그녀가 집에 있는지**) ■ I was amazed at the fact **that he died**. (나는 놀랐다 **그가 죽었다는** 그 사실에)　**동격절**

	의문사절 (who, what, which, when, where, why, how 등)		■ We know **who she is**. (우리는 안다. **그녀가 누구인지를**)
	관계사절	복합 관계대명사절	■ You may have **whichever you want**. (너는 가져도 좋다. **어느 것이든지 네가 원하는 것을**)
		복합 관계형용사절	■ Choose **whichever job you want**. (선택해라. **어느 직업이든지, 네가 원하는**)
		관계형용사절	■ I gave him **what money I had**. (나는 그에게 주었다. **내가 가졌던 그** (모든) **돈을**)
형용사절	관계사절	관계대명사절	■ The man **who has a book** is my friend. (그 사람은, **책 한 권을 가지고 있는**, 나의 친구다.) ■ He is not the same man **as he was before**. (그는 같은 사람이 아니다. **예전의 그와**)
		관계부사절	■ The house **where he lives** is mine. (그 집은, **그가 사는**, 나의 것이다.)
부사절	일반적인 접속사절 시간(when, before, after, since, while 등), 장소(where 등), 조건(if 등), 양보(though 등) 이유(because) 등		■ **Where there's a will**, there's a way. (**뜻이 있는 곳에**, 길이 있다.) ■ **While I was studying English**, I fell asleep. (**내가 영어 공부하고 있던 동안**, 나는 잠들었다.)
	that절		■ I was happy **that you married him**. (나는 행복했다. **네가 그와 결혼해서**)
	관계사절	복합 관계부사절	■ You may come here **whenever you want**. (너는 여기 올 수 있다. **네가 원할 때 언제든지**) 여기서 whenever는 at any time when ('~할 때는 언제든지')
	의문사절	의문대명사 +ever 절	■ **Whatever you want**, do your best to get it. (**네가 원하는 무엇이든지** 그걸 얻기 위해 최선을 다하라)
		의문형용사 +ever 절	■ **Whatever book you want**, it is free. (**네가 원하는 어떤 책이든지**, 그것은 공짜다.)
		의문부사 +ever 절	■ **However hard it is**, do your best. (**아무리 힘들어도**, 최선을 다하라.)

4. 문장 (文章, Sentence)

1) 개념 : 마침표, 물음표, 느낌표로 끝나는 완전한 의미 표현 단위

2) 특징

- 주어(명령문에서처럼 주어가 생략되는 경우도 있음)와 동사가 있다.
- 1개 절 자체가 문장이 될 수도 있고, 여러 개의 절로 문장이 이루어질 수도 있다.
- 문장에는 구(둘 이상의 단어가 모여 절이나 문장의 한 부분이 되는 토막)가 있을 수도 있고 없을 수도 있고, 내용적으로 보어(보충하는 말)나 목적어가 있을 수도 있고 없을 수도 있다. *(이런 것을 물어보는 학생도 있어서 썼다.)*

3) 문장의 종류

종류			예
의미 (내용)상 으로는	평서문	긍정문	■ You are a student. (너는 이다. 학생)
		부정문	■ You are not a student. (너는 아니다. 학생)
	의문문	긍정문	■ Are you a student? (너는 학생이냐?)
		부정문	■ Aren't you a student? (너는 학생이 아니냐?)
	명령문		■ watch out. (조심해라 = Be careful.) ■ Don't be late. (늦지 마)
	청유문		■ Let's go for a walk. (산책하러 가자)
	감탄문		■ How fast the bird flys! (정말 빨리, 그 새가 나는구나!) ■ What a fast flier (the bird is)! (정말 빠른 새구나!)
동사의 종류 상 으로는	1형식 문장		■ The boy went to the house. (그 소년은 그 집에 갔다.)
	2형식 문장		■ She became a teacher. (그녀는 교사가 되었다.)
	3형식 문장		■ The boy gave a book to his friend. (그 소년은 주었다, 책 한 권을, 그의 친구에게)
	4형식 문장		■ The boy gave his friend a book. (그 소년은 주었다, 그의 친구에게, 책 한 권을)
	5형식 문장		■ You make me happy.(너는 만든다 나를, 행복하게).

형태 (모양)상 으로는	단문	■ You are a girl. (너는 소녀이다.) ■ You make me happy.(너는 만든다 나를, 행복하게).
	중문	■ You are a girl, and he is a boy. (너는 소녀이고, 그는 소년이다.)
	복문	■ We know that it is true. (우리는 안다, 그것이 사실이라는 것을) ■ Because you are a student, you have to study hard. (너는 학생이기 때문에, 열심히 공부해야 한다.)

4) 문장의 기본 구성

- **문장** : 나는 학교에 간다./ 나는 이 일을 끝내면 집에 가겠다./
  나는 학생이다./ 영어를 공부하는 것은 재미있다./
  내가 아는 것은 그가 정직하다는 것이다./ 나는 밥을 먹는다./
  너는 영어를 말할 수 있느냐?/ 나는 드럼 치는 소년을 기다린다./
  그는 학생들에게 우리 모두가 정직해야 한다고 가르친다./
  그것은 나를 기쁘게 한다.

- **절** : 나는 학교에 간다./ 나는 집에 가겠다./ 나는 이 일을 끝낸다./
  나는 학생이다./ 영어를 공부하는 것은 재미있다./
  나는 안다./ 내가 아는 것은 --- 다./ 그가 정직하다./ 나는 밥을 먹는다./
  너는 영어를 말할 수 있느냐?/ 나는 드럼 치는 소년을 기다린다./
  그는 학생들을 가르친다./ 우리 모두가 정직해야 한다./
  그것은 나를 기쁘게 한다./ 등등
  (절은 문장의 일부분일 수도 있고, 문장 전체일 수도 있다)

- **구** : 학교에/ 영어를 공부하는 것(To study English 또는 Studying English)/
  드럼 치는./ 등등

- **주어** : 나/ 영어를 공부하는 것/ 내가 아는 것/ 너/ 그/ 그것/
- **동사** : 간다./ 가겠다./ ~이다./ (재미)있다./ ~~(하다는 것)이다./ 먹는다./
  말하다./ ('--할 수 있느냐' 하는 것은 조동사)/ 기다린다./ 가르친다./
  (나를 ~하게) 한다./
- **보어** : 학생/ 재미있는/ 그가 정직하다는 것/ 기쁘게
- **목적어** : 밥/ 영어/ 드럼 치는 소년/ 학생들/ 우리모두가 정직해야 한다는 것/ 나

문장의 기본은 「**주어 + 동사** + 마침표 등의 구두점」이다.

여기에다가 문장에 따라서 **보어, 목적어**가 추가되며 여러 가지 형태의 문장이 만들어지는 것이다.

그 기본 속에 절이 여러 개 있을 수도 있고, 구가 여러 개 있을 수도 있게 되는 것이다.

그리고 문장에는 당연히 동사가 있는데 문장 속에서 동사인 단어는 여러 개 있을 수 있지만, 그 문장의 핵심 뼈대가 되는 주된 동사는 보통 **1개**이다.

(그런데 물론 He **is** a child and I **am** an adult. (그는 아이이고 나는 성인이다.) 처럼 동사가 1개 이상일 수도 있기는 하다.)

문장을 파악할 때는 그 문장의 뼈대가 되는 주된 동사를 빨리 찾아야 하며, 그래서 특히 동사처럼 보이는 동사원형(원형부정사), 동사처럼 보이는 명사 등을 주의해서 봐야 한다.

예를 들어 Detectives who chase every single lead **chase** even a trivial mark. (모든 단서를 추적하는 탐정들은 하나의 하찮은 흔적도 **추적한다**.) 에서 single lead (단서)를 모르고 lead를 동사로만 생각한다면 '동사가 2개인가?' 라고 착각할 수도 있다.

다음은, 문장의 기본은 「**주어 + 동사** + 마침표 등의 구두점」이므로 이것들에 관하여 살펴보자.

제2절 주어의 표현 방법, 가주어와 진주어

　　주어는 일반적으로 그냥 바로 앞쪽에 나타내는 것이 원칙이지만, 주어가 너무 길거나 또는 '중요한 사항은 뒤에 말한다.'라고 하는 경우는 다음과 같이 가(假)짜 주어를 앞에 쓰고 진(眞)짜 주어는 뒤로 빼서 말하게 된다.

■ **That he is honest** is believed by them. ← They believe that ~~
　(**그가 정직하다는 것**이 믿어진다. 그들에 의해서)

이 문장에서는 주어가 That he is honest 인데, 주어가 길기 때문에 다음과 같이 가주어 It을 앞에다 대신 쓰고 진주어는 뒤로 쓴다. (It's said **that** ~도 마찬가지)

⇒ ■ It is believed **that he is honest**.　　It(가주어) = that절(진주어)
　(= He is believed to be honest.) [형용사 + to부정사 형태 (believed + to be)]

■ It seems **that they went home**. (그들이 집에 갔던 것으로 보인다.)
　(= They seem to have gone home.) (It seems = It appears = It is likely)
(that절의 주어가 문장의 주어로 되면 went는 **seem이 to부정사를 보어로** 취하므로 to go로 되는데 집에 간 것이 보이는 시점보다 먼저이므로 완료형 부정사인 to have gone이 된 것임)

■ It is doubtful **whether she is intellectual**.
　(확실치 않다, **그녀가 지적인지**가)　　　It(가주어) = whether절(진주어)
　주어(whether 절)가 길어서 뒤로 보내고, 대신 간단히 가주어로 It을 씀

■ It is important **who will go there**. (중요하다, **누가 거기 갈 것인지**가)
　의문사절(who절 = 명사절)이 진주어인데, 의문대명사 who가 명사절을 이끄는 접속사 역할을 하면서 동시에 명사절 속의 주어 역할도 겸하고 있다.

■ It is important **when we should go**.(**언제 우리가 가야 하는지**가 중요해.)
　의문사절(when절 = 명사절)이 진주어인데, 의문부사 when이 명사절을 이끄는 접속사 역할을 하고 있다.

■ It would be fun for you **to go on a picnic with her**. (재미있을 것이다. 네가, **그녀와 함께 소풍가는 것**은) to go의 의미상 주어는 너이므로 for you로 표현한 것임
　진짜 주어인 **to부정사구**가 길기도 하지만, 구체적이고 중요한 사항은 뒤로 빼고 그 대신 앞의 빈자리에는 가주어인 It을 쓴 것이다.

【비교】 진주어가 동명사구?

　It is difficult **going to the moon**. (어렵다. 달에 가는 것은)

　달에 가는 것이 어렵다는 것은 객관적인 사실이며, 객관적 사실은 to부정사 보다는 동명사로 표현하므로 to go로 하지 않고 going으로 표현했다.

　진짜 주어인 **동명사구(going ~)**를 뒤로 빼고 그 대신 가주어인 **It**을 쓴 것인데 이렇게 동명사 진주어를 뒤로 빼는 문장은 대화에서 쓰는 경우는 있지만 그리 적절하지는 않은 문장이다.

　(미래, 구체적, 주관적 판단 표현할 경우는 – **to부정사로** – 중요 사항으로서 뒤로 빼서 진주어로
　과거, 일반적, 객관적 사실 표현할 경우는 – **동명사로** – 뒤로 빼서 진주어로 하지 않는 것이 원칙)

■ **It** is dangerous **to chop the wood with the ax**.
　[가주어 It ~ 진주어(to부정사구)]　　(위험하다. 그 도끼로 나무를 찍는 것은)

　= **To chop the wood with the ax** is dangerous. [주어 (to부정사구) ~]
　　to부정사가 '찍는 것'이라는 명사 역할을 하고 있어서 명사적 용법임

　= **The ax** is dangerous **to chop the wood with**. [주어 (the ax) ~]
　　(그 도끼는 위험하다. 가지고 나무를 찍기에는)
　　　　('with 그 도끼'에서 with의 목적어인 ax가 주어로 나감)
　여기서는 to부정사(to chop)가 '찍기에는' 이라는 부사 역할 ('위험한' 이라는 형용사를 수식)을 하고 있어서 부사적 용법으로 쓰임

■ **It** is very convenient **to live in the house**.
　[가주어 It ~ 진주어(to부정사구)]　　(매우 편리하다. 그 집에 사는 것은)

　= **To live in the house** is very convenient. [주어 (to부정사구) ~]

　= **The house** is very convenient **to live in**. [주어 (the house) ~]
　　(그 집은 매우 편리하다. 안에 살기에는)
　　　　('in 그 집' 에서 in의 목적어인 house가 주어로 나간 것)
　여기서 to부정사(to live)는 '살기에는' 이라는 부사 역할을 하므로 부사적 용법임

■ How much is **it to move the baggage**?
　[가주어 It ~ 진주어(to부정사구)]　(그 짐 옮기는 것이 얼마냐?)

　= How much money does **it** take **to move the baggage**?

　= How much does **it** cost **to move the luggage**?

제3절 주어와 동사의 순서, 도치(倒置)

주어 다음에 동사를 쓰는 것이 원칙이지만, 다음과 같은 경우는 예외적으로 도치되어 동사 다음에 주어를 쓴다.

도치될 때 be동사나 have동사나 조동사는 그대로 주어 앞으로 도치되지만 일반동사는 do동사가 대신하여 주어 앞으로 도치된다.

1. 장소표현이 문장 앞에 올 때 주어와 동사가 도치된다.

■ In the library should we be slient. (도서관에서, 해야 한다. 우리는, 조용히.)

'도서관에서'라는 장소 부사구가 앞에 나왔기 때문에 we should be slient.에서 조동사(should)가 주어(we) 앞으로 도치되었다.

■ Nowhere have I seen it. (어디에도 아니, ~해왔다. 나는, 본, 그것을)
　　　　　　　　　　　　(= 어디에서도 나는 그것을 본 적이 없다.)

'Nowhere'라는 부사가 앞에 나왔기 때문에 I have seen it.(나는 그것을 보아왔다 ---현재완료 문장) 에서 have동사가 주어(I) 앞으로 도치되었다.

■ Ten miles from here was a fire.
(10마일, 여기로부터, 있었다. 한 건의 화재가)

'여기서부터 10마일'이라는 부사표현이 앞에 나왔기 때문에 A fire was 에서 be동사(was)가 주어(A fire) 앞으로 도치되었다.

★ 그런데 부사가 앞에 있어도 주어가 대명사(it 등)가 되어 그 대명사가 맨 뒤에 있게 되는 도치는 하지 않는다.

왜냐하면 일반적인 명사와 달리 대명사는 강조하는 말이 아닌데 맨 뒤에서 강세를 받을 필요가 없다는 것이다.

즉, Here it is. 는 맞지만 Here is it. 이라고는 보통 하지 않는다.

■ There is a book. (있다. 한 권의 책이)

There 가 앞에 나왔기 때문에 a book is 이 is a book처럼 도치되었다.
여기서 There는 '거기에' 라고 해석하지 않고 유도(소개)하는 부사라고 해서 '~가 있다'라는 구문에 쓴다.

■ **There** lived a boy in the village. (살았다. 한 소년이, 그 마을에)

유도부사인 There가 앞에 나왔기 때문에 a boy lived가 lived a boy 처럼 도치되었다.

2. 강조하는 부사가 문장 앞에 올 때 주어와 동사가 도치된다.

■ **Hardly ever** does he dance. (**거의 아니**, 한다, 그는, 춤춘다.)
                             (= 거의 그는 춤을 추지 않는다.)

원래 he dances. 였는데 Hardly ever가 앞에 있어서 도치되었다.

도치되어도 dances he가 아니라 dance가 일반동사여서 do동사가 대신 앞으로 나가 does he dance.가 되었다.

■ **Seldom** have I seen the flower.
(**좀처럼 아니**, 해왔다, 나는 본, 그 꽃을)(= 나는 드물게 그 꽃을 보아 왔다.)

Seldom이 앞에 있어서 I have seen the flower. (나는 보아왔다—완료형 문장)에서 주어 동사가 도치되었는데 동사가 have동사이므로 그대로 나가 have I seen이 되었다.

■ **Only once** have I gone to Sweden.   only once가 앞에 있어서 도치
(**단지 한 번**, 해 왔다, 나는 간, 스웨덴에) (= 단 한 번 나는 스웨덴에 간 적이 있다.)

■ **Only in Jeju** is it useful. (**오로지 제주에서**, 하다, 그것은, 유용한)
  it is가 도치되어 is it   (= 오로지 제주에서만 그것은 쓸모가 있다.)

■ **No sooner** had he known it **than** he forgot it.
(**아니 더 빨리**, 했었다, 그는 알안, 그것을, ~보다, 그가 잊어버렸다 그것을)
(= 더 빠르지 않았다, 그가 그것을 알았었던 것이, 그가 그것을 잊어버린 것보다)
(= 그는 그것을 알자마자 바로 잊어버렸다.)

■ **Hardly** had he gone when she came.
(**거의 아니**, 했었다 그는 간, 그녀가 왔을 때)
(= 그는 거의 가지 않았었다, 그녀가 왔을 때)
(= 그가 가자마자 그녀가 왔다.)

3. 반복을 피하기 위해 쓰는 부사(neither, so)가 앞에 있을 때 주어와 동사가 도치된다

■ He doesn't smoke, and **neither** <u>do I.</u>   (I 다음에 smoke 생략된 것임)
  (그는 담배 피우지 않는다, 그리고 **역시 안** <u>한다 나도</u>)
   = He doesn't smoke, and I do not (smoke) either.
          여기서 neither = not either (역시 아니)

이미 부정문 만들 때 일반동사(smoke)이므로 do동사를 써서 I do not smoke.가 된 상태에서 either(역시)가 추가되고 not + either가 간단히 neither로 되어 앞으로 나가니까 주어 동사가 도치되어 I do가 do I로 된 것이다.

■ He hasn't smoked, and **neither** <u>have I.</u>   (I 다음에 smoked 생략된 것임)
  (그는 담배 피우지 않아 왔다, 그리고 **역시 아니** <u>해왔다 나도</u>)
   = He hasn't smoked, and I have not either.

■ He won't smoke, and **neither** <u>will I.</u>   (I 다음에 smoke 생략된 것임)
  (그는 담배 피우지 않을 것이다, 그리고 **역시 아니** <u>할 것이다 나도</u>)
   = He won't smoke, and I will not either.

■ He is going to study English, and **so** <u>am I</u>
              (I 다음에 going to study English 생략된 것)
  (그는 영어 공부할 것이다, 그리고 **역시** <u>할 것이다. 나도</u>)
   = He is going to study English, and I am too.
    (am과 too사이에 going to study English가 생략된 것임)

■ He studied English, and **so** <u>did I.</u>   (I 다음에 study English 생략된 것임)
  (그는 영어 공부했다, 그리고 **역시** <u>했다. 나도</u>)

원래 He studied English, and I studied English too.에서 too의 뜻을 가진 so(역시)가 앞으로 나가니까 주어 동사가 도치되는데 studied I 가 아니고 일반동사이므로 do동사를 대신 써서 did I study English. 가 된 것이고 study English는 앞에 있는 말이어서 알 수 있으므로 중복할 필요가 없어서 생략해 버린 것이다.

= He studied English, and I did too.
〈did가 studied를 대신하므로 이렇게 쓸 수도 있으며, 이렇게 일반동사 (studied)를 대신해서 쓴 do동사(did)를 대(代)동사라 하기도 한다.〉

■ He has studied English, and **so** <u>have I.</u> (I 다음에 studied English 생략)
(그는 영어 공부를 해왔다, 그리고 **역시** <u>해 왔다. 나도</u>)

앞에 있는 so 때문에 완료형 문장 (I have studied 공부해왔다)에서 have I 로 도치되었다.
= He has studied English, and I have too.
(have와 too사이에 studied English가 생략된 것임)

■ He will study English, and **so** <u>will I.</u> (I 다음에 study English 생략된 것임)
(그는 영어 공부를 할 것이다, 그리고 **역시** <u>할 것이다, 나도</u>)

앞에 있는 so 때문에 I will에서 will I로 도치되었다.
조동사(will)이므로 그대로 나간 것이다.
= He will study English, and I will too.
(will 과 too 사이에 study English가 생략된 것임)

4. **nor** (or + not 로서 부정문 두 개를 이어주는 등위접속사임) **를 쓸 때 주어와 동사가 도치된다.**

■ He doesn't have A, **nor** <u>does he have</u> B.
(그는 A를 가지고 있지 않다. **또한 아니**, <u>이다, 그는</u> 가지다 B를)
(= 그는 A를 가지고 있지 않다. 또한 그는 B도 가지고 있지 않다.)

원래 뒤쪽의 절은 **or** he does **not** have B.(또한 그는 B도 가지고 있지 않다.) 였다.

이것은 he has(그는 가지고 있다)를 부정문으로 만들 때 has가 have동사가 아니라 일반동사('가지고 있다'로 쓰였음) 이므로 do동사를 써서 이미 he does not have가 된 상태에서 or가 추가되고 or + not을 nor로 간단히 하며 앞으로 나가니까 he does 가 does he 로 도치된 것이다.

5. not only---but also 문구에서 not only가 문장 앞에 올 때 주어와 동사가 도치된다.

■ **Not only** <u>does he play</u> the piano well, but (he) also plays the guitar well.
   (**뿐만 아니라**, <u>한다, 그는 친다.</u> 피아노를 잘, 그리고 그는 역시 친다 기타를 잘)
   (= 그는 피아노를 잘 칠 뿐만 아니라, 역시 기타도 잘 친다.)

이 문장은 원래 He <u>not only</u> plays the piano well, <u>but</u> he <u>also</u> plays the guitar well. 에서 not only가 강조되면서 앞으로 나간 것이다.

■ **Not only** <u>are they</u> useful, but various products are (also) made from them.
   (**뿐만 아니라**, <u>이다. 그것들은</u> 유용한. 그리고 다양한 생산물들이 역시 만들어진다. 그것들로부터)
   (= 그들은 유용할 뿐만 아니라, 다양한 생산물들이 그들로부터 만들어진다.)

이 문장은 원래 They are not only useful, but various products are also made from them.에서 not only가 강조되면서 앞으로 나간 것이다.

6. so---that~ (그렇게---해서~하다) 구문에서 so가 문장 앞에 올 때 주어와 동사가 도치된다.

■ **So tired** <u>was he</u> that the meeting was cancelled.
   (**그렇게 지쳐** <u>있었다, 그는</u>, 그래서 그 모임이 취소되었다.)

이 문장은 원래 He was so tired that the meeting was cancelled. (그는 그렇게(너무) 지쳐서 그 모임이 취소되었다.)에서 so tired가 강조되면서 앞으로 나간 것이다.

7. 가정법 종속절(if절)에 should, were, had pp가 있는데 if를 생략할 때 종속절에서의 도치

■ If he should come, I would go. = **Should** <u>he come</u>, I would go.
   (그가 온다면, 나는 갈 텐데)

If가 생략되어 조동사(should)가 앞으로 도치되었다.

- If I were you, I wouldn't go. = **Were** I you, I wouldn't go.
  (내가 너라면, 나는 가지 않을 텐데)

  If가 생략되어 be동사(were)가 앞으로 도치됨

- If I had had enough money, I would have bought the car.
  = **Had** I had enough money, I would have bought the car.
  (내가 충분한 돈이 있었더라면, 나는 그 차를 샀었을 텐데)

  If가 생략되어 have동사가 도치됨 (I had에서 Had I로)

8. 종속절(부사절)을 이끄는 only if, only when 등이 문장 앞에 올 때 주절에서의 도치

- **Only if** she allows you to move <u>are you</u> allowed to go there.
  (**오로지** 그녀가 네가 움직일 수 있게 허락해**야만** 너는 거기 갈 수 있다.)

  Only가 문두에 강조로 쓰이면서 you are allowed 가 are you allowed로 도치된 것이다.

9. 비교 구문에서 주어와 동사의 도치

- She runs fast**er** than <u>does he</u>. (그녀는 더 빨리 달린다, 그보다)

  이 문장은 She runs faster than he (does). (여기서 does는 runs 대신 쓴 대동사)에서 비교구문 때문에 <u>도치(does he)</u>된 것이다.

- He is nearly twice **as** tall **as** <u>am I</u>. (그는 거의 2배로 크다, 나 보다)

  이 문장은 He is nearly twice as tall as I (am). 에서 비교구문 때문에 <u>도치 (am I)</u>된 것이다.

10. 보어를 앞으로 쓸 때 주어와 동사의 도치

■ **Enclosed** in the envelope <u>are</u> <u>two copies of the contract</u>.
(동봉되어 있다. 그 봉투에, 2본의 계약서 사본이)

이 문장은 <u>Two copies of the contract</u> <u>are</u> enclosed in the envelope.에서 보어(enclosed)가 앞으로 나가서 주어(two ~~)와 동사(are)가 도치된 것이다.

Enclosed 자리가 빈칸이고 빈칸에 들어갈 말을 묻는 문제가 나왔을 때 적당한 주어가 없다면 주어 자리가 아닐 수 있겠다고 생각하며 도치임을 알아차리고 보기 중에서 Enclosed를 선택할 수 있어야 한다.

■ **Attached** <u>is</u> <u>a label</u> to the parcel. (붙여져 있다. 꼬리표가, 그 소포에)

보어(attached)가 앞으로 나가서 주어(a label)와 동사(is)가 도치된 것이다.

■ **Impossible** <u>is</u> <u>nothing</u>. (불가능한 것은 없다.)

보어(impossible)가 앞으로 나가서 주어(nothing)와 동사(is)가 도치된 것이다.

제4절 주어와 동사의 일치 (주어를 단수 취급할 것인가, 복수 취급할 것인가?)

단수 취급하는 주어	복수 취급하는 주어
■ The book <u>is</u> mine. (그 **책**은 나의 것이다.) 단수명사(책 한 권)이므로 단수동사(is)를 씀	■ The books <u>are</u> mine. (그 **책들**은 나의 것이다.) 복수명사(책 여러 권)이므로 복수동사(are)를 씀
■ There <u>is</u> **a book** on the desk. (**책 한 권**이 있다, 그 책상 위에) ■ There <u>remains</u> **a book** on the desk. (남아 있다. **책 한 권**이, 그 책상 위에)	■ There <u>are</u> **two books** on the desk. (있다. **책 두 권**이, 그 책상 위에) ■ There <u>remain</u> **two books** on the desk. (남아 있다. **책 두 권**이, 그 책상 위에)
■ **Every** man and woman <u>dies.</u> (**모든** 남자와 여자는 죽는다.) ■ **Each** man and woman <u>dies.</u> (**각각의** 남자와 여자는 죽는다.) ■ **Either** of them <u>enjoys</u> it. (그들 중 **누구라도** 그것을 즐긴다.) ■ **Neither** of them <u>enjoys</u> it. (그들 중 **그 누구도** 그것을 즐기지 **않는다**.)	
■ **Another boy** <u>is</u> here. (**다른 소년**이 여기에 있다.) ■ **Another** <u>is</u> here. (**다른 이**가 여기 있다.) ■ **Another ten dollars** <u>is</u> needed. (**또 다른 10달러**가 필요하다.) (복수취급도 함) ■ **The other pencil** <u>is</u> mine (= **The other** <u>is</u> mine.) (**나머지 1개의 연필**은 나의 것이다.)	■ **Other boys** <u>are</u> in the park. (**다른 소년들**은 공원에 있다.) ■ **Othes** <u>are</u> missing. (**다른 이들**은 보이지 않는다.) ■ **The other pencils** <u>are</u> mine. (= **The others** <u>are</u> mine.) (**나머지 모든 연필들**은 나의 것이다.)
■ **One** of the girls <u>is</u> coming here. (그 소녀들 중 **1명이** 여기에 오고 있다.)	■ She is one of the **girls** who <u>are</u> coming here. (그녀는 여기 오고 있는 **소녀들** 중 1명이다.) (오고 있는 소녀는 여러 명임) 종속절(형용사절 = 관계대명사who절)의 수식을 받는 것은 one이 아니라 girls 이므로 is가 아니라 are가 쓰였음.
some + **단수 명사** (어떤 --) 　　: 주로 긍정문에 씀 **any** + **단수 명사** (어떤 --) 　　: 주로 의문, 부정, 조건문에 씀 (긍정문에 쓸 경우는 '어떤 것이나' 라는 뜻임)	**some** + **복수 명사** (몇몇 --) 　　: 주로 긍정문에 씀 **any** + **복수 명사** (어떤, 몇몇 --) 　　: 주로 의문, 부정, 조건문에 씀

| 단수 취급하는 주어 | 복수 취급하는 주어 |

부분을 나타내는 some of/ most of/ all of/ the rest of/ half of/ two-thirds of/ part of/ 10% of/ the majority of 등은 뒤에 오는 **명사**에 동사의 수(단수, 복수)를 **일치** (of 다음에 단수명사나 셀 수 없는 불가산 명사가 오면 단수 취급하고, 복수명사가 오면 복수 취급한다.)

- Some of the **books** are boring. (그 책들 중 몇 권은 지루하다.)
- Some of the **money** is mine. (그 돈의 일부는 내 것이다.)

⟨Some of the **book**(가산단수명사) is boring.(그 책의 일부분은 지루하다.)도 맞다는 이들도 있지만, 보통 이렇게는 잘 쓰지 않고 Some parts of the **book** are boring. 나 A part of the **book** is boring. 처럼 씀⟩

- Most of this **book** is written. (이 책의 대부분은 집필이 끝났다.)
- Most of the **books** are worth reading. (그 책들 대부분 읽을 가치가 있다.)
- Most of their **water** comes from the river. (그들 물의 대부분은 강에서 얻는다.)

- All of the **coins** are hers. (그 동전들 모두 그녀의 것이다.)
- All of the **money** is hers. (그 돈 모두 그녀의 것이다.)

- The rest of the **book** was difficult. (그 책의 나머지는 어려웠다.)
- The rest of the **games** were canceled. (그 나머지 게임들은 취소되었다.)
- The rest of the **food** was packed. (그 나머지 음식은 포장되었다.)

- The second **half** of the **book** is exciting.(그 책 후반부는 재미있다.)
- Half of the **books** are exciting.(그 책들 중 절반은 재미있다.)
- Half of the **oil** has been used.(그 기름의 반이 지금까지 사용되었다.)

- Two-thirds of the **apple** is rotten. (그 사과의 2/3는 썩었다.)
- Two-thirds of the **apples** are rotten. (그 사과들중 2/3는 썩었다.)
- Two-thirds of the **money** was spent. (그 돈의 2/3는 지출되었다.)

- Part of the **building** was destroyed. (그 건물의 일부가 파괴되었다.)
- Part of the **buildings** were destroyed.(그 건물들의 일부가 파괴되었다.)
- Part of the **furniture** is useless. (그 가구의 일부는 쓸모없다.)

이렇게 부분을 나타내는 단어들은 of다음에 한정의 의미가 있는 한정사(the, 소유격 등)가 오고 나서 명사가 온다. 그런데 한정사 + 명사는 대명사로 바꿀 수 있어서(대명사 자체에 한정 의미가 있어서) all of it처럼 대명사는 of 다음에 바로 오게 된다.

plenty of 나 a lot of 나 lots of 다음에는 **불가산명사**(단수취급)가 올 수도 있고 **복수명사**(복수취급)가 올 수도 있다. plenty(많은 양), a lot(한 무더기), lots(많음) 등은 많음을 뜻하는 (대)명사이므로 뒤에 of를 붙이면 '많은'이란 뜻의 형용사(한정사)처럼 되기 때문에 of 뒤에 the 같은 한정사를 쓸 필요 없음 (특정하는 경우는 the를 쓰기도 함)

- **Plenty of** water <u>is</u> required. (**많은** 물이 요구된다.)
- **Plenty of** kids <u>are</u> suffering from atopy.(**많은** 아동들이 아토피를 겪고 있다.)
- **A lot of** sugar <u>was</u> sold. (**많은** 설탕이 팔렸다.)
- **A lot of** students <u>have</u> a hard time. (**많은** 학생들이 힘든 시간을 보낸다.)
- **Lots of** the oil here <u>is</u> state-owned. (여기의 **많은** 기름이 국유이다.)
- **Lots of** cars <u>are</u> being scrapped. (**많은** 차들이 폐차되고 있는 중이다.)

A or B / Either A or B / Neither A nor B / Not only A but also B 은 뒤에 오는 **명사**에 동사를 일치

- **Either** he **or** I <u>am</u> a boy. (그든 또는 나든 누구든지 소년이다.)(=모두 소년이다.)
- **Neither** they **nor** I <u>am</u> a boy. (그들이나 나나 소년이 아니다.)(=모두 아니다.)
- **Not only** you **but also** he <u>loves</u> her. (너뿐 아니라 그도 그녀를 사랑한다.)

as well as는 앞 주어에 동사를 일치시킴

- He **as well as** you <u>is</u> interested in it. (너뿐 아니라 그도 관심이 있다. 그것에)

※ B as well as A = not only A but also B (A뿐만 아니라 B도 --)

■ **Many a** man <u>is</u> here. (많은 남자들이 여기 있다.) **단수취급**	many, several, few, both 는 복수취급 ■ **Many** <u>have</u> much money. (많은 이들이 많은 돈을 가지고 있다.)
	■ **A great many** issues <u>were</u> raised. **복수취급** (많은 이슈들이 제기되었다.)
■ **A great deal of** milk <u>is</u> left. (**많은** 우유가 남았다.) a great deal of 나 an amount of 다음에는 불가산명사가 오며 <u>단수 취급함</u> ■ **A large amount of** money <u>is</u> needed. (많은 돈이 필요하다.) ■ **A small amount of** water <u>was</u> supplied. (적은 양의 물이 공급되었다.)	

단수 취급하는 주어	복수 취급하는 주어
■ **The number of** men <u>is</u> 20. (그 남자들의 **수**는 20명이다.) 주어는 number(수)로서 단수취급	■ **A number of** men <u>are</u> here. (**많은** 남자들이 여기 있다.) a number of = many **복수취급** ■ **A** growing **number of** boys <u>are</u> going there. (늘어나는 **많은** 수의 소년들이 거기 가고 있다. = 거기 가는 소년들이 늘고 있다.)
■ **A pair of** shoes <u>is</u> his. (신발 **한 켤레**가 그의 것이다.) 주어는 a pair 로서 단수 취급	■ **Two pairs of** shoes <u>are</u> hers. (신발 **두 켤레**가 그녀의 것이다.) 주어는 two pairs 로서 복수 취급
명사절, 부정사, 동명사가 (한 단위로) **주어**일 때 단수취급 ■ **When we should go** <u>is</u> important. (언제 우리가 가야 하는지가 중요하다.) ■ **To study English grammar** for korean students <u>is</u> important. (영문법 공부하는 것은, 한국학생에게 있어서, 중요하다.) ■ **Climbing the mountain** <u>is</u> very difficult. (그 산을 오르는 것은 매우 어렵다.)	
명사절 **내용이 단수**일 때 단수 취급 ■ **What I want to have** <u>is</u> the car. (내가 가지고 싶은 것은 그 차다.)	명사절 **내용이 복수**일 때 복수 취급 ■ **What I found** <u>were</u> the ceramics. (내가 발견했던 것은 그 도자기들이었다.)
부정사 + 부정사 ■ **To go there and to do it** <u>makes</u> you happy. (거기 가서 그것을 하는 것은 너를 행복하게 만든다.) * 여기서는 2개의 to 부정사 내용이 **구체적**으로 서로 연관되어 있어서 단수 취급하는데, 서로 별개라면 복수 취급한다.	**동명사 + 동명사** ■ **Going there and doing it** <u>are</u> different things. (거기 가는 것과 그것을 하는 것은 다른 일들이다.) * 동명사는 대개 **일반적**인 내용을 말하므로 2개의 동명사를 쓸 경우 복수 취급한다.

단수 취급하는 주어	복수 취급하는 주어
	and나 both ~ and로 확장되는 주어 ■ A visit to the office **and** a conference <u>are</u> planned. (그 사무실에 대한 방문과 한 건의 회의가 계획되어져 있다.) ■ **Both** he **and** I <u>are</u> boys. (그와 내가 모두 소년이다.)
복수(쓰기는 단수로 씀)가 수식하는 **단수명사** <u>a</u> shoe **shop** (하나의 신발 가게) <u>a</u> ten year old **girl** (한 명의 10살 소녀) <u>a</u> four leaf **clover** (네잎 클로버 1개) = a clover with four leaves) 수식하는 명사는 원래 복수(shoes, years)지만 단수(shoe, year)로 씀	복수(쓰기는 단수로 씀)가 수식하는 **복수명사** room **numbers** (방 번호들) six foot tall **boys** (6피트 키의 소년들) four leaf **clovers** (네잎 클로버들) 수식하는 명사는 원래 복수(rooms, feet, leaves)지만 단수(room, foot, leaf)로 씀
복수 + hours/ dollars/ miles (한 덩어리로 쓰일 때) 단수취급 ■ **Ten dollars** <u>is</u> what I need. (10달러가 내가 필요한 것이다.) ■ There <u>is</u> only **ten cents**. (단지 10센트가 있다.) ■ **One hundred miles** <u>is</u> too far to walk. (100마일은 너무 멀다, 걷기에는)	
동일인 (동일 대상)은 단수취급 <u>a</u> black and white **cat** (한 마리 검고 흰 고양이) Tom and Jack's house (탐과 잭의 집 1채)	타인 (다른 대상)은 복수취급 <u>a</u> black and <u>a</u> white cat (한 마리 검은 고양이와 한 마리 흰 고양이) Tom's and Jack's house (탐의 집과 잭의 집)

제5절 구두점(Punctuation)

1. 문장 끝에 쓰는 구두점

1) . 마침표(period)

2) ! 느낌표(exclamation mark)

3) ? 물음표(question mark)

2. 문장 속에 쓰는 구두점

1) , 쉼표(comma)

(1) 단어를 세 개 이상 나열할 때

■ I like A, B, and C. (나는 좋아한다 A, B, 그리고 C를)

(2) 두 개의 절(문장)을 이을 때 등위접속사(and 등) 앞에

■ I like A, and he likes B. (나는 좋아한다 A를, 그리고 그는 좋아한다 B를)

이처럼 등위접속사 and 앞에 comma를 쓰는 것이 원칙이지만, 짧은 두 개의 절을 연결할 경우 뜻을 명확히 알 수 있기 때문에 그 경우는 comma를 생략하기도 한다.

(3) 두 번째 문장에서 접속부사 (however 등)와 함께

■ I like A.   However, he likes B.
  (나는 A를 좋아한다. 그러나 그는 좋아한다 B를)

(4) 종속접속사가 앞에 있는 종속절(부사절)과 주절 사이에서

■ When I was young, I had the dream.
  (내가 젊었을 때, 나는 가지고 있었다. 그 꿈을)

그런데 I had the dream when I was young. 처럼 종속절이 뒤에 있는 경우는 종속접속사(when) 앞에 comma를 쓰지 않는다.

(5) 관계대명사절(형용사절) 앞뒤에서

■ Seoul, (which is) the capital city of Korea, is a big city.
(서울은, 한국의 수도인데, 하나의 큰 도시이다.)

(6) 도시와 나라(또는 주) 사이에서

■ I am from Jeju, Korea. (나는 한국의 제주 출신이다.)

(7) 월, 일과 연도 사이에서

October 25, 2022. (2022년 10월 25일)

2) ; semicolon

(1) 두 문장을 이을 때 (= , and)

■ I like A; he likes B. (나는 좋아한다 A를, 그리고 그는 좋아한다 B를)

(2) 두 문장을 이을 때 접속부사(however 등)와 함께

■ I like A; however, he likes B.
(나는 좋아한다 A를, 그러나 그는 좋아한다 B를)

3) : colon

(1) 추가 설명 또는 답을 줄 때

■ I did three things: A, B, and C. (나는 3가지를 했다, A, B, 그리고 C를)

(2) 편지에서 인사말 다음에

Dear Mr. Kim: (친애하는 미스터 김에게:)

(3) 제목과 부제목 사이에

　　　A project: my hope　(A 프로젝트: 나의 희망)

(4) 시간과 분 사이에

■ My son was born at 3:51 p.m.
　(나의 아들은 태어났다. 오후 3시 51분에)

4) - dash

(1) 문장에 내용을 추가할 때

■ You can do it — you must do it.
　(너는 그것을 할 수 있다. — 너는 그것을 해야 한다.)

(2) 가끔 ,(comma)를 대신함

5) ( ) parentheses

　　　문장에 내용을 추가할 때

■ You can do it. (you must do it.)
　(너는 그것을 할 수 있다. (너는 그것을 해야 한다.))

6) ' apostrophe

(1) 간단히 할 때

　He is = He's /　do not = don't / does not = doesn't /
　did not = didn't /　　I have gone = I've gone

(2) 명사의 소유격을 나타낼 때

　The boys' school (그 소년들의 학교)
　The boy's　school (그 소년의 학교)

3. 기타 구두점

1) " " 따옴표(quotation marks)

(1) 인용할 때

■ He said, "I will go there." (그는 말했다, "나는 거기 갈 것이다.")

(2) 어떤 단어를 강조할 때도 " "를 씀

2) - (hyphen)

두 세 개의 단어를 연결해서 하나의 단어로 만들 때
brown - eyed (갈색 눈을 가진)   three - fourths (3/4)

제2편
품 사 론

제2편 품사론 (品詞論)

품사는 문장을 구성하는 하나하나의 낱말(단어)들을 공통된 성질을 가진 단어끼리 모아 분류해 놓은 것이다.

명사, 대명사, 관사, 동사, 조동사, 형용사, 부사, 전치사, 접속사, 감탄사 등이 있다.

제1장 명사 (名詞, Noun)

제1절 명사의 일반적 내용

명사는 사람이나 사물의 이름을 나타내는 품사이다.

1. 가산(可算)명사와 불가산(不可算)명사

아래 표처럼 셀 수 있는(可算) 명사(단수와 복수명사) 와 셀 수 없는(不可算) 명사를 구분하여 알아두어야 한다.

셀 수 있는 명사	
단수 명사	복수 명사 만드는 법
a book	대부분 명사 끝에 s를 붙여 복수를 만든다 book**s**
a dish, an inch, a class, a box, an index(지표, 색인), an appendix(부록, 맹장)	끝이 sh, ch, s, z, x로 끝나면 es를 붙인다 dish**es**, inch**es**, class**es**, box**es**, index**es** (또는 indices 항목, 지수), appendix**es** (또는 appendices)
a baby, a city	자음 + y로 끝나면 y를 i로 고치고 es를 붙인다 bab**ies**, cit**ies**
a shelf, a half, a wolf, a loaf, a leaf, a thief, a knife, a wife, a scarf, a cliff	f 또는 fe로 끝나면 v로 고치고 es를 붙인다. shel**ves**, hal**ves**, wol**ves**, loa**ves**, lea**ves**, thie**ves**, kni**ves**, wi**ves**, scarfs 또는 scarves

	cliff처럼 f로 끝나지만 s를 붙여 복수 만드는 경우도 있다. cliffs(절벽 들), roofs(지붕 들)

a piano,   a radio,
a photo   a tomato,
a potato,   a hero
a volcano,   a mosquito
	o로 끝나면
	- s를 붙임 pianos, radios, photos
	- es를 붙임 tomatoes, potatoes, heroes
	- s 나 es를 붙임
	  volcanos 나 volcanoes,
	  mosquitos 나 mosquitoes

a man, a woman, a tooth, a foot, a goose, a mouse	men, women, teeth, feet, geese, mice,
an ox, a child	oxen, children
a bison, deer, fish, salmon, sheep, species, series, corps, spacecraft, trout, offspring	복수형도 단수형(왼쪽)과 같음 (fishes 등을 쓰기도 함)
a criterion, a phenomenon,	criteria, phenomena,
a bacterium, a curriculum, a datum, a medium, a memorandum, a stadium	bacteria, curricula, data, media, memoranda, stadia(또는 stadiums)
a stimulus(자극), a cactus(선인장), a genius(천재)	stimuli, cacti genii(천재들)
an analysis, a basis, a crisis, a hypothesis, an oasis, a parenthesis, a thesis	analyses, bases, crises, hypotheses, oases, parentheses, theses

셀 수 있는 명사		셀 수 없는 명사 (단수 취급)
단수 명사 (book)	복수 명사 (books)	
a book (책) 등등	books (책들) 등등 I have books. (난 가지고 있다 책들을)	milk, candy 등등 (셀 수 없어서 a milk 나 a candy 는 안 되고 a cup of milk, a piece of candy 처럼 써야 한다)
one book	two books both books a couple of books	
the book (그 책)	the books (그 책들) I have the books. (난 가지고 있다. 그 책들을)	the milk
each book (각각 책) every book (모든 책)	모든 all books (모든 책들) all the books	all milk all the milk (단수취급)
가산명사 모두를 나타내는 단어 중 every, each는 단수 취급, all은 복수 취급하는 형용사임		
	most books 대부분의 책들	most milk 대부분의 우유
	많은 { plenty of books	plenty of milk
	a lot of books	a lot of milk
	lots of books	lots of milk
	many(수가 많은) books	much(양이 많은) milk
	a number of books	a great deal of milk
	enough books 충분한 책들	enough milk 충분한 우유
some book 어떤 책	수가 몇 개의 { some books 몇몇 책들	양이 어느 정도 { some milk 어느 정도의 우유
	several books 몇몇 책들	
	a few (몇 개의) books 몇 개 있는	a little (약간의) milk 조금 있는
	few (거의 몇 개 없는) books	little (양이 거의 없는) milk

any book 어떤 책(이든), 어떤 책(도)	any books 어떤(몇몇) 책들/ 어떤 책들도(아무것도)/ (부정대명사, 부정형용사 참고)	any milk 어떤(어느 정도 양의) 우유/ 어떤(어느 정도의) 우유도(아무것도)/ (부정대명사, 부정형용사 참고)
not any book	not any books 어떤 책들도(아무것도) ~아니다	not any milk 어떤(어느 정도의) 우유도(아무것도) ~아니다
no book (no = not any)	no books	no milk
any other (어떤 다른) book 어떤 다른 책	any other books 어떤 다른 책들	any other milk 어떤 다른 우유
another (또 다른) book		
no other book (다른 어떤 책도 ~아니) every other book (모든 다른 책)		
	other books 다른 책들	other milk 다른 우유
the other book 나머지 그 책	the other books 기타 다른 (나머지 그) 책들	

셀 수 있는 명사		셀 수 없는 명사
단수 명사	복수 명사	
		집합적인 명사들 furniture, hardware, money, cash, food, equipment, change(잔돈), fruit, baggage, luggage, jewelry (이 명사들은 셀 수 없으므로 a piece of furniture처럼 쓴다.)

a letter 편지	letters 편지들	mail 우편 (셀 수 없으므로 two pieces of mail처럼 쓴다.)
a traffic jam 교통정체 1건	traffic jams 교통정체들	traffic 교통
a vegetable	vegetables 야채들	
a cloth 한 조각의 헝겊, 천	복수취급 clothes (옷) ■ Clothes **are** a must.(o)(옷은 필수다.) 여기 must는 명사(필수품) ------------------ clothes는 복수 취급하지만 보통 two clothes 처럼 쓰지 않고 two suits of clothes (o) some clothes (o) 처럼 씀 옷 1개를 말할 때는 a cloth 라고 하지 않고 a suit of clothes (o) 라고 함	clothing(의류), cloth(옷감) [셀 수 없으므로 a suit of clothing (옷 한 벌) 이라고 함]
a machine 기계 1개	machines 기계들	machinery (집합적인 기계, 조직 절차) a piece of machinery
a work (작품 1개) a job (직장 1개)	works (작품들) jobs (직장들, 일들) two jobs (일 2개)	work (일, 직업), homework (숙제) Try to get **work**. = Try to get a job (직장을 구하려 노력해라.)
a business 회사 1개	businesses 회사들	business 사업
a poem (시 한 작품) a poet (시인 1명)	poems (시들) poets (시인들)	poetry (집합적인 시)

단수 명사			복수 명사
단수 일반명사	집합명사 (집합적인 다수를 말하는 명사)		집합이 여러 개인 경우
	단수 집합명사	복수 집합명사	
	family, audience, class, committee, team, group, staff, crew 등 ■ My family **is** very large. (내 가족은 매우 크다 = 대가족이다.) ■ The team **is** called 'Evergreen team'. (그 팀은 에버그린팀으로 불린다.)	단수 취급하는 집합명사도 집합 내에서 1명 1명 따질 때는 복수 취급 family, audience, class, committee, team, group, staff, crew 등 ■ My family **are** all healthy. (내 가족은 모두(1명 1명이) 건강하다.) ■ The team **are** all well. (그 팀은 모두 건강하다.) (well은 형용사) ■ The staff in the shop **are** very kind. (그 가게 직원들은 매우 친절하다.)	families, audiences, classes, committees, teams, groups, staffs 등 (이런 것들을 복수 집합명사라 하면서 왼쪽의 복수 집합명사는 군집 명사라 하는 이들도 있다.)
	보통 the와 함께 쓰는 경우		
	the public (대중), the press (언론), the crowd (군중), the peasantry (소작농), the nobility (귀족), the aristocracy (귀족) 등 (복수로 많이 쓰이는데, 단수 취급도 함) ■ The public **is** requested not to dump garbage. (공공 대중은 요구된다. 쓰레기를 버리지 않도록)	the public, the press, the crowd, the peasantry, the nobility, the aristocracy 등 ■ The public **have** a right to know it. (공공 대중은 그것을 알 권리가 있다.)	

		대개 복수로만 쓰는 경우	
		● 관사 없이 복수취급 people(사람들), cattle(가축), folk(사람들, 친척), poultry(가금류), vermin(해충류) 등 ■ Cattle **were** grazing. (가축들이 풀을 뜯고 있었다.) ■ The cattle in the pasture **are** healthy. (그 목장의 가축들은 건강하다.) (한정을 받으니까 the를 씀) ● **the**와 함께 쓰며 복수취급 the police(경찰), the gentry(신사계급), the clergy(성직자들) 등 ■ The police **have** been called. (경찰이 소집되었다) ------------------ ※ 이런 복수 취급 단어들과 위에서 살펴본 것처럼 같은 형태로 단수 취급도 하고 복수 취급도 하는 단어들이 **복수 취급하는 경우** (개체 1명 1명 따질 때 등)를 **군집(群集)명사** (단·복수 개념이 없이 개별적인 것들이 그냥 모여 있는 다수 무리를 통칭하여 복수 취급하는 명사) 라 하기도 하는데 굳이 그런 용어를 붙일 필요는 없다.	
	a people (하나의 민족, 국민) the people (그 국민, 그 민족) a nation (하나의 국가, 국민)	peoples (국민들, 민족들) (a people의 복수형) nations (국가들) ※ the people 이 '그 국민(민족)'일 때는 단수 취급, '그 사람들'일 때는 복수 취급	

	■ The Koreans <u>are</u> **a** hardworking **people**. (한국인들은 하나의 근면한 국민(민족)이다.)	
a person (한 사람)		persons (다수인)
a Korean (한 명의 한국인)		국민 전체 (the) Koreans (한국인들)
a Japanese (한 명의 일본인)		국민 전체 (the) Japanese (일본인들)
	■ **A herd** of cattle <u>is</u> ~~. ■ **A school** of fish <u>is</u> ~~. 〈school은 무리떼, fish는 복수형으로 쓴 것 (단복수 동형)〉	■ **Two herds** of cattle <u>are</u> ~~. ■ **Two schools** of fish <u>are</u> ~~.

셀 수 있는 명사		셀 수 없는 명사
단수 명사	복수 명사	
		언어 vocabulary, slang, grammar English(영어), Korean(한국어), Japanese(일어), Chinese(중국어)
		미세한 것 rice, salt, sugar, pepper, corn, dust, dirt, sand, grass
a hair (머리카락 한 개)	hairs (머리카락 여러 개)	hair (머리카락 전체)
		학문 music, mathematics, history, psychology, biology, literature(문학) (셀 수 없으므로 a piece of music '한 음악작품 = 한 곡'처럼 쓴다)

단수	복수	셀 수 없는 명사
a pizza 피자 1판	two **pizzas**, **foods**음식류 **fruits**과일류	**음식** food음식, bread, toast, butter, cheese, corn, ice, ice cream, **pizza, fruit**과일 (셀 수 없는 명사들이므로 a loaf of bread, an ear of corn, a slice of pizza 처럼 쓴다)
		육류 meat, beef, pork, ham
a chicken 닭	chickens 닭들	chicken 닭고기
a fish 물고기	fish 물고기들 〈fishes로 쓰기도 함 (특히 여러 종류 물고기일 때)〉	fish 생선
a lamb 양	lambs 양들	lamb 양고기

셀 수 있는 명사		셀 수 없는 명사
단수 명사	복수 명사	
a coffee 처럼 셀수있는 명사로 표현하기도 함 (위의 pizza처럼)	two coffees처럼 셀 수 있는 명사로 표현하기도 함 〈원어민들이 회화에서(구어체에서) 관용적으로 이렇게 쓴다는데 뭐 어쩌겠는가!〉	**액체** milk, tea, water, juice, beer, wine, soup, shampoo, honey, oil, gasoline, blood, **coffee** 등 (셀 수 없으므로 a cup of coffee, a drop of water, a bowl of soup 처럼 쓴다.)
		재료 gold, silver, copper, chalk, rubber, wood, wool, cotton, soap, toothpaste
a glass 유리잔	glasses 안경, 유리잔들	glass 유리
an iron 다리미	irons 다리미들	iron 철
a paper 신문, 서류	papers 신문들, 서류들	paper 종이 (셀 수 없으므로 a sheet of paper처럼 쓴다.)

pants(바지), pajamas(잠옷), shoes(신발), socks(양말), glasses(안경), scissors(가위)처럼 쌍이 한 켤레를 이루는 것은 복수로 쓰인다. ■ The shoes <u>are</u> his. (그 신발은 그의 것이다.) ■ My glasses <u>are</u> lost. (내 안경이 없어졌다.) 그런데 ■ A pair of pants <u>is</u> yours. (바지 한 벌이 너의 것이다.) 주어가 a pair로서 단수	

셀 수 있는 명사		셀 수 없는 명사
단수 명사	복수 명사	
a bone 뼈	bones 뼈들	bone 골질
a climate 하나의 기후(현상)	climates 기후 현상들	**자연현상** weather, rain, dew, fog, wind, thunder 등 (셀 수 없으므로 a clap of thunder, a gust of wind 처럼 쓴다.) * climate는 기후 자체를 의미할 때는 불가산명사이고 하나하나의 기후현상을 의미할 때는 가산명사이다.
a dew 하나의 이슬방울	dews 이슬방울들	dew 이슬

a snowflake 하나의 눈송이	snowflakes 눈송이들 (눈발들)	snow 눈
a sunbeam 한 가닥의 햇살	sunbeams 햇살들	sunshine 햇살(햇빛)
a light 한 개의 불빛	lights 불빛들	light 빛
a fire 한 건의 화재	fires 화재들	fire 불
a noise 하나의 이상한 소리	noises 이상한 소리들	noise 소음
		기체 air, oxygen, smog, smoke, pollution
		driving(운전), learning(배움), shopping(쇼핑), swimming(수영), working(노동)
an idea 하나의 의견, 착상	ideas 의견들, 착상들	**추상적인 것들** beauty(美), confidence(신뢰), courage(용기), damage(손해), education(교육), evidence(증거), experience(경험), fun(재미), generosity(관대함), health(건강), honesty(정직), ignorance(무지), information(정보), intelligence(지성), justice(정의), knowledge(지식), leisure(여가), love(사랑), luck(행운), news(보도), patience(인내), peace(평화), permission(허가), pride(자랑,자부심), progress(전진), proof(증거), recreation(휴양), violence(폭력, 맹렬함), wealth(부유함) (셀 수 없으므로 some information, 그냥 information, a piece of information, a piece of news 처럼 쓴다.) (It's a good information.에서 a 빼야 됨)

셀 수 있는 명사		셀 수 없는 명사
단수 명사	복수 명사	
a suggestion 하나의 제안 (It is **a** good suggestion 이라고 해야지 It is good suggestion 이라고 하면 틀린다.)	suggestions 제안들	suggestion 암시, 시사(示唆) advice 충고 (셀 수 없기 때문에 It is **a** good advice라고 하면 틀리고, It is good advice라고 하든지, It is **a** good **piece of** advice 라고 해야 한다.)
an agreement 하나의 동의서	agreements 동의서들	agreement 동의
a time 일회	times 횟수(여러 번)	time 시간
a room 방	rooms 방들	room 공간, 여지
a space 장소, 간격	spaces 장소, 간격들	space 우주
a war 하나의 전쟁	wars 전쟁들	war 일반적인 전쟁
a human being 한 인간	human beings 인간들	humanity 인간 인류
a man 한 남자	men 남자들	mankind 인간
a journey, a trip 한 여행(여정)	journeys, trips 여정들	travel 여행
a view 경관, 관점, 견해	views 경관들, 견해들	scenery 경치
a laugh 웃음소리, 재미있는 일	laughs 웃음소리들	laughter 웃음
		운동 baseball, chess, soccer

	셀 수 있는 명사		셀 수 없는 명사
	단수 명사	복수 명사	
이름	**질병이름 중 s로 끝나지만 단수 취급 하는 것** diabetes(당뇨), measles(홍역), mumps(유행성 이하선염), herpes(포진)		
	학문 이름 politics, statistics(통계학)	statistics (통계자료)	
	작품 이름 ■ The old man and the sea **is** a good novel. (노인과 바다는 좋은 소설이다.)		
	나라 이름 the United States		
		- make <u>friends</u> with~ (~와 사귀다) - take <u>turns</u> in~ (~을 교대로 하다) - change <u>trains</u> (기차를 갈아타다) - shake <u>hands</u> with (~와 악수하다)	
		the + 형용사가 복수명사로 쓰이는 경우가 있다. **the rich** = rich people (부자들) **the miserable** = miserable people (비참한 사람들) **the injured** = injured people (부상당한 사람들) **the unknown** = unknown things (알려지지 않은 것들)	

2. s가 붙으면 뜻이 달라지는 명사들

arm	팔	arms	무기
advice	충고	advices	통지
letter	편지	letters	문학
time	시간	times	횟수
air	공기	airs	건방진 태도
content	만족	contents	내용
force	힘	forces	군대
saving	절약	savings	저축
good	선	goods	상품
manner	방법	manners	예절
mean	평균	means	수단
regard	관심	regards	안부
quarter	1/4	quarters	막사
damage	손해	damages	손해배상금
custom	습관	customs	관세
pain	고통	pains	수고
provision	조항, 준비	provisions	식량
circumstance	사정	circumstances	경우, 처지, 형편
people	사람들, 국민	peoples	국민들, 민족들
paper	종이	papers	서류
writing	쓰기	writings	저작
glass	유리	glasses	안경
respect	존경	respects	안부
physic	의술, 약	physics	물리학
spectacle	광경	spectacles	안경
spirit	정신	spirits	기분

3. 수량 명사

1) 기수사, 서수사, 배수사

(1) 기수사(基數詞) (수를 나타내는 것)

- one, two, dozen(1다스, 12개), hundred, thousand, million(백만), billion(10억) 등
- 막연한 수를 표현할 때는 tens of (수십 개의), hundreds of (수백 개의) 처럼 of와 함께 복수형으로 표현함

(2) 서수사(序數詞) (순서를 나타내는 것)

first(첫 번째), second(두 번째), third(세 번째), fourth, fifth, sixth 등
: 원칙적으로 앞에 the 붙임

【참고】 기수와 서수

기수	서수	기수	서수	기수	서수
one 1	first	eleven 11	eleventh	twenty one 21	twenty first
two 2	second	twelve 12	twelfth	twenty two 22	twenty second
three 3	third	thirteen 13	thirteenth	twenty three 23	twenty third
four 4	fourth	fourteen 14	fourteenth	twenty four 24	twenty fourth
five 5	fifth	fifteen 15	fifteenth	twenty nine 29	twenty ninth
six 6	sixth	sixteen 16	sixteenth	thirty 30	thirtieth
seven 7	seventh	seventeen 17	seventeenth	forty 40	fortieth
eight 8	eighth	eighteen 18	eighteenth	fifty 50	fiftieth
nine 9	ninth	nineteen 19	nineteenth	ninety 90	ninetieth
ten 10	tenth	twenty 20	twentieth	a hundred 100	hundredth

(3) 배수사(倍數詞) (몇 배를 나타내는 것)

　　half (1/2, 반),　twice (2배),　double (2배),　three times (3배) 등

2) 읽기

(1) 숫자 읽는 법 (만약 1,234,567,897 읽는 법은?)

영어	한국어
1,234,567,897	1,234,567,897
네 자리로 끊어 읽음 ,만 있으면 숫자는 영어가 읽기 쉽다	다섯 자리로 끊어 읽음 (한국어가 세계공통어라면 콤마(,)가 1,4,7 다음이 아니라 2와 6 다음에 있을 것이다.)
One **billion** (십억) two hundred thirty-four **million** (백만) five hundred sixty-seven **thousand** (천) eight hundred ninety-seven	12억 3456만 7897

(2) 소수점 읽는 법

　　2.5 : two point five
　　33.705 : thirty-three point seven zero five
　　0.2417 : zero point two four one seven

(3) 분수 읽는 법

　　분자부터 읽는데 분자는 기수로 읽고 분모는 서수로 읽는다.
　　분자가 1보다 많으면 뒤에 **s**를 붙인다.

　　　　기수 - 서수
　2/3　two - thirds
　1/4　one - fourth (= a quarter)
　3/4　three - fourths (= three quarters)
　1/5　one - fifth
　4/6　four - sixths
　1과 2/3　one and two - thirds

(4) 연도 보통은 두 자리씩 끊어서 읽는다.

2000년 two thousand,　　　　1900년　nineteen hundred
2022년 two thousand twenty two 또는 twenty twenty two
1972년 nineteen seventy two   2006년 two thousand six 또는 twenty oh six
1901년 nineteen hundred and one 또는 nineteen oh one
1980년대(the 1980s) the nineteen eighties

(5) 날자

　　5월 1일 May first = the first of May
　　8월 27일 August twenty-seventh = the twenty-seventh of August

(6) 시간

　　7:30 a.m. = seven thirty a.m. (a.m. = ante meridiem 오전)
　　2:43 p.m. = two forty three p.m. (p.m. = post meridiem 오후)
　　10:55 = ten fifty-five, 또는 five to eleven (5분전 11시)
　　10:05 = ten o five, 또는 five past ten (10시후 5분)
　　10:15 = ten fifteen, 또는 a quarter past ten (10시후 1/4(15분))
　　10:30 = ten thirty, 또는 a half past ten (10시후 반(30분))

(7) 금액

　　$3.50 : three dollars (and) fifty (cents),
　　　　　three dollars and a half

(8) 전화번호 읽는 법

　　(064) 123-4560   o[ou] six four   one two three four five six o

(9) 주소 쓰기

한국어	우편번호, 제주 제주시 애월읍 수산2길 10-9번지
영어	10-9, Susan 2-gil, Aewol-eup, Jeju-si, Jeju, 우편번호, Korea

4. 명사의 소유격 (대명사의 소유격은 인칭대명사를 참조할 것)

일반적인 경우	단수 명사		**~ 's를 붙여서** 소유격을 만든다. Yujin's books (유진이의 책들) my father's car (나의 아버지의 자동차)
	복수 명사	s로 끝날 때	끝에 **'만 붙여서** 소유격을 만든다. a boys' book (소년들의 책 한 권)
		s로 안 끝날 때	**~ 's를 붙여서** 소유격을 만든다. a women's magazine (여자들의 잡지 한 권)
복합 명사			마지막 단어에 **'s를 붙여서** 소유격을 만든다. my son-in-law's book (나의 사위의 책) someone else's book (누군가 다른 사람의 책)
무생물인 경우	원칙		~ 's를 안 붙이고 ~ of + 무생물 명사처럼 소유격을 만든다. the roots of the tree (그 나무의 뿌리)
	예외 ('s를 붙임)	시간, 거리, 금액	an hour's meeting (1시간의 만남) today's weather (오늘의 날씨) two miles' distance (2마일의 거리) a hundred dollars' worth (일백 달러의 가치)
		의인화한 경우	Korea's culture (한국의 문화) the world's climate (세계의 기후) the moon's light (달의 빛)
		관용적인 표현	The school is in <u>a stone's throw</u> of my house. (그 학교는 돌 던지면 닿을 정도 가까이 있다. 내 집에서) He has mathematics <u>at his fingers' end</u>. (그는 수학에 정통하다.) <u>my wits' end</u> (나의 지적능력의 한계) <u>for mercy's sake</u> (제발)

【참고】 행위자를 나타내는 접미사

1. ~ er (게르만계 어원)

player(경기자, play 경기하다), **singer**(가수, sing 노래하다),
computer(컴퓨터, compute 계산하다), **writer**(작가, write 쓰다),
doer(행동가, do 하다), **goer**(자주 다니는 사람, go 가다),
lover(연인, love 사랑하다), **settler**(정착민, settle 정착하다),
wheeler(짐수레꾼, 바퀴 차, wheel 바퀴), **foreigner**(외국인, foreign 외국의),
astronomer(천문학자, astronomy 천문학), **philosopher**(철학자, philosophy 철학) 등

2. ~ or (라틴어 어원)

actor(연기자, act 행동하다, 연기하다), **advisor**(고문, advise 충고하다),
curator(박물관 등의 관리인), **dictator**(독재자, dictate 지시하다),
gladiator(검투사, gladiate 검 모양의) 등

3. ~ ist (그리스어 어원)

pianist(피아니스트, piano 피아노), **violinist**(바이올리니스트, violin 바이올린),
artist(예술가, art 예술), **dentist**(치과의사, dental 치아의),
plagiarist(표절자, plagiarize 표절하다), **atheist**(무신론자, atheism 무신론) 등

4. ~ ess (그리스어 어원)

actress(여배우), **princess**(공주), **stewardess**(여승무원), **lioness**(암사자) 등

제2절 명사 역할하는 것

1. 동명사(구)
(동명사는 동사에서 나온 명사 형태이다. 동사 원형 + ing 형태. 모양이 현재분사와 같다.)

1) 주어로 쓰인 동명사나 동명사구 (명사구)

■ **Running** is his hobby. (**달리기**는 그의 취미이다.)
동명사(Running)가 주어로서 명사 역할(**달리는 것**)을 하고 있다.

■ **Reading a book** is good for you. (**책을 읽는 것**은 좋다. 너에게)
동명사구(Reading a book)가 주어로서 명사 역할을 하고 있다.

여기서 Reading은 목적어(a book)가 있는 동명사이다.
(동명사는 동사 성질이 있어서 목적어를 취할 수 있음)
따라서 목적어가 있으므로 Reading 뒤에 목적어를 써야지 뒤에 of를 쓰면 안 되며, 동명사이므로 앞에 The를 쓰면 안 된다. (the는 명사에 씀)

[비교] 동명사와 명사

The **reading** of a book is good for you. (책 **읽기**는 좋다. 너에게)
여기의 reading은 The와 of가 있어서 동명사가 아니라 **명사**(읽기, 독서)이다.

이처럼 동명사 형태(~ing)가 명사로도 굳어져서 쓰이는 경우는
reading, breathing, driving, running, understanding, ending, listening, taking, making, knowing 등이며 동작명사라고도 한다.

---

* I acknowledge **receiving** your letter. (**동명사**)
　　　　　　　　　　　　　　　　　(목적어가 바로 와서 동명사 씀)
(나는 당신의 편지 **받은 것**을 알립니다. = 편지는 잘 받았습니다.)
(acknowledge는 '인정하다'라는 뜻뿐만 아니라 '~ 받은 것을 알리다'의 뜻도 있음)

* I acknowledge **receipt** of your letter. (**명사**) (of 때문에 명사 씀)
(나는 당신의 편지에 대한 **수령**을 알립니다. = 편지는 잘 받았습니다.)
(이처럼 일상대화에서는 receipt 앞에 the를 생략하기도 하며, acknowledge 자체가 '~ 받은 것을 알리다'의 뜻이 있으므로 'the receipt of'를 생략하기도 한다.)

---

2) 목적어로 쓰인 동명사

■ I enjoy **swimming** alone in the morning.
  (나는 즐긴다. **수영하기**를 혼자서, 아침에)

3) 전치사의 목적어로 쓰인 동명사(구) (명사구)

■ I am interested in **writing an English grammar textbook**.
  (나는 흥미가 있다 **영어 문법책을 쓰는 것**에) in의 목적어로 쓰임

■ I am accustomed to **playing** by myself.
  (나는 익숙해 있다. **노는 것**에 홀로) to의 목적어
  = I am used to **playing** by myself. (난 익숙하다. 혼자 **노는 것**에)
  여기서 to는 전치사이므로 그 뒤에는 명사, 동명사, 대명사 등이 온다.

【비교】 그런데 A pen is used to <u>write</u>. (펜은 사용된다. 쓰기 위해) 에서 to는 일반적인 전치사가 아니라 부정사를 이끄는 to이므로 뒤에 <u>동사원형</u>인 write가 온 것이다. (to부정사)

그리고 I used to <u>play</u> by myself. (난 ―하곤 했다. 놀다. 혼자)에서 to도 부정사를 이끄는 것으로 used to + <u>동사원형</u>은 ---하곤 했다는 뜻이다.

■ He insists on **having a holiday** abroad.
  (그는 주장한다. **보내기**를 **휴일**을 해외에서) on의 목적어

■ I am looking forward to **going** the moon.
  (나는 기대한다. **가는 것**을 달에) to의 목적어

■ He objected to **going** there. (그는 반대했다. **가는 것**을 거기에)

■ We talked about **my studying English**.
  (우리는 말했다 **내가 영어 공부하는 것**에 관하여) about의 목적어

동명사의 주체(의미상 주어)는 보통 소유격(<u>my</u> studying)으로 표현하는데 목적격(<u>my son</u> going, <u>the boy</u> coming 등)으로 표현하는 경우도 있다.

【비교】 동명사와 명사

We talked about my **study** of English.
(우리는 말했다. 영어에 관한 나의 **공부**에 대하여)
(of가 있기 때문에 동명사가 아니라 명사(study 공부)가 필요한 것임)

■ We talked about **my not studying English**.
(우리는 말했다 **내가 영어공부 안하는 것**에 관하여)
동명사를 부정할 경우는 그 앞에 **not, never** 등을 쓴다.
my **not** studying (내가 공부 안 하는 것),
my **not** having studied (내가 공부 안 했던 것)
(공부 안 한 시점이 말하는 시점보다 먼저라면 **완료형** 동명사 씀)

■ We elected the chief by **voting**. (우리는 선출했다 회장을 **투표**로)

4) 보어로 쓰인 동명사(구) (명사구)

■ My hobby is **swimming** and **playing billiards**. (나의 취미는 **수영**과 **당구치기**이다)

5) 동명사가 들어간 관용적 표현

(1) when 종속절을 대신하는 on(또는 upon) + **동명사** (-- 하자마자)

■ When I climbed the hill, I met her. (내가 그 언덕을 올랐을 때, 그녀를 만났다.)
= When climbing the hill, I met her. (현재분사)
= Climbing the hill, I met her. (현재분사)
= Upon(또는 On) **climbing** the hill, I met her. (동명사) (언덕 오르자마자 ~)

(2) without + **동명사** (-- 하지 않고)

■ I fell asleep without **changing** clothes.
(옷 **갈아입는 것** 없이 잠들었다. = 옷 갈아입지도 않고 잠이 들었다.)

(3) spend + 시간, 돈, 노력 + (in) **동명사** (--에 시간, 돈, 노력을 소비한다)
waste + 시간, 돈, 노력 + (in) **동명사** (--에 시간, 돈, 노력을 낭비한다)

■ I spent much time (in) **writing** this book.
(나는 소비했다. 많은 시간을 이 책을 **쓰는 것**에)

(4) be busy + (in) 동명사 (--하는 것에 바쁘다)

■ I am busy **working** in my office.
(나는 바쁘다. **일하는 것**에 나의 사무실에서)

(5) can't help + 동명사 (--를 피할 수 없다, --하지 않을 수 없다)
■ I couldn't help **laughing** (여기서 help는 '돕다'가 아니라 '피하다'의 뜻)
(나는 피할 수 없었다. **웃는 것**을 = 웃을 수밖에 없었다.)
= I couldn't but laugh.　**(can not but 동사원형)**
= I couldn't help but laugh. **(can not help but 동사원형)**
= I couldn't choose but laugh. **(can not choose but 동사원형)**
= I had no choice but to laugh. **(have no choice but to 동사원형)**
= I had no alternative but to laugh. **(have no alternative but to 동사원형)**
여기서 **but**은 접속사로서 except that 의 뜻을 가지며, 앞의 3문장 but 뒤에는 I could 가, 뒤의 2문장 but 뒤에는 I had 가 생략되었다고 생각해 볼 수 있다.

(6) feel like + 동명사 (--하고 싶은 느낌이 든다)
■ I feel like **listening** to music.
(나는 —하고 싶다. **듣는 것**을, 음악 = 음악 듣고 싶다.)

(7) It is no use + 동명사 (--해봐야 소용없다)
■ It is no use **crying** over spilled milk.
(소용없다. **우는 것**이, 쏟아진 우유에 대해)

(8) have a hard time + (in) 동명사 (--하는데 애를 먹다)
 = have difficulty + (in) 동명사　 = have difficulty + with 명사
■ I had a hard time **conversing** in English.
(나는 애를 먹었다. 영어로 **대화하는 것**에)
  = I had difficulty with English conversation.

(9) keep/ stop/ restrain/ hold + 사람 + from 동명사
(어떤 사람을 -- 하는 것으로부터 못하게 하다)
■ It is necessary to keep the boy from **swimming** there.
(필요하다. 못하게 하는 것은, 그 소년을, 거기서 **수영하는 것**으로부터)

(10) go 동명사 (shopping, skiing, fishing, horse-riding 등)(--하러 가다.)

　　자동사(go) 다음에 동명사가 오는 것이 이상할 수 있는데, 원래 「go on 동명사」 구문에서 on이 세월이 흐르면서 생략된 것으로 볼 수 있다.

■ I will go **shopping**. (나는 쇼핑하러 갈 것이다.)
　(= I am going to go shopping.　여기서 will은 be going to와 같음)

■ I am going **shopping**. (나는 쇼핑하러 가고 있는 중이다.)
　여기서 going은 진행형을 만드는 현재분사, shopping은 동명사이다.
　「be동사 + 현재분사」(~하는 중이라는 진행형) + 「go + 동명사」(~하러 가다)

(11) go on 동명사 (--을 계속하다.)

■ I went on **doing** it in the same way. (난 같은 방식으로 그걸 계속했다.)

【비교】 go on to부정사 (새롭게 이어서 --을 계속하다.)
　I'll **go on to get** the license. (나는 계속해서 그 자격증을 따겠다.)

2. **부정사구**도 명사 역할을 한다 (부정사의 명사적 용법)

1) 주어로 쓰인 부정사구(명사구)

■ **To swim** is good for you. (**수영하는 것**은 좋다. 너에게)
　= It is good for you **to swim**.　　It (가주어) = to swim (진주어)

2) 목적어로 쓰인 부정사구(명사구)

■ I like **to swim** alone in the morning.
　(나는 좋아한다. **수영하는 것**을 혼자서 아침에)

■ I am considering **when to go**.
　(나는 고려하고 있는 중이다. **언제 내가 가야 하는지**를)

3) 보어로 쓰인 부정사구(명사구)

■ His task is **to climb the mountain**.
　(그의 임무는 **그 산을 오르는 것**이다.)

3. 명사절

명사는 주어, 목적어, 보어 등의 역할을 할 수 있고, 명사절은 명사 역할을 하는 절이므로 명사절도 주어 역할, 목적어 역할, 보어 역할을 한다.

1) 일반적인 접속사절 (that절, whether절, if절 등)

■ **That honesty is the best policy** is a proverb.
 (**정직이 최선의 방책이라는 것**은 하나의 격언이다.)
 명사절이 이 문장에서 주어(명사) 역할을 하고 있다.

■ I know **that he is honest**. (나는 안다. **그가 정직하다는 것**을)
  (**명사절**이 목적어 역할)

■ What I know is **that it is true**.
 (내가 아는 것은 **그것이 사실이라는 것**이다.)   (**명사절**이 보어 역할)

■ I don't know **whether he is honest**. (나는 모르겠다. **그가 정직한지**)

■ I was amazed at the fact **that he died**.
  (나는 놀랐다. **그가 죽었다는** 그 사실에)
  that절은 명사(the fact)를 수식하는 형용사절로 생각될 수도 있지만 명사(the fact)와 똑같은 **동격절**이다.

■ The rescue work was a success in **that none died.**
  (그 구조작업은 성공이었다. **아무도 안 죽었다는 점**에서) that절이 전치사 in의 목적어

2) 의문사절

의문사도 명사절을 이끄는 접속사로 쓰일 수 있다.
즉, 의문사절이 명사 역할(명사적 용법)을 하는 경우이다.

(1) 의문대명사절

■ We know **who went there**. (우리는 안다. **누가 갔는지, 거기에**)

■ I'm interested in **what actors say in movies**.
  (나는 **영화에서 배우들이 뭐라고 하는지**에 관심 있다.) 명사절이 전치사 in의 목적어

(2) 의문형용사절

■ I don't know **which car is the best**. (나는 모른다. **어느 차가 가장 좋은지를**)

(3) 의문부사절

■ *When* we will go is important. (**언제** 우리가 갈지가 중요하다)
　= It is important *when* we will go. 〈It는 가주어, 의문사(when)절은 진주어〉

■ I don't know *where* he should go.(나는 모른다. **어디로 그가 가야 하는지를**)

■ I don't know *where* I should go.(나는 모른다. **어디로 내가 가야 하는지를**)
　= I don't know *where* to go. 〈이렇게 보통 주절과 의문사절의 주어가 같은 경우(다른 경우도 있지만) 의문사절을「의문사 + 부정사구」로 바꿀 수 있음〉

3) 관계사절

　관계사도 명사절을 이끄는 접속사로 쓰일 수 있다. (관계사절이 명사 역할)

(1) 관계형용사절

■ I gave him **what money I had**.
　(나는 그에게 주었다. **내가 가졌던 그 돈을**)

(2) 복합관계대명사절

■ I know **what he told you**. (나는 안다. **그가 너에게 말했던 것을**)
　what은 '~한 것(the thing which)'이라는 복합관계대명사로서 명사절(목적어 역할)을 이끌고 있다.

■ **Whoever came here** was kind. (**여기 왔던 누구든지** 친절했다.)
　whoever는 '~한 누구든지(anyone who)'이라는 복합관계대명사로서 명사절(주어 역할)을 이끌고 있다.

(3) 복합관계형용사절

■ He likes **whatever food she makes**.
　(그는 좋아한다 **그녀가 만드는 어떤 음식이든지**) = any food that she makes

제 2장 관사 (冠詞, Article)

명사 앞에 관(冠)처럼 써서 명사를 한정(하나의, 그 --) 시켜주는 품사이다.
관사는 명사를 수식(한정)하는 한정사로서 마치 형용사처럼 취급을 한다.

제1절 부정(不定)관사 (a 또는 an)

부정(정해지지 않은) 관사 a는 '정해지지 않은 어떤 하나의' 라는 뜻을 가지는데, 모음으로 시작하는 단어 앞에서는 an을 쓴다.

■ I have **a** book. (나는 가지고 있다. **하나의** 책을)

■ We eat three meals **a** day. (우리는 먹는다. 세 끼 식사를 하루에)

■ We go abroad once **an** year. (우리는 해외에 간다. 한 번, 일 년에)
 여기서 year중 y는 소리 나지 않는 묵음이어서 모음인 e로 시작되기 때문에 an을 쓴 것이다.

제2절 정(定)관사 the

1. 그 (정해진 것을 말함)   정해진 = 한정된

■ I have **the** book. (나는 가지고 있다. **그** 책을)

특정한 것, 앞에 이미 언급된 것, 서로 알고 있는 것들은 the로 표현한다.

2. 대표 단수 (단수로 쓰지만 전체를 대표해서 표시함)

■ **The** lion is called the king of beasts.
 (사자는 불리어진다. 백수의 왕으로)
 여기서 The lion은 전체 사자를 대표한 것이다.
 즉, Lions are called the king of beasts.과 같은 뜻이다.

■ **The** guitar is a musical instrument.
 (기타는 음악 악기다.) 기타라는 악기 전체를 표시함.

3. the + 형용사
(~하는 ~들, 즉 복수 보통명사와 같은 뜻으로서 복수 취급한다.)

■ **The** young are welcome here. (젊은 사람들은 환영이다.)
  = Young people are welcome here.

■ **The** dead are silent. (죽은 사람들은 조용하다. = 죽은 자는 말이 없다.)
  = Dead people are silent.

■ **The** miserable need your help. (비참한 사람들은 너의 도움이 필요하다.)

■ The gap between **the** rich and **the** poor is growing.
  (차이는, 부자들과 가난한 자들 간의, 커지고 있다.)
  = The gap between rich people and poor people is growing.

그런데 다음처럼 「the + 형용사」가 단수 취급할 때도 있다.
■ If **the** inevitable happens, call me.(피할 수 없는 일이 일어나면 날 불러.)

4. the + 국적 (OO나라 사람들이란 뜻으로서 복수 취급함)

■ **The** Koreans are diligent. (한국민들은 근면하다.)
  = The people of Korea are diligent.

■ **The** English read many books. (영국민들은 많은 책을 읽는다.)
  = The people of England read many books.

■ **The** French drink wine. (프랑스 국민들은 와인을 마신다.)
  = The people of French drink wine

5. 최상급, 서수, only, same 앞에서

■ When is **the** best time to call you. (너에게 전화할 가장 좋은 시간이 언제지?)

■ I prefer **the** second option. (난 두 번째 선택 사항이 더 좋다.)

■ It's **the** only worry I have. (그것이 나의 유일한 걱정거리이다.)

■ The books are **the** same. (그 책들은 똑같다.)

■ This book is **the** same as that one. (이 책은 같다. 그 책과)

■ This book is **the** same size as that one. (이 책은 같은 크기다. 그 책과)

6. the를 붙이는 경우와 안 붙이는 경우

	the 붙임	the 안 붙임
하나밖에 없는 것	■ **The** sun rises. (태양은 뜬다.) ■ He can fly in **the** sky. (그는 날 수 있다, 하늘에서) ■ Seoul is **the** capital of Korea. (서울은 한국의 수도이다.) ■ He is **the** tallest boy in the class. (그는 가장 큰 소년이다, 그 반에서)	space(우주)는 the가 안 붙음 ■ I want to travel through space. (나는 원한다, 여행하는 것을, 우주를 통하여) [비교] in the space 는 '~~ 공간에' 라는 뜻
지역 (고유명사에는 관사없지만 범위 한정되면 관사)	바다, 강, 운하, 사막 (범위가 한정된 것) **the** Pacific Ocean, **the** Han River **the** Mississippi, **the** Suez Canal, **the** Sahara Desert	대륙 Asia, Europe
	복수로 된 섬, 호수, 산 (범위가 한정) **the** Hawaiian Islands, **the** Alps, **the** Rocky Mountains	단수로 된 섬, 호수, 산 (범위가 한정될 필요 없는 것) Jeju Island, Lake Michigan, Everest
	복수형태로 된 나라(범위가 한정된 것) **the** United States, **the** Philippines, 단수 취급함	단수형태로 된 나라 (범위 한정 불필요) Korea, China, Japan
	Republic, Kingdom이 들어간 나라 **the** United Kingdom, **the** Republic of Korea	
	the north of Europe 중동 **the** Middle East, 극동 **the** Far East **the** East Asia region	지역, 주, 도, 도시 Northern Europe (=North Europe) East Asia, California, Seoul
이름	**the** + 복수로 된 사람 이름(가족) **the** Clintons = **the** Clinton family	단수로 된 사람 이름 George Bush, Mr Clinton
	지명, 인명을 딴 것이 아닌 공공건물 등 **the** White House, **the** Capitol **the** Empire State Building **the** National Museum **the** Palace theater	지명, 인명을 딴 공공건물 등 Kennedy Airport, Jeju National University

	호텔, 식당, 극장, 박물관 등에서 지명, 인명을 따도 the 쓰는 경우도 있음 (※ 권위있는 중요한 것을 the로 쓰기도 함) **the** Hilton Hotel **the** Lincoln Memorial **the** Louvre Museum 등 [참고] 일반적인 극장을 말할 때도 the cinema, the theater, the movie처럼 the를 붙여 쓴다.	회사 이름 등 IBM, Hyundai, Samsung
	신문이름 **the** New York Times 잡지이름 **the** Discovery	
		언어명 Korean, Chinese 과목명 Mathematics 질병명 cancer, measles(홍역)
	배 이름 **the** Mayflower 철도 이름 **the** Honam Line 길 이름 **the** Silk Road (범위가 한정)	길 이름 Wall Street, Fifth Avenue (5번가)
	of로 된 이름 **the** Bank of Korea, **the** Gulf of Mexico, **the** University of Oxford	
해	연대 in **the** 1990s (1990년대에)	연도 in 2023 (2023년에)
방위/방향	**the** east (동쪽), in **the** middle (중앙에) on **the** bottom (바닥에) on **the** top (정상에) at **the** end (마지막에는)	East is the opposite of west. (동쪽은 서쪽의 반대다.) (특정이 아닌 일반적인 그냥 동쪽 개념인 경우는 관사 없음) Go east.(동쪽으로 가)에서는 east가 **부사**
단위	■ I'm paid by **the** hour.(시간당 보수) ■ They sell rice by **the** kilogram. (그들은 쌀을 kg 단위로 판다.)	
신체	동작이 신체일부에 접촉 ■ He hit me on **the** head. (그가 내 머리를 쳤다.)	
관직		■ We elected him **President**. 관직, 신분이 보어로 쓰일 때 관사 안씀
악기연주와 운동	■ I like to play **the** piano. (난 좋아한다. 피아노 치는 것을) 악기 앞에는 the를 관용적으로 쓴다.	■ I play piano. (난 피아노 치는 담당이다.)라고 할 때는 이렇게 the를 안 쓰기도 함 ■ I used to play baseball last year.(난 하곤 했다. 야구를, 작년에) 운동은 셀 수 없고 특정할 수 없어서 **the를 안 씀** (a baseball은 야구공 1개를 뜻함)

	the 붙임	the 안 붙임
특정(알고 있는 것) / 일반	**특정적** ■ I like **the** coffee. (그 커피) ■ I like **the** dogs. (그 개들) ■ I like to go to **the** park. (나는 좋아한다, 가는 것을, **그** 공원에) ■ I have to go to **the** dentist. (나는 가야 한다, 치과의사에게) **그** 치과의사 ■ Why don't you go to **the** doctor? (의사에게 가지 그래?)(가는 게 어때?) **그** 의사 ■ **the** mother (그 엄마) ※ the mother가 특정이 아니라 모든 엄마를 대표하는 **대표단수일 수도** 있음. ■ I did **the** dishes. (나는 설거지를 했다.) 그릇들(dishes)을 씻은 것인데 막연한 것이 아니라 **그** 그릇들이므로 the를 씀 ■ I sometimes go to **the** cinema. (나는 가끔 간다, 극장에) 알고 있는 극장 ■ He was **the** love of my life. (그는 내 인생**의 사랑**이었다.) ■ Thanks for **the information** you sent. (보내주**신 정보**에 감사드립니다.) ■ The star was shining in **the** east. (그 별이 동쪽에서 빛나고 있었다.)	**일반적** ■ I like coffee.(일반적 커피) (특정 커피가 아니고, 불가산명사) ■ I like dogs.(난 개를 좋아해) (특정 개가 아니고, 가산명사이므로 s) ■ I like to go to park**s**. (나는 좋아한다, 공원 가는 것을) ■ There is **a** park. (있다. 하나의 공원이) ※ 가산명사는 park 만으로는 쓰지 않고, a park, parks, the park, my park, the parks 등으로 써야 한다. ■ I have to go to **a** dentist. (나는 가야 한다, 치과의사에게) 누구든 한 명의 의사 ■ **a** mother (일반적인)(한 엄마) ※ 일반이 아니고 특정이라도 우리 엄마는 the 등의 관사 없이 씀 **Mother**(= my mother) told me to rest. (엄마가 내게 쉬라고 했다.) ■ **Love** is blind. (사랑은 맹목적이다.) ■ **Information** will be released.(정보는 공개될 것이다.) ■ **East** is the opposite of west. (동쪽은 서쪽의 반대이다.)
특정한 장소에	**특정한 곳에 단순 방문** ■ I went to **the** school. (나는 방문했다. **그** 학교에) (공부 목적이 아니고 다른 이유로 방문했을 수도) 이 경우 I go to **the** school.처럼 일반적 현재 시제(계속 **그** 학교에 간다) 로 쓰지 않고 I'm going/ I'll go/ I went 등 구체 동작적으로 쓴다.	**본연의 목적** ■ I go to school. (나는 학교 다닌다 = 학생이다.) ※ 가산명사는 school 만으로는 쓰지 않고, a school, schools, the school처럼 써야 하나 **관사 없이** 쓰면 불가산명사로 학교(공부생활) 본연 목적의 뜻이 됨

단순방문 vs 본연의 목적	■ She went to **the** bed. (그녀는 갔다. 그 침대에) (취침 목적이 아닐 수도 있음) ■ He went to **the** jail. (그는 방문했다. 그 교도소에) (수감 목적이 아닐 수도 있음)	■ It's time <u>for school</u>. (등교 시간이야.) 다른 목적이 아닌 공부 본연의 목적 ■ I <u>go to church</u>.(교회 다녀) ■ <u>Go to work</u>.(출근 해라) ■ It's time to <u>go to bed</u>. (잘 시간이다.) 침대에 간다는 말이 아니고 취침 본연 목적을 의미함 ■ He is too young to <u>go to jail</u>. (그는 너무 어리다. 수감되기에는) 어떤 감옥에 꼭 물리적으로 간다는 말이 아니라 수감된다는 뜻임
특정한 대상과 본연의 활동	**특정한 대상** ■ I had **the** breakfast with her. 특정한 식사이므로 the를 쓴 것임 ※ 보통 식사 앞에는 the나 a를 안 붙이는데, a <u>nice</u> lunch 처럼 **형용사와 함께** '하나의 어떤 식사' 라는 의미라면 a를 붙인다. ■ Turn on **the** television. (켜라. 그 텔레비전을) TV라는 그 사물을 켬 ■ I like to <u>listen to **the** radio</u>. (나는 좋아한다. 듣기를, 라디오를) ※ **라디오는** 기계가 아닌 본연 목적 (프로그램 청취)인 경우도 관용적으로 the를 쓰는 경우가 많다. ■ I stood **by the bus**. (그 버스 옆에) ■ I came here **on the bus**. (버스 타고) 버스 이용해서 여기 왔다는 것은 by bus나 같지만 여기서 the를 쓴 것은 교통시스템이 아니라 구체적인 버스(기계)를 의미 ('버스로' 가 아니라 '버스 타고')	**본연의 활동(목적)** ■ I <u>have breakfast</u> at 7:00 (난 7시에 아침 식사한다.) 특정한 식사가 아니라 일반적인 식사 본연 활동 ■ I like to <u>watch television</u>. (난 좋아한다. 보는 걸, TV를) TV라는 그 사물(기계)이 아니라 프로그램을 봄(본연의 목적) ■ Shall we go **by bus**? (버스로 갈까요?) 특정 버스가 아니라 버스교통 시스템 (**본연의 목적**)을 의미함 ('버스 타고'가 아니라 '버스로') ■ I go to school **by train**.

제3장 대명사 (代名詞, Pronoun)

대명사는 명사를 대신하여 쓰는 단어다.

제1절 인칭대명사

인칭(人稱)은 '사람을 일컫는다'는 말로 인칭을 표시하는 대명사이다.

1. 종류

구분	단수					복수				
	주격	소유격	목적격	소유대명사	재귀대명사	주격	소유격	목적격	소유대명사	재귀대명사
1인칭	I 나	my 나의	me 나를	mine 나의 것	myself 내 자신	we 우리	our 우리의	us 우리를	ours 우리 것	ourselves 우리들 자신
2인칭	you 너	your 너의	you 너를	yours 너의 것	yourself 너 자신	you 너희	your 너희의	you 너희를	yours 너희들 것	yourselves 너희들 자신
3인칭	he 그 she 그녀 it 그것	his 그의 her 그녀의 its 그것의	him 그를 her 그녀를 it 그것을	his 그의 것 hers 그녀의 것 its 그것의~	himself 그 자신 herself 그녀 자신 itself 그것 자체	they 그들 그것들	their 그들의 그것들의	them 그들을 그것들을	theirs 그들의 것 그것들의~	themselves 그들 자신 그것들 자신

명사, 대명사가 다른 말에 대해 가지는 문법적인 관계를 격 (주격, 소유격, 목적격) 이라 하며, 소유격은 명사를 한정하므로 한정사 (자세한 것은 형용사 편 참고) 로서 형용사처럼 취급한다.

2. 소유대명사

소유(所有)대명사는 '~의 것'이란 뜻의 대명사이다.

■ Her car is older than my car. (그녀의 차는 더 오래되었다. 내 차보다)
이 문장에서 my car를 소유대명사 mine(나의 것)으로 바꿀 수 있다.
= Her car is older than **mine**.

■ Her house is very similar to his house.
(그녀의 집은 매우 닮았다. 그의 집과)
이 문장에서 his house는 그것을 대신하는 소유대명사 his(그의 것)로 바꿀 수 있다.
= Her house is very similar to **his**. (소유격과 모양이 같다.)

■ My hat is bigger than my mother's hat.
= My hat is bigger than **my mother's**.
(나의 모자는 더 크다. 내 어머니의 모자보다)

이 문장에서 my mother's hat = my mother's(내 어머니의 것)
(소유격과 소유대명사의 형태가 같음)

【정리】 명사의 소유격과 소유대명사

		소유격	소유대명사
단수 명사		Jack's pen	It is Jack's (그건 **잭 것**이야)
복수 명사	규칙적으로 s 붙이는 명사	the boys' pens	They are the boys' (그것들은 **그 소년들 것**이다.)
	불규칙적 명사	the children's pens	They are the children's (그것들은 **그 아이들 것**이다.)

■ I wonder **whose** this is.
(나는 궁금하다. 이것이 누구의 것인지)
여기서 whose는 '누구의 것'이라는 뜻으로 who의 소유대명사이다.

215

【참고】 이중 소유격과 소유대명사

'한 권의 나의 책'은 '한 권의 책'과 '나의 책' 이중으로 되어 있는데, a my book이라고 하면 틀린다.

a와 my는 book을 한정해주는 한정사(자세한 것은 형용사편 참고)인데 한정사끼리는 함께 겹쳐 쓰지 못하기 때문이다.

마찬가지로 '몇몇 그녀의 책들' 도 'some her books'로 쓸 수 없다.

소유대명사를 활용해서 'a book of mine (내 것들 중 한 개), some books of hers (그녀 것들 중 몇 개)' 식으로 써야 한다.

---

3. 재귀대명사

'재귀(再歸)'란 '내가 나 자신을', '그가 그 자신을'처럼 '다시 돌아간다'는 뜻이다.

이렇게 '나 자신, 그 자신, 그것 자체' 등등 재귀를 나타내는 대명사가 재귀대명사이다.

1) 재귀대명사의 재귀적(Reflexive) 용법

재귀대명사가 목적어로 쓰여 주어 자신을 나타내는 것, 즉 목적어가 주어로 다시 돌아가는 것을 재귀 용법이라고 한다.

■ I encouraged **myself**.
　(나는 <u>내 자신을</u> 격려했다. = 나는 내 자신에게 용기를 줬다.)

■ She said to **herself**, "I am pretty."
　(그녀는 <u>그녀 스스로에게</u> "나는 예뻐."라고 말했다.)

■ We enjoyed **ourselves** there.
　(우리는 즐겁게 지냈다. 거기에서 = 즐겼다. <u>우리 스스로를</u>)

2) 재귀대명사의 강조적(Intensive) 용법

재귀대명사가 주어, 목적어, 보어와 동격이 되어 그 뜻을 강조하는 용법이다. 단지, 강조하는 것이기 때문에 재귀대명사를 생략해도 말은 된다 (문제는 없다).

■ I <u>myself</u> did it. (내 자신이 <u>직접</u> 그것을 했다.)

■ I gave the students <u>themselves</u> some books.
  (나는 그 학생들 <u>자신들에게 바로</u> 약간의 책들을 주었다. = 다른 사람들을 거치지 않고)

3) 재귀대명사의 관용적(慣用的 '습관처럼 쓰는') 용법

■ I cooked dinner **by myself**. (나는 저녁을 <u>혼자서</u> 요리했다.)

■ She cooks <u>**for herself.**</u> (그녀는 <u>스스로</u> 요리를 한다.)

■ The window opened **of itself**. (그 창문은 <u>저절로</u> 열렸다.)

■ He was **beside himself** yesterday. (그는 어제 <u>제정신이</u> 아니었다.)

제2절 지시(指示)대명사

사람, 사물, 장소 등을 가리키는(지시하는) 대명사이다.

단수		복수		비고
이것, 이 사람	this	이것들, 이 사람들	these	지시 형용사로 쓸 수도 있음
저것, 저 사람	that	저것들, 저 사람들	those	
그것, 그 사람	it	그것들, 그 사람들	they	인칭대명사이기도 함

■ **This** is the book I want.
  (**이것**이 내가 원하는 책이다. I 앞에 관계대명사 which가 생략됨)

■ **These** are better than **those**. (**이것들**이 **저것들**보다 더 좋다.)

제3절 의문(疑問)대명사

의문을 나타내는(의문사 역할을 하는) 대명사이다.
who(누구), what(무엇), which(어느 것), whose(누구의 것) 등이다.

■ **Who** are you? (너는 **누구**냐?)

■ **Who** did it? (**누구**가 그것을 했느냐?)

■ I don't know **who** you are. (나는 모른다. 네가 **누구**인지.)
(여기서 who you are는 know의 목적어로서, '네가 누구인지'라는 명사절이어서
간접적인 의문을 나타내므로 의문사(who) + 주어(you) + 동사(are) 순서로 쓰였다.)

■ **What** is this? (이것이 **무엇**이냐?)

■ Do you know **what** this is? (너는 아느냐? 이것이 **무엇**인지)

■ **Which** is your book? (**어느 것**이 너의 책이냐?)

■ **What** brought you here?
   (주어) (동사) (목적어)
(**무엇**이 데려왔느냐? 너를 여기로 = 너 여기 왜 왔니?)

■ **What** did you bring this morning?
 (목적어) (代동사) (주어) (동사)
(**무엇**을 너는 가져왔느냐? 오늘 아침에)

■ **Whose** is this? (**누구의 것**이냐? 이것은)

제4절 부정(不定, 정해지지 않은) 대명사

부정대명사는 대신할 대상인 명사가 정확히 정해지지 않은 대명사로서, one, another, some, others, any, each, all, most, many, much, either, neither, somebody, someone, something, anybody, anyone, anything, everybody, everyone, everything, nobody, none, nothing 등이 있다.

부정 대명사 (one, another, the other, some, others, the others)			
총 7개 ◆ one	◆ another (또 다른 것)	◆ another (또 다른 것)	◆◆◆◆ the others (그 외 나머지 것들)
총 2개 ◆ one	◆ the other (그 나머지 것)		
총 3개 ◆ one	◆ another (또 다른 것)	◆ the other (그 나머지 것)	
총 10개 ◆◆ some	◆◆◆ others (다른 것들) (= other + 복수)	◆◆◆◆ the others (그 외 나머지 것들)	
총 10개 ◆◆ some	◆◆◆◆◆◆◆◆ the others (그 외 다른 것들)		

	부정 대명사	부정 형용사
one	■ **One** of the girls **is** coming here. (**한 명**이, 그 소녀들 중, 오고 있다, 여기)	
another	■ **Another** **is** there. (**또 다른 사람(사물)**이 거기에 있다.)	■ **Another** boy **is** here. (또 다른 소년이 여기에 있다.) ■ **Another** ten dollars **is** needed. (복수취급하기도 함) (또 다른 10달러가 필요하다.)
the other	■ **The other** **is** mine. (그 나머지 것은 나의 것이다.)	■ **The other** pencil **is** mine. (그 나머지 연필은 나의 것이다.)
others (= other + 복수)	■ **Others** **are** missing. (**다른 것들**은 보이지 않는다.)	■ **Other** books **are** missing. (다른 책들은 보이지 않는다.)
the others	■ **The others** **are** mine. (**그 나머지 것들**은 나의 것이다.)	■ **The other** pencils **are** mine. (그 나머지 연필들은 나의 것이다.)

부정 대명사 (some, any)		부정 형용사
some 일부		① **some** + 단수명사 (어떤) ─단수취급 some boy **어떤** 소년 ----------------------------- ② **some** + 복수명사 (몇몇) ─복수취급 ■ **Some** books **are** mine. (**몇몇** 책들은 내 것이다) ----------------------------- ③ **some** + 불가산명사 (약간의) ─단수취급 some milk **약간의** 우유 some time **어느 정도의** 시간(한동안)
■ **Some** <u>live</u> there. (**몇몇은** 거기 산다) ■ **Some** <u>is</u> left. [**일부**(셀 수 없는 불가산명사) (**약간**) 는 남아 있다.] ※ some(일부)은 셀 수 있는 것 (몇몇) 은 **복수 취급**, 셀 수 없는 것 (약간) 은 **단수 취급**한다	■ **Some** of the books <u>are</u> mine. (그 책들 중 **몇몇은** 나의 것이다) ■**some** of the oil <u>is</u> leaking. (**일부의** 기름이 새고 있다.)	
	여기서 <u>some of the books</u> (특정한 것, 그 책들 중 일부) 와 <u>some books</u> (특정하지 않은 것, 일부 책들) 는 맞지만 <u>some of books나 some the books</u> 는 틀린다. (some은 전치한정사 아니고 한정사임) (~of the~에서 of나 the 둘 중 하나만 없애면 틀림)	
some은 <u>주로 긍정문에</u> 씀 의문문에 쓸 경우는 **권유**하거나 **긍정적 답변 예상**하는 질문인 경우 (Would you like **some** milk? 우유 좀 드실래요?)		
any 얼마간/ 어떤 것(이든), **어떤 사람**(이든)/ **아무 것**(도)(부정문)		① **any** + 단수명사 (어떤(것이든)) ─단수취급 ■ **Any** book <u>is</u> not mine. (**어떤**(단 1권의 ─강조) 책도 내 것이 아니다.) ■ **Any** boy <u>is</u> welcome. (**어떤** 소년이든 환영한다.) ------------------------- ② **any** + 복수명사 (얼마간/ 어떤 (~도)(아무것도) ─복수취급 ■ Do you have **any** books? (**얼마간**(1권이든 여러 권이든) 책들이 있나요?) ■ **Any** books <u>are</u> not mine. (**어떤**(아무) 책도 내 것이 아니다.)
■ It isn't known to **any**. (그것은 **아무에게도** 알려져 있지 않다.) ■ If **any** <u>are</u> missing, call me. (**일부**(얼마간)가 없어지면, 내게 전화해라) ■ **Any** <u>is</u> better than none. (**어떤 것**이든 아무 것도 아닌 것보다는 좋다.) ■ There <u>isn't</u> **any** left. (**어떤 것**도 남은게 없다.)	■ **Any** of the books <u>is</u> mine. (그 책들 중 **어떤 것이든** 나의 것이다.)	

※ any는 셀 수 있는 것 중 단수(어떤 것, 아무 것)는 **단수 취급**, 복수(얼마간)는 **복수 취급**, 셀 수 없는 것(얼마간, 어떤 것)은 **단수 취급**한다.		③ **any** + 불가산명사 (얼마간/어떤 (~도)(아무것도) **ー단수취급** ■ Do you have **any** milk? (**얼마간의**(조금이든 많이든 상관없이) 우유가 있나요?) ■ I don't have **any** milk. (**어떤**(아무런) 우유도 없어요.) any time 어느 정도 시간, 어떤 때(든지), 조금의 시간(도)
		여기서 **any** of the books 나 **any** books는 맞지만 any of books 나 any the books는 틀림 (of는 '~중에'라는 한정의 의미가 있어서 the가 필요하고, any는 전치한정사 아니고 한정사이므로 the 앞에 안 씀)
any는 주로 의문문, 부정문, 조건문에 씀 긍정문에 쓸 경우는 '**어떤 것이든**' '**누구든지**' 이라는 뜻일 경우 (**Any** book **is** good. 어떤 책이든 좋다.)		

부정 대명사 (all, each, everyone 등)		부정 형용사 (all 등은 전치한정사도 됨)
all 모두, 모든 것 (**복수명사(복수취급)나 불가산명사(단수취급)**) ■ All **are** healthy. (모두들 건강하다) ■ All I want **are** the books. (원하는 (**모든**)것은 그 책들이다.) ■ All **is** well with me. (모든 것이 좋다, 내게) = 나는 무사하다. ■ All I want **is** freedom. (내가 원하는 (**모든**)것은 자유다.)	복수명사와 of와 같이 (**복수취급**) ■ All of the books **are** mine. (그 책들 **모두** 나의 것이다)=All of them~ All of books (×) (of는 '~중에'라는 한정의 의미가 있어서 the가 필요)	복수명사와 같이 (**복수취급**) ■ All the books **are** mine. (모든 그 책들이 내 것이다) [all, both, half 등은 한정사 (the 같은 관사, 소유격 등) 앞에, 즉 **전치한정사**로 쓸 수 있다] ※ almost **all** the books (거의 모든 그 책들) ※ **All** books 도 맞긴 하지만 이 세상 모든 책이란 뜻임
	불가산명사와 of와 같이 (**단수취급**) all of the time (그 시간 **모두**) ■ All of the food **was** pie in the sky. (그 음식 **모두** 그림의 떡이었다)	불가산명사와 같이 (**단수취급**) ■ All the information **is** under control. (**모든** 그 정보가 통제되고 있다.) All information도 맞긴 하지만 이 세상 모든(불특정) 정보라는 뜻 all the time (항상)

■ All I want is a dog. (원하는 건 개 하나.) 이렇게 단수 가산명사와 연결돼 쓰이는 경우도 있다.	all of it (그것 전부) (it 등 대명사에는 한정 의미가 있어서 the 등이 불필요)	단수명사와 같이 쓸 때는 기간 내내의 뜻 all night(밤새), all year(연 내내)
everyone 모두 everything, 모든 것 (단수 명사 - 단수취급) ■ Everyone is required to be silent here. (모두 조용해야 한다, 여기서는) - - - - - - - - - - - - - - every는 형용사(한정사)로만 쓰이며, 대명사로 쓰이지 않는다.	Every of ~처럼 쓰지 않는다. Every of the books (×) Every of books (×)	단수명사와만 같이 씀 (단수취급) ■ Every book is helpful. (모든 책은 도움이 된다.) Every the book (×) (every는 전치한정사가 아님) every night (밤마다), every year (해마다) (참고) 부사가 수식할 수 있음 almost every ~ (거의 모든~) - - - - - - - - - - - - - - 복수나 불가산명사와 같이 안 씀 뒤에 복수가 올 때는 every two days (2일 간격으로)처럼 시간 반복일 때
each 각자 (단수 명사 - 단수취급) ■ Each is playing a game. (각자 게임하는 중이다.)	복수명사와 of와 같이 (단수취급) ■ Each of the books is mine (그 책들의 각각은 나의 것이다) Each of books (×)	단수명사와만 같이 씀 (단수취급) ■ Each book on the shelf is mine. (그 선반 위의 각각의 책이 나의 것이다.) Each the book. (×) (each는 전치한정사가 아니므로) each night (밤마다), each year (해마다) (참고)부사가 수식할 수 없음 즉, almost each ~ (거의 각각~) 이라고 쓰면 틀림 - - - - - - - - - - - - - - 복수나 불가산명사와 같이 안 씀

부정대명사 (some~, any~, every~, no~)			
---body	---one	---thing	
somebody 어떤 사람	someone 어떤 사람	something 어떤 것	some은 주로 긍정문에 씀 (some이 의문문에 쓸 경우는 권유하거나 긍정적 답변을 예상하는 질문인 경우)
anybody 어떤 사람	anyone 어떤 사람	anything 어떤 것	any는 주로 의문문, 부정문, 조건문에 씀. (any가 긍정문에 쓸 경우는 '누구나, 무엇이든지' 라는 뜻일 경우)
everybody 모든 사람	everyone 모든 사람	everything 모든 것	
nobody 아무도	no one, none 아무도	none, nothing 아무 것도	

부정 대명사 (most, none, both, either, neither)		부정 형용사 (both 등은 전치한정사도 됨)
most 대다수, 대부분의 것 ■ **Most are** rich. (대다수가 부자다.) -------- the most 가장 많은 것 ■ Who did **the most**? (누가 **가장 많은** 일을 했지?)	■ **Most** of the books **are** mine. (그 책들 중 **대부분**이 내 거다.) Most of books (×) **most** of the time (o) (그 시간의 **대부분**)	■ **Most** books **are** useful. (**대부분의** 책들이 유용하다.) Most the books (×) (most는 전치한정사가 아니므로) **most** time (o) (**대부분의** 시간) **the most** time (o) (가장 많은 시간)
none (= no one) 아무도 ■ **None were** in the room. (그 방에 **아무도 없었다**.)	none of 다음에 복수명사, 불가산명사 올 수 있음 ※ none of 복수명사 - 단수나 복수동사 ■ **None** of the books **are** (**is**) mine. (그 책들 중 **아무것도** 내 것이 **아니다**.)	■ **None**은 형용사가 아니어서 명사가 바로 뒤에 올 수 없음

보통 복수동사를 쓰며, 단수동사를 쓰기도 함	※ none of 불가산명사 - 단수동사 ■ **None** of the furniture **is** useful. (그 가구 중 **아무것도** 쓸모**없**다.) ■ **None** of this <u>concerns</u> me. (이것은 내게 **아무** 관련**없**다.)	
both 둘 다 ■ **Both** <u>are</u> alive. (**둘 다** 살아 있다.)	복수취급 ■ **Both** of the books <u>are</u> mine. (그 책 **둘 다** 내 것이다.) Both of books (×)	■ **Both** the books <u>are</u> mine. (그 두 책 **모두** 나의 것이다.) (**Both** books <u>are</u> mine.로도 씀) ■ **Both** the water <u>and</u> the oil <u>are</u> mine. (그 물과 그 기름 2종류 **모두** 내 것이다.)
either 둘 중 하나 ■ **Either** will do. (**어느 것**이나 좋다.)	단수취급 ■ **Either** of the books <u>is</u> good (그 책들 중 **어느거나** 좋다.) Either of books (×) 그 책들 중 한쪽은 말이 되지만, 막연한 책들 중 한쪽은 말이 안 됨	■ **Either** book will do. (**어느** 책이나 좋다.) Either the book will do (×) (either는 전치한정사 아님) [비교] ■ <u>**Either**</u> water <u>or</u> oil <u>is</u> useful for the patient. (o) (물이나 기름이나 **어느 것**이나 그 환자에게 유용하다.) ※ 여기서는 한정사처럼 보이지만, or와 함께 접속사로 쓰인 것임
neither 둘 중 어느 것도 ■ **Neither** <u>is</u> present. (**누구도** 출석하지 **않**았다.)	단수취급 ■ **Neither** of the books <u>is</u> mine. (그 책들 중 **어느 것**도 내 것이 **아니**다.) Neither of books (×)	■ **Neither** book <u>is</u> mine (**어느** 책이나 내 것이 **아니**다.) Neither the book is mine (×) [비교] ■ <u>**Neither**</u> the book <u>nor</u> the pen <u>is</u> mine (o) (그 책이나 그 펜이나 **어느 것도** 내 것이 **아니**다.) ※ neither가 the 앞에 있어서 전치한정사처럼 보이지만, nor와 함께 접속사로 쓰인 것임 (either도 마찬가지)

【참고】 most

1. 형용사

① 대부분의 (뒤에 **복수 명사**나 **불가산 명사**가 옴)

(some, any는 뒤에 단수, 복수, 불가산명사 모두 올 수 있고
all, most, enough은 뒤에 복수명사나 불가산명사가 옴)

- **Most** people have something to worry about.
  (**대부분의** 사람들은 걱정거리가 있다.)
- I spent **most** time (on) studying English.
  (나는 **대부분의** 시간을 보냈다. 영어 공부하는 데)
  = I spent most of my time studying English.

② many, much의 최상급

　가. many의 최상급 (복수 명사에서)
- Who has **the most** books? (누가 **가장 많은** 책을 가졌는가?)
  (최상급에 the를 쓰는 것은 최상급이 한정하는 의미가 있기 때문임)

　나. much의 최상급 (불가산 명사에서)
- Who has **the most** power? (누가 **가장 많은** 힘을 가졌는가?)

2. 명사 (대명사)

① 대부분의 것, 대다수
- **Most** of the books have been kept in the room since 2000.
  (그 책들 중 **대부분**이 보관되어져 왔다. 그 방에, 2000년 이후로)

② 최대 수, 량
- This is **the most** I can do. (이것이 **최대량**이다. 내가 할 수 있는)

3. 부사

① 가장 (much의 최상급)
- It amuses me **(the) most**. (그것이 **가장** 나를 즐겁게 한다.) 동사 수식
- Listen **most** carefully to that part.
  (그 부분을 **가장** 주의 깊게 들어라.) 부사 수식

- It is **the most** likely story.
  (그것이 **가장** 그럴듯한 이야기이다.) 형용사 수식
   여기서 likely는 '있음직한(그럴듯한)'이라는 형용사임

② 거의 (매우, 극히)
- It is **most** likely right. (그것은 **거의** 아마도 옳을 것이다.)
   여기서 likely는 '아마도'라는 부사임.
   여기서 most는 likely를 수식하는 부사임.
- He is **most** likely doing it. (그는 **거의** 아마도 그것을 하고 있는 중이다.)

【참고】 many, much, few, little

부정 대명사 (many, much, few, little 등)	부정 형용사
many, few는 주로 셀 수 있는 명사(복수명사)에 씀 much, little은 주로 셀 수 없는 명사에 씀	
복수취급 ■ **Many** have cars, but **few** have airplanes. (**많은 사람들**이 차를 가지고 있다, 그러나 **거의 몇 안 되는 사람들**이 비행기를 가지고 있다.) (= 많은 이들이 차가 있지만 거의 비행기는 없다.) ■ **Many** have cars, and **a few** have airplanes. (**많은 사람들**이 차를 가지고 있다, 그리고 **약간의 몇몇 사람들**은 비행기를 가지고 있다.)	**복수취급** ■ **Many** people have cars, but **few** people have airplanes. (**많은 사람들**이 차를 가지고 있다, 그러나 **거의 몇 안 되는** 사람들이 비행기를 가지고 있다.) (= 많은 이들이 차가 있지만 거의 비행기는 없다.) ■ **Many** people have cars, and **a few** people have airplanes. (**많은 사람들**이 차를 가지고 있다, 그리고 **약간의 몇몇 사람들**은 비행기를 가지고 있다.) **단수취급** (many가 a 앞에, 전치한정사 처럼 쓰임) ■ **Many** a person has cars. (**많은** 사람들이 차를 가지고 있다.)

단수취급
- **Much** was supplied there, but **little** is left now.
  (**많은 것**이 공급되었다 거기에, 그러나 **거의 얼마 안 되는 것**이 남아 있다. 지금)
  (= 많이 공급되었지만 거의 남아 있지 않다.)

- **Much** was supplied there, and **a little** is left now.
  (**많은 것**이 공급되었다, 그리고 **어느 정도 약간의 것**이 지금 남아 있다.)

단수취급
- **Much** water was supplied there, but **little** water is left now.
  (**많은** 물이 공급되었다 거기에, 그러나 **거의 얼마 안 되는** 물이 남아 있다. 지금)
  (= 많이 공급되었지만 거의 남아 있지 않다.)

- **Much** water was supplied there, and **a little** water is left now.
  (**많은** 물이 공급되었다 거기에, 그리고 **어느 정도 약간의** 물이 남아 있다. 지금)

----

* little + 가산명사일 경우
  '작은'이라는 뜻
  a little boy (**작은** 소년)

▲ many, few, a few는 부사로 쓰지 못하지만,
much, little, a little은 부사로도 쓸 수 있다.

- Thank you very **much**.
- I **much** appreciate your kindness. (당신의 친절함에 **많이** 감사합니다.)
- He is **much** older than me. (그는 나보다 **훨씬** 나이가 많다)
        much가 비교급(older)을 강조함
- He is **little** better today. (그는 오늘 **거의** 나아지지 **않고** 있다)
        little이 비교급을 강조함
- He is **a little** better today. (그는 오늘 **약간** 나아졌다.)

【참고】 ~ of ~ 는 단수 취급하는가, 복수 취급하는가?

※ some of/ all of/ most of/ the rest of/ half of/ two-thirds of/ 몇 % of 등은 <u>뒤에 오는 명사에 동사를 일치</u>시킨다.
- Some of the equipment <u>is</u> worthless. (그 장비의 일부는 쓸모없다.)
- Some of the books <u>are</u> boring. (그 책들 중 일부는 지루하다.)
- Two-thirds of the bread <u>is</u> rotten. (그 빵의 2/3는 썩었다.)
- Two-thirds of the apples <u>are</u> rotten. (그 사과들 중 2/3는 썩었다.)
- Two-thirds of the money <u>was</u> spent. (그 돈 중 2/3는 지출되었다.)
- Half of this apple <u>was</u> rotten. (이 사과의 반은 썩었었다.)
- Half of these apples <u>were</u> rotten. (이 사과들 중 반은 썩었었다.)
- Half of the oil <u>has</u> been used. (그 기름의 절반이 사용되었다.)
- All of the furniture <u>is</u> hers. (그 가구 모두 그녀의 것이다.)
- All of the books <u>are</u> interesting. (그 책들 모두가 재미있다.)

※ any of/ each of/ either of/ neither of 등은 <u>단수 동사</u>를 쓴다.
- Any of the books <u>is</u> not mine. (그 책들 중 어떤 것은 나의 것이 아니다.)
- Each of the books <u>is</u> mine. (그 책들 각각 모두 나의 것이다.)
- Either of the books <u>is</u> good. (그 책들 중 어느 것이나 좋다.)
- Neither of the books <u>is</u> mine. (그 책들 중 어느 것도 나의 것이 아니다.)

※ none of 다음에 셀 수 없는 명사가 오면 <u>단수 동사</u>를 쓰고 복수명사가 오면 <u>단수나 복수 동사</u>를 쓴다.
- None of the luggage <u>is</u> unloaded.
  (그 수하물 중 어떤 것도 하역되지 않았다.)
- None of us <u>agrees</u> (<u>agree</u>) with the bill.
  (우리들 중 누구도 그 법안에 동의하지 않는다.)

【참고】 부정대명사와 부정형용사
① some, any, most 등

부정 대명사	부정 형용사	틀린 표현
Some of the books 그 책들 중 **일부**	Some books **일부** (불특정한) 책들	① Some of books (×) [of는 '한정하는 ~ **중에**'라는 뜻을 내포하므로 of 다음에는 특정(한정) 해주는 한정사(the, my 등)가 와야 함 ---------------------- Some the books (×) (some은 **전치한정사가 아니므로** the 앞에 못 씀)
Any of the books 그 책들 중 **어떤 것**	Any books **어떤** (불특정한)책들	Any of books (×) Any the books (×)
Most of my books 나의 책들 중 **대부분**	Most books **대부분의** (불특정한) 책들	Most of books (×) Most the books (×)
	Every book **모든** (불특정한) 책	Every of books (×) Every of the books (×) (every는 **대명사가 아님**) ---------------------- Every the book (×) Every the books (×) Every books (×) (every는 **전치한정사가 아니며**, 단수 취급함)

② all, both, half 등 (전치한정사도 되는 것들)

부정 대명사	부정 형용사	틀린 표현	전치 한정사 - 한정사 - 명사로서 맞는 표현
All of the books (그 책들 **모두**) All of my books (나의 책들 **모두**)	All books **모든** (불특정한) 책들	All of books Both of books	All the books (그 책들 모두) 또는 All my books (나의 책들 모두) 는 맞음
Both of the books (그 책들 **양쪽 모두**) Both of my books	Both books **양쪽의** 책들	Half of books 처럼 of 다음에	Both the books (그 책들 양쪽 모두) 또는 Both my books 는 맞음

| **Half** of the books (그 책들 중 **절반**) **Half** of my books **Half** (of) an hour 〈 a(n)가 올 경우 보통 of는 안 씀〉 | Half books 라고는 쓰지 않음 | 한정사(the, my 등)를 안 쓰면 특정해 주는 것이 없이 이 세상 모든 책들이 되어 버려서 틀림 | **Half** the books (그 책들 중 절반) 또는 **Half** my books 나 **Half** an hour 는 맞음 (a half hour 라고도 함) |

제5절 관계(關係)대명사

관계대명사는 **관계 + 대명사**이다.
'**관계**'는 서로 서로 이어주는 '**접속**'의 개념이다.
즉, 관계대명사는 **접속사와 대명사**가 함께 포함되어 있는 것이다.
그래서 접속사 역할과 대명사 역할을 동시에 한다.
    (예를 들면 '**그리고 + 그것**' 처럼)
그 종류는 다음과 같다.

	주격	목적격	소유격
수식받는 명사가 사람일 때	who, that	who(m), that, 생략	whose
수식받는 명사가 사물일 때	which, that	which, that, 생략	whose of which

이외에도 whoever (= any one who 어떤 누구, 그리고 그는 ~ = ~ 하는 누구든지) 같은 복합(수식받는 선행사를 포함하는) 관계대명사들도 있다.

이러한 관계사 (관계대명사, 관계부사, 관계형용사, 복합관계대명사, 복합관계부사, 복합관계형용사 등) 는 한국어에는 없고 영어 등에 있는 것으로서 자세한 것은 문장론 중에서 문장의 분류 - 형태에 의한 분류 - 복문 부분을 참고하면 된다.

【참고】 관계사 (Relative)

종류	형태	예문	역할
관계대명사 (접속사 + 대명사)	who, which, whom, whose, that	■ The man **who** has a book is my friend. (그리고 그는 = ~한) ■ The man **that** has a book is my friend. ■ This is the book **(which)** I wrote. (그리고 그것을 = ~한)	형용사절 이끎
		■ She died, **which** made him sad. (그리고 그것이)	계속적 용법

관계부사 (접속사 + 부사)	where (= in which), when why how that	■ This is the house **where** he lives. ■ I remember the day **that** I met her. ■ This is the way **(생략)** I did the work. ※ 선행사가 the time, the place, the reason, the way 등 일반적인 표현일 경우 선행사나 관계부사를 생략할 수 있음. ※ 관계부사로 that도 가능함 　(선행사 생략할 경우는 that 안 됨) ※ how는 선행사나 관계부사나 둘 중 하나만 씀	형용사절이끎
관계형용사 (접속사 + 형용사)	what	■ I gave him **what** money I had.	명사절이끎
	which (계속적용법)	■ She died, **which** fact made him sad. (~~, 그리고 그 사실이 ~~) ■ I went to the museum, at **which** place we parted. (나는 그 박물관에 갔다, **그리고 그** 장소에서 우리는 헤어졌다.) 위 문장에서 and(관계) + that(지시형용사) 그리고　　　　그 = which(관계형용사)	계속적용법
유사관계대명사	but as than	■ There is <u>no</u> work **but** you can do. (네가 할 수 없는 일은 없다.) ■ He is not <u>the same</u> man **as** he was before. (그는 이전과 같은 사람이 아니다.) ■ You want <u>more</u> money **than** is necessary. (너는 필요한 것보다 더 많은 돈을 원한다.)	형용사절이끎

복합 (선행사 포함) 관계 대명사	**what** (= the thing which) **whoever** (= anyone who ~ 하는 누구든), **whomever** 누구(에게)나 **whatever** (= anything that ~하는 무엇이든) **whichever** (= anything which 어느 것이든)	■ This is **what** I want. (이것이 내가 원하는 것이다.) ■ **Whoever** likes music is welcome. (음악 좋아하는 누구든지 환영한다.) ■ I will buy you **whatever** you like. (나는 너에게 네가 좋아하는 무엇이든 사주겠다.)	명사 절 이끎
복합 (선행사 포함) 관계 부사	**whenever** (= at any time when) **wherever** (= at any place where 어디든) **however**	■ You may come here **whenever** you want. (네가 원하는 언제든지 너는 여기 와도 좋다.)	부사 절 이끎
복합 (선행사 포함) 관계 형용사	**whatever** (= any ~ that) **whichever** (= any ~ that)	■ You may have **whatever** book you want. (네가 원하는 어떤 책이든지 가져도 좋다.)	명사 절 이끎

【비교】 복합 관계사와 의문사 + ever

〈복합관계대명사 + 명사절〉

■ **Whoever** likes music is welcome.
(음악을 좋아하는 누구든지 환영합니다.)
여기서 whoever는 「anyone(선행사) + who(관계대명사)」로서 「~하는 누구든지」라는 뜻이다.
그래서 whoever는 종속절(명사절로서 전체 문장의 주어)인 Whoever likes music에서 likes의 주어이면서, 동시에 **복합**적으로 주절(전체 문장)의 동사인 is의 주어이기도 하다.
그 이유는 바로 선행사를 포함하기 때문이다.
그래서 '**복합**' 관계대명사라고 한다.

〈의문사 + ever + 부사절〉

■ **Whoever** likes the car, it will be scrapped.
(누가 그 차를 좋아하든지, 그것은 폐차될 것이다.)
여기서 whoever는 「no(아니) matter(문제) who(누구)」로서 「누구인지는 문제가 안 된다 = 누가 ~ 이든지」라는 뜻이다.
그래서 whoever는 종속절(부사절)인 Whoever likes the car 에서 likes의 주어일 뿐이며 복합적으로 쓰이지 않고 있다.
그래서 복합관계대명사라고 하면 안 되고 (다른 많은 책에서 복합관계사라고 하고 있음) '의문사 + ever' 라고 해야 한다.

〈복합관계형용사 + 명사절〉

■ I like **whatever** book he wrote. (나는 어떤 책이든지 좋아한다. 그가 쓴)
여기서 whatever는 「any~(선행사로서 형용사) + that(관계대명사)」로서 「~하는 어떤~ 이든지」라는 뜻이다.
그래서 whatever는 종속절(명사절로서 전체 문장의 목적어)인 whatever book he wrote에서 wrote의 목적어인 book을 수식하는 **형용사**이면서, 동시에 **복합**적으로 주절(전체 문장)의 동사인 like의 목적어이기도 하다.
그 이유는 바로 선행사를 포함하기 때문이다.
그래서 '**복합**' 관계형용사라고 한다.

〈의문사 + ever + 부사절〉

■ **Whatever** book he wrote, I like it.
 (어떤 책이든지 그가 쓴, 나는 그것을 좋아한다.
  = 그가 어떤 책을 썼던지 나는 좋아한다.)

　여기서 whatever는 「no(아니) matter(문제) what(어떤)」로서 「어떤 ~인지는 문제가 안 된다 = 어떤~ 이든지」 라는 뜻이다.

　그래서 whatever는 종속절(부사절)인 Whatever book he wrote에서 wrote의 목적어인 book을 수식하는 의문 형용사일 뿐이며 주절과 복합적으로 쓰이지 않고 있다.

　그래서 복합관계형용사라고 하면 안 되고 '의문사 + ever'라고 해야 한다.

〈복합관계부사 + 부사절〉

■ I can live **wherever** there is fresh air.
 (나는 살 수 있다. 어떤 곳에서든지, 그리고 거기에는 신선한 공기가 있다
  = 나는 신선한 공기가 있는 어디든지 살 수 있다.)

　여기서 wherever는 「at any place(선행사) + where(관계부사)」로서 「어떤 곳에, 그런데 거기에는 = ~하는 어디든지」 라는 뜻이다.

　그래서 wherever는 종속절(부사절)인 wherever there is fresh air (어떤 곳에, 그런데 거기에는 신선한 공기가 있다) 에서 부사(거기에는) 역할을 하면서, 동시에 **복합**적으로 전체 문장에서 부사(어떤 곳에) 역할을 하기도 한다.

　그 이유는 바로 선행사를 포함하기 때문이다.

　그래서 '**복합**' 관계부사라고 한다.

〈의문사 + ever +부사절〉

■ I'll chase you **wherever** you go.
 (나는 너를 쫓을 것이다. 어디를 네가 갈지라도)

　여기서 wherever는 「no(아니) matter(문제) where(어디)」로서 「어디인지는 문제가 안 된다 = 아무리 어디를 ~라도」 라는 뜻이다.

　그래서 wherever는 종속절(부사절)인 wherever you go에서 부사(어디든지) 역할을 할 뿐이며 주절과 복합적으로 쓰이지 않고 있다.

　그래서 복합관계부사라고 하면 안 되고 '의문사 + ever' 라고 해야 한다.

⟨복합관계부사 + 부사절⟩

■ You may do it **however** I did it.
 (너는 그것을 할 수 있다. 어떤 방법으로든지, 그리고 그 방법으로 나는 그것을 했다 = 너는 내가 그것을 했던 어떠한 방법으로든지 그것을 할 수 있다.)

 여기서 however는 「in any way(선행사) + that(관계부사 = and in that way = and in it)」로서 「어떤 방법으로, 그런데 그 방법으로 = ~ 하는 어떤 방법으로든지」라는 뜻이다.

 however = in any way (that) = in any way in which
 (in any way how는 안 됨--선행사와 관계부사 how를 둘 다 쓸 수 없음)

 그래서 however는 종속절(부사절)인 however I did it (어떤 방법으로든지, 그런데 그 방법으로 나는 그것을 했다) 에서 부사(그 방법으로) 역할을 하면서, 동시에 **복합**적으로 전체 문장에서 부사(어떠한 방법으로든지) 역할을 하기도 한다. 그 이유는 바로 선행사를 포함하기 때문이다.
 그래서 '**복합**' 관계부사라고 한다.

⟨의문사 + ever +부사절⟩

■ **However** small the supply is, it's so precious to me.
 (아무리 적어도, 그 공급이, 그것은 정말 소중하다. 내게는)

 여기서 however는 「no(아니) matter(문제) how(얼마나)」로서 「얼마나 인지는 문제가 안 된다 = 아무리 ~라도」라는 뜻이다.

 그래서 however는 종속절(부사절)인 However small the supply is 에서 small을 수식하는 부사(얼마나 인지) 역할을 할 뿐이며 주절과 복합적으로 쓰이지 않고 있다.

 그래서 복합관계부사라고 하면 안 되고 '의문사 + ever' 라고 해야 한다.

【참고】 no matter 의문사 + 주어(S) 동사(V), ~~~~. (-- 할지라도, ~~~~)

① no matter 의문대명사 + 주어 동사, ~~~~.

■ **No matter who** likes the car, ~~~~.
 (누가 그 차를 좋아하든지, ~~~~~.)
 who가 의문사(의문대명사)이면서 동시에 no matter 부사절의(이하 동일) 주어, 동사는 likes

■ **No matter who** you like, ~~~~.
 (네가 누구를 좋아하든지, ~~~~~.)
 주어는 you, 동사는 like, who는 의문사(의문대명사)로서 like의 목적어

■ **No matter what** happens, ~~~~.
 (무슨 일이 일어나든지, ~~~~~.)
 what이 의문사(의문대명사)이면서 동시에 주어, 동사는 happens

■ **No matter what** you like, ~~~~.
 (네가 무엇을 좋아하든지, ~~~~~.)
 주어는 you, 동사는 like, what은 의문사(의문대명사)로서 like의 목적어

② no matter 의문형용사 + 주어 동사, ~~~~.

■ **No matter what** accident happens, ~~~~.
 (어떤 사고가 일어나든지, ~~~~.)
 what이 의문사(명사인 accident를 수식하는 의문형용사)이면서 동시에 what accident가 주어, 동사는 happens

■ **No matter what** book you like, ~~~~.
 (네가 어떤 책을 좋아하든지, ~~~~~.)
 주어는 you, 동사는 like이고 what은 의문사(명사인 book을 수식하는 의문형용사)로서 what book이 like의 목적어

③ no matter 의문부사 + 주어 동사, ~~~~.

■ ~~~~ **no matter when** you go. (~~~~, 언제 네가 갈지라도)
 when은 의문사(의문부사), 주어는 you, 동사는 go

■ **No matter how** small the supply is, ~~~~.
 (그 공급이 아무리 적어도, ~~~~~.)
 주어는 the supply, 동사는 is이고 how는 의문사(형용사인 small을 수식해 주는 의문부사)로서 how small이 is의 보어.

【비교】 however 와 how

- I won't scout him **however** tall he is.
  (나는 그를 스카웃하지 않겠다. 그가 아무리 키가 커도)
  however가 **부사절**을 이끎

- I don't know **how** tall he is.
  (나는 모른다. 그가 얼마나 큰지를)
  how가 **명사절**을 이끎

- I don't care **how** very hard you work.
  how가 **명사절**을 이끎
  (나는 관심 없다. 네가 얼마나 열심히 일하는지)

【참고】 however

① 부사 (의문사 + ever) : 아무리 ~해도
- I won't scout him **however** tall he is.

② 접속부사 : 그러나
- I was tired; **however,** I studied hard.
  (나는 지쳤다. 그러나 난 열심히 공부했다.)

but같은 완전한 접속사이면 ,다음에서 앞뒤 2개의 절을 연결할 수 있지만 however는 접속**부사**로서 ,다음에 써서 2개의 절을 연결하지 않고 원칙적으로 .(마침표)나 ; 다음에 쓴다.

③ 접속사 (복합관계부사)
- You may do it **however** you like. ⟨however = in any way that(관계부사)⟩
  (네가 좋아하는 어떤 방법으로든 그것을 해도 좋다.)
  여기서 like는 관용적으로 목적어가 필요 없는 자동사로 쓰인다.

제4장 동사 (動詞, Verb)

동사는 ~~이다, 간다, 먹는다 처럼 사람이나 사물의 동작이나 작용을 나타내는 품사로서 목적어가 필요 없는 자동사(自動詞)와 목적어가 필요한 타동사(他動詞)가 있으며, 자동사도 되고 타동사도 되는 동사들이 많다.

제1절 자동사 (뒤에 목적어가 필요 없이 자체적으로 동사가 되는 것)

1. 제1형식 동사

주어 + 동사 만으로 완전한 문장이 되는 것이 제1형식이고, 주어와 동사만으로 완전한 문장이 될 수 있으므로 이런 동사를 「다른 것 필요 없이 완전한 동사」라고 해서 완전자동사라고 한다.

이때 1형식에서 부사는 있을 수도 있고 없을 수도 있다.

1형식에 쓰이는 동사는 be(있다는 뜻으로 쓸 경우), go, come, return, smile, laugh, cry, dance, swim, fly, die, sing, appear, disappear, rise, arise, sleep, happen, run, set(지다), walk, listen, look, jump, travel, exist, wait, talk, last(계속되다), surge, emerge, expire 등 매우 많다.

1) be동사 ('있다'는 뜻)

(1) 뒤에 부사(부사구 포함)가 오는 경우

- I was there then and am here now. (나는 그땐 거기, 지금은 여기 있다.)
- I am off. (나는 있다. 떨어져 = 쉰다. 떠난다.) off는 부사
- I am off smoking. (나는 담배를 끊었다.) off는 전치사이며 off smoking은 부사구
- The vase is on the desk. (그 꽃병은 있다. 그 책상 위에)
  여기서는 on이라는 전치사가 구를 만들어서 형태(모양)상으로는 전치사구이고, '그 책상 위에' 라는 뜻이므로 내용(의미)상으로는 부사구이다.
- I am from Korea. (난 한국에서 왔다.) 전치사구(from Korea) = 부사구

(2) be동사 앞에 부사가 오는 경우

- There is a book on the desk. (책 한 권이 있다. 그 책상 위에)
  여기서 부사(There)가 앞으로 나와 있으므로 이런 경우는 주어(a book)와 동사(is)가 도치되어 주어보다 동사를 앞에 쓴다.

2) be동사 이외에 다른 완전자동사들

(1) 자동사만 있는 경우

■ I **live**. (나는 산다.)   ■ **Look**. (보라.)

■ You **changed**. (너는 변했다.)   ■ What **happened**? (무엇이 일어났는가?)

■ A wolf **appeared** and **disappeared**. (한 마리 늑대가 나타났다가 사라졌다.)

(2) 완전자동사 + 부사(부사구 포함)

■ I **live** <u>there</u>. (나는 산다. 거기에)   ■ You **changed** <u>much</u>. (너 많이 변했다.)

■ The door **closes** <u>automatically</u>. (그 문은 닫힌다. 자동으로)

■ The accident **happened** <u>to him</u>. (그 사고가 일어났다. 그에게)

■ I **go** <u>to the park</u>. (나는 간다. 그 공원에)   ■ I **go** <u>to school</u>. (나는 학교 다닌다.)

■ The total **comes** <u>to $100</u>. (전부해서 100달러입니다)

■ **Look** <u>at me</u>. (날 봐)   ■ **Look** <u>for another job</u>. (다른 직장을 찾아라.)

　여기서는 look at이나 look for 등을 동사(구동사)로 보고 3형식이라 할 수도 있다.

(3) 자동사 + 분사 (--하면서 라는 부대적인 상황을 나타내는 분사구문)

■ I **sat** <u>watching</u> TV. (나는 앉아 있었다. TV를 보면서)

　여기서 watching TV는 'TV를 보면서' 라는 뜻의 분사구문으로서, when I watched TV 와 같은 것으로 볼 수 있다.

3) 뜻이 특이한 1형식 동사들

■ Anything will **do** (어느 것이나 **충분할** 것이다.)

■ It doesn't **matter** to me (그것은 **중요하지 않다**. 내게)

■ Everyone **counts**. (모두가 **중요하다**.)

■ The pill **works** well. (그 알약은 **효과가 있다**. 잘)

■ This plan **pays** well. (이 계획은 **수지가 맞다**. 잘)

2. 제2형식 동사

(목적어는 필요 없어서 자동사이긴 한데, 보어는 필요하므로 불완전한 자동사)

「주어 + 자동사 + 주어를 보충해 주는 말(보어)」로 되어 있는 문장이 2형식 문장이고 2형식 문장에 쓰이는 동사는 다음과 같은 것들이 있으며, 보어로는 형용사나 명사(대명사 포함)가 쓰인다.

1) be 동사

주어			형태 〈기본형태(원형)는 be〉			
			현재	과거	현재분사	과거분사
1인칭	단수	I (나)	am	was	being	been
	복수	we (우리)	are	were		
2인칭	단수	you (너)	are	were		
	복수	you (너희들)	are	were		
3인칭	단수	he (그) she (그녀), it (그것) 등	is	was		
	복수	they (그들) 등	are	were		

(1) be동사 뒤에 보어로서 <u>형용사</u>(형용사, 분사, to부정사)가 오는 경우

① <u>be동사 + 형용사</u>

■ You **are** <u>handsome.</u> (너는 잘 생겼다.)

■ She **is** <u>pretty.</u> (그녀는 예쁘다.)

② <u>be동사 + 현재분사(--ing)</u>

가. 진행형

■ He **is** <u>playing</u> the piano now. (그는 피아노 치고 있는 중이다. 지금)

여기서 be동사(is)의 보어로서 현재분사(playing)를 쓴 것으로 보면 2형식인데, is playing 자체를 동사로 보면 목적어(the piano)를 가지는 3형식 문장으로 볼 수도 있다.

■ He **is** <u>going</u> to school. (그는 (지금) 가고 있는 중이다. 학교에)

나. 가까운 미래 (현재진행형으로 가까운 미래도 표현할 수 있다.)

■ Christmas **is** <u>coming</u> (크리스마스가 오고 있다. = 곧 크리스마스가 된다.)

■ I'm <u>leaving</u> for Seoul tomorrow. (나는 갈 것이다. 서울에 내일)

■ I **am** <u>going</u> to school tomorrow.
　(나는 갈 것이다. 학교에 내일) ---구체적인 가까운 미래
　그런데 I **am** <u>going</u> to go to school. (나는 갈 것이다 학교에) 처럼 to 다음에 명사가 아니고 동사원형이 와서 to 부정사로 쓰이면 be동사 going to (= will) 가 되며, 이 경우는 구체적이지는 않고 갈 계획만 있는 상태이다.

③ be동사 + 과거분사(p.p) ⇒ 수동태

■ The event **is** <u>prepared</u> by him. (그 행사는 준비되고 있다. 그에 의해서)
　이 문장은 능동태인 He prepares the event. (그는 준비한다. 그 행사를) 라는 문장을 수동태로 바꾼 것이다.

④ be동사 + <u>to부정사</u>
　　　(to부정사가 형용사처럼 be동사의 보어로 쓰였으므로 to부정사의 형용사적 용법)

가. 예정

■ I **am** <u>to go</u> there. (나는 예정이다. 갈, 거기에 = 거기 갈 예정이다.)

나. 의무

■ He **is** <u>to leave</u> here. (그는 여길 떠나기로 되어 있다. = 떠나야 한다.)

■ You **are** <u>not to smoke</u> here. (너는 담배 피워서는 안 된다. 여기서는)
　to부정사(不定詞)를 부정(否定)할 때는 그 앞에 not을 쓰면 됨 (not to smoke).

다. 가능

■ Nothing **was** <u>to be seen</u>.
　(아무것도 보여질 수 없었다 = 아무것도 보이지 않았다.)

(2) be동사 뒤에 보어로서 명사(명사, 명사절, 명사구)가 오는 경우

① be동사 + 명사

■ I **am** a boy. (나는 소년이다.)

■ She **is** an elementary student. (그녀는 초등학생이다.)

■ They **are** girls. (그들은 소녀들이다.)

② be동사 + 명사절

■ The problem **is** that he is very old. (문제는 그가 매우 늙었다는 것이다.)

③ be동사 + 명사구

■ His job **is** to make bread. (그의 직업은 빵을 만드는 것이다.)
　여기서는 to부정사가 구를 만들어서 형태상으로는 부정사구이고, 뜻은 '빵을 만드는 것'(명사역할)이므로 내용상으로는 명사구이다.

2) 제2형식 자동사인 일반동사

(1) 자동사 뒤에 형용사가 오는 경우

① 감각동사

■ This cloth **feels** very soft. (이 천은 매우 부드럽게 느껴진다.)

■ The bread **smells** good. (그 빵은 좋은 냄새가 난다.)

■ It **sounds** lovely. (그것은 사랑스럽게 들린다.) lovely는 형용사임.

■ The food **tastes** great. (그 음식은 좋은 맛이 난다.)

■ You **look** tired. (너는 피곤해 보인다.)

그런데 다음처럼 감각 자동사 뒤에 형용사가 아니라 명사(명사, 동명사, 명사절)가 올 경우는 명사 앞에 전치사(like ~처럼)를 쓴다.

- It **looks** like snow. (그것은 보인다. 눈처럼)

- It **looks** like it's going to rain. (비가 올 것처럼 보인다.)

- I **feel** like I am flying. (나는 느낀다. 날고 있는 것처럼 = 나는 것 같다.)
  여기서 flying은 진행형(be동사 + 현재분사) 을 만드는 현재분사임.

  그런데 이 것과는 달리 'feel like + 동명사' 는 '~하고 싶다'는 뜻이므로 I **feel** like flying. 은 '나는 날고 싶다'는 뜻이다. 여기서 flying은 동명사

- I **feel** like a fool. (나는 느낀다. 바보처럼 = 나는 바보인 것 같다.)

- It **smells** like grilling meat. (고기 굽는 것 같은 냄새가 난다.)
  여기서 grilling 은 동명사

- It **smells** like someone is grilling meat.
  (누군가 고기 굽는 것 같은 냄새가 난다.)
  여기서 grilling 은 진행형(be동사+현재분사)으로 쓰인 현재분사

- It **sounds** like the plan was discarded.
  (그 계획이 폐기된 것처럼 들린다.)

② 상태 변화를 나타내는 동사

가. 자동사 + 형용사

- The sky **became** cloudy. (하늘이 구름이 끼게 되었다. 2형식 동사)

  【비교】 The suit **becomes** you. (그 옷은 너에게 **어울린다**. 3형식 타동사)
  자동사일 때는 주어(The sky) = 보어(cloudy) (동사의 초점이 주어에 머무름)
  타동사일 때는 주어(The suit) ≠ 목적어(you) (동사의 초점이 목적어로 이동)

- My dream will **come** true. (나의 꿈은 실현될 것이다.)

■ People **grow** old. (사람들은 늙게 **자란다**. 2형식 동사)

【비교】 He **grows** well. (그는 잘 **자란다**. 1형식 동사)
　　　　He **grows** the plant. (그는 그 식물을 **기른다**. 3형식 타동사)

■ I **got** angry. (나는 화나게 **되었다**.)

■ If it is true, we probably **go** mad. (그게 사실이라면, 우린 아마 미쳐**버릴** 거야.)

■ The waves **run** high. (파도가 높이 **인다**.)

■ She **turned** pale. (그녀는 안색이 창백**해졌다**.)

나. 자동사 + to부정사
　　(to부정사의 형용사적 용법 ⇐ to부정사가 자동사의 보어(형용사)처럼 쓰임)

■ It **proved** (to be) true. (그것은 입증되었다. 사실로)
　= It turned out to be true.

■ I **happened** to meet her there. (나는 우연히 ~하게 되었다, 만나게,
　그녀를, 거기서)　　(= 나는 우연히 거기에서 그녀를 만났다.)

다. 자동사 + 분사

■ The truth **became** known to us. (그 사실이 알려지게 되었다. 우리에게)

③ --인 것 같다, --처럼 보인다.　(자동사 + to부정사(형용사적 용법))

■ You **seem** (to be) happy. (당신은 행복해 보입니다.) **seem은 to부정사를 보어로 취함**
　여기서 ( ) 친 것처럼 to be는 생략할 수 있음.
　(= You **seem** happy.)　(= You **appear** (to be) happy.)

■ He **seems** (to be) a reliable doctor. (그는 믿을만한 의사로 보인다.)
　여기서 seem다음에 to be를 생략할 수 있는데, to be 다음에 형용사
(reliable)가 없이 명사(a doctor)가 바로 올 때는 to be를 생략하지 않는다.

■ She **seems** <u>to know</u> everything. (그녀는 모든 것을 아는 것처럼 보인다.)
  (= It **seems** that she knows everything.)
    It(가주어) = that절(진주어)

■ They **seem** <u>to have known</u> everything.
  (그들은 모든 것을 (전에) 알았던 것처럼 (지금) 보인다.)
  (= It **seems** that they **knew** everything.)   It(가주어) = that절(진주어)
  보이는(seems) 시점(현재) 보다 알았던(knew) 시점(과거)이 먼저이므로 to know가 아니라 완료부정사(to have known)를 쓴 것이다.
    ※ 동사 - 동사의 활용 - 부정사 시제 참고

■ He **appears** (<u>to be</u>) shy. (그는 수줍은 것 같다.)
  (= It **appears** that he is shy.)   It(가주어) = that절(진주어)

④ 계속을 나타내는 동사

가. 자동사 + 형용사

■ I **kept** <u>awake</u> all night. (나는 깨어 있었다. 밤새도록)

■ He **remains** <u>unmarried.</u> (그는 미혼인 채로 남아 있다.)

나. 자동사 + <u>to부정사</u>(형용사적 용법)

■ People **tend** <u>to forget</u> easily (사람들은 경향이 있다. 잊어버리는, 잘)

다음처럼 tend뒤에 **전치사구**가 오기도 한다.

■ His idea **tends** <u>toward socialism.</u>
  (그의 생각은 경향이 있다. 사회주의로 향하여 = 그의 생각은 사회주의 경향이 있다.)

(2) 자동사 뒤에 <u>명사</u>가 오는 경우

① 일반적 문장

■ He **became** <u>a doctor.</u> (그는 의사가 되었다.)

감각동사 다음에 보어로 보통 형용사가 오고, 명사가 올 때는 전치사 like(~처럼)가 명사 앞에 오지만 다음처럼 명사가 바로 오는 경우도 있다.

■ Your room **looks** a mess. (너의 방이 엉망으로 보인다.)

■ From the dialogue he **sounds** a idiot.
(그 대화를 보면 그는 바보처럼 들린다.)

■ He **appears** a perfectly mad person.
(그는 완전히 미친 사람처럼 보인다.)

② **자동사** + 동명사 관용적 표현

■ I **go** swimming./ boating/ bowling/ camping/ dancing/ fishing/ jogging/ climbing/ shopping/ sightseeing/ skiing/ swimming.
　　(나는 간다 수영 하러/ 보트 타러/ 볼링 하러 -------------)

여기서는 'go + on + 동명사' 에서 on이 생략된 것인데 지금은 현재분사로 보는 이들도 있다.

제2절 타동사(他動詞)

　　I waited.(나는 기다렸다.)는 문장이 되지만, I awaited.만으로는 완전한 문장이라 할 수 없고 I awaited his return. (나는 그가 돌아오기를 기다렸다.)처럼 뒤에 **목적어**(his return)가 와야 제대로 된 문장이 된다.

　　이처럼 그 동사 자체만으로는 문장이 안 되고 다른(他) 것(**목적어**) 이 필요한 동사를 **타동사**라고 한다. 물론 타동사도 되고 자동사도 되는 동사들이 많다.

　　타동사를 transitive(이동한다는 뜻이 있음) 라 하는데 동사의 초점이 주어에서 목적어로 이동한다는 의미를 가진다. (자동사 intransitive는 동사의 초점이 주어에만 미치고 이동되는 것이 없음)

1. 제3형식 동사

　　3형식 문장은 '주어 + 동사 + 목적어' 형태의 문장이다.

■ You should **change** your lifestyle. (너는 **바꾸어야** 한다. 너의 생활방식을)
　그런데 You **changed** a lot. (너는 많이 **변했다**.)처럼 **자동사**로도 쓰인다.

■ She **proved** her innocence. (그녀는 **입증했다**. 결백을) --- 타동사 (3형식)
　그런데 He **proved** innocent.(그는 결백한 것으로 **판명되었다**.)처럼 **자동사**로도 쓴다.

■ **Open** the door. (**열어라**. 그 문을) --- 타동사 (3형식)
　I'll **open** an office. (나는 **개설하겠다**. 사무실을) --- 타동사 (3형식)
그런데 다음처럼 **자동사**로 쓰이기도 한다.
The door **opens** well. (그 문은 잘 **열린다**.)
The play **opened** last year. (그 연극은 **개봉되었다**. 작년에)

■ **Close** the door.(**닫아라** 그 문을) --- 타동사 (3형식)
　When do you **close** the shop? (언제 그 가게를 **닫느냐**?) --- 타동사 (3형식)
　= What time is the shop closed? (몇 시에 그 가게가 닫히느냐?)
　　　　　　　　　　--- 수동태 (closed는 과거분사)
그런데 다음처럼 **자동사**로 쓰이기도 한다.
The door **closes** well. (그 문은 잘 **닫힌다**.)
What time does the shop **close**? (몇 시에 그 가게가 **영업 종료하느냐**?)

이렇게 동사들은 대개 여러 가지 뜻과 여러 가지 용법으로 쓰이므로 단어를 외울 때 사전을 잘 보고 그 쓰임을 하나하나 구분하여 공부해야 한다.

(참고로 형용사일 때 open은 '열린', close는 '가까운', closed가 '닫힌' 이란 뜻)

그리고 3형식 문장에서 동사 뒤에 오는 목적어는 주로 명사나 대명사가 오는데, 명사 대신 명사 역할을 하는 부정사나 동명사가 오기도 한다.

이때 동사에 따라서 뒤에 오는 명사 역할 하는 목적어로, 부정사가 쓰이는 경우도 있고 동명사가 쓰이는 경우도 있고 둘 다 쓰이는 경우도 있으니까 알아보자.

1) 뒤에 오는 목적어로 <u>부정사</u>가 오는 동사
(to부정사는 미래 등을 나타내므로 바람, 계획 등을 나타내는 동사 다음에 목적어로 옴)

바람	want, hope, wish, desire, expect, would like, care 등
계획	choose, decide, determine, plan, promise 등
동의, 거절	agree, consent, refuse 등
제의, 요구	offer, demand 등
기타	fail, manage, tend, pretend, bother 등

■ I can **afford** <u>to buy</u> a car. (나는 여유가 있다. 살, 자동차를)
  (= I can **afford** a car.)

■ I can **afford** <u>not to work</u>. (난 여유가 있다. 일 안 해도 되는 만큼)

■ I **agreed** <u>to go</u> abroad. (나는 동의했다. 가는 것을, 해외로)

■ He **arranged** <u>to have</u> dinner with her.
  (그는 정했다. 저녁 식사를 하는 것을, 그녀와 함께 = 그는 그녀와 저녁 먹기로 했다.)

■ He **asked** <u>to borrow</u> money. (그는 요청했다. 빌려가는 것을, 돈을)

■ He **claimed** <u>to have been working</u> late.
  (그는 주장했다. (그전에) 일하고 있었다고, 늦게)

  주장했던 것보다 일했던 것이 더 먼저이므로 완료형 부정사(to have been working)를 썼다. (※ 동사 - 동사의 활용 - 부정사 시제 참고)

  완료(have been) + 진행(been working)

  = He **claimed** that he **had been working** late.
    (that절도 목적어로 취할 수 있음)
  [(주장한 시점보다 더 과거에) 일하고 있었다(진행)고 (과거에) 주장했다.]

■ I **decided** <u>to go</u> there. (나는 결정했다. 가는 것을, 거기에)

■ I **demand** <u>to know</u> what's going on here.
  (나는 요구한다. 알기를, 무엇이 일어나는지, 여기에)

■ He **deserves** <u>to be</u> a genius.
  (그는 ~할 만하다. 천재인 것을 = 천재라고 할 만하다.)

■ He **deserves** <u>to receive</u> a prize.
  (그는 ~할 만하다. 받는 것, 상을 = 상 받을 만하다.)

  He **deserves** respect. (그는 ~할 만하다. 존경 = 그는 존경받을 만하다.)

■ I **expect** <u>to pass</u> the examination.
  (나는 기대한다. 합격하는 것을, 그 시험을)

■ I **failed** <u>to pass</u> the examination.
  (나는 실패했다. 합격하는 것을, 그 시험을)

■ I **want** <u>to be</u> happy. (나는 원한다. 행복하는 것을)

■ I **wish** <u>to go</u> there. (나는 바란다. 거기 가는 것을)
  wish의 목적어로 that절을 쓰면 직설법과 가정법이 있는데 가정법이라면 that절에는 가정법동사(wish와 同시점이면 과거형, 前시점이면 과거완료형)를 쓴다.

■ I **would like** to go there.
　(나는 하고 싶다. 가는 것을, 거기에)

■ I **hope** to go there. (나는 원한다. 가는 것을, 거기에)

■ I **need** to work hard.
　(나는 필요하다, 일하는 것을, 열심히 = 나는 열심히 일할 필요가 있다.)

　그런데 I need not work hard.(나는 열심히 일할 필요는 없다.)에서 need는 본동사가 아니라 본동사 work에 대한 조동사(주로 부정문, 의문문에 쓰임) 이다.

■ I **learned** to drive the car. (나는 배웠다. 운전하는 것을, 자동차를)

■ He has finally **managed** to find a new job.
　(그는 마침내 간신히 ~했다. 찾는 것을, 새로운 일자리를
　 = 그는 마침내 간신히 새로운 일자리를 구했다.)

■ I **mean** to talk to him about his bad behavior.
　(나는 ~할 작정이다. 말하는 것을, 그에게, 그의 나쁜 행동에 대하여)
　(= 나는 그의 무례한 행동에 대하여 그에게 충고해 줄 생각이다.)

■ He **offered** to carry my bag. (그는 제의했다. 들어주겠다고 내 가방을)

■ I **plan** to go there. (나는 거기에 갈 계획이다.)

■ They **prepare** to do battle. (그들은 싸울 준비한다.)

■ He **pretends** to know it. (그는 그것을 아는 체한다.)

■ I **promised** to go there. (나는 거기에 가는 것을 약속했다.)

■ Do you **swear** to tell the truth? (너는 맹세하느냐? 진실을 말하는 것을)

■ He **refused** to come here. (그는 거절했다. 여기 오는 것을)

■ He **threatened** to get back at me. (그는 위협했다. 보복하겠다고 나에게)

- He **volunteered** to raise the money.
  (그는 자금 조달하는 것을 자원(자청)했다.)

- Would you **care** to join me?
  (나와 함께하고 싶어요? = 나와 함께하지 않겠소?)

  care는 ~하고 싶다고 생각하다, 신경 쓰다(걱정하다) 등의 뜻이 있다.

- I **struggled** not to cry. (나는 울지 않으려 애썼다.)

  struggle은 기본적으로 자동사인데 여기서는 타동사로 쓰인 것이다.
  그리고 to cry(우는 것)의 부정은 not만 앞에 붙이면 되므로 not to cry(울지 않는 것)이다.

- Do not **hesitate** to call me. (주저하지 말고 나를 불러라.)
  hesitate는 기본적으로 자동사인데 여기서는 타동사로 쓰인 것이다.

2) **뒤에 오는 목적어로 동명사가 오는 동사** (부정사가 목적어로 오면 안 되는 경우)
   (동명사는 과거를 지향하는 특징을 가지므로 완료 등을 나타내는 동사 뒤에 목적어로 옴)

완료	finish, give up, quit 등
회피	avoid, escape, miss
연기	postpone, delay, put off
싫음	abhor, abominate. detest, dislike, mind
인정 부정	admit, acknowledge, deny
생각	consider, imagine, recall
기타	forgive, allow

- He **abhors** stealing money. (그는 몹시 싫어한다. 돈 훔치는 것을)

- He **abominated** telling a lie(또는 telling lies). (그는 혐오했다. 거짓말하는 것을)

- I **detest** being strong to the weak and weak to the strong.
  (나는 혐오한다. 약자에 강하고 강자에 약한 것을) the weak = weak people

- He **disliked** taking a bath(또는 taking baths). (그는 싫어했다. 목욕하는 것을)

- He **resented** being treated as a child.
  (그는 분개했다. 어린아이로 취급받는 것을)

- He **admits** having stolen the book.
  (그는 인정한다. (전에) 훔쳤었던 것을 책을)

- He **denies** having lied to the police.
  (그는 부인한다. (전에) 거짓말했었던 것을, 경찰에)

- I **advised** his starting early. (나는 충고했다. 그의 출발을, 일찍)
  = I **advised** him to start early (= 일찍 출발하라고 충고했다.)
  = He was **advised** to start early (by me)

- I **recommended** his agreeing to my solution.
  (나는 그가 내 해결책에 동의하라고 권고했다.)

- I **suggested** his not eating first. (나는 그가 먼저 먹지 말라고 제안했다.)

- I **anticipated** getting a letter from her.
  (나는 예상했다, 한 통의 편지를 가지는 것을, 그녀로부터
   = 나는 그녀에게서 편지가 오리라 예상했다.)

- I **foresaw** her son's being a scientist.
  (나는 그녀의 아들이 과학자가 되리라 예견했다.)

- I **appreciate** your working together. (나는 고맙다. 너의 협력에)
  = I **appreciate** your cooperation.
  　　I **appreciate** you. 라고는 하지 않음

- He could not **avoid** laughing. (그는 피할 수 없었다. 웃는 것을)

- I **completed** doing my homework.
  (나는 완수했다. 하는 것을, 나의 숙제를)

■ I **haven't finished** speaking. (나 아직 말 안 끝냈어.)

■ I am **considering** not doing so. (나는 고려하고 있다. 그렇게 안 하는 것을)
동명사를 부정할 때는 동명사 앞에 not을 쓰면 된다.

■ You should not **delay** holding the event.
(너는 미루어서는 안 된다. 그 행사를 개최하는 것을)

■ You should not **postpone** building the village hall.
(여러분들은 미루어서는 안 됩니다. 그 마을회관을 짓는 것을)

■ They **discussed** giving rights to slaves.
(그들은 토론했다. 주는 것을, 권리를, 노예들에게)

■ I **enjoy** singing songs. (나는 즐긴다. 노래 부르는 것을)

■ He **favors** getting married later. (그는 나중에 결혼하는 것을 선호한다.)

■ would you **mind** opening the window ?
(당신은 꺼리(염려하)시겠습니까? 창문 여는 것을 = 열어도 괜찮겠어요?)
대답은 No(열어도 돼요), Yes(꺼려요), Sure(일반적으로는 '열어도 돼요'로 쓰이지만, 그런데 맥락에 따라서 '물론 꺼려요'가 될 수도 있음)

■ My job **involves** interviewing people.
(내 직업은 필요로 한다. 사람들과 이야기하는 것을)

■ **Keep** having a lot of fun.
(유지하라. 가지는 것을 많은 즐거움 = 계속해서 즐겁게 사세요.)

■ He **mentioned** having done that.
(그는 말했다. (말한 것보다 더 전에) 그렇게 했었다고)

■ I **missed** seeing the movie. (나는 놓쳤다. 그 영화 보는 것을)

■ I **practice** playing the guitar. (나는 연습한다. 기타 치는 것을)
I **practice** painting. (나는 종사한다. 그림 그리는 일에)

■ I can **recall** seeing [having seen] those pictures.
(나는 기억할 수 있다. 본[보았던] 것을, 그 그림들을)
그림 본 시점이 먼저이므로 완료형(having seen)이 맞지만 seeing으로도 쓴다.

■ I can **recollect** seeing [having seen] those pictures.
  (나는 기억할 수 있다. 본[보았던] 것을, 그 그림들을)

■ He **resisted** making the tower. (그는 저항했다. 만드는 것을, 그 탑을)

■ I **risked** crossing the river. (나는 감히 건넜다. 그 강을)

■ I want to **stop** watching TV. (나는 원한다. 멈추는 것을, 보는 것을, TV를)

  그런데 I want to **stop** to watch TV. (나는 멈추는 것을 원한다. TV보기 위해서) 에서 to부정사(to watch)는 '보는 것' 이라는 뜻이 아니라 '보기 위하여' 라는 (to부정사의 부사적 용법) 뜻이다.

■ **Quit** playing the fool. (바보 같은 짓 멈추어라.)

■ I won't **tolerate** bullying the smaller boys.
  (나는 참지 않을 것이다. 괴롭히는 것을, 더 작은 소년들을.)

■ I **understand** her crying.
  (나는 이해한다. 그녀의 우는 것을 = 나는 그녀가 우는 것을 이해한다.)

3) 뒤에 오는 목적어로 <u>부정사</u>나 <u>동명사</u> 모두 올 수 있는 동사

(1) <u>부정사</u>가 오든 <u>동명사</u>가 오든 뜻이 같은 동사

좋아함, 싫어함	like, love, prefer, hate
	begin, start, continue, intend, attempt

■ It **began** to rain. = It **began** raining.
  = It **started** to rain. = It **started** raining. (비가 오기 시작했다.)
  여기서 It는 날씨, 상황 등을 가리키는 것이지 어떤 대상이나 인칭을 지칭하는 것이 아니므로 특별한 뜻이 없는 非인칭 주어이다.

■ He **continued** to swim. = He **continued** swimming.
  (그는 수영을 계속했다.)

- I can't stand <u>to hear</u> the lazy loser cry.
  = I can't stand <u>hearing</u> the lazy loser cry
  = I can't bear <u>to hear</u> the lazy loser cry
  = I can't bear <u>hearing</u> the lazy loser cry
  (나는 참을 수 없다. 듣는 것을, 그 게으른 실패자가, 우는 것을)

- What do you intend <u>to do</u> next?
  = What do you intend <u>doing</u> next?
  (무엇을 너는 의도하느냐? 하는 것을, 다음에 = 너는 뭐 할 작정이냐? 다음에)

- I like <u>to play</u> tennis. = I like <u>playing</u> tennis.
  (나는 테니스 치는 것을 좋아한다.)

- I love <u>to go</u> skiing = I love <u>going</u> skiing
  (나는 스키 타러 가는 것을 좋아한다.)

- I hate <u>to do</u> nothing. = I hate <u>doing</u> nothing.
  (나는 아무것도 하지 않는 것을 싫어한다.)

- They prefer <u>to play</u> soccer (rather) than (to) swim
  = They prefer <u>playing</u> soccer to swimming.
  (그들은 더 좋아한다. 축구하는 것을, 수영하는 것 보다)

- The grass needs <u>to be cut</u> = The grass needs <u>cutting.</u>
  = The grass wants <u>to be cut</u> = The grass wants <u>cutting.</u>
  (그 잔디는 필요로 한다. 잘릴 = 그 잔디는 잘려야 할 필요가 있다.)

여기서 need나 want는 '~를 필요로 하다(~될 필요가 있다)' 라는 뜻으로서 수동의 의미를 가진다.

따라서 능동의 의미(~이 필요하다)를 가지는 I need <u>to work</u> hard. 나 I want <u>to go</u> there.처럼 부정사를 목적어로 취하는 need나 want와는 다르다.

(2) 부정사가 올 때와 동명사가 올 때가 뜻이 다른 동사

to부정사는 전치사 to를 가지고 만든 것이므로 전치사 to의 기본 의미 ('~에, ~로' 처럼 미래지향적 의미) 를 담는 경우가 많다.

remember, forget, regret	+ to 부정사	(미래의 일을) 기억하다, 잊다, 유감으로 여기다
	+ 동명사	(과거의 일을) 기억하다, 잊다, 후회하다
try	+ to 부정사	--하려고 애쓰다
	+ 동명사	시험 삼아 --해보다
mean	+ to 부정사	의도하다
	+ 동명사	의미하다

■ I **remember** <u>to meet</u> you. (나는 널 만날 것을 기억한다.)

■ I **remember** <u>meeting</u> you. (나는 널 만났던 것을 기억한다.)
  기억하는 시점보다 만난 시점이 더 먼저이므로 having met 으로 써야 할 것 같지만, meeting 으로 써도 된다는 말이다.

■ I **forgot** <u>to meet</u> you. (나는 널 만날 것을 잊었다.)

■ I **forgot** <u>meeting</u> you. (나는 널 만났던 것을 잊었다.)

■ I **regret** <u>to tell</u> you that you have failed the exam.
  (나는 --하게 되어서 유감이다. 말하는 것을, 너에게, 네가 그 시험에 불합격했다고
  = 나는 네가 시험에 불합격했다고 너에게 말하는 것을 하게 되어서 유감스럽다.)

■ I **regret** <u>not having studied</u> harder.
    (※ 동명사의 부정은 그 앞에 not이나 never 씀)
  (나는 후회한다. (전에) 더 열심히 공부하지 않았었던 것을)

■ He **tried** <u>to climb</u> the tree. (그는 노력했다. 오르는 것을, 그 나무에)

  He **tried** <u>climbing</u> the tree. (그는 시도해 보았다. 오르는 것을, 그 나무에)

4) 자동사로 혼동하기 쉬운 3형식 타동사 (전치사 필요 없이 바로 목적어가 옴)

■ You can **reach** London today. (넌 오늘 런던에 도착할 수 있다)
  (reach at London 은 틀림)

■ He **approached** the castle. (그는 접근했다. 그 성에)
  (approach에서 ap(=ad)가 ~에(to) 개념이므로 approached to the castle은 틀림)

■ Let's **discuss** this issue.(토론합시다. 이 주제를) (discuss about ~ 은 틀림)

■ **Contact** me. (연락해라. 나에게) (이미 contact에서 con이 with의 의미를 가져서 타동사임. ~ with me 나 ~ to me. 는 틀림)

■ I want to **marry** her. (나는 원한다. 결혼하는 것을 그녀와)(marry with her는 틀림)

【참고】 marry
  - He **married** her. (그는 그녀와 결혼했다.) = He **got married** to her.
    (marry는 '결혼하다', '결혼시키다'라는 2가지 뜻을 다 갖고 있으며, 전치사가 필요 없는 타동사이므로 위 2문장(능동, 수동)은 같은 의미가 된다.)
  - He **is married**. (그는 결혼한 상태다.) (여기서 married는 '기혼의'라는 형용사임)
  - He **was married**. (그는 결혼한 상태였다. = 지금은 '이혼'을 의미할 수도 있음)
           (married는 '기혼의'라는 형용사)
  - He **has been married** to her for 10 years.
    (그는 10년 동안 그녀와 결혼한 상태로 이어오고 있다.)

■ I **kissed** her. (나는 그녀와 키스했다.)
  (어원상 kiss 자체에 이미 '~로 만지다(touch)' 라는 의미가 들어 있어서 타동사임 kiss with(또는 to 등) her 라고 하면 틀림)

■ I **entered** the room. (나는 그 방에 들어갔다.)
  (이미 enter 의 en이 in의 의미를 가지고 있어서 타동사임. into the room. 은 틀림)

■ She **resembles** her mother. (resembles with her mother. 는 틀림)
  (그녀는 그의 어머니와 닮았다.)

■ Almost all of the passengers **survived** the accident.
  (거의 모든 승객이 그 사고에서 살아남았다.) (survived from ~ 는 틀림)

[참고] 반대로 자동사 [뒤에 부사 같은 부수적인 것들은 올 수 있지만, 목적어(명사나 대명사)는 올 수 없는 (오고 싶으면 부사로 만들어서 (명사를 부사로 만들려면 명사 앞에 전치사를 써서 전치사구를 만들면 됨) 와야 하는) 동사] <u>중에서</u> **타동사처럼 혼동하기 쉬운 자동사들**은 다음 같은 것들이다.

▴ **graduate** (졸업하다)
('~를 졸업하다'가 아니고 '졸업하다'이므로 ~from the school처럼 써야 함)

▴ **listen** (듣다)
(listen the music 이 아니라 listen **to** the music 이라고 해야 함)
(hear((들려오는 소리를) 듣다) 는 타동사로서 전치사 없이
　　　Did you hear what I said? 처럼 해야 함)

▴ **object** (반대하다)
(object the plan 이 아니라 object **to** the plan 이라고 해야 함)
　(oppose는 타동사로서 전치사 없이 oppose the decision 라고 함)

▴ **reply** (응답하다)
(reply the letter 이 아니라 reply **to** the letter 라고 해야 함)
　(answer는 타동사로서 전치사 없이 answer the letter 라고 함)

▴ **respond** (응답하다)
(respond the e-mail 이 아니라 respond **to** the e-mail 이라고 해야 함)

▴ **consist** (구성되다)(구성하다 아님)　(구성되다, 존재하다, 양립하다, 일치하다)
(consist six members 가 아니라 consist **of** six members 이라고 해야 함)

▴ **look** (보다) (look me 가 아니라 look **at** me 라고 해야 함)

▴ **arrive** (도착하다) (arrive **at** the hotel) (reach는 타동사 reach Seoul)

▴ **major** (전공하다) (major English 가 아니라 major **in** English 라고 해야 함)

▴ **agree** (동의하다)
(agree him이 아니라 agree **with** him 이라고 해야 함)

▴ **participate** (참가하다)
(participate the meeting이 아니라 participate **in** the meeting 이라고 해야 함)
　　(attend는 타동사로서 전치사 없이 attend the meeting 이라고 함)

▴ **subscribe** (구독하다)
(subscribe the magazine이 아니라 subscribe **to** the magazine 이라고 해야 함)

▴ **deal** (다루다)
　(deal a problem 이 아니라 deal **with** a problem 이라고 해야 함)

5) 3형식 동사 + 목적어 + 특정 전치사 경우

(1) 목적어 다음에 of

■ inform A of B (A에게 B를 알려주다)
He **informed** me **of** the news. (그는 나에게 그 뉴스를 알려주었다.)

■ remind A of B (A에게 B를 생각나게 한다)
You **remind** me **of** your father. (너는 생각나게 한다. 내게. 너의 아버지를)

■ convince A of B (A에게 B를 확신시키다)
I will **convince** you **of** the fact.
(나는 확신시켜 주겠다. 너에게, 그 사실을)

■ rob A of B (A에게서 B를 빼앗다)
They **robbed** him **of** his cellphone.
(그들은 빼앗았다. 그에게서, 그의 휴대폰을)

■ clear A of B (A에서 B를 깨끗이 치우다)
You should **clear** the room **of** dust.
(너는 치워야 한다. 그 방에서, 먼지를)

■ deprive A of B (A에게서 B를 빼앗다)
You must not **deprive** them **of** their liberty.
(여러분들은 빼앗으면 안 된다. 그들에게서, 그들의 자유를)

(2) 목적어 다음에 with

■ provide A with B (A에게 B를 공급하다)
You can **provide** him **with** food. (너는 공급할 수 있다. 그에게, 음식을)

■ supply A with B (A에게 B를 공급하다)
We must **supply** the village **with** water.
(우리는 공급해야 한다. 그 마을에, 물을)

■ compare A with B (A와 B를 비교하다)
You need to **compare** your idea <u>with</u> another's.
(너는 비교할 필요가 있다. 너의 생각을, 다른 사람 것 하고)

■ confuse A with B (A와 B를 혼동하다)
Don't **confuse** this road <u>with</u> that one. (혼동하지 말라. 이 길을, 그 길과)

■ replace A with B (A를 B로 대신하다)
The company will **replace** employees <u>with</u> machines.
(그 회사는 바꿀 것이다. 종업원들을, 기계로)

(3) 목적어 다음에 <u>for</u>

■ praise A for B (A와 B로 평가하다. A를 B때문에 칭찬하다)
Some critics **praised** the movie <u>for</u> its quality.
(일부 비평가들은 평가했다. 그 영화를, 작품성 있다고)

■ blame A for B (A를 B때문에 비난하다)
They **blame** us <u>for</u> the accident. (그들은 비난한다. 우리를, 그 사고에 대해서)

■ mistake A for B (A를 B로 착각하다)
I **mistook** the dog <u>for</u> a rat. (나는 착각했다. 그 개를, 쥐로)

■ change A for B (A를 B로 교환하다)
I **changed** a dollar bill <u>for</u> ten dimes.(교환했다. 1달러 지폐를 10센트 동전 10개로)

(4) 목적어 다음에 <u>from</u>

■ prevent A from B (A를 B로부터 막다. B를 못하게 하다)
이와 비슷한 뜻으로 stop A from B,   keep A from B,
prohibit A from B, inhibit A from B, forbid A from B 등이 있다.

- The scarecrow **prevents** birds <u>from</u> eating crops.
  (그 허수아비는 막는다. 새들이, 곡식을 먹는 것을)

- You must **keep** prisoners <u>from</u> escaping.
  (너희들은 지켜야 한다. 죄수들을, 도망 못 가게)

■ discourage A from B (A를 B하지 못하게 낙담시키다.)
  이와 비슷한 뜻으로 deter A from B 가 있다.

  Don't **discourage** him <u>from</u> being a singer.
  (그를 가수가 되지 못하게 막지 마세요.)

■ ban A from B (A를 B하지 못하게 금지하다.)
  이와 비슷한 뜻으로 bar A from B 가 있다.

  IOC **bans** players <u>from</u> taking drugs.
  (국제올림픽위원회는 선수들에게 약물 복용을 금지한다.)

■ tell A from B (A를 B와 구별하다)

  We can **tell** the male <u>from</u> the female by shape.
  (우리는 구별할 수 있습니다. 남성들을, 여성들과, 모양으로써)

(5) 목적어 다음에 <u>as</u>

■ regard A as B (A를 B로 여기다)

  They **regard** him <u>as</u> the fastest man.
  (그들은 여긴다. 그를, 가장 빠른 남자로)

■ treat A as B (A를 B로 취급하다)

  I <u>**treated**</u> his remark <u>as</u> a joke. (나는 여겼다. 그의 말을, 농담으로)

■ deserve A as B (B로서 A할 만하다. B 때문에 A할 자격이 있다)

  You **deserve** respect <u>as</u> a great scholar.
  (당신은 존경받을 만하다. 훌륭한 학자로서)

【참고】동사 + 목적어 + as + 명사(형용사, 분사 등이 올 때도 있음) 형태

이러한 형태로(as 이하가 5형식 목적보어처럼) 쓰이는 동사들은 다음과 같다.

regard A as B (A를 B로 여기다), consider A as B (A를 B로 간주하다), treat A as B (A를 B로 취급하다), accept A as B (A를 B로 받아들이다), define A as B (A를 B라고 정의를 내리다), take A as B (A를 B로 간주하다. B로 예를 들다), see A as B (A를 B로 상상하다), rate A as B (A를 B로 간주하다), view A as B (A를 B로 간주하다), refer to A as B (A를 B라고 언급하다), speak of A as B (A를 B처럼 말하다), look upon A as B (A를 B로 간주하다), think of A as B (A를 B로 생각하다) 등

여기서 전치사 as 다음에 형용사나 분사가 올 수 있는 것이 이상하지만, 동명사 being이 생략된 것으로 볼 수 있으며, 대화에서는 종종 쓰인다.

---

(6) 목적어 다음에 to

- **explain A to B** (A를 B에게 설명하다)
  Can you **explain** it **to** me? (당신은 설명할 수 있나요? 그것을, 나에게)

- **owe A to B** (B에게 A를 빚지다)
  He **owes** 100 dollars **to** her. (그는 빚지고 있다. 100달러를, 그녀에게)

- **propose A to B** (A를 B에게 제안하다)
  He **proposed** it **to** me. (그는 제안했다. 그것을, 나에게)

- **introduce A to B** (A를 B에게 소개하다)
  He **introduced** me **to** his friend. (그는 소개했다. 나를, 그의 친구에게)

- **contribute A to B** (A를 B에게 기부하다, 제공하다)
  He **has contributed** his energy **to** the work.
  (그는 제공해 왔다. 그의 에너지를, 그 일에)

  [비교] You must **contribute** to society. (너는 반드시 사회에 기여해야 한다.)(자동사)

- **attribute A to B** (A를 B의 결과로 본다.)
  He **attributes** his passing the exam **to** hard study.
  (그는 그 시험에 합격한 것을 열심히 공부한 덕택으로 본다.)

6) 구동사 (句動詞 phrasal verbs)

구동사는 동사에 부사나 전치사 등 다른 단어가 결합되어 하나의 동사처럼 쓰이는 동사구이다.

보통 「**동사 + 부사**」 (turn off (~를 끄다) 등), 「**동사 + 전치사**」 (account for(~를 설명하다) 등), 「**동사 + 부사 + 전치사**」 (put up with(~를 참다) 등)」 의 형태를 가지고 있으며, 3형식 동사로 쓰는 경우가 많고 그 경우에 학습사항이 많기 때문에 여기에서 소개하고자 한다. (물론 'He suddenly showed up.' 에서 show up 처럼 목적어가 필요 없는 자동사인 구동사도 있다)

구동사는 워낙 많지만 예를 들면 다음과 같은 것들이 있다.

먼저 「타동사 + 부사」 형태는

blow up (~을 터뜨리다/ 참고로 '(주어가) 터지다, 폭발하다' 인 경우는 자동사구임),
bring up (~을 제기하다, ~을 양육하다),   bring out (~을 출시하다),
carry out (~을 수행하다),
carry on (~을 계속하다/ '(주어가) 계속 가다(하다)' 인 경우는 자동사구로 쓰임)
call off (~을 취소하다),
figure out (~을 이해하다),
find out (~을 알아내다),
fill out (~을 작성하다, 채우다),
hand in (~을 제출하다),   hand out (~을 나눠주다),
clean up (~을 깨끗이 청소하다, up은 '완전히'라는 뜻),
hang up (~을 끊다),
hold up (~을 떠받치다, 지연시키다),
hold off (~을 보류하다)
    (그런데 hold on(기다려 버티다, 꽉 잡다, (전화에서)기다리다)은 자동사구로 쓰임),
give up (~을 포기하다),
keep up (~을 계속하다, ~을 쳐지지 않게 up된 상태로 유지하다/
    '(어떤 날씨 등이) 계속되다' 로 쓸 때는 자동사구로 쓰임),
keep out (~을 밖에 있게 하다) ('~가 밖에 있다'일 때는 자동사구로 쓰임)

lay off (~을 해고하다),
make out (~을 이해하다),   make up (~을 형성하다)
　　(make off (급히 달아나다)은 자동사구로 쓰임),
pick up (~을 줍다, 차에 태우다),   drop off (~을 내려주다, ~을 맡기다),
try on (~을 입어보다),   put on (~을 입다),   put off (~을 미루다),
put away (~을 치우다), put down (~을 내려놓다, 진압하다), put out (~을 끄다),
pull off ((힘든 것을) 해내다, (차를) 도로 밖에 대다),   read over (~을 자세히 읽다),
turn in (~을 제출하다),   turn out (~을 끄다, 쫓아내다),
turn down (~을 거절하다, 소리 등을 낮추다),
turn on (~을 켜다),   turn off (~을 끄다),
take out (~을 꺼내다),
take off (옷 등을 벗다, 휴가를 내다(시간 등을 벗다)
　　　　　/ '비행기 등이 이륙하다'인 경우는 자동사구로 쓰임),
　　(The man takes after me.(그 사람은 나를 닮았다.) 에서는 after가 전치사)
throw away (~을 버리다),
use up (~을 다 써버리다)
wrap up (~을 감싸다, ~을 마무리하다) 등이 있으며 타동사구로 쓰인다.

그리고 「동사 + 부사 + 전치사」 형태는

put up with (~를 참다),   come up with ((필요한 어떤 것을) 얻다, 생각해내다),
catch up with (~를 따라잡다),   keep up with (~와 보조 맞춰 가다),
keep out of (~에서 벗어나다. ~에 들어가지 않다, ~에 관여하지 않다.),
do away with (~을 처분하다, 폐지하다),
go through with (~을 관철하다, 해내다. 어떤 힘든 과정을 거치다),
get through with (~를 끝내다),
look back on (~을 회상하다)   look forward to (~을 고대하다),
look down on (~를 멸시하다),   look up to (~를 존경하다),
face up to (~에 맞서다),   lead up to (~에 이르다)
make up for (~을 만회하다),
make up with (~와 화해하다),
run out of (~을 다 써버리다) 등이 있다.

그리고 또 「동사 + 명사 + 전치사」 형태도 있다.

take care of (~을 돌보다),   take advantage of (~을 이용하다),
make use of(~을 이용하다),   pay attention to(~에 주의하다) 등이다

이 구동사들은 타동사로 쓰이므로 수동태로도 쓸 수 있다.
- She carries out the work. (그녀는 그 일을 수행한다. -능동)
- The work is carried out by her. (그 일은 그녀에 의해 수행된다. -수동)

- I look up to her. (나는 그녀를 존경한다. -능동)
- She is looked up to by me. (그녀는 나에 의해 존경받는다 -수동)

- I take care of my son. (나는 내 아들을 돌본다. -능동)
- My son is taken care of by me. (내 아들은 나에 의해 돌봐진다. -수동)

그런데 「자동사 + 부사」 형태는

다음처럼 자동사구로 쓰이는 (따라서 **지금 다루는 타동사 부분에 들어가지 않는**, 따라서 목적어 없고 수동태도 안 됨) 것들이다.

break out (발생하다),   break down (고장 나다),
(break는 기본적으로 타동사일 때는 '~을 부수다', 자동사일 때는 '부서지다' 의미),
come about (발생하다), come across ((어원: 오다 가로질러) 이해되다, 어떤 인상을 주다),
die out (멸종되다),
drop out (탈퇴하다), ('drop out of school 학교 그만두다' 처럼 drop out of가 타동사구가 됨. out은 부사, of는 전치사)
drop by(불쑥 방문하다 = drop in) ('Drop by(=in) for a drink. 한잔하러 들려라.')
('Drop by the store. 그 가게에 잠시 들려라' 같이 장소가 뒤에 오면서 타동사구처럼 쓰이기도 함/ 'I will drop in on you. 너에게 들릴게' 로 쓰기도 하는데 이 경우는 drop in on이 타동사구가 되며, in은 부사, on은 전치사)
give in (굴복하다),   go away (가버리다),   go on (어떤 상황이 지속되다),
go along (활동을 계속하다, 진척되다)
    (물론 go along the road(길따라 가다) 에서 along은 전치사임),

get along (잘 지내다),　　get up (일어나다),
grow up (자라다),　　lie down (눕다),　　pass by (옆을 지나가다),
run away (달아나다),
wake up (깨어 정신 차리다) (wake him up(그를 깨워라) 처럼 타동사로도 씀),
set off (출발하다),　　show up (나타나다),
stand out (두드러지다), stand up (일어서다), stay up (늦게까지 깨어 있다),
turn up (뜻밖에 나타나다, 도착하다),　　work out (운동하다) 등

다음,「자동사 + 전치사」형태는

　　다음과 같은 것들이 있는데, 이들은 엄밀히 말하면 구동사가 아니고 '전치사를 수반하는 동사' 일 뿐인데, 마치 타동사구처럼 쓰인다.
(그리고 의미상 타동사구가 아닌 것처럼 보이는 것도 있으나 형태상 타동사구라 할 수 있다.)

■ He **accounted** to me **for** the accident. (그는 내게 그 사고<u>를 설명했다</u>.)

■ I have nothing to **add to** this. (나는 이것<u>에 덧붙일</u> 게 없습니다.)

■ I **agree with** your decision. (나는 당신의 결정<u>에 동의합니다</u>.)

■ You should **adjust to** living alone. (너는 혼자 사는 것<u>에 적응해</u>야 한다.)

■ You should **apologize to** her. (너는 그녀<u>에게 사과해</u>야 한다.)

■ I **arrived at** the lobby. (나는 로비<u>에 도착했다</u>.)

■ He **asked for** the book. (그는 그 책<u>을 요청했다</u>.)

■ The nurse **attends on** the patient. (그 간호사는 그 환자<u>를 돌본다</u>.)

■ Who(m) does this book **belong to?** (이 책 누구<u>에게 속한</u> 거지?)
　　It **belongs to** me. (그건 나<u>의 거야</u>)
　　(수동태인 I am belonged to by it. 은 쓰이지 않음)
　　(수동형태인 It's belonged to me 로도 쓰이지 않음)

■ The work **calls for** care. (그 일은 주의<u>를 요구한다</u>.)

- I **called on** him on my way home. (나는 집에 오는 길에 <u>그를 방문했다</u>.)
  (on이 부사가 아니라 전치사이므로 call him on 이라고 하면 틀림)

  다음과 같은 뜻도 있다.
  He **called on** the team for volunteer work.
  　　(그는 그 팀<u>에게</u> 봉사활동을 <u>요청했다</u>.)
  They **call on** him to get a job. (그들은 <u>그에게</u> 취직하라고 <u>요청한다</u>.)

- He **came through** the abdomen operation.
  (그는 복부수술<u>에서 성공해 나왔다</u>.)
  ('(요구되는 일을) 성취하다', '뉴스, 결과 등이 공식적으로 알려지다' 일 경우는 자동사구로 쓰이며, 이 때는 through도 부사임)

- He **complains of** cyber fatigue. (그는 사이버 피로감<u>을 호소한다</u>.)

- You must **comply with** the rules. (너는 그 규칙<u>을 준수해</u>야 한다.)

- He **concentrates on** his writing. (그는 집필 활동<u>에 집중하고 있다</u>.)

- I can't **consent to** your opinion. (나는 너의 의견<u>에 승낙할</u> 수 없다.)

- The team **consists of** six members. (그 팀은 6명<u>으로 구성된다</u>.)
  　= The team is composed of six members.
  　= The team is made up of six members.
  　= The team is comprised of six members.

- He **contributed to** our collection. (그는 우리의 모금<u>에 기부했다</u>.)
  (contribute to our society 사회에 기여하다/ contribute to the discussion 토론에 참가하다)　(그런데 contribute money '돈을 기부하다',
  contribute articles '원고를 기부하다' 등일 경우는 contribute가 타동사),

- The app can **deal with** addition, subtraction, multiplication and division,
  (그 앱(애플리케이션 프로그램)은 덧셈, 뺄셈, 곱셈, 그리고 나눗셈<u>을 다룰</u> 수 있다.)

- It would **depend on** the circumstances. (그것은 상황<u>에 달려 있을 것이다</u>.)
  　(depend on = **rely on**)

- **Dispose of** those old books. (그 낡은 책들<u>을 처분해라</u>.)

- I <u>entered into</u> the contract with him. (나는 그와 그 계약<u>에 들어갔다 (관여했다)</u>.) (enter는 타동사로서 바로 목적어를 취하지만 여기서는 자동사이다)

- He <u>escaped from</u> the burning car, (그는 불타는 차<u>에서 빠져나왔다</u>.)

- <u>Focus on</u> the needs of the customer. (고객의 요구<u>에 집중해라</u>.(초점을 두다))

- She <u>got over</u> her shyness. (그녀는 소심함<u>을 극복했다</u>.)
 (get over는 원래 넘어서 간다 (그래서 극복하다)라는 의미, 주어(She)가 over하는 것, 여기에서 get은 자동사이며 over는 전치사/
  따라서 Get over it.(그것을 극복하라) 은 맞고 Get it over는 틀림)
 〈get it over는 주로 with와 함께 <u>get</u> it <u>over with</u> (그것을 빨리 해치우다) 로 씀.

'<u>Get over with</u> your homework.'(숙제를 <u>해치워라</u>) over는 부사, with가 전치사〉

- <u>Get on</u> the bus. (그 버스<u>를 타라</u>.)

- I <u>got through</u> the exams. (나는 그 시험<u>을 통과했다</u>.(끝냈다))

- I <u>went through</u> a difficult course. (나는 그 어려운 코스<u>를 겪었다</u>.)
 (The deal didn't go through. '그 거래는 이뤄지지 못했다.'처럼
 '거래나 법안 등이 통과되다' 의미일 때는 자동사구이며 through도 부사이다.)

- She <u>went over</u> the house. (그녀는 그 집<u>을 점검했다</u>.)
 (go over the mountain 산을 넘어가다/ go over the exercises 연습문제를 <u>복습하다</u>)
 (<u>go over to</u> ~ = ~로 이동하다, ~로 전향하다 일 때는 over는 부사, to가 전치사)

- She <u>graduated from</u> the school. (그녀는 그 학교<u>를 졸업했다</u>.)
 수동형태로 She was graduated from the school. 라고 하기도 한다.
 (이렇게 수동형태로 잘 쓰지는 않음)

- We <u>insist on</u> using that method.
 (우리는 <u>고집한다</u>. 그 방법을 사용할 것<u>을</u>)

- Internet addiction <u>interferes with</u> your brain development.
 (인터넷 중독은 <u>방해한다</u>. 너의 두뇌 발달<u>을</u>)

■ <u>Keep off</u> the grass. (그 잔디<u>에서</u> 떨어져 유지하라 = 잔디<u>에</u> 들어가지 마시오.)
　　여기서는 keep이 자동사이고 off는 전치사인 타동사구인데, <u>keep</u> the sun <u>off</u> (태양을 ~로부터 멀어지게 하다 = 태양을 피하다) 에서는 keep이 the sun을 목적어로 하는 타동사이며 off 다음에는 사람, 얼굴 등이 올 수 있겠는데 만약 그랬다면 off가 전치사가 되지만, 여기서는 그런 게 없어서 **off는 부사**로 보면 된다. (= **keep off the sun**) 이렇듯 전치사와 부사는 서로 왔다 갔다 하므로 크게 신경 쓰지 않아도 된다.

　　<u>Keep</u> the sun <u>off</u> your face. (해를 너의 얼굴로부터 떨어지게 해라(가려라). 여기서 keep은 타동사, off은 전치사)

　　비슷한 형태로 <u>Keep</u> the bad news <u>from</u> her. (그녀로부터 그 나쁜 소식을 유지하라. = 그녀가 그 소식을 듣지 않게 하라. 여기서 keep은 타동사, from은 전치사)

　　I could hardly <u>keep from</u> laughing. (나는 거의 웃지 않을 수 없었다. 여기서 keep은 자동사, from은 전치사) (웃음으로부터 from하기가 어려웠다는 것이므로 from하는 것은 I이지 웃음이 아니므로 from은 부사가 아닌 전치사임)

[참고] keep on (계속하다, 계속해서 ~하다. keep은 자동사, on은 부사인 자동사구)
　Prices <u>keep</u> <u>on</u> increasing. (물가가 계속 오르고 있다.) increasing은 분사 (2형식)

[참고] keep out (~를 밖에 있게 하다. **out은 부사**인 타동사구/
　　　　　　　'~가 밖에 있다'일 때는 자동사구)
　The clothes <u>keep</u> <u>out</u> the cold. (그 옷은 추위를 막아준다.) = ~ **keep the cold out.**
　Keep out. (출입금지.)

[참고] keep up (~를 높은 상태로 유지하다. **up은 부사**인 타동사구/
　　　　　　　'날씨 등이 계속되다'일 때는 자동사구)
　<u>Keep</u> the trousers <u>up</u>. (바지 내려가지 않게 해라.) = **Keep up the trousers.**

　I ran like the devil to <u>keep</u> <u>up</u> <u>with</u> the lady in the marathon race.
　(난 그 마라톤대회에서 그 여자에게 뒤처지지 않게 죽기 살기로 뛰었다.
　　up은 부사, with는 전치사)

■ We should <u>keep to</u> the subject. (그 주제에 **머물러서 벗어나지 않아야** 한다.)

■ I want to **keep out of** trouble. (나는 곤경**에서 벗어나고** 싶다.)
　　여기서 keep은 자동사, out은 부사, of는 전치사

- Don't **laugh at** him. (그를 비웃지 말라.)

- I'll **leave for** Seoul. (나는 서울로 떠날 것이다.)

- He **left from** Seoul. (그는 서울을 떠났다.) He left Seoul.(주로 타동사로 씀)

- I'll **leave out** unnecessary details. (나는 필요 없는 것은 삭제하겠다.)

- I'm **listening to** the music. (나는 그 음악을 듣고 있는 중이다.)

- He **lived** mainly **on** insects. (그는 주로 곤충을 먹고 살았다.)

- The nurse **looks after** the patient. (그 간호사는 그 환자를 돌본다.)

- The nurse **looks for** the patient. (그 간호사는 그 환자를 찾는다.)

- **Look at** me. (나를 보라.)

- I'll **look into** the matter. (나는 그 문제를 조사하겠다.)

- **Look up** the word in a dictionary. (그 단어를 사전에서 찾아보라.)

- I **object to** building the factory. (나는 반대한다. 짓는 것을, 그 공장을)

- I **participated in** the meeting. (나는 참가했다. 그 모임에)

- You must **pay for** that remark. (너는 그 말에 대가를 치러야 한다.)

- I **referred to** the map. (나는 그 지도를 참고했다.) '~을 거론하다' 뜻도 있음

- You should **rely on** your own judgement.
  (너는 너 자신의 판단을 믿어야 한다. = 판단에 의존해야 한다.)

- They felt obliged to **resort to** violence,
  (그들은 느꼈다. 의무가 있음을, 호소(의지)하는 것에, 폭력에
  = 그들은 폭력에 기댈 수밖에 없다고 생각했다.)

- A traffic accident **results from** careless driving.
  (교통사고는 비롯된다. 부주의한 운전에서)

- Moderate exercise **results in** good health.
  (적당한 운동은 **발생시킨다.** 좋은 건강을)

- I **ran for** the president. (나는 대통령**에 출마했다**.)

- I **ran into** an old friend. (나는 오랜 친구**를 우연히 만났다**.)

- I accidentally **ran over** a mouse. (나는 실수로 쥐**를 쳤다**.)

- Please **search for** it. (그것을 **찾아주세요**.)

- She **suffered from** the flu. (그녀는 인플루엔자**로부터 고통받았다**.)

- I **sympathize with** her in her suffering.
  (나는 그녀의 고통에 대해 그녀**를 동정한다**.)

- He **waits on** three tables.
  (그는 **시중들고 있다.** 세 개의 테이블을)

- I **wait for** the day. (나는 **기다린다.** 그날을)

-- 이상의 것들은 타동사처럼 쓰이기 때문에 수동태도 가능하다.

 (~ be accounted for by ~,   ~ be dealt with by ~,
  ~ be complied with by ~,   ~ be relied on by ~ 등)

그러나 전부 가능한 것은 아니며 의미상, 관용상 수동으로 쓰지 않는 것들도 많이 있다.

 (agree with, arrive at, belong to, consist of, graduate from, listen to, object to, participate in, result from, result in, suffer from, wait for 등은 일반적으로 수동태로 쓰지 않는다.)

이외에도 많은 구동사들이 있는데 동사에 붙은 단어가 부사인지 전치사인지 크게 신경 쓰지 말고 통째로 숙어로서 그때그때 사전을 찾아가며 암기해야 한다.

● 그리고 **구동사에서 부사나 전치사의 위치는**

▶ '**타동사 + 부사**' 형태인 경우

　부사가 목적어 앞뒤로 자유롭게 올 수 있는데, 목적어가 대명사(단어가 짧음)인 경우는 부사가 목적어(대명사) 뒤로 가야 한다.

Put down the gun.(그 총 내려놔) 도 맞고 Put the gun down 도 맞지만 Put it down(그거 내려놔)은 맞아도 Put down it은 틀린다는 말이다.

　(타동사 뒤에는 목적어가 필요하므로 뒤에 바로 목적어가 오고 부사는 뒤로 가는 것이 원칙인데 목적어가 (대명사처럼 짧지 않고) 길면 긴 목적어는 뒤로 뺄 수 있도록 한 것임)

　[부사인 down은 주어(생략된 You)가 down되는 것이 아니라 목적어인 총이 down 되는 것이므로 주어에서 멀리(목적어에 가까이) 뒤로 가는 것이 원칙]

▶ '**자동사 + 전치사**' 형태인 경우

　전치사가 목적어 앞에 위치해야 한다.　Look at me.(날 봐) 이나 Look at it.(그걸 봐) 은 맞지만 Look me at. 이나 Look it at. 은 틀린다.

　　We should follow his advice on how to get over inflation. (o)
　(우리는 인플레이션을 어떻게 극복할 것인지에 관한 그의 충고를 따라야 한다.) 는 맞지만, ~~~ get inflation over. 나　~~~ get it over. 형태는 틀린다.

　(여기서 look이나 get은 자동사이므로 뒤에 명사 같은 목적어가 필요 없다. 굳이 뒤에 무언가를 쓰려면 문장 구조에 영향을 주지 않는 부사를 써야 한다. 뒤에 명사를 쓰려면 명사를 부사化 시켜준 후 써야 한다.
명사를 부사로 만들려면 명사 앞에 전치사를 써서 전치사구를 만들면 된다.

그래서 **전치사 + 명사**(설령 대명사라도)는 한 덩어리로 그 위치가 바꾸어서는 안 되는 것임)

　[전치사인 at은 주어(생략된 You)가 at하는 것(주어가 어떤 방향으로 at함)이므로 주어에서 가급적 가까이 위치]

　[전치사인 over는 (의미상의) 주어인 We가 over 하는 것이므로 목적어 (inflation) 뒤 보다는 주어에서 가급적 가까이 위치함이 좋음]

2. 제4형식 동사

4형식 동사는 목적어를 2개 (A와 B) 가지면서 A(간접목적어)에게 B(직접목적어)를 준다(수여한다)는 식으로 해석되는 동사이므로 수여동사라고 한다. 〈**동사** + A B〉

1) 4형식 동사들

give ■ I'll **give** you a present because you **gave** me a tickle.
　　　〈너에게 선물 하나 **주겠다**. 네가 내게 간지럽힘을 **주어서**(날 간지럽혀서)〉

tell　■ He **told** me the story. (그는 **말했다**. 나에게 그 이야기를)

send　■ **Send** him a bill. (**보내라**. 그에게 계산서를)

teach ■ He **teaches** us psychology. (그는 **가르친다**. 우리들에게 심리학을)

make ■ He **made** me a doll. (그는 **만들어주었다**. 나에게 인형을)

buy　■ I'd like to **buy** him a book. (나는 **사주고** 싶다. 그에게 한 권의 책을)

ask　■ He **asked** me 10 dollars. (그는 **요청했다**. 나에게 10달러를)

lend　■ **Lend** me a book, please. (**빌려주세요**. 나에게, 한 권의 책을)

leave ■ He **left** me all his property. (그는 **남겼다**. 나에게, 모든 그의 재산을)

get　■ I'd like to **get** him a book. (나는 **얻어주고** 싶다. 그에게 한 권의 책을)

cook ■ My mother **cooks** me food. (나의 엄마는 **요리한다**. 나에게 음식을)

build ■ He **built** me a house. (그는 **지었다**. 나를 위해 하나의 집을)

find　■ He **found** me a book. (그는 **찾아주었다**. 나를 위해 한 권의 책을)

pass　■ **Pass** me the salt. (**건네주라**. 나에게 그 소금을)

hand ■ **Hand** me the letter. (**건네주라**. 나에게 그 편지를)

bring ■ **Bring** me the line listing. (**가져오라**. 나에게 그 검진목록표를)

do　■ This book will **do** you good. (이 책은 너에게 이익을 **줄** 거야.)
　　　여기서 good은 '이익'이라는 명사이다.

read ■ **Read** <u>me</u> <u>the letter</u>. (그 편지를 **읽어 줘라**.)

write ■ He **wrote** <u>me</u> <u>that he would arrive soon</u>.
(그는 내게 그가 곧 도착할 것이란 **편지를 보내왔다**.)

grant ■ They **granted** <u>me</u> <u>permission</u> to go in.
(그들은 나에게 허가**해 주었다**. 들어가게)

refuse ■ They **refused** <u>me</u> <u>anything</u>. (그들은 나에게 어떤 것도 **거절했다**.)

owe ■ He **owed** <u>me</u> <u>one hundred dollars</u>. (그는 나에게 백 달러 **빚을 졌다**.)

offer ■ I decided to **offer** <u>him</u> <u>a better job</u>.
(나는 결정했다. 그에게 더 좋은 일자리를 **제의하기로**)
이 문장은 주어(I) + 동사(decided) + 목적어(to offer ~)로 이루어진 3형식 문장인데, 그러한 3형식 문장 안에 4형식 (동사 offer + 간접목적어 him + 직접목적어 a better job) 이 들어 있는 것이다.

2) 4형식을 3형식으로 바꾸기

teach, give, send, tell, lend 등은 <u>to(-에)</u> 를 이용하여 3형식으로 바꾼다.

■ I'll **give** her a present. ⇒ I'll **give** a present <u>to</u> her.
(나는 그녀에게 선물을 줄 것이다.)

■ The typhoon **did** crops harm.
⇒ The typhoon **did** harm <u>to</u> crops. (그 태풍이 농작물에 피해를 입혔다.)

buy, make, get, cook, build, find 등은 <u>for(-위하여)</u>를 이용해 3형식으로 바꾼다.

■ I'd like to **buy** him a book. ⇒ I'd like to **buy** a book <u>for</u> him.

■ He **found** her somewhere to live.
⇒ He **found** somewhere <u>for</u> her to live.(그는 그녀에게 살 곳을 찾아주었다.)

■ Could you **do** me a favor? ⇒ Could you **do** a favor <u>for</u> me?
(부탁 하나 들어주실 수 있을까요?)

ask 는 <u>of</u> 를 이용하여 3형식으로 바꾼다.

■ He **asked** me 10 dollars. ⇒ He **asked** 10 dollars <u>of</u> me.

3) 3형식으로 바꿀 수 없는 4형식 동사

cost　　■ It **costs** him five dollars. (그것은 **비용이 들게 한다**. 그에게, 5달러)
　　　　　It costs five dollars to him. (× 이렇게 쓰면 틀림)

forgive ■ He **forgave** me my debt. (그는 **면제해 주었다**. 나에게 나의 빚을)
　　　　　He forgave my debt to me. (×)

save　　■ This machine will **save** you a lot of time.
　　　　　(이 기계는 **절약시켜줄 것이다**. 너에게 많은 시간을)
　　　　　This machine will save a lot of time to you. (×)

take　　■ This task will **take** you an hour.
　　　　　(이 일은 **걸리게 할 것이다**. 너에게 한 시간을)
　　　　　This task will take an hour to you.(×)

envy　　■ I **envy** you your success. (나는 **부럽다**. 네가, 너의 성공이)
　　　　　I envy your success to you.(×)

4) 4형식으로 쓸 수 없는 (혼동하기 쉬운) 동사

　explain (설명하다), introduce (소개하다), propose (제안하다), prove (증명하다), suggest (제안하다, 암시하다), confess (자백하다), describe (묘사하다), announce (공표하다), drive (태워다주다) 등은 4형식으로 쓸 수 있을 것 같지만, 쓸 수 없고 3형식으로 써서 사람이나 대상 앞에 전치사 to 등을 붙인다.

■ Would you **explain** that point **to** me?
　(그 사항을 나에게 설명해 주시겠습니까?) 라고 해야 되지,
Would you **explain** me that point? 라고 하면 틀리다.

■ Could you **drive** me **to** the airport? (저를 공항에 태워 주실 수 있으세요?)
Could you **drive** me home(부사)? 처럼 해야 되지,
Could you **drive** me the airport? 라고 하면 틀리다.

5) 뒤에 「전치사 + 사람」을 쓰면 안 되는 (혼동할 수 있는) 타동사
   (전치사 필요 없이 바로 간접 목적어가 옴 - 4형식으로 씀)

■ He **promised** me that he would quit smoking.
   (그는 **약속했다**. 나에게, 그가 담배를 끊을 것이라는 것을)
   '나에게'라고 해서 promise to me 라고 하지 않는다.
   여기서 me가 간접 목적어이고 that절이 직접 목적어이다.(that은 생략 가능)

■ He **warned** her that she do it at once.
   (그는 **경고했다**. 그녀에게, 그녀가 그것을 즉시 해야 한다고)
   ~해야 한다는 '중요'를 나타내는 동사(warn) 때문에 동사원형(do)을 쓴 것이다. do 앞에 should가 생략된 것이다.

   이 문장을 5형식으로 바꾸면
   He **warned**   her   to do it at once. 이 된다.
      동사 + 목적어 + 목적보어(to 부정사)

■ She **reminded** me that I had met her before.
   (그녀는 **상기시켰다**. 나를, 내가 전에 그녀를 만났다는 것을)
   상기시킨(생각나게 한) 시점이 과거인데 만난 시점은 그보다도 더 과거이므로 완료형 (had + 과거분사인 met)을 썼다.

■ He **persuaded** me that I should do the work.
   (그는 **설득했다**. 나를, 나는 그 일을 하는 게 좋다(=해야 한다)고)

■ I **informed** him that I wouldn't go there.
   (나는 **알렸다**. 그에게, 나는 거기에 가지 않겠다고)

■ I **confessed** her that I had done it.
   (나는 **고백했다**. 그녀에게, 내가 그것을 했다고)
   고백한 시점보다 그것을 한 시점이 더 먼저이므로 완료형(had+done)을 썼다.

■ He **convinced** me that he was innocent.
   (그는 **확신시켰다**. 나를, 그가 결백하다는 것을)

■ It **assured** me that I'm also an important person.
   (그것은 **확신시켰다**. 나를, 나 역시 중요한 사람이라는 것을)

■ I **advised** him that he be more polite.
　(나는 **충고했다**. 그에게, 그가 더 공손해야 한다고)
　~해야 한다는 '중요'를 나타내는 동사(advise) 때문에 동사원형(be)을 쓴 것이다.　be 앞에 should가 생략된 것이다.

　이 문장을 5형식으로 바꾸면
　　I　**advised**　him　　to be more polite. 이 된다.
　　　동사　＋　목적어　＋　목적보어(to 부정사)

■ He **urged** us that we accept the offer.
　(그는 **촉구했다**. 우리에게, 우리가 그 제안을 받아들여야 한다는 것을)
　~해야 한다는 '중요'를 나타내는 동사(urge) 때문에 동사원형(accept)을 쓴 것이다.　accept 앞에 should가 생략된 것이다.

　이 문장을 5형식으로 바꾸면
　　He **urged**　us　to accept the offer. 가 된다.
　　　동사　＋ 목적어 ＋ 목적보어(to 부정사)

■ He **asked** me where she was.
　(그는 **물었다**. 나에게, 그녀가 어디 있는지)

【참고】 ask

- May I **ask** about your monthly wage? (월급 물어봐도 됩니까?)
- He **asked** for more money. (그는 더 많은 돈을 요청했다.)
- He **asked** my advice. (그는 나의 조언을 구했다.) 3형식
- He **asked** me for money. (그는 내게 돈 빌려달라고 부탁했다.) 3형식
- He **asked** to see the document. (그는 그 서류를 보여달라고 요청했다.) 3형식
- He **asked** that they be punished. (그는 그들이 처벌돼야 한다고 요청했다.) 3형식.
　　　　　　they 다음에 should 생략됨
- He **asked** me my particulars. (그는 나의 상세 정보를 물었다.) 4형식
- He **asked** me where to go. (그는 그가 어디로 갈 것인지 내게 물었다.) 4형식
　　　　to go의 의미상 주어는 주절의 주어(He)
- He **asked** me if I would go there. (그는 내게 거기 갈 거냐고 물었다.) 4형식
- He **asked** me to wake her. (그는 내게 그녀를 깨우라고 요청했다.) 5형식

■ He **told** me that he would come here.
   (그는 **말했다**. 나에게, 그가 여기 올 것이라는 것을)

【참고】 말하다 (talk, speak, say, tell)

★ talk과 speak은 주로 자동사로 쓰임
  ⊙ talk의 쓰임 형태는 대개 **다음 문장들**과 같다.
   ■ He talked to her.   ■ He talked with her.

   ■ He talked about it.

   ⇒ 일반적으로 수동태로는 쓰이지 않음

  ⊙ speak의 쓰임 형태는 대개 **다음 문장들**과 같다.
   ■ He spoke to her. (⇒ She was spoken to by him.처럼 수동태로도 씀)
   ■ He spoke with her.

   ■ He spoke about it.   ■ I speak English. (뒤에 언어가 오면 타동사)

★ say와 tell은 주로 타동사로 쓰임
  ⊙ say의 쓰임 형태는 대개 **다음 문장들**과 같다.
   ■ They say (that) she is kind.
     ⇒ It's said that she is kind (by them) 또는 She is said to be kind
(by them)〈그녀는 말해진다, 친절하다고, (그들에 의해)〉. 처럼 수동태로 많이 쓰인다.
(말한 사람이 누구인지가 별로 중요하지 않을 때 이렇게 많이 쓰며, 이때 by them 등은 대개 생략함)

       (만약 They **say** that she **was** kind.(말한 시점보다 친절한 시점이 먼저) 였다면
            ⇒ She is said **to have been** kind (by them). (**완료형부정사**)
             〈그녀는 (전에) 친절**했었다고** (지금)말해진다. (그들에 의해)〉

    (that절, to부정사, 동명사, 재귀대명사 등은 일반적으로 수동태의 주어가
될 수 없으므로 That she is kind is said by them.처럼 쓰면 안 되고,
진주어인 that she is kind를 대신하는 가주어 It를 수동태의 주어로 써야 됨)

    (say는 4형식 동사가 아니므로 She is said that절 처럼 쓸 수는 없음)

- He said what he needed.

- He said to her, "Let it be."

　(He said to her + that절 형식은 안 됨)

⊙ **tell**의 쓰임 형태는 대개 **다음 문장들**과 같다.
- He told her that he had been abroad.
  (그는 그녀에게 자기가 해외가 가본 적이 있다고 말했다.)
  (4형식. 간접목적어는 her, 직접목적어는 that절)

(⇒ She was told that he had been abroad. 처럼 수동태 가능)

- He told her to stay out of it.
  (그는 그녀에게 그것에 상관하지 말라고 말했다.)
  [5형식. 목적어는 her, 목적보어는 to부정사구(to stay out of it)]

- He told her a story. (그는 그녀에게 이야기 하나를 했다. 4형식).

- He told his experiences. (그는 그의 경험담을 얘기했다. 3형식)

- He told her about his trip. (그는 그녀에게 그의 여행에 관해 얘기했다. 3형식).

　(He told + that절 형식으로 쓰지는 않음)

- He often tells about the war. (그는 가끔 그 전쟁에 관해 이야기한다.)
　(이때는 tell이 자동사로 쓰인 것이며, 1형식 또는 tell about을 굳이 타동사구로 보면 3형식으로 볼 수도 있음),

----

3. 제5형식 동사

주어 + **동사** + 목적어 + 목적보어 (**목적어를 목적보어 하게끔 동사한다**)가 5형식이다.

여기서 목적보어로 쓸 수 있는 것은 동사에 따라 달라지는데, 대개 형용사, 명사, 형용사 역할 하는 분사(현재분사, 과거분사), to부정사, 동사원형이다.

주요한 5형식 동사들을 써보면 다음 표들과 같은데, 여기서 목적보어로 쓸 수 있는 것들은 다음 표들에 나와 있는 것들을 주로 많이 쓰기는 하지만, 단어에 따라서는 반드시 그것들만 목적보어로 쓸 수 있는 것은 아닐 수 있으므로 자세한 것은 각 단어별로 사전을 찾아 공부해야 한다.

	5형식 동사	목적보어로 쓸수있는것	예문
목적보어로 **형용사**가 오는 동사 (주요한 몇개만 쓴 것이며, 이들도 형용사만 오는 것은 아니며, 과거분사 등이	keep	형용사	■ I **kept** her **warm**. (나는 그녀를 따뜻하게 유지시켰다.)
		~ ing	■ She **kept** me **waiting** for a long time. (그녀는 나를 오랫동안 기다리게 했다.)
		과거분사	■ **Keep** the door **closed**. (그 문을 닫힌 채로 유지해라.)
	find	형용사	■ I **found** it **difficult** to earn money. (나는 돈 버는 것이 어려운 줄 알았다.) it(가 목적어) = to earn money(진 목적어) ■ He was **found dead**.(그는 죽은채 발견됐다.) 이것은 5형식(They **found** him dead)을 수동태로 써서 2형식으로 된 문장으로 여기서는 dead가 주격보어(과거분사 found)를 보충하고 있음
		~ ing	■ I **found** him **dancing**. (나는 그가 춤추는 것을 발견했다.)
		과거분사	■ I **found** the glass **broken**. (나는 그 유리잔이 깨진 것을 발견했다.)
	leave	형용사	■ **leave** me **alone**. (날 혼자 내버려 두어라.)
		~ ing	■ I **left** her **crying**. (나는 그녀가 울도록 놔뒀다.)
		to 부정사	■ I'll **leave** you **to do** it. (나는 네가 그것을 하도록 놔두겠다.)
		과거분사	■ I **left** the light **turned on**. (나는 전등을 켜진 채로 놔두었다.)

목적보어로 오며, 여기에 표시되지 않은 것들이 목적보어로 올 수 있음)	hold	형용사	■ **Hold** the door **open**. (그 문을 열린 상태로 붙들어라.)
	drive	형용사	■ You're **driving** me **mad**. (너는 나를 미치게 하고 있어)
		to 부정사	■ The urge **drove** him **to drive** the car. (충동이 그로 하여금 차를 몰게끔 했다.)
	set	형용사	■ They **set** me **free**. set은 과거로 쓰인 것 (그들은 나를 자유롭게 놓았다. = 풀어주었다.)
		~ing	■ **Set** the machine **working** by itself. (그 기계가 저절로 작동하게끔 해 놓아라.)
	turn	형용사	■ The hairdye **turned** her hair **blond**. (그 염색약이 그녀의 머리를 금발로 바꾸었다.)

5형식 동사		목적보어로 쓸 수 있는 것	예문
목적보어로 **형용사** 가오는 동사 (주요한 몇 개만 쓴 것이며, 이들도 형용사만 오는 것은 아니며, 과거분사 등이	consider	형용사	■ I **consider** him (to be) **suitable** for the mission. (나는 그가 그 임무에 적합하다고 생각한다.)
		명사	■ I **consider** it (to be) **an honour**. (나는 그것을 영광으로 여긴다.)
		과거분사	■ I **consider** it (to be) already **done**. (나는 그것을 이미 끝난 일로 간주한다.) 여기서 to be 대신 as를 쓸 수 있고, 둘 다 생략 가능함 [그런데 regard(~로 여기다)는 as를 써주어야 함]
	believe	형용사	■ I **believe** him **honest**. (나는 그가 정직하다고 믿는다.)
		to 부정사	■ They **believed** her **to be innocent**. (그들은 그녀가 결백하다고 믿었다.) 여기서 to be는 생략 가능하므로 형용사가 목적보어가 됨

목적보어로 오며, 여기에 표시되지 않은 것들이 목적보어로 올 수 있음) 이러한 동사들의 목적보어로 쓰인 **to be**는 생략할 수 있음	suppose	형용사	■ They **suppose** me (to be) <u>cerebral</u>. (그들은 나를 지적이라고 추측한다.)
		to 부정사	■ He was generally **supposed** <u>to have starved</u> to death. (그는 일반적으로 추측되었다. 굶어 죽은 것으로) They **supposed** him to have~ 를 수동태로 고친 문장이며, 추측된 시점보다 죽은 시점이 더 과거이므로 완료형 부정사 (to have starved) 를 썼다. ■ You're not **supposed** <u>to smoke</u> indoors. (너는 실내에서 담배를 피우기로 (상상, 가정, 기대) 되어 있지 않다 = 피워선 안 된다. = You're not allowed to ~)
	think	형용사	■ Do you **think** it <u>unhappy</u> that we live separately? (너는 우리가 따로 사는 것이 불행이라고 생각하느냐?) 가 목적어(it) = 진 목적어(that절)
		명사	■ I **think** him (to be) <u>a very clever boy</u>. (나는 그가 매우 똑똑한 소년이라고 생각한다.) 그런데 이렇게는 잘 안 쓰고 보통은 I think that he is a ~처럼 쓴다.
목적보어로 **명사**가 오는 동사	name	명사	■ I **named** the dog <u>gangsaengi</u>. (나는 그 개를 강생이라고 이름 지었다.)
	call	명사	■ They **call** the boy <u>a coward</u>. (그들은 그 소년을 겁쟁이라고 부른다.) ■ **Call** me <u>Jin</u>. (나를 진이라 불러라.)
	elect	명사	■ They **elected** her (to be) <u>President</u>. (그들은 그녀를 대통령으로 선출했다.) to be는 생략 가능함. (이처럼 관직이 보어로 쓰일 때 president앞에 무관사)
	appoint	명사	■ The president **appointed** him (to be) <u>prime minister</u>. (대통령은 그를 총리로 임명했다.) to be는 생략 가능함

5형식 동사		목적보어로 쓸수 있는것	예문
뒤에 목적어로 사람이나 사물 (주로 사람) + 목적보어로 **부정사**가 오는 동사	advise	to 부정사	■ I **advised** him <u>to start</u> early. (나는 그에게 일찍 시작하라고 충고했다.) 이것을 수동으로 고치면 He was **advised** to start early (by me). ■ I **advised** him <u>not to start</u> early. (나는 그에게 일찍 시작하지 말라고 충고했다.) 이처럼 부정사(不定詞)를 부정(否定)할 때는 부정사 앞에 not을 쓴다.
	ask		■ I **asked** him <u>to do</u> that. (나는 그에게 그것을 하라고 요구했다.)
	cause		■ What **caused** him <u>to act</u> like that? (무엇이 그를 그렇게 행동하도록 야기시켰는가? = 그는 왜 그렇게 행동했는가?)
	challenge		■ She **challenged** me <u>to do</u> that. (그녀는 권유했다, 나에게, 그것을 하라고)
	compel		■ They **compelled** him <u>to do</u> it. (그들은 그에게 그것을 하도록 억지로 시켰다.) = He was **compelled** to do it. (수동태로 고친 것)
	enable		■ The train **enables** you <u>to go</u> there in time. (그 기차는 네가 제시간에 거기 가게끔 해준다.)
	intend		■ I **intend** my daughters <u>to receive</u> this book. (나는 딸들이 이 책을 받도록 할 작정이다.)
	oblige ~ 에게 의무를 지우다		■ They **obliged** me <u>to do</u> it. (obliged는 과거) 〈그들은 내게 그것을 하도록 강요했다. = I am **obliged** to do it (여기 obliged는 과거분사) (나는 **의무가 지워진** 상태다. 그것을 하도록)〉

5형식 동사		목적 보어로 쓸 수 있는 것	예문
뒤에 목적어로 사람이나 사물 (주로 사람) + 목적 보어로 **부정사**가 오는 동사	**convince**	<u>to 부정사</u>	■ He **convinced** me <u>to buy</u> a car. (그는 설득했다. 나를, 차 한 대 사라고) = I was **convinced** to buy a car.
	dare		■ He **dared** me <u>to swim</u> across the river. (그는 내게 충돌질했다. 그 강을 헤엄쳐서 건너보라고)
	encourage		■ She **encouraged** me <u>to try</u> again. (그녀는 나에게 용기를 주어 다시 해보도록 했다.) = I was **encouraged** to try again.
	expect		■ I **expect** you <u>to pass</u> the examination. (나는 네가 시험에 합격하기를 기대한다.)
	forbid		■ She **forbade** me <u>to go</u> there. (그녀는 나에게 거기 가는 것을 금지했다.) = I was **forbidden** <u>to go</u> there.
	force		■ He **forced** the enemy <u>to surrender.</u> (그는 강제로 적을 굴복시켰다.) = The enemy was **forced** to surrender
	instruct		■ He **instructed** me <u>to use</u> the machine. (그는 지시했다 내게 그 기계를 사용하라고)
	invite		■ I'd like to **invite** you <u>to have</u> a drink. (나는 너를 한잔 마시게끔 초대하고 싶다.)
	need		■ I **need** you <u>to work</u> hard. (나는 네가 열심히 일하는 것이 필요해) (= 네가 열심히 해줘야 되겠어)
	order		■ The commander **ordered** him <u>to advance</u>. (그 지휘관은 그에게 전진하라고 명령했다.) = He was **ordered** to advance
	permit		■ He **permitted** his name <u>to be used.</u> (그는 그의 이름이 사용되도록 허락했다.)

5형식 동사		목적보어로 쓸 수 있는 것	예문
뒤에 목적어로 사람이나 사물 (주로 사람) + 목적보어로 **부정사**가 오는 동사	persuade	to 부정사	■ I **persuaded** him <u>to go</u> to the school. (나는 그를 그 학교에 가도록 설득했다.)
	remind		■ **Remind** me <u>to write</u> him tomorrow. (알려달라, 내가 편지 쓰도록, 그에게, 내일)
	require		■ They **require** the students <u>to wear</u> uniforms. (그들은 요구한다, 그 학생들이 유니폼을 입도록) = The students are **required** to wear uniforms. = They **require** that the students (should) wear uniforms
	teach		■ He **taught** me <u>to play</u> the guitar. (그는 나를 기타를 치게끔 가르쳤다.)
	tell		■ The teacher **told** them <u>to sit</u> down. (그 선생은 그들에게 앉으라고 말했다.) = They were **told** to sit down
	urge		■ He **urged** us <u>to accept</u> the offer. (그는 촉구했다, 우리에게, 그 제의를 받아들이도록)
	want		■ I **want** you <u>to be happy</u>. (나는 네가 행복하기를 원한다.) ■ I **want** you <u>to do</u> it. (나는 네가 그걸 하길 원한다.) = I **want** it <u>(to be) done</u> by you. (to be 생략해도 문제 없을 경우 종종 생략됨) [비교] hope는 5형식으로 쓰지 않으며, that절을 목적어로 취할 수 있다. (want는 that절을 목적어로 하지 않음) [참고] 5형식으로 쓰지 않는 동사들 hope, say, explain, suggest, insist, demand, prohibit, propose 등

	warn		■ He **warned** me <u>not to swim</u> there. (그는 내게 거기서 수영하지 말라고 경고했다.) = I was **warned** not to swim there.
	wish		■ I **wish** you <u>to be happy</u>. (나는 네가 행복하기를 바란다.)
	would like		■ I **would like** you <u>to go</u> there. (나는 네가 거기 가면 좋겠다.)
allow		<u>to</u> 부정사	■ He **allowed** me <u>to use</u> his computer. (그는 내가 그의 컴퓨터를 쓰도록 허락했다.) = I was **allowed** to use his computer. ■ They did not **allow** his book <u>to be published.</u> (그들은 그의 책이 출판되는 것을 허락하지 않았다.) ■ He **allowed** me <u>to take</u> 2 days off. (그는 내게 2일 휴가 내는 것을 허락했다.) = I was **allowed** to take 2 days off.
		명사	■ He **allowed** me <u>2 days off</u>. (그는 내게 2일 휴가를 허락했다.) = I was **allowed** 2 days off.
		부사	■ They **allowed** me <u>out</u>. (그들은 내게 나가는 것을 허락했다.) = I was **allowed** out. ※ 부사가 보어로 쓰일 수 있느냐? 에 관하여 부사(out)앞에 to be가 생략되었다고 볼 수도 있고, 아예 이 문장을 3형식으로 볼 수도 있다.
			【참고】 allow가 3형식으로 쓰일 때 ■ They don't **allow** smoking here. (그들은 이곳에서 흡연을 금지한다.) = Smoking is not **allowed** here. (여기서는 금연이다.)

5형식 동사		목적보어로 쓸 수 있는 것	예문
목적보어로 **동사원형** 등이 오는 동사 **사역(使役) 동사** (사역, 즉, --에게 —하도록 하는 동사)	make	**동사원형** (사역동사인 경우는 **당연히 ~하게끔 하는** 것이어서 to부정사 대신 to 없는 부정사인 동사원형 부정사를 씀	■ He **made** me <u>come</u> here. (그는 나를 강제로 여기 오게 했다.) = I was **made** to come here. 이처럼 수동으로 고치면 to부정사를 쓴다. ■ What has **made** you <u>come</u> here? (무엇이 너를 여기 오게끔 했느냐? = 여긴 왜 왔니?) ■ He **made** the car <u>run</u>. (그는 그 차를 달리게 했다.) ■ Who **made** the car <u>run</u>? (누가 그 차를 달리게 했느냐?)
		형용사	■ You **make** me <u>happy</u>. (너는 나를 행복하게 만든다.) ■ The wind **made** the window <u>open</u>. (바람이 그 창문을 열리게 만들었다.) open은 형용사일 때 '열린'이란 뜻이므로 open의 과거분사인 opened(열린)를 쓸 필요 없고 형용사 open을 쓰는 것이 맞다.
		과거분사	■ She **made** herself <u>known</u> yesterday. (그녀는 자기 자신을 어제 알려지게끔 했다.)
		명사	■ The event **made** him <u>a hero</u>. (그 사건은 그를 영웅으로 만들었다.) ■ We **made** my house <u>a shelter</u>. (우리는 나의 집을 피난처로 만들었다.) 그런데 He **made** her a shelter. (그는 그녀에게 피난처를 만들어 주었다.) 라는 문장에서는 made가 사역동사(5형식 동사)가 아니라 수여동사(4형식 동사)이다.

have		동사원형	■ She **had** us <u>laugh.</u> (그녀는 우리를 웃게 하였다.)
		형용사	■ I **had** the window <u>**open.**</u> (나는 그 창문이 열리게 하였다 = 열었다.)
		현재분사	■ She **had** us <u>**laughing**</u> during the night. (그녀는 우리를 계속 웃게 하였다, 밤새도록) ■ I'll **have** you <u>driving</u> in a week. (나는 너를 일주일내로 운전하도록 가르쳐 주겠다.)
		과거분사	■ I **had** my hair <u>cut</u> by the barber. (나는 ~하게끔 했다, 내 머리를, **잘리도록**, 그 이발사에게) (= 나는 이발했다 라는 뜻) 이 문장에서 cut은 cut(자르다)의 과거분사 (잘린)이다. 머리카락 입장에서는 **잘린** 것이다. (hair와 <u>cut</u> 관계) 만약에 I cut my hair. 라고 하면 내가 나의 머리카락을 직접 잘랐다는 뜻임. ■ I **had** him <u>fired.</u> (나는 ~하게끔 했다, 그를, **해고당하도록**) (= 나는 그를 해고시켰다. 라는 뜻) 그 사람 입장에서는 **해고당한** 것. (him과 <u>fired</u> 관계)
let		동사원형	■ I will **let** you <u>know</u> it. (나는 네가 그것을 알게끔 할 것이다.) ■ **Let** it <u>be</u>. (~하게끔 해라, 그것을, 있게끔) (= 그것을 그대로 놔둬라.) ■ If it doesn't work, **Let** it <u>be done</u>. (안 되면, 되게 하라.) let it done 이라고 하지 않음

5형식 동사		목적보어로 쓸 수 있는 것	예문
사역동사에 준하는 동사	get	to부정사 (get은 목적보어로 부정사를 쓸 때 to부정사를 씀)	■ I **got** him **to do** it. (나는 그가 그것을 하도록 했다.)
		형용사	■ Don't **get** your hands **dirty**. (너의 손이 더럽게 하지 말라.) ■ You **got** me **wrong**. (제 말을 오해하셨네요.) ■ Don't **get** me **wrong**. (제 말을 오해하지 마십시오.)
		과거분사	■ I **got** it **done** just in time. (나는 그것이 이루어지도록 했다. 겨우 시간에 맞춰) it 입장에서는 done(이루어진) 관계 (완수했다)
		현재분사	■ He **gets** the machine **working**. (그는 그 기계가 작동하게끔 한다 = 기계를 돌린다.) 기계 입장에서는 working(작동하는) 관계
		목적보어 자리에 전치사나 부사가 오기도 함 (부사(구)이므로 3형식으로 볼 수도)	■ I **got** them **across the river**. (나는 그들에게 강을 건너게 했다.) ■ I **got** the book **down**. (나는 그 책을 내려놓았다.)
	help	동사원형이나 to부정사 (help는 목적보어로 to부정사를 쓰기도 하고 to를 생략하기도 한다.)	■ I **helped** her **(to) wash** the dishes. (나는 그녀가 그 접시들을 씻도록 도왔다.)

【참고】 help

▶ help + 목적어
- **help** me. (도와줘)

▶ help + 목적어 + to부정사 (또는 to없는 원형부정사)
- We aim to **help** the students (to) **help** themselves.
  (우리는 그 학생들이 자신들을 도울 수 있게(자립할 수 있게) 도울 작정이다.)

▶ help + 목적어 + 전치사 또는 부사
- They **helped** me to my feet. (전치사구)
  (그들은 내가 일어서는 것을 도와주었다.)
- They **helped** us ashore. (부사)
  (그들은 우리가 해안으로 상륙하는 것을 도와주었다.)

▶ help + to부정사 (또는 to없는 원형부정사)
- Prayer can **help** (to) give confidence.
  (기도는 확신을 주도록 도울 수 있다.)

여기에서는 help가 사역동사가 아니라 '---하는데 도움이 되다'라는 뜻으로서 to부정사나 동사원형 부정사를 목적어로 취하는 3형식 동사임
  (그런데 help 다음에 목적어가 생략되었다고 보는 이들도 있음)

▶ '피하다(통제하다)' 뜻일 때
- He never does any more work than he can **help**.
  (그는 그가 통제할 수(감당할 수) 있는 것 보다 더 일을 결코 하지 않는다.)
  (= He does as little as possible. 그는 가능한 한 적게 한다.)

- I couldn't **help** laughing at the scene.
  (= I couldn't **help** but laugh at the scene.
    나는 그 광경을 보고 웃지 않을 수 없었다.)

▶ '음식 등을 먹다' '누구에게 주다' 뜻일 때
- **Help** yourself. ((알아서 그냥) 드세요.)

▶ 명사로 쓰일 때
- Can I give you any **Help**? (**도움**을 드릴까요?)
- You've been a great **Help**. (당신은 그동안 큰 **도움**이 되었습니다.)

5형식 동사		목적보어로 쓸수 있는 것	예문
목적보어로 **동사원형**이 오는 동사 **지각(知覺) 동사** 보다, 듣다, 느끼다 등의 지각을 나타내는 동사	see	**동사원형** (원형부정사) (to부정사는 미래지향이므로 '미래를 知覺'하는것은 말이 안되어서 to부정사 안 씀) **현재분사** (--ing) *동사원형이나 현재분사나 거의 같은 뜻으로 쓰임. **과거분사**	■ I saw him <u>run.</u> (난 그가 달리는 것을 봤다.) to run을 쓰면 달리게 될 것을 봤다가 됨 (말이 안됨) ■ I saw him <u>running</u>. (나는 그가 달리는 중인 것을 보았다.) ■ I saw him <u>beaten.</u>(난 그가 맞는 걸 봤다.)
	watch		■ I watched him <u>tap</u> the stick. (나는 그가 막대기 두드리는 것을 지켜봤다.) ■ I watched him <u>tapping</u> the stick. (나는 그가 막대기를 계속 두드리는 장면을 지켜봤다.)
	look at 구동사 참고		■ I looked at him <u>run.</u> (나는 그가 달리는 것을 봤다.) ■ I looked at him <u>running</u>. (나는 그가 달리는 중인 것을 봤다.)
	notice		■ I notice him <u>run.</u> (나는 그가 달리는 것을 인지하고 있다.) ■ I notice him <u>running</u>. (나는 그가 달리는 중인 것을 인지하고 있다.)
	observe		■ I observe him <u>run.</u> (나는 그가 달리는 것을 지켜보고 있다.) ■ I observe him <u>running</u>. (나는 그가 달리는 중인 것을 지켜보고 있다.)
	hear		■ I heard you <u>cry.</u> (나는 네가 우는 것을 들었다.) ■ I heard you <u>crying.</u> (나는 네가 우는 중인 것을 들었다.) [비교] I heard (that) you **cried**. (네가 울었다고 (전해) 들었다.) 여기의 heard는 위와는 달리 that절 (that은 생략 가능)을 목적어로 하는 3형식 동사이다. (that을 생략하면 모양이 비슷해서 혼동할 우려 있음)

	listen to 구동사 참고		■ I **listen to** him <u>cry.</u> (나는 그가 우는 것을 듣는다.) ■ I **listen to** him <u>crying.</u> (나는 그가 우는 중인 것을 듣는다.)
	feel		■ I **feel** the earth <u>vibrate.</u> (나는 느낀다, 지구가 흔들리는 것을) ■ I **feel** the earth <u>vibrating.</u> (나는 느낀다, 지구가 흔들리는 중인 것을)
	smell 등등		■ I **smell** the bread <u>baking.</u> (나는 그 빵이 구워지는 냄새를 맡는다.) 여기서 baking은 자동사 (구워지다 라는 뜻)의 현재분사형. (빵 입장에서는 baking(구워지는) 관계임) ■ I **smell** something <u>burning.</u> (나는 어떤 것이 타는 냄새를 맡는다.) 여기서 burning은 자동사 ('타다'라는 뜻)의 분사형임. (something 입장에서는 burning(타는) 관계임)
			■ I **smell** the bread <u>baked.</u> (나는 빵이 구워지는 냄새를 맡는다.) 여기서 baked는 타동사 ('굽다'라는 뜻)의 과거분사형 (구워진). (빵 입장에서는 baked 관계) ■ I **smell** something <u>burned.</u> (나는 어떤 것이 태워진 냄새를 맡는다.) 여기서 burned는 타동사 ('태우다'라는 뜻)의 과거분사(태워진)임 ※ bake는 구워지다(자동사)도 되고 ~을 굽다(타동사)도 됨 burn은 타다(자동사)도 되고 ~을 태우다(타동사)도 됨

【참고】 want, wish, hope

- I **want** some bread. (나는 빵을 좀 원한다 = 먹고 싶다.) 3형식
- I **want** you for my wife. (나는 당신을 아내로 맞고 싶습니다.) 3형식
  He is wanted for fraud. (그는 사기로 수배중이다.)
- I **want** to have some bread. (나는 빵을 좀 먹기를 원한다.) 3형식
  Do you **want** to go there? (너는 거기 가는 것을 원하니?) 3형식
  you **want** to see a doctor. (너는 진료 받아**야 한다**.)(영국식 구어체) 3형식
- This work **wants** doing at once. (이 일은 당장 이루어져야 된다.) 3형식
- I **want** him to fix the facilities. (나는 그가 그 설비를 고치기를 원한다.) 5형식
  Do you **want** me to go there? (너는 내가 거기 가는 것을 원하니?) 5형식
- I **want** the car (to be) repaired. (나는 그 차가 수리되길 원한다.) 5형식
- I **want** the plan ready. (나는 그 계획이 준비되길 원한다.) 5형식
- I don't **want** the boys coming in and out. (소년들이 들락거리는 걸 원치 않아.) 5형식

- We can't **wish** for what we don't know.
  (우리는 모르는 걸 바랄 수는 없다. -프랑스 속담-)
- I **wish** (that) I could do it. (나는 그걸 할 수 있으면 좋을 텐데.) 3형식
- I **wish** to see you again. (나는 당신을 다시 만나면 좋겠습니다.) 3형식
- I **wish** you a merry Christmas. (즐거운 크리스마스를 기원합니다.) 4형식
   I **wish** your merry Christmas.(3형식)처럼 쓰지는 않음
- I **wish** you to come back. (나는 네가 돌아오길 바란다.) 5형식
- I **wish** this book shorter. (나는 이 책이 짧아지길 원한다.) 5형식

- Everyone **hopes** for success. (모두가 성공을 희망한다.)
- I **hope** to arrive around five. (5시경 도착할 것으로 기대한다.) 3형식
- He **hopes** (that) he will be in the position.
  (그는 그 위치에 있게 되길 희망한다.) 3형식

제3절 동사의 활용(活用)

1. 동사를 활용해서 나온 것들 (동명사, 분사, 부정사)

동사는 다음처럼 여러 가지로 활용된다.
동사를 활용하면 명사, 형용사, 부사를 만들 수 있다.

동사	동사의 활용		
먹는다 eat	명사	먹기, 먹음, 먹는 것	eating (**동명사**) 먹는 것, to eat (to**부정사**) 먹는 것
	형용사	먹는, 먹은, 먹을, 먹힌	eating (현재분사) 먹는, eaten (과거분사) 먹힌, 먹은 to eat (to**부정사**) 먹는, 먹을
	부사	먹기 위해, 먹으니까	to eat (to**부정사**)

이처럼 동사에서 시작한 명사, 형용사, 부사가 있는데,
동사에서 나온 **명사**는 동명사와 부정사가 있고, 동사에서 나온 **형용사**는 분사와 부정사가 있고, 동사에서 나온 **부사**는 부정사가 있다.

- **동명사(動名詞)**는 동사에서 나온 명사로서 동사의 명사적 형태이므로 동명사라고 부른다. A **sleeping** room(수면실) 〈잠자고 있는 방은 아닐 것이므로 sleeping이 분사(형용사)가 아니라 동명사임〉

- **분사(分詞)**는 동사에서 나온 형용사로서 동사의 가지, 즉 부분(分)을 가지고 새롭게 형용사 형태로 만든 것이므로 분사라고 부른다. A **sleeping** baby(잠자는 아기) 〈잠자고 있는 아기이므로 sleeping은 동명사가 아니라 분사(형용사)임〉

- **부정사(不定詞)**는 동사에서 나온 명사 또는 형용사 또는 부사로서, 모양은 같으나 명사, 형용사, 부사로 다양하게 쓸 수 있고, 수(단수, 복수)나 인칭(1, 2, 3인칭) 등이 딱히 정해지지 않은(不定), 즉 수나 인칭에 맞게 정해지지 않고, 수나 인칭에 관계없이 한 가지 모양으로 쓰는 것이라 하여 부정사라고 부른다.

〈연관 학습 --- 관련된 부분을 같이 공부하기 바람〉

	동명사	분사	부정사
문장론	◆ 문장 분류 -형태에 의한 분류 -복문 -명사절을 　　　동명사구로 　　　간단히 하기	◆ 문장 분류 -형태에 의한 분류 -복문 -부사절을 분사구문으로 　간단히 하기 ---------------------- ◆ 문장 분류 -형용사절을 분사구로 　간단히 하기	◆ 문장 분류 -형태에 의한 분류 -복문 -명사절, 부사절, 　형용사절을 부정사구로 　간단히 하기
품사론	◆ 명사 - 명사 역할 - 동명사(구) ----------- ◆ 동사 - 3형식동사 - 동명사를 　목적어로 취하는 　동사 ------------- ◆ **동사** - **동사의 활용** - 동명사	◆ **동사** - **동사의 활용** -분사 ------------------ ◆ 형용사 -형용사 역할 -분사, 분사구 ------------------ ◆ 부사 -부사 역할 -부사절 역할하는 분사구문	◆ 명사 -명사 역할 -명사구 -부정사구 ----------------- ◆ 동사 -2형식동사 -형용사 용법 ----------------- ◆ 동사 -3형식동사 -to부정사를 　목적어로 취하는 동사 ----------------- ◆ 동사 -5형식동사 - to부정사를 　목적보어로 취하는 동사 ----------------- ◆ **동사** - **동사의 활용** -부정사 ----------------- ◆ 형용사 -형용사 역할 -형용사구 -부정사구 ----------------- ◆ 부사 -부사 역할 　부사구 -부정사구

2. 동명사, 분사, 부정사의 동사적인 성질

이러한 3가지(동명사, 분사, 부정사)는 동사에서 나왔기 때문에 **동사의 성질**(진행시제, 완료시제 등 시제를 쓸 수 있음/ 능동태와 수동태 등 태를 쓸 수 있음/ not to eat 처럼 그 자체를 부정할 수 있음/ 목적어나 보어를 가질 수 있음/ 의미상의 주어를 가질 수 있음 등) **을 그대로 가진다.**

1) 자체 부정(否定)을 할 수 있음

(1) 부정사

I want **to go** there. (나는 거기 가는 것을 원한다.)

위 문장에서 to부정사만을 자체 부정하면 부정사 앞에 not이나 never를 붙인다.

■ I want **not to go** there. (나는 거기 **가지 않는 것**을 원한다.)

■ He advised me **not to go** there. (그는 내게 거기 **가지 않는 것을(가지 말라고)** 권했다.)

■ It is okay **not to win** the game. (그 경기에 **이기지 않는 것**은(**이기지 못해도**) 좋다.)
　여기서 It은 가주어, not to win the game은 진주어

(2) 동명사

I am considering **going** shopping. (나는 쇼핑 가는 것을 고려 중이다.)

위 문장에서 동명사만을 자체 부정하려면 동명사 앞에 not이나 never를 붙인다.

■ I am considering **not going** shopping.
　(나는 쇼핑 **가지 않는 것**을 고려 중이다.)

■ I am ashamed of **not having** been honest.
　(나는 전에 정직하지 **않았던 것**을 부끄러워한다.)

(3) 분사

Studying hard, he could pass the examination.
(열심히 공부했기 때문에 그는 그 시험에 합격할 수 있었다.)

위 문장에서 분사만을 자체 부정하면 분사 앞에 not이나 never를 붙이면 된다.

■ **Not studying** hard, he couldn't pass the examination.
　(열심히 **공부하지 않았기 때문에** 그는 그 시험에 떨어졌다.)
　(= Since he didn't study hard, he couldn't pass the examination.)

2) 의미상의 주어(意味上 主語)가 있음

(1) 부정사

■ It is good **for him** **to do** it.
　(좋다. 그에게, 그것을 하는 것이 = 그가 그것을 하는 것은 좋다.)
　여기서 그것을 하는 사람은 그다. 즉, to부정사(to do)의 의미상의 주어는 him.
이처럼 부정사의 의미상의 주어는 전치사 + 목적격 (for him 등) 형태로 쓴다.

■ It is kind **of you** **to listen** to me.
　(친절하다, 당신이, 내 말을 들어주는 것이 = 당신은 내 말을 들어주어 친절하다.)

　여기서 들어주는 사람은 you이다.
즉, to부정사(to listen)의 의미상의 주어는 you임. 이때 kind는 of를 씀

(2) 동명사

■ I advised **his starting** early.
　(나는 충고했다, **그의 출발**을, 일찍 = 그에게 일찍 출발하라고 충고했다.)

여기서 출발하는 사람은 그다. 즉, 동명사(starting)의 의미상의 주어는 his.
이처럼 동명사의 의미상의 주어는 소유격+동명사 형태로 쓴다.

그런데 **my son being** a doctor 처럼 목적격 + 동명사 형태로 쓰기도 한다.

(3) 분사

■ **Knowing** the way, I could go there.
　　(그 길을 **알았기에**, 나는 거기 갈 수 있었다.)

여기서 분사(knowing)의 의미상의 주어는 주절의 주어인 I이다.

■ The sun　having set, I went to bed. (해가 진 후에, 나는 잤다.)

　여기서 분사(having set)의 의미상의 주어는 The sun이다.
주절의 주어(I)와 다르기 때문에 독립적으로 The sun을 써 준 것이다.

3) 목적어, 보어를 가짐

(1) 부정사

■ **To do** <u>the work</u> is easy. (그 일 하는 것은 쉽다.)
　to부정사 (To do)의 목적어가 the work이다.

■ I want **to be** <u>a singer</u>. (나는 원한다, 가수가 되는 것을)
　to부정사 (to be)의 보어로 a singer가 쓰였다.

(2) 동명사

■ I finished **doing** <u>my homework</u>. (나는 숙제하는 것을 마쳤다.)
　여기서 동명사 (doing)의 목적어가 my homework 이다.

■ **Looking** <u>happy</u> is different from **being** <u>happy</u>.
　(행복해 보이는 것과 행복한 것은 다르다.)
　동명사 (Looking, being)의 보어가 happy 이다.

(3) 분사

■ I am **studying** <u>English.</u> (나는 영어공부 중이다.)
　여기서 분사 (studying)의 목적어가 English이다.

■ It **being** <u>a fine day,</u> we worked out. (날씨가 좋아서, 우리는 운동했다.)
　현재분사 (being)의 보어로 a fine day가 쓰였다.

4) 시제 표현을 할 수 있음

〈보다 이전 시점을 표시하려면 완료형(부정사는 to have pp, 동명사와 분사는 having pp)을 쓰면 됨〉

(1) 부정사

■ He seems **to be** honest. (그는 정직하게 보인다.)
　정직한 시점과 보이는 시점이 같으면 이처럼 to부정사가 단순하게 단순 부정사 (to + 동사원형(to be))로 쓴다.

■ He seems **to have been** honest. **(완료형 부정사)**
　(그는 (전에) 정직했었던 것으로 (지금) 보인다.)
　정직했던 시점이 보이는 시점보다 먼저이므로 완료형 부정사(to have been)를 썼다.

(2) 동명사

■ He denies **having stolen** the book. **(완료형 동명사)**
(그는 (전에) 그 책을 훔쳤던 것을 (지금) 부인한다.)
부인하는 것보다 훔친 시점이 먼저이므로 동명사가 단순 동명사(stealing)가 아닌 완료형 동명사(having stolen)로 쓰였다.

(3) 분사

■ **Having finished** the work, he went to bed. **(완료형 분사)**
(그 일을 마친 후에, 그는 잤다.)

일을 마친 시점과 잠을 잔 시점이 같으면 Finishing the work, 이 되는데, 잠을 잔 시점보다 일을 마친 시점이 먼저이므로 분사가 단순 분사(finishing)가 아닌 완료형 분사(Having finished)로 쓰였다.

5) 수동 표현을 할 수 있음

(1) 부정사

■ He seems **to be excited.** (그는 흥분된 것으로 보인다)
to부정사가 수동형으로 쓰였다.

■ He seems **to have been excited.** (그는 흥분됐었던 것으로 보인다.)
to부정사가 완료시제 수동형으로 쓰였다.
흥분되었던 시점이 보인 시점보다 먼저여서 완료형으로 쓴 것이다.

(2) 동명사

■ He resented **being treated** as a child.
(그는 애 취급받는 것을 분개했다.) 동명사가 수동형으로 쓰였다.

■ He resents **having been treated** as a child.
(그는 (전에) 애 취급받았던 것을 (지금) 분개한다.)
애 취급 시점이 분개 시점보다 먼저여서 동명사가 완료시제 수동형으로 쓰였다.

(3) 분사

■ The window is **being broken**. (그 창문이 깨지고 있는 중이다.)
분사가 수동형 (being broken) 으로 쓰였다

3. 부정사

1) 개념

품사가 정해지지 않고 명사, 형용사, 부사 역할을 다양하게 시키기 위해서 동사를 변형시켜 만든 것으로, 수(단수, 복수)나 인칭(1, 2, 3인칭) 등에 맞게 정해지지 않고(不定), 한 가지 모양으로 쓰는 것(Let me **go**. 나 Let him **go**.나 동일하게 go를 씀) 이라 하여 부정사라 한다.

2) 용법

부정사는 명사 역할(명사적 용법)을 하는 경우도 있고, 형용사 역할(형용사적 용법)을 하는 경우도 있고, 부사 역할(부사적 용법)을 하는 경우도 있다.

명사, 형용사, 부사 부분을 참고하기 바란다. 〈연관학습표〉참고

(1) 명사적 용법 (부정사가 명사 역할)

■ **To study** English is interesting. (영어 **공부하는 것**은 재미있다.)
　　to부정사가 주어로서 명사처럼(**공부하는 것**) 쓰이고 있다.

■ It is very important **to do** self-directed learning.
　　(자기주도학습을 **하는 것**이 매우 중요하다.)　　It(가주어) = to do(진주어)

■ All you have to do is **to tell** him what I said. (to부정사가 보어)
　　(네가 해야 할 모든 것은 그에게 내가 말했던 것을 **말하는 것**뿐이다.
　　　= 넌 그 말만 하면 돼.)
　　이렇게 '~ is to부정사' 구문에서는 미국사람들이 종종 to를 생략하여 말하기도 하므로 위 문장이 ~ do is tell ~ 이 되기도 한다.

■ Try **not to judge** people by their looks. (to부정사가 try의 목적어)
　　(노력해라. 사람을 **평가하지 않는 것**을, 외모로
　　　= 사람을 외모로 평가하지 않도록 해라.)　to부정사를 부정할 경우는 그 앞에 not을 쓰면 되므로 to부정사(not to~)가 명사(**평가하지 않는 것**)역할을 하고 있다.

(2) 형용사적 용법 (부정사가 형용사 역할)

■ What is the best way **to study** English?
(영어 **공부하는** 가장 좋은 방법은 무엇인가?) to부정사가 명사(way방법)를 수식하는 형용사(**공부하는**) 역할을 하므로 to부정사의 형용사적 용법이다.

■ I have nobody **to talk with**.
(나는 아무도 없다. 말할, 함께 = 나는 **같이 이야기할** 사람이 없다.)
to부정사가 명사(nobody)를 수식하는 형용사(**이야기 할**) 역할을 하므로 to부정사의 형용사적 용법인데, talk이 자동사로서 talk with nobody는 말이 되지만 talk nobody는 말이 안 되므로 to talk이 아니라 to talk with 라고 해야 한다. 만약 tell(타동사)이라면 tell with nobody가 말이 안 되고 tell nobody가 말이 되므로 to tell이 맞다.

■ My attempts **not to upset them** have failed. 〈주어가 복수(attempts)여서 have 씀〉
〈**그들을 화나게 하지 않으려는** 나의 시도들은 실패했다.(실패해 왔다)〉
to부정사를 부정할 때는 앞에 not이나 never를 쓰면 되며, to부정사(not to ~~)가 명사(attempts)를 수식하는 형용사(**화나게 하지 않으려는**) 역할을 하고 있다.

■ 「be 동사 + to 부정사 용법」
○ 예정
I am **to retire**. (나는 예정이다. 은퇴할 = 나는 은퇴할 예정이다.)
to부정사는 명사적, 형용사적, 부사적 용법으로 쓰일 수 있는데, 여기서 to retire는 '나 = 은퇴하는 것' 은 말이 안 되므로 명사적 용법(은퇴하는 것)이 아니라 be동사(am)의 보어로서 형용사적(은퇴할 예정인) 으로 쓰였다.
그래서 to부정사의 형용사적 용법이다.

○ 의무
You are **not to swim** here. (너는 수영해서는 안 된다. 여기서는)
to부정사가 be동사(are)의 보어로서 형용사 역할을 하므로 형용사적 용법이다. to부정사(不定詞)를 부정(否定)할 때는 그 앞에 not 을 쓰면 된다.

○ 가능
No one is maybe **to be found**.
〈아무도, 아마도, 발견되지 않을지(발견될 수 없을지) 모른다.〉
to부정사가 is 의 보어로서 형용사 역할을 하므로 형용사적 용법이다.

(3) 부사적 용법 (부정사가 부사 역할)

■ I went to the library **to study** English. (영어 **공부하러** 도서관에 갔다.)
　to부정사가 부사처럼(**공부하기 위하여**) 쓰이고 있다.

■ I kept the promise **not to disappoint her**.
　(나는 약속을 지켰다. **그녀를 실망시키지 않기 위하여**)
　to부정사를 부정할 때는 앞에 not이나 never를 쓰면 되며, to부정사 (not to ~~)가 부사(**실망시키지 않으려고**) 역할을 하고 있어서 부정사의 부사적 용법이다.

3) 부정사 형태

(1) to 부정사 (to + 동사의 기본 원형)

　to부정사는 이미 있는 영어단어인 전치사 to를 가지고 만든 것이므로
　- 전치사 to의 기본 의미('~에, ~로'처럼 미래지향적 의미)를 담는 경우가 많으며,
　- 혼동을 피하기 위하여 다른 전치사를 to부정사 바로 앞에 쓰지 않는다.

■ I want **to go** there. (나는 원한다. 가는 것을, 거기에)

　그런데 I want **to go** there, but he doesn't want **to go** there.에서 같은 것의 반복을 피하기 위해서 I want **to go** there, but he doesn't want **to**. 처럼 to만을 쓰기도 하는데 이것을 대(代)부정사라고 한다.

　그리고 다음처럼 시제를 표시할 수 있다.

① **단순 부정사 (to + 동사 원형)** (문장의 동사 시점과 부정사의 시점이 **같은 경우**)
■ He seems **to be** honest. (그는 (지금)정직하게 (지금)보인다.)
　= It seems that he **is** honest.　　It(가주어) = that절(진주어)

■ He seemed **to be** honest. (그는 (과거에)정직하게 (과거에)보였다.)
　= It seemed that he **was** honest.

② **완료형 부정사 (to + have pp)** (문장의 동사 시점보다 부정사의 시점이 **더 먼저인 경우**)
■ He seems **to have been** honest. (그는 (과거에)정직했었던 것으로 (지금) 보인다.)
　= It seems that he **was** honest.

■ He seemed **to have been** honest. (그는 (더 과거에) 정직했었던 것으로 (과거에) 보였다.)
　= It seemed that he **had been** honest.

그리고 **to**와 **동사원형**이 분리될 수도 있다.

예컨대 I told him **to dance** laughingly.는 '춤추라고 웃으면서 말한 것인지', '웃으면서 춤추라고 말한 것인지' 애매하다.

그래서 I laughingly told him **to dance**.(그에게 춤추라고 웃으며 말했다.) I told him **to** laughingly **dance**.(그에게 웃으며 춤추라고 말했다.)처럼 분리해서 쓸 수 있는 것이다.

(2) 원형부정사 (원형은 '시제' 개념이 없는 원래의 기본 형태라는 뜻임)

다음 같은 경우에는 to 없이 동사의 기본 원형만 쓰는데, 이 동사원형 형태를 원형부정사라고 한다.

① 지각동사나 사역동사 + 목적어 + **동사원형**(원형부정사)

■ I see him **run**. (나는 그가 달리는 것을 본다.)

■ I let him **go**.
(나는 ~하게 해 주었다. 그를, 가게 = 나는 그가 가게 해 주었다.)

② help + **(to)** 동사원형
  ※ ( )를 쓴 것은 to를 생략할 수 있다는 뜻 (to 써도 되고, 안 써도 됨)

■ The food helps **(to) prevent** cancer.
  (그 음식은 암을 예방하도록 도움을 준다.)

4) 부정사의 의미상의 주어

부정사의 주체(의미로 볼 때 부정사의 주어)를 말한다.

(1) 별도로 표시하는 경우

① **for를 쓰는 경우**

■ This book is easy **for me** to read. (이 책은 쉽다. 내가 읽기에)
  내가 읽는 것이므로 to read의 의미상의 주어를 for me로 표시하고 있다.

■ It is good **for you to swim**. (좋다. 너에게, 수영하는 것은)
you가 수영하는 것이므로 to swim의 의미상의 주어를 for you로 표시하고 있다.
여기서 It은 to swim(진주어)을 대신해서 쓴 가주어이다.

② of를 쓰는 경우

nice, kind, polite, cruel, careless, rude 등 처럼 앞에 나오는 형용사가 사람의 성질을 나타낼 때는 의미상의 주어를 for가 아닌 of로 쓴다.

■ It is very nice **of you to say** so. (매우 기쁘다. 네가 그렇게 말해주는 것이)
'너'가 말하는 것이므로 to say의 의미상의 주어를 of you로 표시하고 있다.

(2) 별도로 표시하지 않는 경우

① 문장 주어와 같아서 별도로 말하지 않는 경우

■ I want **to go** there.
내가 가는 것이므로 to부정사의 의미상 주어는 문장의 주어(I)와 같아서 별도로 표시하지 않는다.

② 문장에서 목적어와 같아서 별도로 말하지 않는 경우

■ I advised him **to go** early. (나는 그에게 충고했다. 일찍 가라고)
그가 가는 것이므로 to부정사의 의미상 주어는 목적어(him)와 같아서 별도로 표시하지 않는다.

③ 의미상 주어를 생략하는 경우

■ This book is easy **to read**. (이 책은 쉽다. 읽기에)
특정하지 않은 일반 사람들이 읽기에 쉽다는 것이므로 to read의 의미상의 주어는 '일반 사람들'로서 for people이 생략되어 있다.
read의 목적어인 This book이 주어가 된 것.

【비교】 to부정사의 의미상의 주어에 따른 능동과 수동

    This book is easy **to be read**. (이 책은 쉽다. 읽혀지기에)

                                 read [red] 는 read [ri:d] 의 과거분사

책 입장에서는 읽혀지는 것이다. 읽혀지는 것(to be read)은 책이므로 to부정사의 의미상의 주어는 문장의 주어와 같은 This book이다.

    그런데 이 문장은 한국어로는 맞는 말 같지만, '사람들이 읽기에 책이 쉬운 것' 이므로 to be read가 아니라 **to read가 맞다.**

    즉, To read this book is easy.(이 책을 읽는 것은 쉽다.)

      ⇒ It is easy to read this book.

      ⇒ This book is easy to read. (이 책은 (사람들이) 읽기에 쉽다.)

라는 3단 변형이 성립되어야 하는데 To be read this book is easy. 라는 문장은 애당초 틀린 문장이기 때문이다.

    그런데 다음 문장들을 비교해 보자.

■ He is difficult **to teach**. (그는 가르치기 어렵다.)

여기서 to teach의 의미상 주어는 그를 가르칠 일반 사람들로서 생략되어 있고, teach의 목적어가 앞으로 나가서 주어(He)가 되었다.

    = It is difficult to teach him. 그래서 to be taught 라고 하면 틀림

■ He is eager **to teach**. (그는 간절히 가르치고 싶어 한다.)

여기서는 가르치고 싶어 하는 자가 그이기 때문에 to teach의 의미상 주어는 주어(He)와 같다. 여기서 teach는 자동사(vi)

■ He is eager **to be taught**. (그는 간절히 가르침을 받고 싶어 한다.)

여기서는 가르침을 받고 싶어 하는 자가 그이므로 to be taught의 의미상 주어는 주어(He)와 같다. 여기서 to be taught 는 맞는 표현임

■ The work is due **to be done** in two hours.
    (그 일은 끝마쳐질 예정이다. 2시간 안에)

여기서는 마쳐지는 것은 일이므로 to be done의 의미상 주어는 주어(work)와 같다.

    이처럼 문장 구조는 같지만, 앞에 쓰인 형용사(easy, eager 등)에 따라 to부정사의 의미상의 주어를 생각하면서 to부정사를 맞게 써야 한다.

---

5) be + 형용사 + to부정사 표현

- **be able to** (~할 수 있다)
  You will be able **to do** it. (너는 그것을 할 수 있을 것이다.)

- **be apt to** ―하는 경향이 있다
  She is apt **to forget**. (그녀는 잊어버리는 경향이 있다.)

- **be afraid to** 두려워 ―하지 못하다.
  I am afraid **to go** outside because of COVID-19.
  (나는 밖에 나가기 두렵다. 코로나바이러스 때문에)

- **be anxious to** 몹시 ―하고 싶다 = be eager to
  They are anxious **to go** abroad. (그들은 해외에 가기를 갈망한다.)

- **be liable to** ―하기 쉽다, 책임이 있다.
  Accident are liable **to occur** there. (사고가 일어나기 쉽다. 거기는)
  You are liable **to pay** her $ 100.
  (너는 그녀에게 100달러를 줄 책임이 있다.)

- **be likely to** ― --할 것 같다.
  He is likely **to come**. (그는 올 것 같다.)
  여기서 likely는 '~할 것 같은' 이라는 형용사이다.

[비교] 부사로 쓰인 likely (아마도)
He is **likely** coming. (그는 아마도 오고 있는 중이다.)
He is **most likely** coming.
(그는 아마도 오고 있는 중이다. 여기의 most도 부사로서 likely를 수식함)

- **be willing to** -- 기꺼이 ―하다
  I am willing **to help** poor people.
  (나는 기꺼이 도울 것이다, 가난한 사람들을)

- **be ready to** ―할 준비가 되다
  I am ready **to take** an examination. (나는 시험 볼 준비가 되어 있다.)

- **be due to** --하기로 되어 있다.(~할 예정이다.)
  The bus is due **to arrive** here at four.
  (그 버스는 도착할 예정이다. 여기에, 4시에)

[비교] be due to + 명사 (~ 때문이다.) 여기서 to는 전치사
   His failure is due to his laziness. (그의 실패는 그의 게으름 때문이다.)

- **be welcome to** 마음대로 ―해도 좋다
  You are welcome **to come** here. (너는 여기 와도 좋다.)

- **be worthy to** --할 가치가 있다
  You are worthy **to be loved**. (너는 사랑받을 가치가 있다.)
  = You are worthy of love.

  참고로 The picture is worth 500 dollars. (그 그림은 500달러 가치가 있다.)

- **be certain to** 반드시 ―하다.
  He is certain **to come** here.
  (그는 반드시 여기 올 것이다. = 그는 분명 올 것이라고 내가 확신한다.)

- **be sure to** 반드시 ―하다.
  He is sure **to succeed** in the end.
  (그는 결국에는 반드시 성공할 것이다. = 그는 분명 성공하리라고 내가 확신한다.)

- **be free to** 자유롭게 ―할 수 있다.
  You are free **to call** me. (너는 자유롭게 나에게 전화할 수 있다.)

- **be reluctant to** 마지못해 ―하다
  He is reluctant **to exercise**. (그는 운동하는 것을 꺼린다.)

6) 의문사 + to부정사 표현 ('~인지'라는 표현)

- I don't know **where to go**. (나는 모른다. **어디로 가야 하는지**)
  = I don't know where I should go. (to go의 의미상 주어는 I(주절의 주어))

- I'll teach you **how to solve** it. (나는 알려주겠다. **어떻게 네가 그걸 해결하는지**)
  = I'll teach you how you can solve it. (to solve의 의미상 주어는 you)

- Tell me **when to go**. (나에게 말해줘. **언제 내가 가야 하는지**)
  = Tell me when I should go.

- He asked me **what to do.** (그는 내게 물었다. **무엇을 해야 하는지**)
  = He asked me what he should do.

- I think **which to do**. (나는 생각한다. **어느 것을 해야 하는지**)
  = I think which I should do.

- I doubt **whether to do** it. (나는 내가 그것을 **해야 하는지** 의문이다.)
  = I doubt whether I should do it.

7) to 부정사의 관용적 표현

- to be sure 확실히
  To be sure, vocabulary is important to studying English.
  (확실히, 어휘는 중요하다. 영어를 공부하는 데에)

- to conclude 결론을 내자면
  To conclude, everybody is mortal. (결론적으로, 모두가 죽게 되어 있다.)

- not to mention 말할 것도 없이
  Ice cream sells well even in weather, **not to mention** in summer.
  (아이스크림은 잘 팔린다. 겨울에도, 여름에는 말할 것도 없고)

  여기서 sell은 타동사로 '~을 팔다'라는 뜻도 있고, 위 문장처럼 자동사로 '팔리다'라는 뜻도 있다.
  그래서 위 문장은 Ice cream is sold well ~~.처럼 수동태로 쓸 수도 있다.

- needless to say 말할 나위도 없이
  Needless to say, we should study English hard.
  (말할 필요도 없이, 우리는 영어공부를 열심히 해야 한다.)

- so to speak 말하자면
  Works of art are a kind of mental feces, **so to speak**.
  (예술작품은 일종의 정신적 똥이다. 말하자면)

- strange to say 이상하게도
  Strange to say, everyone likes him. (이상하게도, 모두가 그를 좋아한다.)

4. 동명사

동명사는 동사(가다, 오다, 먹다)에서 나온 명사(**감, 옴, 먹음, ~하는 것**) 형태이다.
예를 들면 ■ **Studying** English is interesting.(영어 **공부하는 것**은 재미있다.)에서 studying이다.

동사 원형에 ing가 붙은 형태인데, e로 끝나는 동사는 coming, dancing처럼(e를 빼고), 단모음 + 단자음인 동사는 swimming처럼 (끝 자음을 한 번 더) 쓴다.

동명사에 관하여는 명사 부분에서 명사 역할 하는 것 중 동명사(구) 부분을 함께 참고하면 된다. 〈연관학습표〉 참고

5. 분사

1) 개념

분사는 동사(먹다, 자다)에서 나온 형용사(**먹는, 먹힌, 자는, ~하는**) 형태이다.

'~하는' 이라는 능동 형태의 '현재분사'(interesting 등) (~ing이므로 모양이 동명사와 동일) 와 '~된' 이라는 수동 형태의 '과거분사'(interested 등)(~ed로 끝나는 것이 많지만 다른 것도 있음) 가 있다.

분사에 관하여는 문장론에서 문장의 분류 - 형태에 의한 분류 - 복문 - 부사절 - 부사절을 분사구문으로 간단히 하기 /

품사론에서 형용사 - 형용사 역할, 부사 - 부사 역할 - 부사절을 대신하는 분사구문 부분을 함께 참고하면 된다. 〈연관학습표〉참고

2) 용법

(1) 형용사 역할을 한다. (분사의 형용사적 용법)

■ The boy **studying** English is my cousin.
(영어 **공부하는** 그 소년은 나의 사촌이다.)에서
studying이 분사인데, 명사인 boy를 수식하는 형용사 역할을 하고 있다.

자세한 것은 형용사 부분 중 형용사 역할 하는 것을 참고하면 된다.

종류	현재분사	과거분사
개념	동사의 **능동형** 형용사 형태	동사의 **수동형** 형용사 형태
모양	~ing 형태	주로 ~ed 형태가 많다
예	**~하는** 사람(사물) 또는 ~를 **~하는** 사람(사물)	**~된** 사람(사물)
예 설명	여기서 '~를' 은 분사의 목적어이고 '~하는' 은 사람이나 사물을 형용하는(꾸미는) 현재분사이다.	여기서 '~된'은 사람이나 사물을 형용하는(꾸미는) 과거분사이다.
역할 (용법)	**능동** 표현 **진행** 표현	**수동** 표현 **완료** 표현

이러한 현재분사와 과거분사를 정리하면, 예를 들어 다음 문장을 보자.
He interests her. (그는 그녀를 재미있게 한다.) 라는 문장으로부터 차례로 다음을 하나씩 살펴보자.

[분사가 명사를 앞에서 형용(수식)하는 경우]

■ The **interesting** man is my cousin.
 (그 **재미있게 하는**(능동) 남자는 나의 사촌이다.)
 현재분사(interesting)가 사람(man)을 <u>앞에서</u> 형용하고(꾸미고) 있다.

■ The **interested** woman is my friend.
 (그 **재미있어 하는**(재미있게 된, 재미를 당한) 여자는 나의 친구이다.)
 과거분사(interested)가 사람(woman)을 <u>앞에서</u> 형용하고 있다.

그러므로 사람에게는 주로 과거분사를 쓰고 사물에게는 현재분사를 쓴다고 설명하는 책들이 있는데 이것도 잘못된 것이다.
해석을 해 보아야 무엇을 쓸지 알 수 있다.

[분사가 명사를 뒤에서 형용(수식)하는 경우]

■ The man **interesting** the woman is my cousin.
 (그 여자를 **재미있게 하는**(능동) 남자는 나의 사촌이다.)

 현재분사(interesting)가 사람(man)을 <u>뒤에서</u> 형용하고 있다.
 그리고 여기서 the woman은 분사의 목적어이다.
 즉, '~를 ~하는 ~'은 말이 되어 ('그 여자를 재미있게 하는 그 남자'는 말이 됨) 자연스럽다.

■ The woman **interested** by the man is my friend.
 (그 남자에 의해 **재미있어 하는**(재미를 당한 = 재미있게 된) 여자는 나의 친구이다.)

 과거분사(interested)가 사람(woman)을 <u>뒤에서</u> 형용하고 있다.
 그리고 여기서 '~를 ~된 ~'은 말이 안 되므로 ('그 여자를 재미있게 된 그 사람' 은 말이 안 됨), 과거분사(interested) 뒤에 또다시 목적어인 '~ 를' (the woman)을 쓰면 틀린다.
 즉, 분사(interested) 뒤에 또다시 the woman이 올 수 없다는 것이다.

【주의】분사형태이지만 이미 형용사로서 뜻이 있는지 살펴야 함

■ (   ) workers will be hired. (~한 일꾼들이 고용될 것이다.) 에서 ( )안에 accomplishing 와 accomplished 중에서 무엇이 정답일까?

accomplish (성취하다) 의 현재분사 accomplishing(성취하는)과 과거분사 accomplished (성취된) 중에서, 성취되는 것은 업무이고 일꾼은 성취하기 때문에 accomplishing이 정답인 것 같지만,

이미 accomplished가 '능숙한'이라는 뜻의 형용사로 쓰이며, 여기서는 '능숙한 일꾼들이 고용될 것이다.' 라고 해야 해석이 자연스러워서 답은 accomplished 이다.

[비교] ■ I made the door (   ). (나는 그 문을 열었다.)에서
(   ) 안에 open, opening, opened 중에서 무엇이 정답일까?

문 입장에서는 열린 것이니까 과거분사인 opened가 정답인 것 같지만, 이미 open이 '열린' 이란 뜻의 형용사로 쓰이므로 정답은 open이다.

【참고】 분사 역할(용법) 정리

종류	용법	예
현재분사	능동표현 형용사	■ The **interesting** man is my cousin. (그 **재미있게 하는** 남자는 나의 사촌이다.)
	진행형 표현	■ The man is **interesting** the woman. (그 남자는 그 여자를 **재미있게 하고 있는** 중이다.) 「be동사 + 현재분사」는 진행형 문장
과거분사	수동표현 형용사	■ The **interested** woman is my friend. (그 **재미있어 하는**(재미있게 된) 여자는 나의 친구이다.) ■ The woman was **interested** by the man. (그 여자는 그 남자에 의해서 **재미있게 되었다**.) 「be동사 + 과거분사」는 수동태 문장
	완료형 표현	■ I saw **fallen** leaves. (나는 보았다 **떨어진** 나뭇잎들을) fallen은 fall(떨어지다)의 과거분사로서 완료 표현 형용사이다. ■ The man has **interested** the woman. (그 남자는 그 여자를 **재미있게 해** 왔다.) 「have동사 + 과거분사」는 완료형 문장

---

(2) 부사절을 분사로 간단히 할 수 있다. (분사의 부사적 용법)

이렇게 분사로 간단히 한 것을 분사구문이라 한다.

예를 들면

■ **Studying** English, I fell asleep. (나는 영어 **공부하는 동안에** 잠들었다.)에서 Studying English가 분사구문인데 이것은 While I was studying English, (내가 영어 공부하는 동안에,) 라는 부사절을 간단히 한 것이다.

자세한 것은 문장론 중 부사절을 간단히 하기 부분을 참고하면 된다.

3) 분사의 관용적 표현 (비인칭 독립분사구문 및 독립분사구문)
- 문장론에서 복문 중 「부사절을 분사구문으로 간단히 하기」편 참고할 것 -

(1) 부사구처럼 쓰이는 경우

■ generally speaking 일반적으로 말하면
  Generally **speaking**, men are stronger than women.
  (일반적으로 말하면, 남자들은 더 힘이 세다. 여자들보다)

■ frankly speaking 솔직히 말하면
  Frankly **speaking**, we work to make money.
  (솔직히 말하면, 우리는 일한다. 돈 벌기 위해)

■ strictly speaking 엄밀히 말하면
  Strictly **speaking**, your conduct is a foul play.
  (엄밀히 말하면, 너의 행위는 반칙이다.)

이외에도 Roughly speaking(대충 말하면) 등 많이 있다.

■ other things being equal 다른 조건이 같다면
  Other things **being** equal, I would choose this house.
  (다른 조건이 같다면, 나는 이 집을 선택할 텐데)

■ all things considered 모든 것을 고려하면
                = taking all things into consideration
  All things **considered**, you need to remain here.
  (모든 것을 고려하면, 너는 여기 남을 필요가 있다.)

■ weather permitting 날씨가 좋으면
  I will go on a picnic, weather **permitting**. (= if weather permits)
  (나는 소풍 갈 것이다. 날씨가 허락하면)
  접속사(if) 생략하고 동사(permits)를 분사(permitting)로 고친 것(분사구문)이다.

이외에도 enough said(충분히 말해졌으므로) 등 많이 있다.

(2) 접속사처럼 쓰이는 경우

- granting (that) --라 할지라도 = granted (that) --
  Granting that it is so, you must not hesitate.
  (그것이 그렇다고 할지라도, 너는 주저해서는 안 된다.)

- seeing (that) --이므로
  Seeing (that) you are tired, you had better go to bed.
  (너는 피곤하므로, 너는 잠자는 게 낫다.)
  had better는 '~하는 게 좋을걸'(~해야 해)

이외에도 supposing (that) -- (-- 라면 = suppose (that)--),
providing (that) -- (-- 라면 = provided (that)--),
assuming (that) -- (--라면 = assume (that)--) 등 많이 있다.

(3) 전치사처럼 쓰이는 경우

- considering ---를 고려하면 = given
  Considering his age, he is smart. (그의 나이를 고려하면, 그는 똑똑하다.)

- given ---를 고려해 볼 때
  Given his age, he is developmentally challenged.
  (그의 나이를 고려하면, 그는 발달상 장애가 있다.)

- concerning ---에 관하여 = regarding
  I have a question **concerning** its feasibility.
  (나는 의문이 있다. 그것의 실행가능성에 관하여)

- including ---를 포함하여
  Almost all the passengers survived the accident, **including** the pilot. (거의 모든 승객들이 그 사고에서 살아남았다. 조종사를 포함해서)

- following ---의 후에
  I went to bed **following** the test.
  (나는 잤다. --한 후에, 그 시험 = 나는 그 시험을 보고 나서 잤다.)

- ■ preceding   ---전에
  They were at peace **preceding** the war.
  (그들은 평화로웠다. 그 전쟁 전에)

- ■ pending   ---까지
  I stayed here **pending** the investigation.
  (나는 여기 머물렀다. --할 때까지, 조사)
  = (나는 조사하고 있는 동안 여기 머물렀다.)

- ■ judging from ―로 판단하건대
  Judging from her expression, she was very angry.
  (그녀의 표정으로 판단하건대, 그녀는 매우 화났다.)

- ■ compared with ―와 비교해서
  Compared with other dinosaurs, this one had a bigger tail.
  (다른 공룡들과 비교해서, 이 공룡은 더 큰 꼬리를 가지고 있었다.)

이외에도 according to--(--에 의하면), owing to--(-- 때문에), depending on--(--에 따라서), based on--(--에 근거해볼 때) 등등 많이 있다.

제4절 동사의 시제 (時制 12가지)

시제는 동사가 일어난 시간적인 위치로서 현재, 과거, 미래 등이 있다.

	현재		과거		미래	
	be동사	일반동사	be동사	일반동사	be동사	일반동사
일반	am/ are/ is	do/ does	was/ were	did	will be	will do
진행	am/ are/ is being	am/ are/ is doing	was/ were being	was/ were doing	will be being	will be doing
완료	have/ has been	have/ has done	had been	had done	will have been	will have done
완료 진행	have/ has been being	have/ has been doing	had been being	had been doing	will have been being	will have been doing

1. 현재(現在)시제

문장에서 현재를 나타내는 동사는, 동사가 be동사이면 am, is, are 중에서 인칭과 수에 맞게 쓰면 되고, 일반동사면 동사 기본형(원형)을 쓰면 되는데 3인칭 단수(그, 그녀, 이것, 저것 등)인 경우는 동사 기본형(원형)에 ―s나 ―es를 붙인다.

1) 현재 일어나는 사실이나 상태를 나타냄

■ I **am** a boy and you **are** a girl. (나는 소년이고 너는 소녀다.)

■ It **rains** in Jeju. (비가 온다. 제주에는) It은 의미가 없고 가리키는 대상(인칭)이 없음
  〈그래서 비인칭(非人稱) 주어라고 함〉(주어를 안 쓸 수는 없으므로 형식상으로 쓴 것임)

■ **Do** it as I **do** it. (그것을 해라, 내가 그걸 하는 것처럼 = 내가 하는 대로 해라.)

■ **Do** you know it? (너는 그것을 아느냐?)

■ I **hope** that I will be a president. (나는 대통령이 되기를 희망한다.)
  미래(will)를 현재(hope)에서 희망하는 것이므로 시제일치상에 문제가 없다.
  만약 과거였다면 I **hoped** that I would be a president.(대통령 되기를 희망했다)처럼 시제일치 때문에 hoped에 맞춰 will의 과거형인 would로 써야 한다.

2) **일반적 사실**을 나타냄

■ The sun **rises** in the east and **sets** in the west.
(태양은 동쪽에서 뜨고 서쪽에서 진다.)

3) **일상적 습관**을 나타냄

■ He **plays** the guitar every monday. (그는 매주 월요일에 기타를 친다.)

4) **확실히 정해진 미래**를 나타냄

■ The train **departs** at 6:30. (그 기차는 6시 30분에 떠난다.)

■ Do you know when the train **leaves**? (그 기차가 언제 출발하는지 아니?)
기차 시간이 정해지지 않고 예측을 해야 한다면 will leave로 써야 함

2. 과거(過去)

문장에서 과거를 나타내는 동사는, 그 동사가 be동사이면 과거형은 was, were 중에서 인칭과 수에 맞게 쓰면 되고, 일반동사면 과거형은 ---ed나 ---d를 붙이면 된다.

■ I **was** a student. (나는 학생이었다.)

■ You **were** a student. (너는 학생이었다.)

■ He **was** a student. (그는 학생이었다.)

■ It **rained** yesterday. (비가 왔다. 어제)
rain은 명사(비)뿐 아니라 이처럼 동사(비오다)로도 씀

■ I **did** it. (나는 그것을 했다.)

■ **Did** you know it? (너는 그것을 알았느냐?)

그런데 과거동사가 ―ed나 ―d가 아니라 불규칙적으로 전혀 다른 형태가 되는 경우도 있다.
그러므로 과거형이 불규칙적으로 변하는 동사는 별도로 외워두어야 한다.

그리고 「수동태」나 「완료형」등의 문장을 만들려면 '과거분사'를 써야 하므로 '과거형'과 함께 '과거분사'도 알아 두어야 한다.

수 동 태 (受動態)	'내가 그 그림을 그렸다' 'I painted the picture.' 라는 식의 능동태와 반대로 '그 그림이 나에 의해서 그려졌다' 라는 식으로 쓰는 것이 수동태임. 주로 '**be동사 + 과거분사**'로 표현함. 즉 'The picture **was painted** by me.' 〈수동(~된)은 과거분사로 표현되는데, 과거분사는 형용사로 취급되므로 형용사의 상태를 나타내 주는 be동사를 그 앞에 써서 수동 상태를 나타내는 것이다.〉
완 료 형 (完了形)	'I **have lived** here since 2006.' ('나는 계속 살아왔다. 여기에 2006년 이후로') 처럼 쓰는 것으로 '**have동사 + 과거분사**' 로 표현함 〈완료형은 「과거에서 현재까지」,「그 이전에서 과거로」처럼 2개 시점이 연결되어 있는 경우이다. 형태가 'have동사 + 과거분사(형용사)'로서 좀 이상하긴 하지만 한 시점에서의 상태('~된, ~진'이라는 과거분사 상태)가 다른 시점에서도 가져지는(have)것이므로 그런 형태가 된 것으로 보면 좋다.〉

그런데, 과거나 과거분사나 보통은 paint(그리다) - painted(그렸다) - painted(그려진) 처럼 **규칙적으로 ---ed를 붙여서** 만들지만 불규칙적으로 전혀 다르게 변하는 경우도 있기 때문에 그런 경우는 다음 표처럼 별도로 외워 두어야 한다.

불규칙 동사 표				
(원형, 과거형, 과거분사형이 전부 다른 경우 - ABC형)				
기본형 (원형)	뜻	과거	과거분사	비고
am, is	~이다, 있다	was	been	
are	~이다, 있다	were	been	
bear	낳다	bore	born	

begin	시작하다	**began**	begun	
bite	물다	**bit**	bitten	
blow	불다	**blew**	blown	
break	깨뜨리다	**broke**	broken	
choose	선택하다	**chose**	chosen	
do, does	하다	**did**	done	
draw	그리다	**drew**	drawn	
drink	마시다	**drank**	drunk	
drive	운전하다	**drove**	driven	
eat	먹다	**ate**	eaten	
fall	떨어지다	**fell**	fallen	
fly	날다	**flew**	flown	
forget	잊다	**forgot**	forgotten	
forgive	용서하다	**forgave**	forgiven	
freeze	얼다	**froze**	frozen	
get	얻다	**got**	gotten	
give	주다	**gave**	given	
go	가다	**went**	gone	
grow	자라다	**grew**	grown	
hide	숨다	**hid**	hidden	
know	알다	**knew**	known	
lie	눕다	**lay**	lain	
mistake	실수하다	**mistook**	mistaken	
ride	타다	**rode**	ridden	
ring	울리다	**rang**	rung	
see	보다	**saw**	seen	
shake	흔들다	**shook**	shaken	
sing	노래하다	**sang**	sung	
sink	가라앉다	**sank**	sunk	
speak	말하다	**spoke**	spoken	

steal	훔치다	stole	stolen	
swim	수영하다	swam	swum	
take	취하다	took	taken	
throw	던지다	threw	thrown	
wake	일어나다	woke	woken	
wear	입다	wore	worn	
write	글 쓰다	wrote	written	

불규칙 동사 표				
(원형, 과거형은 같고 과거분사형이 다른 경우 AAB형)				
기본형 (원형)	뜻	과거	과거분사	비고
beat	치다, 물리치다	beat	beaten	

불규칙 동사 표				
(원형, 과거분사형은 같고 과거형이 다른 경우 ABA형)				
기본형 (원형)	뜻	과거	과거분사	비고
become	시작하다	became	become	
come	오다	came	come	
run	달리다	ran	run	

불규칙 동사 표				
(원형만 다르고 과거형과 과거분사형이 같은 경우 ABB형)				
기본형 (원형)	뜻	과거	과거분사	비고
bend	구부리다	bent	bent	
bind	묶다, 감다	bound	bound	
bring	가져오다	brought	brought	
build	짓다	built	built	
buy	사다	bought	bought	

catch	잡다	caught	caught	
feed	먹이다	fed	fed	
feel	느끼다	felt	felt	
fight	싸우다	fought	fought	
find	찾다	found	found	
hang	걸다	hung	hung	
have	가지다	had	had	
hear	듣다	heard	heard	
hold	잡다	held	held	
keep	유지하다	kept	kept	
lay	눕히다	laid	laid	
lead	이끌다	led	led	
leave	떠나다	left	left	
lend	빌려주다	lent	lent	
lie	거짓말하다	lied	lied	
lose	잃다, 지다	lost	lost	
make	만들다	made	made	
mean	의미하다	meant	meant	
meet	만나다	met	met	
pay	지불하다	paid	paid	
say	말하다	said	said	
seek	찾다	sought	sought	
sell	팔다	sold	sold	
send	보내다	sent	sent	
shine	빛나다	shone	shone	
sit	앉다	sat	sat	
sleep	잠자다	slept	slept	
spell	철자를 말하다	spelt	spelt	

기본형 (원형)	뜻	과거	과거분사	비고
spend	사용하다 (쓰다)	**spent**	**spent**	
stand	서다, 견디다	**stood**	**stood**	
strike	치다	**struck**	**struck**	
sweep	쓸다	**swept**	**swept**	
swing	흔들다	**swung**	**swung**	
teach	가르치다	**taught**	**taught**	
tell	말하다	**told**	**told**	
think	생각하다	**thought**	**thought**	
win	이기다	**won**	**won**	
wind	구부러지다, 감다	**wound**	**wound**	

| 불규칙 동사 표 ||||||
| (원형, 과거형, 과거분사형이 다 같은 경우 AAA형) ||||||
기본형 (원형)	**뜻**	**과거**	**과거분사**	**비고**
bet	내기를 걸다	bet 또는 betted	bet 또는 betted	
cut	자르다	cut	cut	
hit	치다	hit	hit	
hurt	다치게 하다	hurt	hurt	
let	시키다	let	let	
put	놓다	put	put	
read [riːd]	읽다	read [réd]	read [réd]	
set	놓다, 두다	set	set	
split	쪼개다	split	split	
spread	펼치다	spread	spread	
wet	적시다	wet 또는 wetted	wet 또는 wetted	

3. 미래(未來)

1) 미래를 표현하는 **조동사**(will 등) + 동사원형

■ I **will be** a scientist. (나는 과학자가 될 것이다.) will은 ~하겠다는 의지

■ It **will rain** tomorrow. = It **is going to rain** tomorrow.
(비가 올 것이다. 내일)   be going to 는 단순한 미래 표현

■ I **will do** it. (나는 그것을 할 것이다.)

■ **Shall** you **be** at home tonight? (오늘밤 댁에 계실 것입니까?)

2) 현재형으로 미래 표현 (확실히 정해진 미래 표현)

■ The movie **starts** at 7. (영화는 7시에 시작한다.) 7시 시작은 확정적인 것

[참고] **시간**(when절 등)이나 **조건**(if절 등) 등을 나타내는 **부사절** (When it snows) 에서는 현재형(snows)으로 미래를 표현한다.
■ When it **snows**, we will meet. (눈이 오면, 우리는 만날 것이다.)
이처럼 When it will snow, 라고 하지 않는다.

3) 현재진행형으로 가까운 미래 표현 (가깝고 구체적인 미래 표현)

■ We **are leaving** soon. (우리는 떠날 것이다. 곧)

■ I **am going** swimming tonight. (나는 수영하러 갈 것이다. 오늘 밤에)

■ I **am going** to the museum. (나는 그 박물관에 갈 것이다.)

여기서 going은 '간다' 는 뜻이며 아래에 나오는 (be going to = will) 과는 다른 것이다.

4) 여러 가지 <u>미래 표현들</u>

■ I **am going to** go to the cinema. (나는 그 극장에 갈 것이다.)
　　be going to = will (will은 ~하겠다는 의지 표현인데 be going to는 단순 미래)

　　이 문장은 to 다음에 명사가 아니라 동사원형이 와서 to부정사로 쓰인 것인데, 이것은 극장에 갈 건데, 구체적이라기보다는 아직 계획만 있는 상태로서, 현재진행형으로 가깝고 구체적인 미래를 표현한 위 문장 (I **am going** to the museum.) 과는 느낌이 다르다.

■ He **is about to** go there. (그는 막 거기 가려 한다.) be+**형용사**+to**부정사**

■ He **is due to** stay there. (그는 거기 머물 **예정이다**.)be+**형용사**+to**부정사**
[비교] It was due to carelessness. (그건 부주의 때문이야) 형용사 + to + 명사

■ She **is to** come here. (그녀는 여기 올 **예정이다**.) be + to**부정사** 용법

■ I **am supposed to** go there. (나는 거기 가기로 **되어 있다**.)

■ He **is likely to** be late. (그는 늦을 **것 같다**.) be + **형용사** + to**부정사**

4. 현재진행(現在進行)형

be동사의 현재형 + 현재분사(--ing) 형태로 쓴다.

1) 현재 진행 중인 일

■ I **am reading** a book. (나는 **읽고 있는 중이다**. 한 권의 책을)　be + **현재분사**

2) 일정기간 동안 계속되는 일

■ I **am writing** a book this year. (나는 **쓰는 중이다**. 한 권의 책을, 올해)

3) 가까운 미래 계획

■ The firm **is launching** a new product next week.
　　(그 회사는 다음 주에 신상품을 **출시할 것이다**.)

5. 과거 진행(過去進行)형

   be동사의 과거형 + 현재분사(--ing) 형태로 쓴다.

■ I **was listening** to music when you called me.
  (나는 **듣고 있던 중이었다**. 음악을, 네가 나에게 전화했을 때)

6. 미래 진행(未來進行)형

   미래 한 시점에서 진행되고 있을 일을 표현한다.
   미래표현 조동사 + be + 현재분사(--ing) 형태로 쓴다.

■ I **will be sleeping** when you come back. (나는 **자고 있을 것이다**. 네가 돌아올 때)

■ I **will be seeing** most of you tonight. (오늘밤 여러분 대부분을 뵙겠습니다.)
  will see(보겠다)는 의지 표현인데, will be seeing은 좀 부드러운 표현이 된다.

7. **현재 완료**(現在完了)**형** (과거와 현재가 연결) ('완료' 시제는 2개의 시점이 같이 나온 것)

   현재완료는 '과거부터 지금까지 ~~해 왔다' 는 등의 뜻으로서 「**have동사의 현재형 + 과거분사**」 형태로 쓴다.

1) 행위나 상태가 **과거부터 현재까지 이어지고 있는 경우** 현재완료를 씀

■ I **have written** three books so far. (나는 **써왔다**. 3권의 책을, 지금까지)

■ He **has been** here for two hours. (그는 **있어왔다**. 여기에, 2시간 동안)

■ The country **has shown** slower growth since 2000.
  (그 나라는 **보여 왔다**. 더 낮은 성장을, 2000년 이후로)

■ I **have had** five cups of coffee today. (나는 **마셔왔다**. 5잔 커피를, 오늘)

■ I **have** never **done** it before.
  (나는 **해 본 적**이 없다. 그것을, 전에는) = 이번 처음 해 본다. (1번 경험 있음)
  현재(지금)를 기준으로 현재와 이전이 연결되어 있어서 현재완료를 쓴 것임
  = Never **have** I **done** it before.
   〈부사 never가 강조되어 앞으로 가니까 주어 동사가 도치(have I) 됨〉

■ I **have** never **done** it.
  (나는 **해 본 적**이 없다. 그것을) = 한 번도 안 해 봤다. (1번도 경험 없음)

■ **Have** you ever **been** to Canada? (**있어 본 적** 있느냐? 캐나다에)

2) 과거지만 발생 시점이 중요하지 않고, <u>현재와 연결</u>되고 있는 경우
   현재완료 씀

■ I **have** already **read** the book. (나는 이미 읽었다. 그 책을)

만약 여기서 <u>발생한 때</u>가 과거 어느 때로 확실하게('지난주'처럼) 나오면 현재완료로 하면 안 되고 다음 문장처럼 과거로 써야 한다.
  I **read** the book <u>last week</u>.
  (나는 읽었다. 그 책을 지난주에 — 확실한 과거시점이 있으므로 **과거**로 씀)

■ She **has gone**. (그녀는 가 버렸다. = <u>지금</u> 여기 **없다**.)

현재 없다는 것을 표현하므로 현재와 연결되고 있는 것이다.
  She went.(그녀는 갔다.)는 그냥 과거에 갔다는 것이고, 지금은 또 여기에 있을 수도 있다.

과거	He **lost** his purse. (그는 지갑을 잃어버렸다. = 지금은 지갑이 다시 있을 수도 있다.)
현재 완료	He **has lost** his purse. (그는 지갑을 잃어버렸다. = <u>지금</u> 지갑이 **없다**.)

3) 방금 끝난 일을 나타내며 <u>**현재와 연결**</u>될 때 현재완료를 씀

■ I **have** just **read** the book. (나는 막 읽었다. 그 책을)

■ We **have landed** at Jeju international airport.
  (우리는 제주국제공항에 착륙했습니다.)

    land는 명사(땅) 뿐만 아니라 동사(착륙하다)로도 씀.

4) have got, have gotten 쓰는 경우

have got은 have(가지다)와 거의 같은 의미이며 have gotten은 없던 것을 새롭게 가지게 되는 등의 상태 변화가 있을 때 주로 쓰인다.

■ I **have got** four letters this year. (나는 받아왔다. 4통의 편지를, 올해)

■ I **have got** a problem. = I **have** a problem. (나는 하나의 문제가 있다.)

■ He **has gotten** a promotion. (그는 승진했다.) 승진은 새로운 상태 변화

■ The relations **have gotten** worse. (그 관계가 악화되었다.)

8. 과거 완료(過去完了)형 (그 이전과 과거 일정 시점이 연결)

어떤 과거시점보다 먼저 발생한 행위나 상태를 표현하며 「had + 과거분사」 형태로 쓴다.

■ He talked about what he **had seen**.
 (그는 말했다. 그가 (그전에) **보았었던** 것에 관하여)
 말한 시점(과거)보다 보았던 시점이 더 먼저이므로 과거완료 (had seen)를 썼다.

■ After he **had gone**, I took a nap. (그가 **간** 이후에, 나는 낮잠을 잤다.)
 = After he **went**, I took a nap.
 이처럼 after나 before가 있으면 과거완료 대신 과거로 해도 된다.

■ I **had** never **done** it before.
 (나는 해 본 적이 없었다. 그것을, 그전에는)
 = 그때 처음 해 봤다. (그때까지 1번 경험)

과거(그때)를 기준으로 그때와 그 이전이 연결되어 있어서 과거완료를 쓴 것임
 = Never **had** I **done** it before.
 〈부사 never가 강조되어 앞으로 가니까 주어 동사가 도치(had I) 됨〉

9. 미래 완료(未來完了)형 (현재와 미래가 연결)

현재 시점에서 미래를 상상할 때 그 미래시점까지의 완료 행위나 상태를 표현하는 시제로, 「**미래 조동사 + have + 과거분사**」 형태로 쓴다.

■ By then I **will have finished** my homework.
 (그때쯤 되면(=By the time), 나는 **마치게 될 것이다**. 나의 숙제를)

10. 현재완료진행(現在完了進行)형

과거 발생한 일이 현재까지 계속해서 진행되는 경우를 표현하며, 현재완료(have +과거분사) 와 진행형(be + --ing) 이 결합된 것이므로 「**have동사 + be동사의 과거분사 + --ing**」 형태로 쓴다.

■ It **has been raining** today. (비가 **계속 내리고 있는 중이다**. 오늘)

■ I **have been reading** a book since ten o'clock.
 (나는 **읽어 오고 있는 중이다**. 한 권의 책을, 10시 이후로)
 = I **have read** a book since ten o'clock.

■ I **have been running** for two hours.
 (나는 **달리고 있는 중이다**. 두 시간 동안) = I **have run** for two hours.

11. 과거완료진행(過去完了進行)형

그 이전부터 발생한 일이 과거 한 시점까지 계속해서 진행되는 경우를 표현하며, 「**had + been + --ing**」 형태로 쓴다.

■ I **had been waiting** for about an hour before I left.
 (나는 **기다리고 있던 중이었다**. 1시간가량, 내가 떠나기 전에)

12. 미래완료진행(未來完了進行)형

미래 발생할 일이 미래 한 시점까지 계속해서 진행되는 경우를 표현하며, 「**미래조동사 + have + been + --ing**」 형태로 쓴다.

■ I'll **have been working** for twenty five years when I retire next month.
 (나는 **일을 하고 있는 중일 것이다**. 25년 동안, 내가 다음 달에 은퇴할 때면)

제5절 동사의 태 (態 Voice)

態란 동사의 방향성을 나타내는 것으로서 문장의 본래 의미를 변화시키지 않으면서 동사와 주어와의 관계를 표현하는 모습이다.

'주어가 --- 한다' 는 식의 능동태(能動態)와 '**주어가 ― 된다**' 는 식의 수동태(受動態 passive voice)로 나눌 수 있는데. 보통 문장이 능동태이므로 여기서는 수동태에 관해서 살펴보자.

수동태는 12가지 시제 중에서 다음 8가지 시제에서 쓰이며, 「**be동사 + 타동사의 과거분사**」로 표현한다.

[과거분사(수동 표현 형용사)의 상태를 be동사로 표현함]

1. 현재형 수동태

수동태는 목적어가 있어서 동사가 타동사인 문장(즉, 3형식, 4형식, 5형식의 능동태 문장)을 수동 형식으로 바꾸어 쓴 것이며, 현재형뿐만 아니라 과거, 미래 등 모든 시제에 마찬가지로 쓰인다.

1) 3형식 문장의 수동태

■ He prepares the event. (능동) (그는 준비한다. 그 행사를)
 ⇒ The event **is prepared** by him. (수동)
  (그 행사는 **준비되어진다**, 그에 의해서)

■ He doesn't prepare the event. (능동) (그는 준비하지 않는다. 그 행사를)
 ⇒ The event **is not prepared** by him.(수동)
  (그 행사는 **준비되어지지 않는다**, 그에 의해서)

■ Does he prepare the event? (능동) (그는 그 행사를 준비하는가?)
 ⇒ **Is** the event **prepared** by him? (수동)
  (그 행사는 **준비되어지고 있는가**? 그에 의해서)

■ The news excites everybody. (능동) (그 뉴스는 흥분시킨다. 모두를)
 ⇒ Everybody **is excited** by the news. (수동)
  (모두 **흥분한다**. 그 뉴스에 의해서)
 여기서 by 대신 about(~에 대해)을 쓰기도 한다.

여기서 excited는 excite의 과거분사(흥분을 당한)인데 '흥분한' '흥분된'이라는 뜻의 형용사가 되어버린(형용사로 굳어져 버린) 것이다.

■ The puzzle interests me. (능동) (그 퍼즐이 재미있게 한다. 나를)
 ⇒ I **am interested** in the puzzle (수동) (나는 **재미가 있다**. 그 퍼즐에)
   여기서는 전치사 in을 쓴다.

여기서 interested는 interest의 과거분사(재미를 당한 = 재미를 받은)인데 '재미있는' 이라는 뜻의 형용사가 되어버린(형용사로 굳어져 버린) 것이다.

■ They believe that he is rich. (능동) (그들은 믿는다. 그가 부자라는 것을)
 ⇒ That he is rich **is believed** by them. (수동)
   (그가 부자라는 것이 **믿어진다**. 그들에 의해서)
     (그런데 이렇게는 잘 안 쓰고, 긴주어는 뒤로 보내서 다음처럼 한다.)

 ⇒ It **is believed** that he is rich. (수동)
   (일반적으로 That절, to부정사, 동명사, 재귀대명사 등은 수동태의 주어로 쓰지 않으므로, 지금처럼 that절(진주어)을 it (that절을 대신하는 가주어)로 고쳐서 수동태의 주어로 삼는다.)

 ⇒ 이것은 또 「진주어절의 주어 + **be** + **과거분사** + **to부정사**」 형태로 표현할 수도 있다. (that절 속의 주어가 끄집어내졌으므로 that절은 to부정사로 될 수밖에 없게 됨)
   즉, He **is believed** to be rich (by them). (수동)
     [형용사 + to부정사 형태 (believed + to be rich)/ 이것은 형용사 편 참고할 것]

여기서 만약 They *believe* that he *was* rich. (믿는 시점보다 부자인 시점이 **먼저**) 였다면 He is believed *to have been* rich. (그는 부자**였었다고** 믿어진다. **완료형 부정사**) 로 될 것이다.

■ I look after him. (능동) (나는 그를 돌본다.)
 ⇒ He **is looked after** by me. (수동) (그는 나에 의해 **돌봐지고 있다**.)

구동사(여러 단어가 모여 하나의 뜻을 가진 동사가 된 것. look after 등) 도 그 구동사가 자동사 역할이 아닌 타동사 역할을 하는 구동사라면 이처럼 수동태로 말할 수 있다.

2) 4형식 문장의 수동태

■ I teach her English. (능동) (나는 가르친다. 그녀에게 영어를)
⇒ She **is taught** English by me. (수동)
  (그녀는 **배운다**. 영어를 나에 의해서)
⇒ English **is taught** to her by me. (수동)
  (영어가 **가르쳐진다**. 그녀에게 나에 의해서)

(직접목적어 English를 주어로 수동태를 만들 경우는 간접목적어 her 앞에 전치사를 쓰는데, 이 문장처럼 teach이면 to를 쓰고, make나 buy이면 for를 쓰며, ask이면 of를 쓴다.)

■ He tells me that you are ill from want of sleep. (want는 명사(결핍))(능동)
  (그는 내게 말한다. 네가 잠 못 자서 아프다고)
⇒ I **am told** (by him) that you are ill from want of sleep. (수동)
  (나는 **듣는다**. 네가 잠 못 자서 아프다고)
⇒ It **is told** to me (by him) that you are ill from want of sleep. (수동)
  (네가 잠 못 자서 아프다는 말이 내게 **들린다**.)

(직접목적어인 that절이 수동태의 주어가 되려면 가주어 It를 써야 함)

그런데 의미가 이상해지는 문제 때문에 간접목적어나 직접목적어 중 1개만 수동태의 주어가 될 수 있는 경우도 있다. 예(과거형 예지만)를 들면 다음과 같다.

□■ She read him the book. (능동)(그녀는 그에게 그 책을 읽어주었다.)**(과거형)**
  (3인칭 단수 She인데 read에 s가 없는 것은 read가 과거로 쓰였다는 것)
⇒ He **was read** the book by her. 라고 하면 안 되고
  The book **was read** to him by her. (수동) 라고 해야 한다.
  (그 책이 **읽혀졌다**. 그에게, 그녀에 의해)

3) 5형식 문장의 수동태

■ The device makes water <u>clean</u>. (능동) (그 장치는 만든다. 물을, 깨끗하게)
⇒ Water **is made** <u>clean</u> by the device. (수동)
  (물은 **만들어진다**. 깨끗하게, 그 장치에 의해서)

■ I want you to study hard. (능동) (나는 원한다. 네가, 열심히 공부하기를)

⇒ You **are wanted** to study hard by me. (수동)
(너는 **원해진다**. 열심히 공부하기를, 나에 의해서)

이처럼 목적보어는 수동태로 바꾸어도 그대로 써주면 된다.

그런데 He makes me stay here. (능동)
(그는 ~하게 한다. 내가, 여기에 머물도록) 처럼 **목적보어가 원형 부정사(stay)인 경우의 수동태**는 to부정사로 바꾸어져서
I **am made** to stay here by him (수동)
(나는 머물도록 **되었다**. 여기에, 그에 의해서) 처럼 된다.

2. 과거형 수동태

■ He prepared the event. (능동) (그는 준비했다. 그 행사를)

⇒ The event **was prepared** by him. (수동)
(그 행사는 **준비되었다**. 그에 의해서)

■ He married her last year (능동) (그는 결혼했다. 그녀와 작년에)

⇒ She **got married** to him last year. (수동) (그녀는 **결혼했다(되었다)**. 그와 작년에) 여기서 '~와'는 전치사 to를 쓴다.

이처럼 수동을 나타낼 때 be동사 대신 get을 쓰게 되면 결혼(식)을 했다는 동작을 강조하는 표현이 된다.

그런데 만약 She **was married** to him.처럼 쓰면 이것은 결혼해 있던 상태였다(현재는 이혼도 가능)는 뜻이다.
여기서 married 는 '결혼한'이라는 뜻의 형용사이다

■ They must have made this machine a long time ago. (능동)
(그들은 만들었음에 틀림없다. 이 기계를 오래전에)

⇒ This machine **must have been made** a long time ago by them. (수동)
(이 기계는 **만들어졌음이 틀림없다**. 오래전에 그들에 의해서)

- He should have told me the story (능동)
  (그는 말했어야 했다. 내게 그 이야기를)

  ⇒ I **should have been told** the story by him. (수동)
  (나는 **들었어야 했다**. 그 이야기를 그에 의해서) 또는
  The story **should have been told** to me by him (수동)
  (그 이야기는 **들렸어야 했다**. 나에게 그에 의해서)

  여기서는 me 앞에 to를 쓴다.

3. 미래형 수동태

- He will prepare the event. (능동) (그는 준비할 것이다. 그 행사를)
  ⇒ The event **will be prepared** by him. (수동)
  (그 행사는 **준비될 것이다**. 그에 의해서)

- He may offer you a job. (능동) (그는 제공할지도 모른다. 너에게 일자리를)
  ⇒ You **may be offered** a job by him. (수동)
  (너는 **제공받을지도 모른다**. 일자리를 그에 의해서) 또는
  A job **may be offered** to you by him. (수동)
  (일자리가 **제공될지도 모른다**. 너에게 그에 의해서)
  여기서는 you 앞에 to를 쓴다.

4. 현재진행형 수동태

- He is preparing the event. (능동) (그는 준비 중이다. 그 행사를)
  ⇒ The event **is being prepared** by him. (수동)
  (그 행사는 **준비되고 있는 중이다**. 그에 의해서)

5. 과거진행형 수동태

- He was preparing the event. (능동) (그는 준비 중이었다. 그 행사를)
  ⇒ The event **was being prepared** by him. (수동)
  (그 행사는 **준비되고 있는 중이었다**. 그에 의해서)

6. 현재완료형 수동태

- He has prepared the event. (능동) (그는 준비해 왔다. 그 행사를)
  ⇒ The event **has been prepared** by him. (수동)
   (그 행사는 **준비되어 왔다**. 그에 의해서)

7. 과거완료형 수동태

- He had prepared the event. (능동) (그는 준비했었다. 그 행사를)
  ⇒ The event **had been prepared** by him. (수동)
   (그 행사는 **준비되었었다**. 그에 의해서)

8. 미래완료형 수동태

- He will have prepared the event. (능동)
   (그는 준비하게 될 것이다. 그 행사를)
  ⇒ The event **will have been prepared** by him. (수동)
   (그 행사는 **준비되어지게 될 것이다**. 그에 의해서)

9. 수동태로 흔히 사용되는 표현들 (전치사 by대신 다른 전치사 사용)

- be absorbed in ~에 열중하다
  He **will be absorbed** in the movie. (그는 그 영화에 **열중할 것이다**.)

- be accustomed to ~에 익숙하다
  I'm **accustomed** to living here. (나는 **익숙하다**. 여기 사는 것에)

- be acquainted with ~를 잘 알다
  I **am** personally **acquainted** with the President.
  (나는 개인적으로 **잘 안다**. 대통령을)

- be addicted to ~에 빠져있다
  He **is addicted** to games. (그는 게임에 **중독되어 있다**.)

- be annoyed with 사람　　누구누구에게 짜증나다
  I **am annoyed** with you. (나는 너에게 **짜증난다**.)

- be annoyed at 사물　　~에 짜증나다
  I **was annoyed** at his rudeness. (나는 그의 무례함에 **화가 났다**.)

- be bored with　　~에 싫증나다.
  You **will be bored** with the tedious journey.
  (너는 **싫증날 것이다**. 그 지루한 여행에)

- be composed of　~로 구성되다.
  The house **is composed** of three rooms.
  (그 집은 3개의 방으로 **구성되어 있다**.)

- be concerned about　~을 걱정하다
  We **should be concerned** about food safety.
  (우리는 **걱정해야 한다**. 식품 안전을)

- be concerned in　~와 관련되다.
  I **am** not **concerned** in the affair. (나는 그 일과 **관련이 없다**.)

- be disappointed at　~에 실망하다.
  He **was disappointed** at the result. (그는 그 결과에 **실망했다**.)

- be engaged in　~에 종사하다.
  She **is engaged** in trade. (그녀는 무역에 **종사하고 있다**.)

- be engaged to　~와 약혼중이다.
  He **is engaged** to her. (그는 그녀와 **약혼 중이다**.)

- be exposed to　~에 노출되다.
  They **may be exposed** to more risks.
  (그들은 **노출될지도 모른다**. 더 많은 위험에)

- be forced to부정사   ~하지 않을 수 없다.
  They **were forced** to learn a musical instrument.
  (그들은 **강요받았다**. 배우도록, 악기를)

- be confronted with   ~에 직면하다.
  They **were confronted** with a difficult problem.
  (그들은 **직면했다**. 어려운 문제에)

- be convinced of   ~을 확신하다. = be assured of
  You must **be convinced** of the importance of the exercise.
  (너는 **확신해야 한다**. 그 운동의 중요성을)

- be covered with   ~로 덮여 있다.
  Halla mountain **was covered** with snow.
  (한라산은 **덮여 있었다**. 눈으로.)

- be derived from   ~에서 유래하다.
  This story **is derived** from a legend. (이 이야기는 **유래한다**. 전설에서)

- be devoted to ~에 전념하다 = be committed to = be dedicated to
  I want to **be devoted** to world peace. (나는 **전념하고 싶다**. 세계 평화에)

- be interested in ~에 관심 있다.
  I **am interested** in historical novels. (나는 역사 소설에 **관심이 있다**.)

- be involved in ~에 열중하다
  Students **should be involved** in the activity.
  (학생들은 **열중해야 한다**. 그 활동에)

- be known to 대상   ~에게 알려져 있다.
  The drug **is known** to everybody. (그 약은 **알려져 있다**. 모두에게)

- be known for 이유   ~로 유명하다.
  Jeju **is known** for tourism. (제주는 **유명하다(알려져 있다)**. 관광으로)

- be known as 자격　～으로 알려져 있다.
  He **is known** as a lawyer. (그는 **알려져 있다**. 법률가로)

- be known by 판단　～에 의해 알 수 있다.
  A man **is known** by his friend.
  (남자는 그의 친구에 의해서 **알 수 있다**(알려진다).)

- be located in/at/on ～에 위치하다 = be situated in/at/on
  The school **is located** in Seoul. (그 학교는 서울에 **위치한다**.)

- be occupied with/in ～에 종사하다.
  She **was occupied** with her work. (그녀는 자기 일로 **바빴다**(종사했다).)

- be offended by ～에 의해서 화가 나다.
  They **were offended** by the results. (그들은 **화가 났다**. 그 결과에 의해서)

- be opposed to　～에 반대하다.
  I **was opposed** to the project. (나는 그 계획에 **반대했다**.)
  = I **opposed** the project. = I **objected** to the project.

- be pleased with　～에 기뻐하다. = be delighted with
  He **will be pleased** with your success.(그는 **기뻐할 것이다**. 너의 성공에)

- be satisfied with　～에 만족하다
  I **was satisfied** with the service. (나는 **만족했다**. 그 서비스에)

- be surprised at ～에 놀라다. = be astonished at
  I **was surprised** at the news. (나는 **놀랐다**. 그 소식에)

- be tired of ～에 싫증나다
  I **was tired** of the food. (나는 **싫증났다**. 그 음식에)

- be tired from = be tired with　～에 피곤하다
  I **am tired** from traveling. (나는 여행으로 **피곤하다**.)

10. 형식은 능동이지만 뜻은 수동인 경우

■ This book **sells** well. (이 책은 잘 팔린다.)
sell은 타동사(vt)로는 '~을 팔다', 자동사(vi)로는 '팔리다'인데 여기서는 자동사

■ This dish **cooks** well. (이 요리는 잘 삶아진다.)
cook은 타동사로는 '~을 요리하다', 자동사로는 '삶아지다'인데 여기서는 자동사

■ The bread **bakes** well. (그 빵은 잘 구워진다.)
bake는 타동사로는 '~을 굽다', 자동사로는 '구워지다' 인데 여기서는 자동사

■ Shells of boiled eggs **peel** easily. (삶은 계란껍질들은 잘 벗겨진다.)
peel은 타동사로는 '~을 벗기다', 자동사로는 '벗겨지다' 인데 여기서는 자동사

■ The tree **needs** watering. (그 나무는 물을 받을 필요가 있다.)
water는 '~에 물을 주다'는 뜻인데, need가 동명사를 목적어로 하면 그 동명사는 수동의 의미가 있다. = The tree **needs** to be watered.

■ I **am to blame** for it. (내 탓이다. 그것에 대해서는)
blame은 '~을 탓하다' 는 뜻인데, to blame은 이렇게 능동 형식으로 수동 의미(to be blamed)를 나타내는 부정사로 쓰인다.

■ There is no room **to let**. (방이 없다. 세 놓을)
　　　[let ~를 세 놓다(vt), 세 놓아지다(vi)]
let이 타동사(vt)이면, to let의 의미상 주어는 세를 놓는 사람인데, to be let(세 놓여질)의 의미로 볼 때의 의미상 주어는 room이다.

■ There is no time **to lose**. (시간이 없다. 낭비할)
　　　[lose ~를 잃다(vt)/ 지다, 감퇴하다(vi)]
lose는 타동사로 쓰였으며, to lose의 의미상 주어는 낭비할(잃어버릴) 사람인데, to be lost(낭비될) 의미로 볼 때의 의미상 주어는 time이다.

■ There is nothing **to fear**. (아무것도 없다. 두려워할)
　　　[fear ~를 두려워하다(vt)/ 걱정하다(for)(vi)]
fear는 타동사로 쓰였으며, to fear의 의미상 주어는 두려워할 사람인데, to be feared (두려움의 대상이 될) 의미로 볼 때의 의미상 주어는 nothing이다.

제5장 조동사 (助動詞, Auxiliary verb)

제1절 조동사의 개념과 특징

1. 개념

조동사는 본동사 앞에서 도와주는(助) 품사로 can, will 등등이 있다.

> 【참고】 조동사의 종류
> ① can, may, will, must 등 문장의 표현방**법**(분위기)을 나타내는 조동사를 **법(mood)조동사**(modal verb) 라고 하며 이번 제5장에서 다루는 것들이다.
> ② 그 이외에 be동사(수동 be + pp, 진행 be + ~ing 등), have동사(완료 have + pp 등), do동사(부정문이나 의문문에서 일반동사 앞에서) 등도 조동사라고 볼 수 있다.

> 【참고】 엄밀히 말하면 조동사가 동사 앞에 쓰는 것이 아니라 **조동사 자체가 문장의 동사**이며 그 뒤에는 원형부정사, 분사, to부정사 등이 온다고 볼 수 있다.
>
> ▲ **조동사**가 원형 부정사 앞에
> ─ can, may, will, must 등의 경우 「조동사 + 동사의 원형」으로 표시하는데, 여기서 동사 원형을 동사가 아니라 **원형 부정사**로 이해
>   He **can** <u>make</u> it.
>   I **must** <u>go</u>. (must go를 동사로 보면 1형식, must만 동사이고 go는 원형부정사로서 목적어로 보면 3형식으로 볼 수도 있음. -- 참고로 알면 되는 것이며 뭘로 보든 상관없음)
> ─ do동사도 부정문이나 의문문에서 그 다음에 역시 동사 원형을 쓰는데 이를 **원형 부정사**로 이해   He **doesn't** <u>know</u> it.
>
> ▲ **조동사**가 <u>분사(과거분사, 현재분사)</u> 앞에
> ─ be동사가 수동태(be+pp)나 진행형(be+현재분사) 등에서 조동사가 됨
>   This book **was** <u>written</u> by me.   She **is** <u>dancing</u> now.
> ─ have동사도 완료형(have+pp) 등에서 조동사가 됨
>   I **have** <u>lived</u> here since then.
>
> ▲ **조동사**가 <u>to부정사</u> 앞에
>   I **have** <u>to study</u> English.
>   He **ought** not <u>to be</u> forgiven. (그는 용서되어서는 안 된다.)
>   **Oughtn't** we <u>to go</u> there? (거기 가야 하지 않나요?)

2. 특징

1) 인칭(1,2,3인칭), 수(단수, 복수) 등에 관계없이 형태가 일정하다.

예를 들어 can이 3인칭 단수에 쓴다고 해서 cans가 되지 않는다.

2) 주어 다음에(동사 앞에) 쓰며, 조동사가 있으면 동사는 인칭, 수 관계없이 원형을 쓴다.

■ He **can** be a student. (그는 학생일 수 있다.)

　조동사는 주어와 밀접한 관계가 있어서 주어 바로 다음에 쓰고, 그 때문에 조동사 다음의 동사는 주어와의 관계가 그만큼 멀어져서 is가 아니고 동사원형(be)(원형 부정사)으로 쓰게 된다.

3) 조동사끼리 겹쳐 쓰지 않는다.

　'~ 할 수 있을 것이다'를 표현할 때 will can이라고 하지 않고, 이 경우는 will be able to~ 등으로 쓴다.

4) 부정문은 조동사 다음에 not을 쓰고, 의문문은 조동사를 그대로 앞으로 빼서 쓴다.

■ He **may** drive the car. ⇒ He **may not** drive the car.
　　　　　　　　　　　　　　　　　(그는 그 차를 운전할 수 없다.)
　⇒ **May** he drive the car? (그는 그 차를 운전할 수 있나요?)

■ I **can** do anything for you. (나는 당신을 위해 어떤 것도 해 줄 수 있다.)
　⇒ I **can't** do anything for you. (나는 당신을 위해 아무것도 할 수가 없다.)
　⇒ What **can** I do for you?
　　(내가 당신을 위해 무엇을 할 수 있을까요? = 무엇을 도와드릴까요?)

■ He **would** have gone there. (그는 거기 갔었을 것이다.)
　⇒ He **would not** have gone there. (그는 거기 안 갔을 것이다.)
　⇒ **Would** he have gone there? (그는 거기 갔었을 것인가?)
　⇒ **Wouldn't** he have gone there? (그는 거기 안 갔었을 것인가?)

5) 과거형태가 현재로 쓰이는 경우가 많다.
   (형태만 과거이지 뜻은 과거가 아닌 경우)

can, will, may 등이 아니고 그들의 과거형인 could, would, might 등도 과거가 아니라 현재나 미래를 표현하는 경우가 많다.

그 이유는 '~하신다면' 등이 생략된 가정법에 기초하기 때문에 가정법 동사(과거형으로 현재 표현) 를 쓰는 것이며, 그렇게 과거형 동사로 현재를 표현하면 '~하신다면' 등이 생략되었기 때문에 더 공손한 표현과 더 큰 불확실성 표현을 하는 것이 된다.

그러므로 이 경우의 could, would, might 등은 현재 시점이며 can, will, may 의 과거로 쓰인 것이 아니다.

제2절 can

1. 능력, 가능성을 나타냄

■ I **can** swim. (나는 수영**할 수** 있다.)
  = I **am able to** swim.

2. 허락 (의문문에서는 요청)

■ You **can** swim here. (수영**해도 된다**. 여기서)
  이 보다 더 공손한 표현은 You **could** swim here. 이다.
  그리고 may가 can보다 조금 더 약한 표현이다.
  You **may** swim here. (수영해도 될 거야. 여기서)

그리고 be able to부정사 는 '능력'을 나타내며 '허락'을 나타내는 것이 아니므로 여기서는 You **are able to** swim here. 로 바꿔 쓸 수 없다.

■ **Can** I swim here? (여기서 수영**할 수** 있나요?)
  이보다 더 공손한 표현은 **Could** I swim here?
  그리고 can보다 약하기 때문에 공손히 들리는 표현은 **May** I swim here? (수영해도 될지 모르겠네요) 이며, may보다 might가 더 공손한 표현이므로 **Might** I swim here? 는 아주 공손한 표현이 된다.

여기서 could나 might의 시점은 모두 현재이다. (즉, can이나 may의 과거로 생각하지 말 것)

3. 추측

1) 현재나 미래에 대한 추측

■ He **can** be hungry. (그는 배고플 수도 있다.)
50 ~ 60% 정도의 확신을 나타낸다.

■ He **can't** be hungry. (그는 배고플 리가 없다.) 99%의 확신을 나타낸다.

2) 과거에 대한 현재시점의 **추측** (can not have pp ~했을 리가 없다)

■ He **can't have been** hungry. (그는 배고팠을 리가 없다.)
99%의 확신을 나타낸다.
현재 시점에서 시제가 하나 앞선 과거를 추측하는 것이므로 완료형인 「have + 과거분사」를 쓴다.
그리고 이처럼 can이 과거에 대한 추측(+ have pp)에 쓸 경우는 주로 부정문으로 쓴다. (즉 can not have pp는 쓰지만 can have pp는 안 쓴다.)

제3절 could

1. can의 과거로 쓸 경우

■ I **could** swim. (나는 수영할 수 있었다.) 여기서 could는 can의 과거이다.

■ He said he **could** swim. (그는 수영할 수 있다고 말했다.) said에 따라 **시제일치**

2. 공손한 허락, 요청

■ **Could** I swim here? (제가 수영해도 되겠습니까? 여기서)
여기서 could는 can의 과거가 아니라 시점이 현재이다.
그래서 공손함을 표현한다. 영어에는 존댓말은 없다. 다만 '괜찮다면' 등이 생략된 가정법처럼 쓰여서 현재 시점의 공손한 표현이 되는 것이다.

■ **Could** you swim here? (당신은 수영하시겠습니까(하실 수 있나요)? 여기서)

■ You **could** swim here. (당신은 수영해도 됩니다. 여기서)

■ **Could** you drive me to the airport? (공항까지 태워주실 수 있나요?)

3. 제안

■ We **could** play soccer. (우리 축구나 할까?)
  = Why don't we play soccer? 또는 Let's play soccer.
    또는 Shall we play soccer?

■ You **could** see a doctor. (의사 만나 보지.)

4. 추측

1) 현재나 미래에 대한 추측

■ He **could** be hungry. (그는 배고플 수도 있다.)
  50% 정도의 확신을 나타낸다.
  비슷한 표현으로 He **may** be hungry. 또는 He **might** be hungry. 등이 있다.

■ He **could not** be hungry. (그는 배고플 리가 없다.)
  He **can not** be hungry.도 비슷한 문장인데, 현재형인 can을 쓴 것은 더욱 확실함을 표현하는 것이다.

■ He **could** swim well tomorrow. (그는 수영을 잘 할 수 있을 것이다. 내일)

2) 과거에 대한 현재시점의 **추측**
  (could have pp ~했을 수도 있다/ could **not** have pp ~했을 리가 없다)

■ He **could have been** hungry. (그는 배고팠을 수도 있다.)

■ He **could have seen** a doctor. (그는 의사를 만났을 수도 있다.)

■ He **could not have seen** a doctor. (그는 의사를 만났을 리가 없다.)
  이처럼 not을 쓰면 ~했을 리가 없다(가능성 없었다)는 부정적 추측이 된다.
        (could **not** have pp나 can **not** have pp나 거의 비슷)
  그래서 비슷한 문장은 He **can't have seen** a doctor. 이다.

■ It **couldn't have been** better.
  (더 좋았을 리가 없다 = 더 좋은 건 불가능했다 = 그것은 최고였다.)

5. 가능성 상상 (가정법)

1) 현재나 미래 표현

■ I **could** go there. (나는 거기 갈 수 있을 텐데.)

만약 if I were you (내가 너라면) 가 생략된 것이면(가정법 과거) 결국 '나는 네가 아니어서 거기 갈 수 없다' 는 말이 된다.

〈영어는 **현실**(I can go 갈 수 있다)과 **상상**(I could go 갈 수 있을 텐데, 못 간다)을 구분해서 쓴다.〉
추측(난 갈 수도 있다.)을 나타낼 때와는 의미가 조금 다르다.(문맥에 따라 판단)

2) 과거에 대한 현재시점의 **회상**

〈could have pp ~할 수 있었을 텐데(못했다)/ couldn't have pp ~할 수 없었을 텐데(했다)〉

■ He **could have seen** a doctor.
(그는 의사를 만날 수 있었는데) (그런데 만나지 않았음)

■ He **could not have seen** a doctor.
(그는 의사를 만날 수 없었을 텐데) (그런데 만났음)

이 문장은 가정법에서 가정절(예를 들면 '네가 없었다면') 이 생략된 가정법 과거완료 문장으로서 위의 추측(~했을 리 없다) 문장과 달리 couldn't을 can't 로 바꿀 수 없다.

그리고 '만날 수 없었을 텐데 결국 만나서 다행이다'라는 의미인 경우도 있기 때문에 과거에 대한 후회가 아니라 회상이라고 했다.

■ You **could have** at least **told** me.
(너는 적어도 내게 말해줄 수도 있었다.)(그런데 말 안 해주었음)

■ It **could have been** worse.
(더 나빠질 수도 있었다 = 그만하길 다행이다.)

제4절 may

1. 공손한 허락 (의문문에서는 요청)

■ You **may** swim here. (수영해도 됩니다. 여기서)

■ **May** I come in? (들어가도 될까요?) Yes, you **may**. (예, 됩니다.)
may 뒤에 come in이 생략됨
No, you **mayn't**. (아니, 안 돼요.)

비슷한 표현으로 **Could** I come in? 등이 있고, 좀 더 공손하게 하려면 may의 과거형인 might을 쓰면 된다. **Might** I come in?
여기서 could, might 모두 현재 시점이다.

■ **May** I help you? (당신을 도와드려도 될까요? = 도와드릴까요?)

[비교] **May** you help me? (당신이 날 도와도 될까요?)
이것은 말이 이상해져 버린다. 그래서 이렇게는 쓰지 않는다.

2. 추측

1) 현재나 미래에 대한 추측

■ He **may** be hungry. (그는 배고픈지도 모른다.)
확실성 50% 정도의 표현이며, 비슷한 표현으로 He **could** be hungry. 등이 있고 may의 과거형인 might를 현재 시점으로 쓰면 확실성이 좀 더 낮은 표현이 된다. He **might** be hungry.

■ He **may not** be hungry. (그는 배고프지 않은지도 모른다.)
확실성이 좀 더 낮은 표현으로 He **might not** be hungry. 가 있다.

■ He **may not** come tomorrow. (그는 오지 않을지도 모른다. 내일)

2) 과거에 대한 현재시점의 추측 (may have pp ~했었을지도 모른다)

■ He **may have been** hungry. (그는 배고팠을지도 모른다.)

■ He **may not have been** hungry. (그는 배고프지 않았을지도 모른다.)

3. 기원

■ **May** your dream come true! (너의 꿈이 실현되기를!)
may 때문에 comes가 아니고 come을 쓴 것임

■ **May** you have a very happy life! (네가 매우 행복한 생활을 하기를!)

4. may well (---하는 것이 당연하다, 충분히 ~일 것이다 = be very likely to) **표현**

■ He **may well** do it like that. (그가 그것을 그렇게 하는 것은 당연하다.)
= He **is very likely to** do it like that.
  (= 그는 아마도 그것을 그렇게 할 것이다.)

■ You **may well** be right. (당신이 아마 옳을 것이다.)

5. may as well (차라리 ---하는 것이 낫다) **표현**

1) 현재

■ We **may as well** stay at home. (우리는 차라리 집에 머무는 것이 낫겠다.)
  We **might as well** stay at home. 도 비슷한 표현인데 may와 might의 뉘앙스 차이만 있다.

2) 과거에 대한 현재시점의 **평가**
(may as well have pp 차라리 ---하는 것이 더 나았었다)

■ We **may as well have stayed** at home.
(우리는 차라리 집에 머무는 것이 나았었다.)
  We **might as well have stayed** at home. 도 비슷한 표현이다.

제5절 might

1. May의 과거로 쓸 경우

■ She said I **might** swim (그녀는 말했다. 내가 수영해도 된다고)

　이 문장은 원래 She said "You **may** swim."이라는 직접화법이 간접화법으로 바뀌면서 may가 과거형인 said에 맞춰(시제를 **일치**시키려고) might로 된 것이다.
　즉, 여기서 might는 may의 과거이다.

■ He told me that he **might** come.
　(그는 내게 말했다. 자기가 올지도 모른다고)
　이 문장은 원래 He said to me, "I may(또는 might) come."이라는 직접화법이 간접화법으로 바뀌면서 may가 과거형인 told에 맞춰(시제일치에 따라) might로 된 것이다.

2. 공손한 허락 (의문문에서는 요청)

■ **Might** I swim here? (내가 여기서 수영해도 되나요?) 여기선 may의 과거 아님
　May I swim here? 와 비슷하나 might가 조금 더 공손한 표현이다.
　즉, 같은 현재 시점으로 쓰였다면 will, can, may 등 보다는 would, could, might 등(모두 현재 시점으로서 will, can, may의 완곡)이 더 공손한 표현이 된다.

3. 추측

1) 현재나 미래에 대한 추측

■ He **might** be hungry. (그는 배고픈지도 모른다.) might도 현재 시점

■ He **might** not be hungry. (그는 배고프지 않을지도 모르겠다.)

■ He **might** not be at home tomorrow. (그는 집에 없을지도 모른다. 내일)

2) 과거에 대한 현재시점의 추측 (might have pp ~했었을지도 모른다)

■ He **might have been** hungry. (그는 배고팠을지도 모른다.)

■ He **might not have been** hungry. (그는 배고프지 않았을지도 모른다.)

4. 상상 (가정법) 《(~이면), ~할지도(~했을지도)》

1) 현재나 미래 표현

■ I **might** turn down his offer. (나는 아마 그의 제안을 거절할지도 모를 텐데)
 이 문장은 if I were you(내가 너라면) 등이 생략된 것일 수 있다.
 그런 if절이 생략된 것이라면 나는 네가 아니어서 거절할지 안 할지의
상황 자체가 없는 것이다. (결국 거절할 일이 없는 것)

■ If he were you, he **might** go there. (그가 너라면, 거기 갈지도 모를 텐데.)
 그는 네가 아니어서 실제로는 거기 갈 가능성 자체가 없는 것이다.
그래서 추측(그는 갈지도 모른다 = 실제 갈 가능성 있음) 과는 어감이 다르다.

2) 과거에 대한 현재시점의 회상

 〈might have pp ~했을지도 (안 했음)/ might not have pp ~안 했을지도 (했음)〉

■ I **might have gone** there. (나는 거기 갔었을지도 모르겠는데(안 갔음))
 '~했더라면' 이라는 가정법 가정절이 생략된 가정법 과거완료 구문이다.

■ It **might have been found**. (그것이 발견되었을지도 모르겠다(발견 안 됨))
 이 문장도 예컨대 if we had gone there(우리가 거기 갔었더라면)이
생략된 것(안 갔으므로 발견 안 되었다)일 수 있는 것이다.

■ I **might not have gone** there. (나는 거기 안 갔었을지도 모르겠는데)
 이 문장도 예를 들어 if I had been busy(내가 바빴었다면)이 생략된
것(바쁘지 않아서 가기는 했다)일 수 있다.

5. might as well (차라리 ---하는 것이 낫다.)

1) 현재

■ We **might as well** stay at home. (우리는 집에 머무는 것이 낫다.)

2) 과거에 대한 현재시점의 평가

 (might as well have pp 차라리 ~하는 것이 더 나았었다)

■ We **might as well have stayed** at home.
 (우리는 집에 머물렀었으면 더 나았었다.)

제6절 must

1. 의무, 필수

■ You **must** go there. (너는 가야 한다. 거기에)
 = You **have to** go there. = You **have got to** go there
 = You **are to** go there. (be to부정사 용법 - 동사 중 제2형식 동사 부분 참고)

【참고】 have to는 to부정사 하는 상황을 have(가지다, ~있는 상태다) 하는 것이므로 '**~해야 한다**' 는 의미가 된다.

■ How high an average **must** I maintain?
  (얼마나 높이, 평균점을, 내가 유지해야 합니까?
  = 어느 정도 평균점을 유지해야 하나요?)

■ You **must not** go there. (너는 가서는 안 된다. 거기에)
 = You **are not to** go there. ('~해야 한다'는 'be to부정사' 용법의 부정)

【참고】 〈must〉 와 〈have + to부정사〉

  must와 have to 모두 '~해야 한다' 이지만

-- 해야 했다(과거)는 You **had to** go there.

-- 할 필요 없다 는 must not(~해서는 안 된다)이 아니라

  현재는 You **don't have to** go there.
       = You **needn't** go there. (=don't need to)
  과거는 You **didn't have to** go there.

【참고】 need, dare는 부정문과 의문문에서는 일반동사로도 조동사로도 가능

		일반동사로 쓰인 것	조동사로 쓰인 것
need	긍정문	He needs to go there. (그는 거기 갈 필요가 있다.) need가 to부정사를 목적어로 취함	
	부정문	He doesn't need to go there. (그는 거기 갈 필요 없다.) You **didn't need to go** there. (갈 필요 없었다. = 실제 갔는지 여부는 모름)	He need not go there. (그는 거기 갈 필요가 없다.) You **needn't have gone** there. (갈 필요 없었는데 **괜히 갔다**는 뜻) 〈현재시점에서 그 이전 시제인 과거에 괜히 갔다고 하는 것이므로 need + 완료형(have gone)을 쓴 것〉
	의문문	Does he need to go there? (그는 거기 갈 필요가 있는가?)	Need he go there? (그는 거기 갈 필요가 있는가?)
dare	긍정문	He dares to do it. (그는 감히 그것을 한다.) dare가 to부정사를 목적어로 취함	
	부정문	He doesn't dare to do it. (그는 감히 그것을 하지 못한다.)	He dare not do it. (그는 감히 그것을 하지 못한다.)
	의문문	Does he dare to do it? (그가 감히 그것을 하는가?)	Dare he do it? (그가 감히 그것을 하는가?)

2. 추측 (확실성 95%)

1) 현재나 미래에 대한 추측

■ He **must** be hungry. (그는 틀림없이 배고픈 것 같다.)

■ He **must not** be hungry.
(그는 틀림없이 배고프지 않은 것 같다. = 배고플 리가 없다.)

2) 과거에 대한 현재시점의 추측

(must have pp ~했었음에 틀림없다/ must not have pp ~했었을 리가 없다)

■ He **must have been** hungry. (그는 틀림없이 배고팠던 것 같다.)

■ He **must not have been** hungry. (그는 틀림없이 배고프지 않았었던 것 같다.)
(= 그는 배고팠었을 리가 없다.)

제7절 will

1. 의지가 담긴 미래 ('~하겠다') (be willing to부정사, be ready to부정사 의미가 포함)

- I **will** go there. (나는 갈 것이다. 거기에)

- I **will** not go there. (나는 안 갈 것이다. 거기에) = I **won't** go there.
    will not = won't

- **Will** you go there? (거기 갈 거야?)

2. 단순한 미래

- Dinner **will** be ready. (저녁 식사가 준비될 것이다.)
    확실한 미래를 나타낸다. 다소 불확실하면 would를 쓸 것이다.

- I **will** have finished the job by that time.
    (나는 끝내게 될 거야. 그 일을, 그 때까지는)

3. 현재나 미래에 대한 추측

- He **won't** be hungry. (그는 배고프지 않을 것이다.) 확실성 90%

- He **will** swim well tomorrow. (그는 수영을 잘 할 것이다. 내일)

- That **will** be Jack.
    (저 사람은 잭일 거야. = That **must** be Jack. 잭이 틀림없어)

4. 요청, 문의

- **Will** you swim here? (수영할래요? 여기서)
    좀 더 공손한 요청을 하려면 will의 과거형인 would를 써서
    Would you swim here? 라고 하면 된다.

- **Won't** you swim here? (수영하지 않을 거야? 여기서)
    Will you swim here? 는 수영할지 안 할지 모를 경우이고,
    Won't you swim here? 는 수영할 것 같지만 확인차 물어보는 표현이다.

5. 현재의 상태, 습성(경향), 항시 일어나는 일
   (will이 미래로만 쓰이는 것은 아님)

■ This machine **won't** work. (이 기계는 작동하지 않고 있다.)
   won't는 will not이다.

■ The car **won't** start. (그 차는 시동이 걸리지 않는다.)

■ He **will** often sing in the shower. (그는 종종 노래를 부른다. 샤워 중에)

■ Oil **will** float on water. (기름은 뜬다. 물 위에) 확실성 100%를 나타낸다.

6. 가능성
■ This car **will** hold 7 people. (이 차는 7명을 태울 수 있다.)

제8절 would

1. will의 과거로 쓸 경우

■ I knew he **would** go there. (나는 알았다. 그가 갈 것임을, 거기에.)
   여기서 would는 과거동사인 knew에 따라 **시제**를 **일치**시키기 위해서 쓰인 것으로서 will의 과거로 쓰였다.

2. 공손한 요청

■ **Would** you swim here? (수영하시겠습니까? 여기서)
   Could you swim here? 도 비슷한 표현인데, could는 '해 줄 수 있나요?' 인데 would는 공손하긴 하지만 할 것으로 기대하면서 묻는 표현이다.

   could나 would 모두 can, will의 과거가 아니라 현재 시점으로 쓰인 것(can, will의 완곡)이며, 이처럼 (모양만)과거형이 현재시점으로 쓰였다는 것은 가정법 가정절(~원한다면)이 생략된 것처럼 되어 공손한 요청을 나타내는 것이다.

■ **Would** you please **not** swim here?
　(여기서 수영 안 해 주실래요? = 수영하지 말아 주시겠습니까? = 수영하지 마세요)

　조동사(would) + 동사원형(swim) 인데 조동사가 앞으로 나가 의문문이 된 것이며, 동사원형은 원형부정사로서, 그럴 경우 부정사를 부정할 때는 그 앞에 not을 쓰면 되는 것임(not swim)

　Wouldn't you ~ 로 쓰게 되면 수영 안 하시겠어요?(= 수영하세요)라는 뜻임

■ **Would** you mind opening the door?
　(꺼리(mind)시겠습니까? 여는 것을, 그 문을 = 그 문 열어주시겠습니까?)
　= **Would** you mind if I **opened** the door?
　　(가정법인 would 때문에 가정법동사 opened를 쓴 것임)

■ What **would** you like to eat? (무엇을 드시겠습니까?)

【참고】 would like to (--하고 싶다)
　　　　('가능하다면, 허락하신다면' 등이 생략되었다고 보면 이것도 일종의 가정법)
　뜻을 분석해보면 「*to부정사* 하는 것을 *like*(좋아하다) *would*(할 것이다, 할 텐데)」이므로 '지금 ~하는 게 좋을 것 같아' = '지금 ~을 원한다'라는 뜻이다.
　즉, I like to play the guitar.는 '나는 (평소) 기타 치는 것을 좋아한다.' 라는 뜻이지만, I would like to play the guitar.는 (지금) 기타 치고 싶다는 말이다.

■ I **would like to** swim. (나는 수영하고 싶습니다.)
　현재 시점인데 would를 쓴 것은 '~ 허락한다면' '가능하다면' 등의 가정법 가정절이 생략되어 소망이나 공손함을 나타낸다고 볼 수 있다.

■ **Would** you **like to** swim? (수영하고 싶어요?)
　= **Wouldn't** you **like to** swim? (수영하고 싶지 않아요?)

■ **Would** you **like** some coffee? (커피 좀 마실래요?)

■ How **would** you **like** the coffee? (커피 어떻게 마실래요?)

■ I **would like** you to swim. (나는 당신이 수영하기를 원합니다.)

----

3. 추측

1) 현재나 미래에 대한 추측

■ That **would** be his sister. (저 사람이 그의 누이일 것이다.)

■ He **would** go there tomorrow. (그는 내일 거기 갈 것이다.)

■ He **would** not be hungry. (그는 배고프지 않을 것이다.)

■ I **would** go there. (나는 거기 갈 거야.)(갈 것 같다 = 갈 수도 있다.)
will이 확실성 90%라면 would는 확실성 70~80% 정도이다.

2) 과거에 대한 현재시점의 추측 (would have pp ~했었을 것이다)

■ He **would have been** hungry. (그는 배고팠을 것이다.)
  현재시점인 would의 과거형인 would have been을 쓴 것인데, would는 현재시점에서의 추측을 나타내고, 완료형인 have been은 과거가 현재와 연결되고 있음을 나타낸다.

■ He **would not have been** hungry. (그는 배고프지 않았을 것이다.)

4. 상상 (가정법) [(~면), ~할 텐데]

1) 현재나 미래 표현

■ I **would** go there. (나는 거기 갈 텐데.)
  만약 if I were you(내가 너라면)가 생략된 것이면 결국 '나는 네가 아니어서 거기 가지 못한다'는 말이 된다.
  〈영어는 **현실**(I will go 가겠다)과 **상상**(I would go 갈 텐데, 못 간다)을 구분해서 쓴다.〉
  추측(나는 거기 갈 거야.)을 나타낼 때와는 의미가 조금 다르다.

■ I'm sure you **would** too.
  (나는 확신한다. 너도 역시 ~할 것이라고 = 너도 그럴 거라 나는 확신해)
  너 역시도(too) '~라면 ~일 것이다(would)' 중에서 would만 남기고 다 생략된 것임

2) 과거에 대한 현재시점의 회상
〈would have pp ~했을 텐데(안 했다)/ would not have pp ~안 했을 텐데(했다)〉

■ I **would have gone** there. (나는 거기 갔었을 텐데.(가지 않았음))
'~했더라면' 이라는 가정법 가정절이 생략된 가정법 과거완료 구문이다.

■ I **would have gone** there, but I had to finish the work.
(('~~였다면' 생략) 나는 거기 갔었을 텐데, 그러나 그 일을 마쳐야만 했다.)
(= 거기 가고 싶었다, 하지만 그 일을 마쳐야 했기 때문에 가지 못했다.)

■ I **would not have gone** there.
(('~~였다면' 생략) 난 거기 가지 않았을 텐데 (괜히 갔다))

5. 과거의 반복된 행동 (--하곤 했다)
※ used to는 ~하는 것에 익숙했다(= ~하곤 했다)는 의미이며, would는 (어떤 상황에서는) ~하곤 했다는 의미이므로 would가 used to에 비해 다소 불규칙적 습관

■ After lunch he **would** take a nap.
(점심 식사 후에 그는 낮잠 자곤 했다.(잘 때도 있고 안 잘 때도 있고))
그냥 he would take a nap. 만으로는 추측(그는 낮잠 잘 것이다.)으로 볼 수 있으므로 문맥에 따라 파악해야 한다.

6. would rather (--하는 것이 낫겠다)

1) **현재**에 대한 가정법적 선호

■ I **would rather** go. (나는 가는 것이 낫겠다.) would rather + 동사원형

■ You **would rather** go. (너는 가는 것이 낫겠다.)

■ He **would rather** go there. (그는 차라리 가고 싶어 한다. = 차라리 갈 거야)
would rather가 조동사처럼 쓰이므로 그 다음에는 goes가 아니고 동사원형이 온다. (주어가 he이면 '차라리 ~하고 싶어 한다'라고 해석하는 것이 자연스러움)

■ I **would rather** not go. (나는 안 가는 것이 낫겠다.) (not은 would rather뒤에)

【비교】 had better (have가 아니고 had인 이유는 가정법 느낌이므로)

참고로 would rather 같이 조동사처럼 쓰이는 비슷한 문구 중에 had better는 '~하는 편이 좋을걸 = **~해야 돼**'라는 뜻으로 would rather와는 느낌이 조금 다르다.

- You **had better** not go. (너는 가지 말아야 돼.)

would rather나 had better의 '부정'은 그 앞에 don't 을 쓰는 것이 아니고, had **not** better처럼 쓰는 것도 아니고, had better가 조동사처럼 쓰이므로 그 뒤에 not을 쓴다.
(조동사 뒤의 동사원형을 부정할 때 동사원형 앞에 not을 씀)

- You **had better** not be his friend. (너는 그의 친구가 아닌 게 좋아.)

- I **would rather** go than stay. (나는 가는 것이 낫겠다. 머무는 것보다.)

- I **would rather** go by bus than by taxi.
  (나는 버스로 가는 것이 낫겠다. 택시로 보다.)

【비교】 would rather A than B/ prefer A to B/ would prefer to A rather than B
  I **would rather** run **than** swim.
= I **prefer** running **to** swimming. 〈일반적 선호(평소 ~하다)를 의미〉
= I **would prefer to** run **rather than** swim. 〈특정한 선호(지금 ~하다)를 의미〉

- What **would** you **rather** do? (무엇을 하는 것이 낫겠습니까?)

- I **would rather** (that) you went(과거동사) tomorrow.
  (나는 당신이 내일 가는 게 낫다고 생각해 = 당신은 가는 게 낫겠다, 내일)
  would rather 다음에 that절이 올 수 있고 that은 생략할 수 있다.
  현재 시점을 표현하는 것이지만 여기서는 would rather 때문에 that절에서는 가정법 동사(과거형인 went)를 쓴다.   그것은 that절이 '~한다면'이라는 현재 시점의 가정법(일명 가정법 과거)으로 쓰였기 때문이다.

- I **would rather** (that) you didn't go(과거동사). (당신이 가지 않는 게 낫겠다.)
  현재 시점을 표현하는 것인데 여기서 that절에서는 가정법 과거동사를 쓴다.

2) 과거에 대한 현재시점의 평가 (would rather have pp ~했었다면 좋았다)

- I **would rather have gone**. (나는 갔었더라면 좋았다. = 안 가서 후회된다.)
  would rather + 완료형(have pp) (이전 시점에 대해 말하므로 완료형을 씀)

- I **would rather** not **have gone**. (나는 차라리 가지 않았으면 좋았다.)

- What **would** you **rather have done**?
  (무엇을 했던 것이 나았을까요? = 당신이라면 차라리 어떻게 했을까요?)

- I **would rather** (that) you hadn't gone. (당신이 가지 않았으면 좋았을 텐데.)
  would rather 때문에 that절에는 가정법 동사를 쓰는데, 이전 시점에 대한 평가를 할 때는 that절에서 가정법 과거완료 동사(had gone)를 쓴다.

제9절 shall   shall은 오늘날에는 will에 비해 별로 쓰이지 않고 있다.

1. I 또는 We 가 주어일 때 단순미래

- I **shall** be sixty-two years old in Korean age next year.
  (나는 한국 나이로 62살이 된다. 내년에) 여기서의 shall은 단순한 미래를 표현함

2. 말하는 사람의 의지를 담은 미래

1) 1인칭 주어

- I **shall** do everything I can.
  (나는 할 것이다. 모든 것을, 내가 할 수 있는 = 나는 할 수 있는 모든 걸 할 거야.)
  여기의 shall은 '~하겠다'는 것인데, 잘 쓰이지는 않고 will이 많이 쓰인다.

2) 2, 3인칭 주어

- You **shall** have my answer soon. (너는 곧 내 대답을 듣도록 하겠다)
  = I will give you my answer soon.

- He **shall** not go. (그는 못 갈 것이다. = 그를 못 가게 하겠다.)
  그의 의지가 아니라 말하는 사람인 나의 의지(못 가게 하겠다는)가 담겨 있다.

3. I 또는 We 와 함께 의문문으로 쓰여서 '제안'이나 '동의를 물음'

■ **Shall** we dance? (우리 춤출래요?)

■ **Shall** we play soccer? (우리 축구할래요?)
  = We <u>could</u> play soccer. = <u>Why don't</u> we play soccer?
  = <u>Let's</u> play soccer.

■ **Shall** I get you some coffee? (커피를 좀 드릴까요?)

■ **Shall** I open the door? (문 열까요?)
  = **Do you want me to** open the door?

4. will이나 be going to 보다 (공적인 상황 등) **격식 있고 예의바른 미래 표현**

■ **Shall** you be there in time? (시간에 맞게 거기 계시겠습니까?)

■ It **shall** be a great honour. (그것은 위대한 영광이 될 것이다.)

■ It **shall** be her. (바로 그녀일 거예요.)

제10절 should

1. shall의 과거로 쓸 경우

■ I thought I **should** like the job. (그 일이 마음에 들 것으로 생각했다.)

여기서 should는 과거동사인 thought 때문에 시제를 일치시킨 것으로, shall의 과거로 쓰였다. 이 should 보다는 would가 많이 쓰인다.

2. **충고, 의무** (~해야 한다, ~하는 것이 좋다)(shall의 과거형인 완곡표현)

■ You **should** do it. (너는 그것을 해야 한다. = 너는 그것을 하는 것이 좋아.)

비슷한 표현은 You **had better** do it. 또는 You **ought to** do it. 또는 You **are supposed to** do it.(넌 그걸 하도록 되어 있다) 등이다.

원래 You shall do it. (너는 그것을 하게 될 거야 = 나는 네가 그것을 하게끔 만들 거야.) 은 아주 강한 표현이어서 shall의 과거형 should를 같은 현재 시점으로 쓰면 shall의 완곡표현이 되어 좀 부드러운 표현 (보다 공손, 보다 불확실) 으로 된 것이다.

그래서 must처럼 '해야 돼'가 아니라 '너는 그것을 하는 것이 좋아.' 정도로 이해하면 된다.

■ You **shouldn't** do it. (너는 그것을 하지 않아야 한다. = 하지 않는 게 좋아)

　비슷한 표현은 You **had better not** do it. 또는
You **ought not (to)** do it. 또는 You **are not supposed to** do it. 등이다.

3. that절에 쓰여 어떤 감정 등을 표현

■ It is odd that you **should** think him so bad.
(네가 그를 그렇게 나쁘게 생각하다니 이상하다.)

4. 상상 (가정법)
1) 현재나 미래 표현

■ I **should** be surprised if he became president.
(그가 대통령이 된다면 나는 놀랄 것이다.)　president 앞에 관사 없음

　이처럼 「가정법 과거」 문장의 주절에는 shall이 아니라 과거형인 should를 써야 한다.　　이 should 보다는 would로 많이 쓰인다.

■ If I were you, I **should** go there. (내가 너라면, 거기 가야 할 텐데 = 가는 게 좋겠다)
(그런데 가정법에서 '~해야 할 텐데' 표현은 I **would have to** go there.처럼 많이 씀)

2) 과거에 대한 현재시점의 후회
〈should have pp ~했어야 했다(안 했음)/ should not have pp ~안 했어야 했다(했음)〉

　이 표현은 가정법 과거완료 문장의 주절에도 쓰이지만, if절(가정절)이 없이 단독으로도 (그래서 앞의 '2. 충고, 의무' 부분에서 설명해도 됨) 많이 쓰인다.

■ You **should have done** it. (너는 그것을 했어야 했다. (그런데 하지 않았다))
여기서 done it은 뜻이 통하면 생략할 수도 있다.

　비슷한 표현은 You **had better have done** it. 또는
You **ought to have done** it. 또는 You **were supposed to** do it. 등이다.

- You **should have said** it.
  (너는 그것을 말했어야 했다. (그런데 하지 않았다))

- You **should have let** me know it.
  (너는 내가 그걸 알도록 했어야 했다. (그런데 안 알려줬다.))

- You **should not have done** it.
  (너는 그것을 하지 말았어야 했는데. (그런데 해버렸다))

  비슷한 표현은 You **were not supposed to** do it.
  (너는 그것을 해서는 안 되었다./ 너는 그것을 하도록 되어 있지 않았다.)

3) 미래를 가정하는 if절에 쓰임 (일명 가정법미래)

- If I **should** die, how would they live? (내가 만에 하나 죽는다면 그들은 어떻게 살까?)

5. 추측

should가 추측의 뜻으로 쓰일 때도 가끔 있으며, 약 70% 정도의 확신을 뜻한다.

1) 현재나 미래에 대한 추측

- They **should** be here no later than 5 o'clock.
  (그들은 늦어도 5시까지는 틀림없이 여기 올 것이다.) 당연한 기대를 나타냄

- The certificate **should** be issued by tomorrow.
  (그 증명서는 내일까지는(당연히) 발행될 것이다.)

- He **should** be home by now.
  (그는 지금쯤 (당연히) 집에 도착할 거야.)

2) 과거에 대한 현재시점의 추측 (잘 쓰이진 않고 가끔 쓰임)

(should have pp ~여야(였어야) 하는데, 당연히 ~했을거야)

- He **should have arrived** in Jeju by now.
  (그는 지금쯤이면(당연히) 제주에 도착했어야 하는데 (이상하다?))
  by now 등과 많이 씀

【참고】 현재나 미래의 추측

긍정문	부정문
■ He **must** be thirsty. (그는 목마른 게 틀림없다.) 95% 확신	■ He **must not** be thirsty. (그는 목 안 마른 게 틀림없다.) 95% 확신
■ He **will** be thirsty. (그는 목마를 것이다.) 90% 확신	■ He **won't** be thirsty. (그는 목마르지 않을 것이다.)
■ He **would** be thirsty. (그는 목마를 것이다.) 80% 확신	■ He **would not** be thirsty. (그는 목마르지 않을 것이다.)
■ He **should** be thirsty. (그는 당연히 목마를 것이다.) 70% 확신	■ He **should not** be thirsty. (그는 당연히 목마르지 않을 것이다.) ■ There **should not** be any difficulty in doing that. (그것을 함에 있어 어떤 어려움도 없을 것이다.)
■ He **can** be thirsty. (그는 목마를 수 있다.) 60% 확신	■ He **can not** be thirsty. (그는 목마를 리가 없다.) 99% 확신
■ He **could** be thirsty. (그는 목마를 수도 있다.) 50% 확신	■ He **could not** be thirsty. (그는 목마를 리가 없다.)
■ He **may** be thirsty. (그는 목마를지 모른다.) 50% 확신	■ He **may not** be thirsty. (그는 목마르지 않을지 모른다.)
■ He **might** be thirsty. (그는 목마를지도 모른다.) 50% 이하 확신	■ He **might not** be thirsty. (그는 목마르지 않을지도 모른다.)

【참고】 과거에 대한 현재시점의 **추측**

현재 시점에서 그 보다 한 시제 앞선 과거를 추측 (전에 ~였다고 지금 추측한다) 하는 것이므로 「조동사 + 완료형의 원형」으로 표현한다.

긍정문	부정문
	■ He **can not have gone** there. (그는 거기 갔을 리가 없다.) 99% 확신
■ He **could have gone** there. (그는 거기 갔을 수도 있다.)	■ He **could not have gone** there. (그는 거기 갔을 리가 없다.)
■ He **must have gone** there. (그는 거기 갔던 것이 틀림없다.)	■ He **must not have gone** there. (그는 거기 갔을 리가 없다 = 거기 안 갔던 것이 틀림없다.) 95% 확신
■ He **should have gone** there. (그는 (당연히) 거기 갔을 것인데 (왜 연락이 없지? 의 느낌)) by now(지금쯤은) 등과 많이 쓰임	
■ He **may have gone** there. (그는 거기 갔을지도 모른다.)	■ He **may not have gone** there. (그는 거기 안 갔을지도 모른다.)
■ He **would have gone** there. (그는 거기 갔을 것이다.)	■ He **would not have gone** there. (그는 거기 안 갔을 것이다.)
■ He **might have gone** there. (그는 거기 갔을지도 모르겠다.) (불확실한데, 거기 갔을 가능성은 있음)	■ He **might not have gone** there. (그는 거기 안 갔을지도 모르겠다.) (불확실한데, 거기 안 간 가능성이 있음)

【참고】 현재나 미래의 상상 (가정법)

- I **could go** there. ((~라면) 나는 거기 갈 수 있을 텐데 (실제는 가지 못함))
- I **would go** there. ((~라면) 나는 거기 갈 텐데 (가지 않음))
- I **might go** there. ((~라면) 나는 거기 갈지도 모르는데 (가지 않음))
- I **should go** there. ((~라면) 나는 거기 갈 텐데 (가지 않음)) 이 보다 would를 많이 씀
  '나는 거기 가야 할 텐데'(가는 게 좋을 것 같은데)

【참고】 과거에 대한 현재시점의 **회상**

안 한 일에 대한 회상	한 일에 대한 회상
■ He **should have gone** there. (그는 거기 갔었어야 했다.(갔어야 했는데) (가지 않았음을 후회함))	■ He **should not have gone** there. (그는 거기 안 갔었어야 했다.(했는데) (갔음을 후회함))
■ He **ought to have gone** there. (그는 거기 갔었어야 했다. (가지 않았음))	■ He **ought not to have gone** there. (그는 거기 안 갔었어야 했다. (갔음)) to부정사를 부정할 때는 그 앞에 not을 씀
■ He **had better have gone** there. (그는 거기 갔었어야 했는데 (가지 않았음))	■ He **had better not have gone** there. (그는 거기 안 갔었어야 했는데 (갔음))
■ He **would rather have gone** there. (그는 거기 갔었더라면 좋았는데 (가지 않았음))	■ He **would rather not have gone** there. (그는 거기 안 갔었더라면 좋았는데 (갔음))
■ He **would have gone** there. (그는 거기 갔었을 텐데 (가지 않았음))	■ He **would not have gone** there. (그는 거기 안 갔었을 텐데 (갔음))
■ He **could have gone** there. (그는 거기 갈 수도 있었는데(가지 않았음)) ■ It **could have been** worse. (더 나빠질 수도 있었는데 (그만하길 다행))	■ He **could not have gone** there. (그는 거기 갈 수 없었을 텐데 (갔음)) (가서 다행이다.)
■ He **might have gone** there. (그는 거기 갔었을지도 모를 텐데(안 갔음))	■ He **might not have gone** there. (그는 거기 안 갔었을지도 모를 텐데 (갔음))
	■ He **need not have gone** there. (그는 거기 갈 필요가 없었는데 (갔음)) [비교] He didn't need to go there. (그는 거기 갈 필요가 없었다. (이것만으로는 실제 갔는지 여부를 모름))

이 중에서 '~ 했었을(였었을) 텐데'라는 회상은 가정법에서 '~했더라면' (과거사실의 반대) 이라는 가정절이 생략된 **가정법 과거완료**를 의미한다.

후회가 아니라 회상이라고 쓴 이유는 '(~가 없었으면) 그 일을 할 수 없었을 텐데 (해서 다행이다)'라는 것도 있기 때문이다.

【비교】 추측인가? 회상인가?

똑같은 문장이라도 다음에서 보는 것처럼 추측일 수도 있고 회상일 수도 있다. 여기서 추측인지, 회상인지는 해석을 해보고 문맥에 따라 파악해야 한다.

추측	회상
■ He **would have gone** there. (그는 거기 갔을 것이다.) 간 것이 거의 맞음 ■ He **would not have gone** there. (그는 거기 안 갔을 것이다.)	■ He **would have gone** there. (~였다면) 생략 (그는 거기 갔었을 텐데 (가지 않았음)) ■ He **would not have gone** there. (그는 거기 안 갔었을 텐데 (갔음)) (~였다면) 생략
■ He **could have gone** there. (그는 거기 갔을 수도 있다.) ■ He **could not have gone** there. (그는 거기 갔을 리가 없다.) (= 갔을 가능성이 없었음) 여기서 could를 can으로 바꿔쓸 (can't have pp ~였을리 없다) 수도 있다.	■ He **could have gone** there. (~였다면) 생략 (그는 거기 갈 수도 있었는데 (가지 않았음)) ■ He **could not have gone** there. (~였다면) 생략 (그는 거기 갈 수 없었을 텐데 (실제는 갔음)) 여기서는 could를 can으로 바꿔쓸 수 없다.
■ He **might have gone** there. (그는 거기 갔었을지도 모르겠다) (불확실한데, 갔을 가능성이 있음) ■ He **might not have gone** there. (그는 거기 안 갔었을지도 모르겠다) (불확실한데, 안 갔을 가능성이 있음)	■ He **might have gone** there. (~였다면) 생략 (그는 거기 갔었을지도 모르는데(안 갔음) ■ He **might not have gone** there. (~였다면) 생략 (그는 거기 안 갔었을지도 모르는데(갔음)
■ He **should have gone** there by now. (그는 지금쯤 당연히 거기 갔어야 하는데)	■ He **should have gone** there. (~였다면)생략 또는 생략 없이 단독으로도 많이 씀 (그는 거기 갔었어야 했는데 (가지 않았음을 후회함)) ■ He **should not have gone** there. (~였다면)생략 또는 생략 없이 단독으로도 많이 씀 (그는 거기 안 갔었어야 했는데 (갔음을 후회함))

【참고】 조동사의 쓰임 정도

① 일어날 가능성

조동사	정도	예문	
will	90%	It **will** rain tomorrow.	내일은 비가 올 것이다.
should	70%	It **should** rain tomorrow.	내일 비가 올 것 같다.
may could	50%	It **may** rain tomorrow. It **could** rain tomorrow.	내일 비가 올지 모른다. 내일 비가 올 수도 있다.
might	50% 이하	It **might** rain tomorrow.	내일 비가 올지도 모르겠다.

② 추측

조동사	정도	예문	
can not / must	99% 95% 95%	It **can not** be true. It **must not** be true. It **must** be true.	그것은 사실일 리가 없다. 그것은 사실일 리가 없다. 그것은 사실임이 틀림없다.
should	70%	It **should** be true.	그것은 사실인 것 같다.
can may could	60% 50%	It **can** be true. It **may** be true. It **could** be true.	그것은 사실일 수 있다. 그것은 사실일지도 모른다 그것은 사실일 수도 있다.
might	50% 이하	It **might** be true.	그것은 혹시 사실일지도 모르겠다.

③ 요청

조동사	정도	예문	
will can may	보통	**Will** you open the door? **Can** you open the door? **Can** I swim here? **May** I swim here?	그 문 열래요? 그 문 열어줄 수 있어요? 수영할 수 있나요? 여기서 수영해도 될까요? 여기서?
would could might	공손함	**Would** you open the door? **Could** you open the door? **Could** I swim here? **Might** I swim here?	그 문 열어 주시겠습니까? 그 문 열어 주실 수 있나요? 수영할 수 있겠습니까? 여기서 수영해도 될까요? 여기서

④ 충고 (조언)

조동사	정도	예문	
must	95%	You **must** be honest.	너는 반드시 정직해야 한다.
had better	80%	You **had better** be honest.	너는 정직해야 한다.
should		You **should** be honest.	
would rather		You **would rather** be honest.	너는 정직한 편이 낫다
may as well		You **may as well** be honest.	
might as well		You **might as well** be honest.	

제6장 형용사 (形容詞, Adjective)

제1절 형용사의 개념과 역할(용법)

형용사는 사람이나 사물의 성질이나 상태를 형용(形容)하는, 즉 나타내는 말이다. adjective의 ad(~에 덧붙인다), jective(주어 subjective)에서 알 수 있듯이 기본적으로 주어(명사)를 수식하는 말이다.

즉, 형용사는 명사를 수식하거나 보충하는 말(보어)로 쓰인다.

1. 형용사의 역할(용법)

1) 명사를 수식한다. 즉, 한정적(限定的)으로 쓰인다.
   (명사를 한정해준다 = 명사를 수식해준다 = 명사를 꾸며준다.)

(1) 일반적으로 명사 앞에서 수식한다.

■ He is a **good** man. (그는 **좋은** 남자다.)
   형용사(good)가 명사(man)를 한정해주고 있다. = 수식해주고 있다
= 표현해 주고 있다.

(2) 명사 뒤에서 수식할 경우

① ~thing, ~body, ~one, ~where 등을 수식할 경우

  something **good** (**좋은** 것), somewhere **new**, anywhere **new** (**새로운** 어떤 곳)

② 단위, 나이 등을 수식할 경우

  20 years **old** (20년 **나이 먹은** = 20살)
  그런데 elder 같은 형용사는 명사 앞에서만 수식이 가능하다.
    my **elder** sister (나의 **위** 누나(언니))

③ 「관계대명사 + be동사」가 생략된 경우

  the members **present** (**출석하고 있는** 회원들)
    (present 앞에 who are가 생략됨)
  그런데 the **present** members 이라고 쓰면 '**현재의** 회원들' 이란 의미이다.

④ 형용사가 전치사구 등의 수식을 받아 길어지는 경우

■ They mainly publish books **useful** for students.
    (그들은 주로 출판한다. 학생들에게 **유용한** 책들을)

■ Dramatists **such** as Shakespeare are rare.
    (셰익스피어 같은 **그러한** 극작가는 드물다.)

그런데 이 문장은 Such dramatists as Shakespeare are rare. 로도 쓴다.

> 형용사 역할하는 2 단어 이상의 말 (to부정사구, 현재분사구, 과거분사구, 전치사구, 관계대명사절, 관계부사절 등)은 명사 뒤에서 수식한다. (영어 특징이 긴 것은 뒤로 보냄) (길기 때문에 명사 뒤로 보내버려서 뒤에서 수식하는 것. 그래서 한국어와 어순이 다름)

2) 서술적(敍述的)(~하다)으로 쓰이기도 한다.

(1) 단순한 문장

■ He is **good** because he works hard. (그는 **좋다**. 열심히 일해서)
   형용사(good)가 He를 서술적('~하다' 식)으로 표현해주고 있다.

■ I am **glad**. (나는 **기쁘다** (다행이다))

■ You and your mother are **alike**. (너와 너의 엄마는 **닮았다**.)

■ The door is **open** and the window is **closed**.
   (그 문은 **열려 있**고 그 창문은 **닫혀 있**다.)

(2) 형용사 + 부정사 형태

■ I am **afraid** to go out. (나는 **두렵**다. 밖에 나가는 것이)
   = I am **afraid** of going out.
   위 문장에서 to는 to부정사를 이끄는 to이므로 to 다음에 동사원형(go)이 왔고, of(전치사) 다음에는 명사가 와야 하므로 동명사(going)가 왔다.

■ I am **glad** to meet you. (나는 **기쁘**다. 너를 만나서) = I am **happy** to ~
   = I am **glad** of meeting you.
   = I am **glad** that I meet you.

- I am **sorry** to hear that. (**유감이다.** 그것을 들어서)
- I am **sorry** to have worried you. (**죄송합니다.** 당신께 심려를 끼쳐 드렸어서)
- I am **ashamed** to be here. (난 **부끄럽다.** 여기 있는 것이)
- They are **likely** to be expensive. (그것들은 비쌀 **것 같다.**)
- The train is **due** to leave at six. (기차가 6시에 출발**하기로 되어있다.**)
- The play is **about** to begin. (연극이 **막** 시작**하려 하고 있다.**)
- He is **eager** to see you. (그는 **갈망한다.** 너를 보기를)
- The CEO is **anxious** to export products abroad.
  (그 사장은 생산품을 해외로 수출하기를 **갈망한다.**)
- I am **willing** to follow you (나는 **기꺼이** 당신을 따라갈 수도 **있다.**)
- She was **reluctant** to go to college. (그녀는 **꺼려했다.** 대학 가기를)
- He was **surprised** to see the fire. (그는 **놀랐다.** 그 화재를 보아서)
- Tom wasn't **certain** to pass the exam.
  (톰은 그가 시험에 합격했는지 **확신하**지 못했다.)

(3) 형용사 + 전치사구 형태

- I am **glad** of his promotion. (나는 **기쁘다.** 그가 승진해서)
- Are you **afraid** of cockroaches? (바퀴벌레가 **무섭냐?**)
- I am **proud** of myself. (나는 내 자신을 **자랑스러워한다.**)
- I am very **fond** of pasta. (나는 파스타를 아주 **좋아한다.**)
- You should be **ashamed** of yourself. (너 자신 **부끄러운** 줄 알아야 해.)
- Her eyes were **full** of tears. (그녀의 눈은 눈물로 **가득 차 있었다.**)
- I am **sick** of the baby shark song. (나는 그 아기상어노래 **지겨워.**)
- I am **tired** of your moaning. (나는 네가 투덜거리는 거 **지겨워.**)
- He's **jealous** of her reputation. (그는 그녀의 명성을 **질투한다.**)
- They're fully **aware** of the dangers. (그들은 그 위험들을 충분히 **인식한다.**)
- I am **certain** of passing the exam. (나는 그 시험합격을 **확신한다.**)
- I am **convinced** of her honesty. (나는 그녀의 정직함을 **확신한다.**)
- I am **sure** of his living to 100. (나는 그가 100세까지 산다고 **확신한다.**)
- You're **capable** of better work than this. (넌 이보다 더 **잘할 수 있어.**)
- I am not very **good** at English. (나는 영어를 별로 **잘하지 못한다.**)

- He was **angry** at being treated like a child. (그는 애 취급에 **화났**다.)
- He was very **angry** with me. (그는 나에게 몹시 **화났**다.)
- He is **terrible** at cooking. (그는 요리에 **서투르**다.)
- It is **terrible** for the environment. (그것은 환경에 **해롭**다.)
- I am not **surprised** at the news. (나는 그 소식에 **놀라**지 않는다.)
- You should be **careful** about COVID. (코로나 **조심**해야 해.) = careful of
- I am **sorry** about the damage to you the other day.
  (요전날 당신에게 미친 손해에 대하여 **죄송합니**다.)
- I am **anxious** about my father's health, (아버지 건강이 **걱정스럽**다.)
- I am **anxious** at her delay, (그녀가 늦어서 **걱정스럽**다.)
- He is **anxious** for health, (그는 건강을 **갈망하고 있**다. 마음 졸이고 있다.)

- Fresh vegetables are **good** for anti-aging. (신선한 야채는 노화방지에 **좋**다.)
- The medicine is **bad** for you. (그 약은 너에게 **해롭**다.)
- The material is **excellent** for keeping warm. (그 소재는 방한용으로 **탁월하**다.)
- Who's **responsible** for this. (이거 누구 **책임**이지?)
- She is best **known** for appearing in the movie.
  (그녀는 그 영화에 나온 것으로 가장 잘 **알려져 있**다.)
- He is **famous** for his inspiring speeches. (그는 영감을 주는 연설로 **유명하**다.)
- I am **available** for an interview with you. (당신과 인터뷰가 **가능합니**다.)

- I am very **interested** in oral history. (나는 구술역사에 매우 **관심 있**다.)
- I am so **disappointed** in you. (난 너에게 아주 **실망했어**.)
- How many people were **involved** in this case?
  (얼마나 많은 사람들이 이 사건에 **관련되었느냐**?)
- I am very **skilled** in mathematics. (나는 수학에 매우 **능숙하**다.)
- The word became very **common** in parts of the country.
  (그 단어는 그 나라의 일부지역에서 매우 **흔해졌**다.)

- I am **keen** on detail. (나는 세부적인 것을 **아주 좋아한다** = 꼼꼼한 성격이다.)
- This lotion is **gentle** on the skin. (이 로션은 피부에 **순하**다.)
- There are many families **dependent** on state benefits.
  (국가 보조금에 **의존하는** 가정이 많다.) 이 문장은 서술적이 아니고 후치수식

- He's **addicted** to computer games. (그는 컴퓨터 게임에 **중독되어 있다**.)
- The car is **similar** to yours. (그 차는 너의 차와 **비슷하다**.)
- She's **married** to an American. (그녀는 미국인과 **결혼했다**.)
- He's **friendly** to all. (그는 모두에게 **친절하다**.)
- Why are you so **rude** to him? (넌 왜 그에게 그렇게 **무례하냐**?)
- His teeth are **sensitive** to cold food. (그의 치아는 찬 음식에 **민감하다**.)
- A runny nose is **related** to rhinitis. (콧물이 비염과 **관련 있다**.)
- It was largely **due** to her efforts. (그것은 대개 그녀의 노력 **때문이었다**.)
- He is never **satisfied** with what he has. (그는 가진 것에 결코 **만족하지 않아**.)
- Smoking seems to be **associated** with lung cancer.
  (흡연은 폐암과 **관련이 있는** 듯하다.)
- I am **busy** with my homework. (나는 숙제하느라 **바쁘다**.)
- His story is entirely **consistent** with the facts.
  (그의 이야기는 전적으로 사실들과 **일치한다**.)

(4) 형용사 + that절 형태   (여기의 that은 생략 가능함)

- I am **afraid** that I can't go. (나는 **미안하지만(유감스럽게도)** 못 가겠다.)
  I am **afraid** not. (**미안하지만(유감스럽게도)** 안 돼.)
  I am **afraid** so. (**유감스럽게도** 그래.)
- I am **afraid** that he will not come.
  (유감스럽게도 그가 안 올 것 같다 = 그가 안 올까봐 **걱정이다**.)
 [비교]   I am **afraid** of his coming. (그가 오는 것이 **두렵다**.)
         I am **afraid** of his not coming. (그가 오지 않는 것이 **두렵다**.)

- I am **sorry** that I can't go. (**미안하지만(유감스럽게도)** 못 가겠다.)(못 가서 미안해)
- I am **sorry** that he didn't come here. (**유감스럽게도** 그는 안 왔다)(안 와서 유감이다)
- I am **sure** that I will return soon. (나는 곧 돌아올 거라고 **확신한다**.)
- I wasn't **certain** that I passed the exam. (나는 시험합격을 **확신하지 못했다**.)
    = I wasn't **certain** of(또는 about) my passing the exam.
- I am **assured** that they work hard. (나는 그들이 열심히 일한다고 **확신한다**.)
- I am **convinced** that he committed a crime.
  (나는 그가 범죄를 저질렀다고 **확신한다**.)

- I am **glad** that you came back here safely. (네가 안전하게 돌아와서 **기쁘**다.)
- I am **happy** that you are ready to do it. (네가 그걸 할 준비가 되어서 **기쁘**다.)
- We are **pleased** that you have decided to renew the contract.
  (우리는 당신이 그 계약을 갱신하겠다고 결정해서 **기쁩니**다.)
- I am **delighted** that you apologized to her. (네가 그녀에게 사과해서 **기쁘**다.)
- I am **flattered** that you praised my work. (내 작품을 칭찬해줘서 **우쭐하**다.)
- I am **honored** that you've come. (당신이 와 주셔서 **영광입니**다.)

- Everybody is **aware** that such ideal is impossible.
  (모두가 그런 이상이 불가능하다는 걸 **알고 있**다.)
- I was **unaware** that something was wrong. (뭔가 잘못됐다는 걸 **모르고 있**었다.)
- I am **doubtful** that he will do so. (그가 그렇게 할 것인지 **의심스럽**다.)

- He was **anxious** that you should recover your health.
  (그는 네가 건강을 회복하기를 **갈망했**다.)
- The government was **worried** that the abductees would die.
  (정부는 피납자들이 사망할까봐 **걱정했**다.)
- Be **careful** that you don't make typos. (오타 생기지 않게 **조심해라**.)
- I remain **hopeful** that the economy will turn around sooner or later.
  (나는 경제가 조만간 회복하리라고 여전히 **희망적입니**다.   기대하다)
  여기서 remain(여전히 ~이다, 남다)도 be동사처럼 제2형식으로서 형용사(hopeful)를 주격보어로 취하고 있다.

3) 전치사처럼 뒤에 목적어를 취하기도 한다.

- You are **like** your mother. (너는 너의 어머니 닮다.)
  형용사(like ~와 닮은)가 전치사처럼 쓰여서 뒤에 (전치사의) 목적어(your mother)가 있다.
  = You and your mother are alike.

- His house is **near** the fire station. (그의 집은 소방서 인근에 있다.)

- This car is **worth** twenty thousand dollars.
  (이 차는 2만 달러 가치가 있다.)

2. 형용사의 어순(語順) (단어의 순서)

형용사 앞뒤로 단어들이 복잡하게 있을 때

| 전치 한정사 + (중앙)한정사 + 후치 한정사(수사 등) + 형용사 | + 명사

순서로 쓴다. (명사 쪽으로 갈수록 객관적 사항을 쓴다.)

한정사는 명사를 한정(범위를 정함)하는 것으로 전치한정사, 중앙한정사, 후치한정사가 있으며, 형용사와 비슷하지만 다르다.

형용사의 일부가 한정사에 들어가며, 한정사에는 형용사뿐 아니라 관사 등도 있다.

한정사는 명사를 한정하는 것이지만 형용사는 명사 한정뿐만 아니라 서술적으로 쓰일 수도 있고 부사의 수식을 받을 수도 있고 여러 가지로 한정사와는 다르다.

1) 전치 한정사 (前置(앞에) 限定詞)

the, a 같은 한정사 앞에(前置) 쓰는 한정사로 all, both, half, quite, rather, such, what, 배수사(double, twice, three times ---), 분수 등이다.

all (of) the apples,   **both** (of) the apples,   **half** (of) the apples,
half (of) an hour   **double** the price,   **twice** the weight,
three times the size   **one-third** (of) the boys

물론 of를 쓰면 전치한정사가 아니고 대명사가 된다.

2) 그 다음에 (중앙 또는 중치) **한정사** (限定詞)

한정사는 명사를 한정하는 말로서, 단수명사 앞에는 반드시 1개의 **한정사**를 써야 한다.
예를 들면 I have books(나는 책들이 있다)는 맞지만
I have book. 은 틀리며 I have **a** book. (나는 한 권의 책이 있다) 이나
I have **her** book. 등으로 해야 맞다.

(중앙)한정사는 다음과 같은 것들이 있다.
- **관사** (the, a 또는 an),
- **소유격** (my, his, her, our, boy's 등),
- **지시형용사** (this, that, these, those),
- **부정형용사** (some, any, no, every, each, another, either, neither 등),
- **의문형용사** (which, whose, what)

3) 그 다음에 **후치 한정사** (後置(뒤에) 限定詞)

주로 수를 나타내는 **수사(數詞)가** (중앙)한정사 뒤에 쓰이는 후치 한정사이다. 수사도 **순서를 나타내는 서수(序數) + 숫자를 나타내는 기수(基數)** 순서로 쓴다.

first three (첫 번째 3개)

【참고】 2차 세계대전처럼 **순서가 있는 경우**는
the + 서수 + 명사 순서로 쓰지만
(The second world war (= World war Two))
7번 방처럼 **순서가 없는 경우**는 그렇게 쓰면 안 되고 **명사 + 기수** 순서로 쓴다 (Room seven)

수사 이외에 **many, much** 등도 후치한정사로 쓰인다.

4) 그 다음에 **형용사**

형용사가 여러 개 있을 때는 크기 표현 + 성질 상태 표현 + 오래된 여부 표현 + 색깔 표현 + 재료, 소속 표현 형용사 순으로 쓴다.
(대개 명사 쪽으로 갈수록 객관적 사항을 씀)

■ All the first three **big old black English** books are mine.
(모든 그 첫 번째 3개의 **크고 오래된 검은 영어**책들은 나의 것이다.)

여기서 All은 전치한정사, the는 중앙한정사, first는 서수, three는 기수이다.

그 다음에 형용사를 쓴다는 말이다.

그리고 형용사들 중에서도 「크고 - 오래된 - 검은 - 영어의」 순서로 쓰였다.

그리고 여기서 All 다음에 of를 쓰기도 하는데, 그러면 all은 부정대명사가 된다.

그리고 of를 쓸 경우는 All of the books처럼 한정적인 경우에 쓰기 때문에 the 없이 All of books(×)처럼 한정적이지 않은 막연한 책들 모두라고는 쓰지 않는다.

【참고】 단어의 순서 (어순)

| 전치(앞에 위치)한정사 + (중앙 또는 중치)한정사 + 후치한정사 + 형용사 | + 명사 |

전치 한정사 pre determiner	(중앙) 한정사 determiner	후치 한정사 post determiner	형용사	명사	
all both quite half twice double such what rather two-thirds 등	the a 또는 an my (소유격) this, that, these, some, any, every, each, either 등	first two few little, many, much, more, most, several next, last, same, other 등	good bad 등	books water men hour price 등	**what** a wonderful world it is! (얼마나 아름다운 세상인가!) 에서는 what이 **전치한정사**, **what** book is it? (그것은 어떤 책인가?) 에서는 **한정사** ------이처럼 한 단어가 여러 가지로 쓰이기도 함
all	the the my these my			books money books books money	모든 그 책들 모든 그 돈 모든 나의 책들 모든 이 책들 모든 나의 돈
all	the my these	two	good	books	모든 그 두 개의 좋은 책들 모든 나의 두 개의 좋은 책들 모든 이 두 개의 좋은 책들
all				books money	모든 책들 (가산명사) 모든 돈 (불가산명사)
both				books	양쪽 책들
all, both, such, what 등은 전치한정사로도 쓰고 한정사로도 쓰므로 *all books* 처럼 쓸 경우 지금 표에서는 **편의상** all, both 등이 전치한정사 란에 있지만 그 다음에 다른 한정사가 없으니 전치한정사가 아니라 그냥 한정사임					
both	the my these			books	양쪽의 그 책들 양쪽의 나의 책들 양쪽의 이 책들
both	the my these	two	good	books	양쪽의 그 두 개의 좋은 책들 양쪽의 나의 두 개의 좋은 책들 양쪽의 이 두 개의 좋은 책들
two-thirds	the			size	그 크기의 2/3

half	the my			books	그 책들의 절반 나의 책들의 절반
half	an the			hour price	반 시간 (30분) 반 값
	a	few (가산명사 수식)	good	scenes	약간의(몇몇) 좋은 장면들 (scene은 장면이라는 가산명사, scenery는 경치라는 불가산명사)
		few	good	scenes	거의 없는 좋은 장면들 (a가 없으면 부정적 의미)
quite	a	few		scenes	상당히(꽤) 많은 장면들 참고로 only a few는 '극소수의' 라는 뜻

【참고】 Few will go there. (거의 거기 안 갈 것이다.),   Few of the books are worth reading. (그 책들의 아주 일부만이 읽을 가치가 있다.), A few are doing that.(몇명이 그걸 하고 있다.) 처럼 **대명사**로 쓰이기도 함

	a	little (불가산 명사 수식)		money	약간의 돈 (a가 있으면 긍정적 의미) [비교] a little boy에서 little은 한정사 아니고 형용사 (작은)
		little		money	거의 없는 돈 (부정적 의미)
quite	a	little		money	꽤 많은 돈 참고로 only a little은 '아주 적은 양'을 의미

【참고】 Little is known about the present writer. (이 책의 필자에 대하여 거의 알려지지 않았다.),   A little of the milk got spilled. (우유 약간이 엎질러졌다.) 처럼 **대명사**로 쓰이기도 함

【참고】 few, many는 부사로 쓸 수 없지만, little, much는 부사로도 쓸 수 있다. I slept very little last night. (간밤에 거의 못 잤다.), It's **a little** too late. (좀 너무 늦었다.)   a little = a bit = a little bit

		that	much		time	그 만큼의 시간
such		a		good	time	그렇게 좋은 시간(기간) (여기서 time은 기간이란 가산명사여서 a가 쓰인 것)
such			two	cute	kitties	그렇게 귀여운 두 고양이들
			many		books	많은 책들
			much		money	많은 돈

그리고 all the my books처럼 한정사끼리 겹쳐(여기서는 the와 my) 쓸 수 없다.
(즉 I have **a my** book.처럼 쓰면 틀린다.)
굳이 내 책 중에 한 권을 말하고 싶으면 a book of mine처럼 쓰면 된다.

「전치 - 중앙 - 후치」, 「전치 - 중앙」, 「중앙 - 후치」처럼 쓸 수는 있지만, 순서를 바꾼다든지 전치 - 전치, 중앙 - 중앙, 전치 - 중앙 - 중앙 처럼 같은 종류의 한정사끼리 겹쳐 쓸 수는 없다는 것이다.

다만, 후치한정사 끼리는 the **last two** boys처럼 두 번 겹쳐 쓰는 경우가 있다.

【참고】 형용사를 쓰는 위치

① so/ as/ too/ how + **형용사** + a + 명사

■ It was so **good** a day that I went climbing the mountain.
(그렇게 좋은 날이어서, 나는 등산을 갔다.)

■ He is as **smart** a boy as you. (그는 너만큼 똑똑한 소년이다.)

■ This is too **expensive** a car for me to buy.
(이것은 너무 비싼 차이다. 내가, 사기에는 = 이것은 내가 사기는 너무 비싸다.)

■ How **tall** a tree it is! (얼마나 큰 나무인가! 그것은)

② such/ what/ quite/ rather + a + **형용사** + 명사

■ It was such a **good** day that I went climbing the mountain.
(그렇게 좋은 날이어서 나는 등산을 갔다.)

■ What a **tall** tree it is! (정말 큰 나무군요! 그것은)

■ It is quite a **different** story (그것은 전혀 다른 이야기이다.)

【참고】 so(부사)와 such(한정사)

① so + **형용사** + <u>a</u> + <u>단수명사</u> (O) (so가 형용사를 수식하며 강조하기 위해 앞으로 나온 것)

　　　　　　　+ <u>복수명사</u> (×) (so는 형용사 수식하는 부사이지 한정사가 아니며 뒤에 관사 a도 없으니 강조 위해 앞으로 나온 느낌도 없어져 버림) (그런데 간혹 so good days처럼 쓰는 경우도 있음)

　　　　　　　+ <u>불가산명사</u> (×)

　　　　+ 한정사(many, few 등) + <u>복수명사</u> (O)
　　　　+ 한정사(much, little 등) + <u>불가산명사</u> (O)

■ It was so **good** <u>a</u> <u>day</u>. (정말 좋은 날이었다.)

■ I've never seen so **many** <u>people</u>. (난 그렇게 많은 사람들을 본적이 없다.)

■ Why do we have so **little** <u>water</u>. (왜 우리는 그렇게 적은 물을 가지는가?)

② such + <u>a</u> + **형용사** + <u>단수명사</u> (O)

　　　　+ **형용사** + <u>복수명사</u> (O)

　　　　+ **형용사** + <u>불가산명사</u> (O)

　　　　+ 한정사(many, few 등) + <u>복수명사</u> (×) (성격이 비슷한 한정사끼리는 충돌)
　　　　　　　　　　　　　(그런데 such many people처럼 쓰는 경우도 있기는 함)
　　　　+ 한정사(much, little 등) + <u>불가산명사</u> (×)

■ It was such <u>a</u> **good** <u>day</u>. (정말 좋은 날이었다.)

■ They were such **good** <u>students</u>. (그들은 정말 좋은 학생들이었다.)

■ Thank you for such **good** <u>advice</u>. (그렇게 좋은 충고 고맙다.)
　여기서 advice는 셀 수 없는 불가산명사이다.
　　(참고로 '충고하다'는 advise고 advices는 '통지'라는 다른 뜻임)

제2절 형용사의 종류

1. 일반 형용사

1) 성질을 나타내는 형용사

beautiful(아름다운)처럼 ~ful, ~ent, ~tic, ~al, ~ous 등의 어미로 끝나는 단어들이 많으며, little(모양이나 규모가 작은), strong, irascible(화 잘 내는) 등이다.

2) 수량을 나타내는 형용사 (不定형용사로 볼 수도 있다.)

many [(셀 수 있는 것이) 많은], much [(셀 수 없는 것이) 많은], few [(셀 수 있는 것이) 거의 없는], little [(셀 수 없는 것이) 거의 없는] 등이다.

[비교] a few 〈(셀 수 있는 것이) 조금 있는〉, a little 〈(셀 수 없는 것이) 조금 있는〉

3) 물질을 나타내는 형용사

wooden(나무로 된)처럼 명사에 en을 붙여 '그 명사로 만들어진'이라는 형용사가 되기도 한다.

4) 기타

그 밖에 여러 가지 형용사들이 있다.

【참고】혼동하기 쉬운 비슷한 형용사들

동사/ 명사	형용사		
comprehend 이해하다	comprehensible 이해할 수 있는	comprehensive 포괄적인	
consider 고려하다	considerable 중요한	considerate 사려깊은	
economy 경제	economic 경제의	economical 경제적인, 절약하는	
industry 산업, 근면성	industrial 산업의	industrious 부지런한	
literature 문학, 문헌	literal 문자대로의	literary 문학적인	literate 글 읽고 쓸 줄 아는
moment 순간	momentary 순간의	momentous 중대한	

respect 존경	respectable 존경할 만한	respective 각각의		respectful 공손한
season 계절	seasonal 계절적인	seasoned 경험 많은		
sense 감각	sensitive 민감한	sensible 분별있는	sensual 음란한	sensuous 감각적인
value 가치	valuable 귀중한	invaluable 매우 귀중한		

---

2. 지시 형용사

■ Jack is **that** man. (잭이 **저** 사람이다.)
그 that은 명사(man)를 지시하며 형용해 주는 지시형용사이다.
즉, 명사(man)를 한정시켜 주는 한정사이다.

■ **These** books are mine. (**이** 책들은 나의 것이다.)

3. 의문 형용사

의문사 역할을 하는(의문을 나타내는) 형용사이다.
즉, 의문사 역할을 하면서 명사를 꾸며주는 역할을 한다.

■ **Which** book do you like? (**어떤** 책을 너는 좋아하느냐?)

4. 부정(不定 정해지지 않은) 형용사

■ **Some** books are mine. (**몇몇** 책들은 나의 것이다.)

■ **Other** books are missing. (**다른** 책들은 보이지 않는다.)

【참고】 부정 형용사
- **any, any other**(어떤 다른), **some**(어떤, 일부), **other**는 단수명사, 복수명사, 셀 수 없는(불가산) 명사 모두 앞에 쓸 수 있음.
- **all, most, enough** 는 복수명사와 셀 수 없는 명사 앞에 쓸 수 있음

5. 관계 형용사

관계사(접속사) 역할을 하는 형용사이다.
즉, 접속사 역할을 하면서 명사를 꾸며주는(수식하는) 역할을 한다.

■ I went to the museum, at **which** place we parted.
　(나는 그 박물관에 갔다, **그리고 그** 장소에서 우리는 헤어졌다.)
　　　　　　관계(그리고) + **형용사**(명사인 장소를 꾸며주는 '그')

■ I gave him **what** money I had.
　(나는 그에게 주었다. 돈을 **그리고 그** 돈을 나는 가지고 있었다.
　= 나는 내가 가졌던 그 (모든) 돈을 그에게 주었다.)
　　　　　　관계(그리고) + **형용사**(명사인 돈을 꾸며주는 '그')

【참고】 형용사를 다음처럼 구분해 볼 수도 있겠다.

대명사적인 형용사	인칭대명사의 소유격	my, your, his, our, its, their 등
	지시형용사	this, that, these, those, such, same('같은'이란 한정의미가 있어서 앞에 the, that, this, those 등이 붙음) 등
	부정형용사	all, most, each, every, any, no(=not any. 한정사) 등
	의문형용사, 관계형용사	which, whose, what 등
수량 형용사	수사	기수(one, two 등) 서수(first, second 등) 배수(double, three times 등)
	부정형용사 / 수(數) 형용사	many, few(한정사로서 few, a few) 등
	부정형용사 / 양(量) 형용사	much, little(한정사로서 little, a little) 등
	부정형용사 / 수양 공통 형용사	all, some, any 등 그리고 a lot of, lots of, plenty of 등도 통째로 형용사처럼 수·양 모두에 쓰임
성상 형용사	명사의 성상(성질과 상태)을 나타내는 대부분의 형용사	

제3절 형용사 역할하는 것

1. 분사

분사는 동사에서 나온(활용된) 형용사 형태로서 현재분사와 과거분사가 있으며, 이를 가지고 분사구문을 만들 수 있다. 또한 현재분사는 진행형을 만들 때, 과거분사는 완료형과 수동태를 만들 때 쓰인다.

1) 현재분사

현재분사는 '능동'의 의미와 '진행'의 의미를 갖는다.

■ I cuddled the **crying** baby. (나는 안아주었다. 그 **우는** 아기를)
crying이라는 현재분사가 명사(baby) 앞에서 수식해주고 있다. (우는 아기)

■ The man **carrying** the box is Tom. (그 남자는, 그 상자를 **옮기는**, 톰이다)
carrying이라는 현재분사가 명사(man) 뒤에서 수식하고 있다.
그리고 분사는 형용사 역할을 하지만 동사에서 온 것이므로 동사의 성격을 그대로 가져서 뒤에 목적어(the box)를 취하고 있다.
그래서 carrying the box라는 분사구가 되었다.

■ I am **studying** English now. (나는 **공부하고 있는** 중이다. 영어를 지금)
분사는 형용사 역할을 하지만 동사에서 온 것이므로 동사의 성격을 그대로 가져서 뒤에 목적어(English)를 취하고 있다.

■ The room is **being** cleaned. (그 방은 지금 청소되고 **있다**.)

2) 과거분사

과거분사는 '수동'의 의미인 경우와 '완료'의 의미인 경우가 있다.
수동의 의미인 경우는 타동사의 과거분사이며,
완료의 의미인 경우는 자동사와 타동사 모두의 과거분사이다.

(1) 수동의 의미를 가지는 경우

■ I saw a **broken** tree. (나는 보았다. 하나의 **부러진** 나무를)
broken이라는 과거분사는 명사(나무) 앞에서 수식하고 있다.

- The box **carried** to the car is mine.
  (그 상자는, 그 차로 **옮겨지는**, 나의 것이다.)
  carried라는 과거분사가 명사(상자)를 뒤에서 수식하고 있다.

- He is **loved** by them. (그는 **사랑받고** 있다. 그들에 의해서)
  be동사 + 과거분사 형태 (수동태의 기본형) 로 쓰였다.

- He was **loved** by them. (그는 **사랑받**았다. 그들에게)

- He got **loved** by them. (그는 **사랑받**게 되었다.)

- He seems **loved** by them. (그는 보인다. **사랑받는** 것처럼, 그들에게)

- The room is being **cleaned**. (그 방은 지금 **청소되고** 있다.(진행 중))

- The room has been **cleaned**. (그 방은 지금 **청소되**어 있다.(완료됨))

(2) 완료의 의미를 가지는 경우

- I saw **fallen** leaves. (나는 보았다. **떨어진** 나뭇잎들을)
  --- fall의 과거분사(fallen)가 명사(나뭇잎) 앞에서 수식하고 있다.

- He has **studied** English so far. (그는 **공부해** 왔다. 영어를 지금까지)
  --- have동사 + 과거분사 (완료시제의 기본형)

- The room has **been** cleaned. (그 방은 지금 청소되**어 있**다.(완료됨))

2. 형용사구

1) 분사구

- A boy **studying English** is there.
  (**영어 공부하는** 한 소년이 거기에 있다.)
  분사(studying)와 분사의 목적어(English)가 분사구(분사가 들어있는 구)를 이루고 있다.
  분사구가 형용사 역할(형용사구)을 하여 명사(boy)를 뒤에서 수식하고 있다.

■ The man **known for the event** laughed.
  (**그 사건으로 알려진** 그 남자가 웃었다.)

　　분사(known)와 분사를 꾸며주는 전치사구(for the event 그 사건으로)가 분사구를 이루고 있다.

2) to 부정사구
　　(to부정사가 형용사 역할을 하므로 'to부정사의 형용사적 용법' 이라고 함)

■ I have something **to write**.
  (나는 가지고 있다. 어떤 것을, 쓸 = 나는 **쓸** 것이 있다.)

　　= I have something which I can write.
　　　　쓸 것(**내용**)이 있다는 뜻이다.
　이것은 I have something, and I can write it를 줄인 것이다.

■ I have something **to write with**. (나는 **(가지고)**쓸 것이 있다.)

　　= I have something which I can write with.
　　　　쓸 것(**필기구**)이 있다는 뜻이다.
　이것은 I have something, and I can write with it를 줄인 것이다.
　'write with 필기구'는 말이 되지만 'write 필기구'는 말이 안 되므로 to write 이 아니라 to write with 이다.

■ I have a program **to restore** the historic buildings.
  (나는 프로그램이 있다. 역사적인 빌딩들을 **복원할**)

■ We have a swimming pool **to swim in**.
  (우리는 수영장이 있다. **(그 안에서) 수영할**)

　　　= We have a swimming pool **which to swim in**.
　　　= We have a swimming pool **in which to swim**.
　'swim in 수영장'은 말이 되지만 'swim 수영장'은 말이 안 되므로 to swim 이 아니라 to swim in 이다.

■ I am **to write** a detective novel. (나는 **쓸 예정이다**. 추리소설을)

여기서 to write은 「나 = 쓰는 것」은 말이 안 되므로 명사적 용법은 아니고 「나 = 쓸 예정인」이라는 형용사적(be동사의 보어)으로 쓰인 것이다.

※ 동사 - 동사의 활용 - 부정사 - 형용사적 용법 - 「be + to부정사 용법」 참고

3) 전치사구

■ The ball **on the desk** is mine. (그 공은, **책상 위에 있는**, 나의 것이다.)

여기서 on the desk 라는 전치사(on)구가 명사(ball)를 뒤에서 수식하는 형용사 역할을 하고 있다.

(형태적으로 전치사구이며 내용적으로는 형용사구)

이것은 원래 The ball <u>which is on the desk</u> is mine.(관계대명사절)
= The ball <u>being on the desk</u> is mine.(분사구) 에서 간단히 쓴 것이다.

그러니까 which is나 being은 생략할 수 있다는 말이 된다.

3. 형용사절

1) 관계대명사절

■ The man **who has a book** is my friend.
(그 사람은, **그리고 그는 책 한 권을 가지고 있는데**, 나의 친구다.)
(= 그 사람은, **책 한 권을 가지고 있는**, 나의 친구다.)

2) 관계부사절

■ The house **where he lives** is mine.
(그 집은, **그리고 거기에서 그가 사는데**, 나의 것이다.)
　　　　[where는 in which (= and ~ in it) '그리고 거기에서' 라는 뜻임]
(= 그 집은, **그가 사는**, 나의 것이다. = 그가 사는 집은 내 거야.)

제 7장 부사 (副詞, Adverb)

제1절 부사의 개념과 역할

부사는 '매우, 빨리, 학교에' 처럼 문장의 뼈대는 아니지만 부수적으로 동사나 형용사나 다른 부사나 문장 전체를 수식하는 품사이다.

adverb의 ad(~에 덧붙이다), verb(동사)에서 알 수 있듯이 기본적으로 동사를 수식하는 것이다.

1. 동사를 수식한다.

1) **문장 끝에**(자동사 다음에, 타동사 경우는 목적어 다음에) **부사를 쓴다.**

■ I play the guitar **well**. (나는 기타를 **잘** 친다.)

■ He ran **madly**. (그는 **미친 듯이** 달렸다.)
  부사인 madly가 동사인 ran을 수식하고 있다. ran은 '달렸다'(1형식 동사)

【비교】 He ran **mad**. (그는 **미쳤다**.)
  형용사(mad)가 주어(He)를 수식(ad + jective)하고 있다.
  ran은 '~ 상태로 되었다' (2형식 동사)
----

2) 그런데 be동사나 조동사 다음, 일반동사 앞에 부사를 쓰기도 한다.

■ The house was **completely** burned. (그 집은 **완전히** 타버렸다.)

3) **빈도부사**(always, usually, often 등)**는 be동사나 조동사 다음, 일반동사 앞에 쓰는 것이 원칙**이다.

■ We **usually** go to work by bike. (우리는 **보통** 자전거로 출근한다.)

■ He would **often** go shopping. (그는 **가끔** 쇼핑하러 가곤 했다.)

2. 형용사를 수식한다.

형용사 앞에서 수식한다

■ She is **very** tall. (그녀는 **매우** 크다)

enough는 형용사 뒤에서 수식한다.
■ He is rich **enough** to buy the building.
(그는 부유하다, **충분히**, 그 빌딩을 살 정도로 = 그는 그 빌딩을 살 정도로 부자다.)

3. 다른 부사를 수식한다.

다른 부사 앞에서 수식한다.

■ He can play the guitar **very** well. (그는 기타를 **매우** 잘 칠 수 있다.)

4. 문장 전체를 수식한다.

문두에 부사를 써서 문장 전체를 수식한다.

■ **Absolutely** it is true. (**절대적으로** 그것은 사실이다.)

제2절 부사의 종류

1. 단순 부사

1) 시간 표현 부사

now, then, before, ago, already, just, late, later, after, soon, still, yet, early, so far 등이다.

■ He left 5 days **ago**, and she had left 3 days **before**.
〈그는 지금부터 5일 **전에** 떠났고, 그녀는 그때부터(그보다) 3일 **전에** 떠난 상태였다.〉

■ I have met him **before**. (나는 만난 적이 있다. 지금 **이전에**)

■ I met him **before**. (나는 그를 만났다. **전에**)

ago는 과거시제에만 쓰이고, before는 모든 시제에 쓰인다.

■ I met him **yesterday**. (나는 그를 만났다. **어제**)

■ The bus arrived an hour **late**. (그 버스는 한 시간 **늦게** 도착했다.)

■ I'll be back 2 years **later**. (나는 돌아오겠다. 2년 **후에**)

■ They have **so far** failed to occupy the city.
(그들은 **지금까지는** 그 도시를 점령하는 데 실패했다.)

so far는 '지금까지(until now)'라는 뜻과 '어느 정도 까지만' 이라는 뜻이 있음

【참고】 so (부사로는 그렇게, 매우 / 접속사로는 그래서, ~하도록)
　　　 far (부사로는 멀리, 훨씬 / 형용사로는 먼)

already는 긍정문에는 이미, 벌써 라는 뜻이고, 의문문이나 부정문에는 그렇게 빨리, 벌써 라는 뜻이다.

■ He is **already** here. (그는 **이미** 여기에 와 있다.)

■ Did he go **already**? (그는 **벌써** 갔느냐?)

yet은 부정문에는 '아직'이란 뜻이고, 의문문에는 '이미, 벌써, 아직'이란 뜻이다.

■ The investigation is not **yet** finished. (그 조사는 **아직** 끝나지 않았다.)

■ Have you had your lunch **yet**? (너는 점심을 **이미** 먹었냐?)
　현재를 기준으로 점심을 이미 먹었느냐(현재는 배 안 고프냐?)라고 물어보는 것이므로 <u>현재와 연결</u>되어 있어서 Did you have lunch? 가 아니라 현재완료(Have had)를 쓴 것이다.

■ We have **yet** to decide what to do.
　(우리는 뭘 해야 할지 **아직**(yet) 결정을 해야 한다(have to ~)
　　= **아직** 결정을 내리지 못했다.)

still은 긍정문에 쓰며 아직, 여전히 라는 뜻이다.

■ He is **still** hungry. (그는 **여전히** 배고프다.)

just는 이제 막, 금방 이란 뜻이며 주로 현재완료형과 같이 쓰인다.

■ I have **just** done my homework. (나는 **이제 막** 숙제를 했다.)

now는 현재나 현재진행형과 같이 쓰인다.

■ It is **now** raining. (**지금** 비가 오고 있는 중이다.)

just now는 방금 전에 라는 뜻이므로 과거형과 함께 쓰이며, 현재완료와는 함께 쓰이지 않는다. (just now는 '현재로서는'이란 뜻도 있음)

■ He came here **just now**. (그는 여기에 왔다. **방금 전에**)

2) 장소 표현 부사

　here, there, away, far, down, up, back, upstairs, downstairs 등이다.

■ I tried to stay **away** from the soldiers.
　(나는 애써 **떨어**지도록 노력했다. 그 군인들로부터)

■ Go **far**. (**멀리** 가라.)　**far** better(**훨씬**(부사) 더 좋은)/
　a **far** country(**먼**(형용사) 나라)/ from **far**(**먼 곳**(명사)으로부터) 의 뜻도 있음

- He lives **upstairs**. (그는 **위층에** 산다.) (upstairs는 명사로도 씀)

- Go **home**. (**집으로** 가라.)(명사로도 씀)   ■ Come **down**. (**내려** 와라.)

- We live **next door** to the store. (우리는 그 가게의 **옆집에** 산다.)

3) 정도 표현 부사

very, much, completely, enough, almost 등이다

- The book is **very** interesting. (그 책은 **매우** 재미있다.)
  very는 현재분사를 수식

- He was **much** addicted to drug. (그는 **매우** 중독되어 있었다. 마약에)
  much는 과거분사를 수식

- The car **almost** hit me. (그 차는 **거의** 날 쳤다. = 그 차에 치일 뻔했다.)
  = I was **almost** hit by the car. (수동태)
  위의 hit은 과거로 쓰인 것이고 아래 hit은 과거분사로 쓰였다.
     (hit은 현재, 과거, 과거분사가 같은 형태임)

【참고】 부사인 very와 much
   (대명사나 형용사 much는 부정대명사 편을 참고할 것)

very는 형용사, 부사, 현재분사, 최상급을 수식(형용사로 굳어진 과거분사도 수식)하고 much는 동사, 과거분사, 비교급, 최상급을 수식한다.

1. very

① **형용사 수식**

This book is **very** good. (이 책은 매우 좋다.)

② **부사 수식**

She plays the guitar **very** well. (그녀는 기타를 **매우** 잘 친다.)

③ **현재분사 수식**

The sun was **very** beaming brightly. (태양이 **매우** 밝게 빛나고 있었다.)

④ 형용사로 굳어진 과거분사 수식

He looks **very** tired. (그는 **매우** 피곤해 보인다.)

형용사로 굳어진 과거분사	현재분사
confused 혼란한(당황한)	confusing 혼란(당황)시키는
complicated 복잡한	complicating 복잡하게 하는
detailed 상세한	detailing 상세히 설명하는
excited 흥분한	exciting 흥분시키는
interested 재미를 느끼는	interesting 재미있게 만드는
annoyed 짜증난	annoying 짜증나게 하는
pleased 기뻐하는	pleasing 기쁘게 하는
bored 지루한	boring 지루하게 하는
surprised 놀란	surprising 놀라게 하는 (놀랄 만한)
delighted 아주 기뻐하는	delighting 아주 기쁘게 하는
depressed 의기소침한	depressing 의기소침하게 하는(억누르는)
satisfied 만족한	satisfying 만족시키는
sophisticated 복잡 미묘한(고상한)	sophisticating 복잡 미묘하게 하는
shocked 충격을 받은	shocking 충격을 주는(충격적인)
tired 피곤한	tiring 피곤하게 하는 ⇐ tire 피곤하게 만들다
기타 등등	

⑤ 최상급 수식

He is **the very** best player. (그는 **정말**(바로 그) 최고의 선수이다.)

「the 또는 소유격 + very」 + 최상급(first, next, last, best, tallest 등등)으로 쓰여서 최상급을 강조하는 very의 특별용법이다.

2. much

① 동사 수식

Thank you so **much**. (감사합니다. **매우**)

② 과거분사 수식

The city was **much** destroyed by the war.
(그 도시는 **많이** 파괴되었다. 그 전쟁으로)

③ 비교급 수식

Be **much** more careful. (**더욱** 더 조심해라.)

④ 최상급 수식

He is **much** the best player. (그는 **정말** 최고의 선수이다.)
(= He is **the very** best player.)

----

4) 양태(樣態) 표현 부사

well, slowly, safely 등이다.

■ I ran **slowly**. (나는 **천천히** 달렸다.)

5) 빈도(頻度) 표현 부사

often, sometimes, always, usually, seldom, frequently, never 등이다.
일반동사 앞에, be동사나 조동사 뒤에(예: 완료형 have + pp인 경우 have 뒤에) 쓴다.

■ Remember I am **always** behind you.
　　(remember 뒤에 접속사 that이 생략됨)
(기억해라. 내가 **항상** 너 뒤에 있음을 = 항상 응원하고 있음을)

■ She **sometimes** goes fishing. (그녀는 **가끔** 낚시하러 간다.)

■ She **seldom** goes fishing these days.
(그녀는 **좀처럼** 낚시하러 가지 **않**는다. 요즘엔)

- She has **seldom** gone fishing before.
   (그녀는 **좀처럼** 낚시하러 가지 **않**았다. 전에는)
 = **Seldom** has she gone fishing before.
   〈seldom이 앞으로 나가서 주어 동사가 도치(has she)됨〉

- She had **seldom** gone fishing before.
   (그녀는 **좀처럼** 낚시하러 가지 **않**았었다. 그 전엔)
 = **Seldom** had she gone fishing before.

- She **never** goes fishing. (그녀는 **결코** 낚시하러 가지 **않**는다.)

- She has **never** gone fishing.
   (그녀는 (지금껏) **결코** 낚시하러 가지 **않**았다.)

【참고】 부정을 나타내는 단어들

〈never〉
부사이며, '결코 ~않다'라는 의미(not보다 강함),
일반동사 앞에, 조동사 뒤에 씀

〈not〉
부사이며, '~않다'라는 의미,
be동사 뒤에, have동사 뒤에, do동사 뒤에, 조동사 뒤에 씀

〈no〉
① **형용사**로서 not ~ any (~없는, ~아닌) 의 뜻
   뒤에 단수명사, 복수명사, 불가산 명사 모두 올 수 있음

- There are **no books** on the desk. (그 책상 위에 책이 없다.)

   (대상이 명백히 하나이거나 하나를 강조하고자 하는 경우가 아니면 no 다음에 복수명사를 쓰는 것이 원칙임)

   (영어에서는 셀 수 있는 명사의 경우는 하나(a)가 아니면, no든 무엇이든 복수를 쓰는 것이 원칙)

- **No book** <u>has</u> better explanation than this one.
  (어떤 책도 더 좋은 설명이 없다. 이것보다)   one은 book을 대신해서 쓴 것임
- **No advice** <u>avails</u> with her. (아무런 충고도 소용없다. 그녀에게는)

② 부사
- 대답할 때 No (긍정 의문이든 부정 의문이든 관계없이 답의 내용이 부정이면 no)
- 비교급 앞에서 '조금도 ~아니다'
- I have **no more than** $100.
  〈나는 있다. 조금도 더 많지는 않게, 100불보다 = 100불 밖에 없다. (그 정도밖에 없다)〉

③ 명사
- 부정, 부인.
- I'll say **no**. (난 거절하겠다.)

〈none〉

① **대명사**로서 no one (아무도 ~ 않다) 의 뜻
- **None** <u>were</u> in the room. (그 방에 아무도 없었다.)

none of 다음에 복수명사, 불가산명사가 오며 복수명사가 오면 단수동사나 복수동사를, 불가산 명사가 오면 단수동사를 쓴다.

- **None** of them <u>were(was)</u> present at the meeting.
  (아무도 그 회의에 참석하지 않았다.)
- **None** of our equipment <u>has</u> been prepared up to now.
  (우리 장비의 아무것도 준비되지 않았다. 지금까지)

② 부사
- the 비교급 또는 so, too 앞에서 '조금도 ~않다'
- He is **none** the better for the success.(그는 그 성공에도 조금도 좋아지지 않았다.)
- He is **none** the worse for the failure.(그는 그 실패에도 조금도 나빠지지 않았다.)
- I love you **none** the less for your faults.(너의 잘못에도 불구하고 널 사랑해.)
- He was **none** so pleased. (그는 조금도 기쁘지 않았다.)
- The exam was **none** too difficult. (그 시험이 결코 어렵지는 않았다.)

⟨neither⟩(= not either)

① **대명사**로서 '둘 중 누구도 ~ 않다' 의 뜻 (3 이상일 경우 none을 씀)

■ **Neither** is a good man. (둘 중 누구도 좋은 남자가 아니다.)

　neither of 다음에 복수(2)명사가 오며, 단수동사를 쓴다.(회화에서 복수를 쓰기도 함)

■ **Neither** of the dolls is hers. (그 두 개 인형 중 어느 것도 그녀의 것이 아니다.)

② **형용사**로서 단수명사 앞에서 '둘 중 누구도 ~ 않다' 의 뜻. 단수동사를 씀

■ **Neither** candidate doesn't have the qualification to be a leader.
　(둘 중 어느 후보도 지도자가 될 자질이 없다.)

③ **접속사**

■ **Neither** you **nor** I am responsible for the accident.
　(너나 (또는) 나나 그 사고에 대하여 책임이 없다.)

④ **부사**

■ He doesn't worry about it, and **neither** do I.
　(그는 거기에 대해 걱정하지 않는다, 나도 걱정하지 않는다.)

　'neither do I' 는 'I don't worry, either.' 인데 not either가 neither로 된 것이고 neither가 앞으로 나가니까 주어(I)와 동사(do)가 도치(do I)된 것이다.

---

2. **지시부사**

　부사를 지시하는(가리키는) 부사이다.

■ The cat can't go **that** far. (그 고양이는 **그렇게** 멀리 갈 수 없다.)
　지시부사 that이 부사(far)를 가리키고 있다.

3. **의문부사** (의문을 나타내는(의문사 역할하는) 부사)

   when, where, why, how 등이다.

■ **When** did you come to Jeju? (**언제** 당신은 제주에 왔느냐?)

■ **When** is the first lesson? (첫 번째 수업은 **언제**입니까?)

   문장의 주어는 the first lesson이며, 다음을 비교하라.

주어 is 보어 (형용사나 명사, 대명사) (2형식)	주어 is 부사 (1형식)
What is the first lesson? (의문대명사) → It is mathematics. (수학이야.) (주어)(동사) (명사 보어)	**When** is the first lesson? (의문부사) → It is at 9 o'clock. (9시야.) (주어)(동사) (전치사구 = 부사구)

4. **관계부사**

   접속사(관계) + 부사를 말한다.

■ This is the house **where** I was born.
   (이것은 집이다. **그리고 거기에서** 내가 태어났다.)

   〈 where는 in which (= and ~ in it) '그리고(접속사) 거기에서(부사)' 라는 뜻 〉
   (= 이것은 집이다. 내가 태어났**던** = 여기가 내가 태어난 집이야.)

[참고] 부사와 형용사 형태가 같은 품사

■ It is a **hard** problem. (그것은 **어려운** 문제이다.) 형용사로서 '어려운', '딱딱한'
■ Study **hard**. (공부해라. **열심히**)   hard는 부사로서 '열심히'

■ **Long** time passed. (**긴** 시간이 지나갔다.) Long은 형용사로서 '긴'
■ He lived **long**. (그는 **오래** 살았다.) long은 부사로서 '길게'

■ He is a **fast** player. (그는 **빠른** 선수다.) fast는 형용사로서 '빠른'
■ Run **fast**. (달려라. **빨리**) fast는 부사로서 '빨리'

■ I like **late** autumn. (나는 **늦**가을을 좋아한다.) late는 형용사로서 '늦은'
■ He came here an hour **late**. (그는 여기에 왔다. 한 시간 **늦게**) 부사로서 '늦게'

■ He has a pair of shoes with **high** heels.
  (그는 굽 높은 신발 한 켤레 갖고 있다.) high는 형용사로서 '높은'
■ The eagle flied **high**. (그 독수리는 **높이** 날았다.) high는 부사로서 '높이'
   highly는 '대단히, 매우, 고도로' 등의 뜻을 가진다.

■ Get over the horror of **deep** water. (**깊은** 물의 공포를 극복하라.) '깊은'
■ Dig **deep**. (**깊게** 파라.) deep은 부사로서 '깊게'
   deeply는 공간적이 아니라 추상적으로 '대단히 몹시 깊이'의 뜻을 가진다.

【참고】 too와 either / so와 neither (=not either)
   too는 긍정문에, either는 부정문에 쓰인다.

■ I was tired, **too**.(나도 **역시** 지쳤다.) = **So** was I. (so가 앞에 있어서 I와 was가 도치)

■ I was <u>not</u> tired, **either**. (나도 **역시** 지치지 않았다.) = **Neither** was I.

■ I like it, **too**. (나도 **역시** 그것을 좋아한다.) = **So** do I. = Me **too**.

■ I <u>don't</u> like it, **either**. (나도 **역시** 그것을 좋아하지 않는다.)
  = **Neither** do I. = Me **Neither**.

【참고】 I hope **so** / I hope **not**
  예를 들어 Will it snow tomorrow? (눈이 올까? 내일)에 대한 대답으로
■ I hope (that) it will snow tomorrow. = I hope **so**. (그러길 바라)
■ I hope (that) it will not snow tomorrow. = I hope **not**. (안 그러길 바라)

제3절 부사 역할하는 것

1. 부사구

1) 분사구(문)

■ **Studying English**, I fell asleep.
  (**영어 공부하던 동안에**, 나는 잠들었다.)

 이 문장은 원래 While I was studying English, I fell asleep. 이었는데 부사절(While ~~,)을 분사구문으로 간단히 고친 것이다.

 즉, 부사절의 주어와 주절의 주어가 같기 때문에 부사절의 주어 I는 생략하고, 동사 was는 분사 being으로 고쳤는데 be동사의 분사인 being은 생략할 수 있으므로 생략하고, 종속접속사 While도 생략해도 의미를 알 수 있어서 꼭 필요하지 않으면 생략하므로 Studying English 라는 분사구만 남아 부사(절) 역할을 하는 것이다.

2) to부정사구

(1) 목적을 나타내는 표현

■ He worked hard **to be happy**. (그는 열심히 일했다. **행복하기 위해**)

■ She made money **to buy the car**. (그녀는 돈을 벌었다. **그 차를 사기 위해**)
  = She made money **in order to buy the car**.
  = She made money for the car.

(2) 이유를 나타내는 표현

■ I feel proud **to be a part** of the press corps.
  (나는 그 기자단의 **일원이 되어서** 자랑스럽게 느낀다.)

(3) '--하기에는' 이라는 표현

■ It is too good **to miss**. (그것은 **놓치기에는** 너무나 아깝다.)
  = It is **so** good **that** I **can not** miss it. (그것은 너무 좋아서 놓칠 수 없다.)

(4) '--할 정도로' 라는 표현

■ I am strong enough **to lift a straw rice bag**.
(나는 강하다. 충분히, **쌀가마니를 들어 올릴 정도로**)

(5) 관용적 표현

■ To tell the truth = To be frank with you = To be honest
솔직히 말하면   **To tell the truth**, it is false. (**솔직히 말해서** 그것은 거짓이다.)

■ To begin with = To start with 우선, 첫째로
To begin with, you should wake up. (**우선**, 너는 일어나야 한다.)

■ So to speak = So to say 말하자면
So to speak, he is a hero. (**말하자면** 그는 영웅이다.)

3) 전치사구

■ I want to go **to the museum**. (나는 **그 박물관에** 가고 싶다.)

■ I am proud **of being a member** of the team.
(나는 그 팀의 **일원인 것에 대하여** 자랑스럽다.)

■ **With his help**, I could do it. (**그의 도움으로**, 나는 그것을 할 수 있었다.)

4) 관용적으로 쓰이는 전치사구 (여기 있는 것 이외에도 관용어구는 매우 많다.)

■ <u>**Thanks to**</u> his help, I could do it. (**그의 도움 덕분에**, 나는 그것을 할 수 있었다.)

■ The seminar was cancelled **because of** the unforeseen circumstances. (그 세미나는 취소되었다. **예상치 못한 상황 때문에**)

■ The system is not available **owing to** the accident.
(그 시스템은 이용할 수 없다. **그 사고 때문에**)

■ <u>**In fact**</u>, he is a swindler. (**사실** 그는 사기꾼이다.)

■ I have been there, **as a matter of fact**. (**사실** 나는 거기에 있어 봤어요.)

2. 부사절

1) 일반적인 접속사절

  (시간, 이유, 목적, 결과, 조건, 양보 등을 표현하는 접속사 절)

■ **Because the car was expensive**, we couldn't buy it.
  (**그 차가 비쌌기 때문에**, 우리는 살 수 없었다. 그것을.)

■ **While I was studying English**, I fell asleep.(**영어 공부 중에**, 잠들었다.)

2) that절, whether절(if절), 의문사절

■ I was glad **(that) my father acknowledged my view**.
  (나는 기뻤다. **내 아버지가 나의 견해를 인정해 주어서**)

■ I am afraid **(that) he will not come**.
  (나는 걱정된다. **그가 오지 않을까봐서**) = (그가 안 올 것 같다.)

■ Tom wasn't certain **(that) he passed the exam**.
  (톰은 **그가 시험에 합격했는지** 확신하지 못했다.)

이 that절들(형용사편 중에서 형용사 + that절 부분 참고)은 명사절로 보기도 한다. 즉, glad, afraid, certain, sure 등 형용사 다음에 of 등이 탈락(in that, save that, except that, but that 등의 예외를 제외하고는 전치사 다음에 that절을 안 쓰므로 that절이 오다보니 전치사가 탈락) 되었다고 보아서 that절을 명사절로 보는 것이다.
  반면, 그러한 전치사가 안 보이므로 형용사를 꾸며주는 부사절로 보기도 한다.
  (이 책에서도 유연한 이해 폭을 넓히기 위해 명사절로 보기도 했고 부사절로 보기도 했다.)

마찬가지로 whether절, if절, 의문사절 등에서도

■ I wasn't sure **whether he wished me to do it**.
  (나는 **그가 내게 그것을 하기를 바랬는지** 잘 몰랐다.)

■ I am *a bit* doubtful **if they are qualified or not**.
  (나는 **그들이 자격이 있는지 없는지** 약간 의심스럽다.)

■ He is certain **where the real blame lies**.
  (그는 **진짜 책임이 어디에 있는지** 확신하고 있다.)

여기서 whether절, if절, where절을 형용사(sure등)에 대한 **부사절**로 볼 수도 있고, sure 등의 뒤에 of 등이 탈락되었다고 보면 **명사절**로 볼 수도 있다.

어떻게 보든지 그리 중요한 것은 아니며, 때로는 이러한 철저한 분석이 오히려 영어공부 목적에 방해가 되는, 다시 말해 배보다 배꼽이 더 커져 버리는 '목표-수단 대치(代置) 현상'이 나타날 수도 있음을 생각할 필요가 있다고 본다.

이뿐만 아니라 영어 문법의 여러 곳에서 학자들 사이에 의견이 통일되어 있지 못하다.

예컨대 영어 변천사를 살펴보면 '분사구문'이 아니라 '동명사구문' 이라는 등, 일명 가정법과거 및 과거완료는 가정법현재 및 과거인데 가정법세계에서는 were 등이 현재동사인 것뿐이라는 등등 여러 곳에서 학자들마다 의견이 다르다.

영어학을 위해서라면 그럴 필요도 있겠지만, 정작 학생들은 혼란스럽다.

중요한 것은 영문법의 **전체적인** 체계를 잡는 것이며, 의사소통이라는 언어의 본질을 이해하면 되는 것이고 배꼽이 더 커져버리지 않도록 나름대로 효율적인 학습 방법을 찾아가면 되리라 생각한다.

- He was so tired **that he went to bed**. 〈that절이 so(부사) tired(형용사)와 연결〉
   (그는 그렇게 피곤했다, **그가 잠잘 정도로**. = 그는 너무 피곤하여 잠잤다.)

- I studied hard so **that I passed the exam**. 〈that절이 hard(부사) so(부사)와 연결〉
   (나는 그렇게 열심히 공부했다. **시험에 합격할 정도로**
   = 나는 **시험에 합격하기 위해서** 열심히 공부했다.)

- It was such a success **that they adopted it as a major policy**.
   〈that절이 such(형용사)와 연결〉
   (그것은 매우 성공적이었다. **그들이 주요 정책으로 채택할 정도로**
   = 그것은 매우 성공적이어서 그들이 주요 정책으로 채택했다.)

3) 관계사절 (복합관계부사절)

- You may come here **whenever you want**.
   (너는 여기 와도 좋다. **네가 원할 때 언제든지**)
   여기서 whenever는 at any time when 으로 바꿔 쓸 수 있다.

4) 의문사절

(1) 의문대명사 + ever 절

- **Whatever you like**, do your best to get it.
  (**네가 무엇을 좋아할지라도** 그것을 얻기 위해 최선을 다하라.)
  여기서 whatever는 no matter what 으로 바꿔 쓸 수 있다.

- **Whoever blames me**, I will go my own way.
  (**누가 날 나무랄지라도** 나는 나의 길을 갈 것이다.)
  여기서 whoever는 no matter who 로 바꿔 쓸 수 있다.

(2) 의문형용사 + ever 절

- **Whichever book you want**, you may have it.
  (**네가 어느 책을 원할지라도** 너는 그것을 가져도 좋다.)

  여기서 whichever는 no matter which 로 바꿔 쓸 수 있다.

(3) 의문부사 + ever 절

- **Whenever you do it**, I will help you.
  (**네가 그것을 언제 할지라도** 나는 너를 돕겠다.)

  여기서 whenever는 no matter when 으로 바꿔 쓸 수 있다.

- **Wherever you go**, I will follow you.
  (**네가 어디를 갈지라도** 나는 너를 따르겠다.)

  여기서 wherever는 no matter where 로 바꿔 쓸 수 있다.

- **However high the mountain is**, you can go to the top of it.
  (**그 산이 아무리 높을지라도** 너는 그 정상에 갈 수 있다.)

  여기서 however는 no matter how 로 바꿔 쓸 수 있다.

제8장 품사의 비교 (比較, Comparison)

제1절 같은 것을 비교

같은 것을 비교할 때는 the same as를 사용한다.

■ This car is **the same as** that one. (이 차는 저 차와 똑 같다.)
  = The cars are **the same.** (그 차들은 똑 같다.)

■ You look **the same as** before. (너는 전과 똑같이 보인다.)

■ This car is **the same** price **as** that one. (이 차는 저 차와 같은 가격이다.)
          (the same + 명사 + as)
  = This car is **as** priced **as** that one

제2절 비슷한 것을 비교

1. 명사 비교

1) similar to

■ The car is **similar to** that one. (그 차는 저 차와 비슷하다.)
  = The cars are **similar.** (그 차들은 비슷하다.)

2) like

■ The car is **like** that one. (그 차는 저 차와 닮다.)
  = The cars are **alike.** = They are **alike.** (그 차들은 서로 닮다.)

■ The car looks **like** that one. (그 차는 저 차처럼 보인다.)
  = The cars look **alike** = They look **alike.** (그 차들은 서로 닮게 보인다.)

■ My car looks somewhat **like** his. (나의 차는 그의 차와 다소 닮게 보인다.)
  여기서 his는 소유대명사로서 his car임

2. 형용사 비교

as ~ as를 사용하여 비교할 수 있다.

■ He is **as** <u>clever</u> **as** you. (그는 영리하다. 너 만큼)
뒤의 as를 전치사로 볼 수도 있고, 접속사로 보면 you 다음 are clever 생략된 것

■ He is **not as** <u>clever</u> **as** you. = (그는 너만큼 영리하지 않다.)
 = He is **not so** <u>clever</u> **as** you.

■ She is **as** <u>kind</u> **as** <u>pretty.</u> (그녀는 예쁜 만큼 친절하다.)
뒤의 as는 접속사이며 as 다음 she is 생략된 것

■ I read **as** <u>many</u> **as** <u>ten</u> books. (나는 10권 정도의 책을 읽었다.)
뒤의 as는 전치사이며 앞의 as는 many를 수식하는 부사이고 many 다음 books 생략

■ Drink **as** <u>much</u> liquor **as** you like. (마셔라. 네가 좋아하는 만큼의 술을)
뒤의 as는 접속사임 (liquor을 선행사로 하며 like의 목적어인 유사 관계대명사로 볼 수 있음)

■ He is **as** <u>poor</u> **as** (poor) can be. (그는 가난할 대로 가난하다.)
뒤의 접속사 as 다음에 원래 he can be poor. 인데 he를 생략하고 poor도 생략하든지 can 앞으로 써서 강조하든지 하는 것임

3. 부사 비교

부사도 as ~ as를 사용하여 비교할 수 있다.

■ He works **as** <u>hard</u> **as** you. (그는 일한다. 열심히, 너만큼) 뒤의 as는 전치사

■ He doesn't work **as** <u>hard</u> **as** you. (그는 너만큼 열심히 일하지 않는다.)
 = He doesn't work **so** <u>hard</u> **as** you. 이러한 경우의 so 쓸 때는 부정문에서만

■ He works **as** <u>hard</u> **as** he can. (그는 일한다. 열심히, 그가 할 수 있는 만큼)
 = He works **as** <u>hard</u> **as** possible. (그는 가능한 열심히 일한다.)
can 뒤에 work 생략, 앞의 as는 hard(부사)를 수식하는 부사, as ~ as possible은 관용적 부사구

■ Drink **as** <u>much</u> **as** you want to. (마셔라. 네가 원하는 만큼)
뒤의 as는 접속사이며 to 다음 drink(자동사) 생략, 앞의 as는 much(부사)를 수식하는 부사

제3절. 몇 배인 것을 비교

1. 셀 수 있는 명사

[배수 + as many (셀 수 있는 명사) + as]

■ I have **half as many** (books) **as** you want.
(나는 가지고 있다. 반을, 당신이 원하는 만큼의
= 나는 당신이 원하는 만큼의 반을 가지고 있다.)

[배수 + 비교급 + than]

■ I have **three times more** books **than** you have.
(나는 가지고 있다. 3배 많은 책을, 당신이 가지고 있는 것보다.)

2. 셀 수 없는 명사

[배수 + as much (셀 수 없는 명사) + as]

■ Koreans spend **three times as much** (money) **as** Americans on education.　(한국인들은 쓴다. 3배 많은 돈을, 미국인만큼, 교육에
= 한국인들은 미국인보다 교육비 3배 소비함)

■ Drink **twice as much** (water) **as** usual.
(마셔라. 2배 많은 물을, 평소만큼 = 평소의 2배 물을 마셔라.)

[배수 + 비교급 + than]

■ I have **a third less** sugar **than** you have.
(나는 가지고 있다. 1/3의 (더 적은) 설탕을, 네가 가지고 있는 것보다)

3. **형용사** 비교 (몇 배 --한)

[배수 + 비교급 + than]

■ The temperature is **four times hotter than** boiling water.
(그 온도는 4배 더 뜨겁다. 끓는 물보다)

■ This is **twice longer than** that. (이것은 저것보다 2배 더 길다.)

제4절. 다른 것을 비교

다른 것을 비교할 때는 different from을 사용하면 된다.

■ This car **is different from** that one. (이 차는 저 차와 다르다.)
   = This car **differs from** that one.
   = These cars are **different**. (이 차들은 다르다.)

■ The feelings of the young **are** not so **different from** those of the old.
   (젊은이들의 감정들은 그렇게 다르지 않다. 늙은이들의 감정과)

여기서 the young은 젊은 사람들이며 the old는 늙은 사람들이란 뜻이며 (the + 형용사 = 복수보통명사), those는 the feelings를 대신한 대명사이다.

즉, 젊은이와 늙은이 비교가 아니라 젊은이 감정과 늙은이 감정의 비교이다.

제5절 비교급 (~ 보다 더 --)

형용사나 부사의 '~보다 더 --'라는 비교를 나타낼 때는 다음처럼 쓴다.

▲ -- er (더 --) + than ~ (~보다) 형태인 경우도 있고
▲ **more** -- (더 --) + than ~ (~보다) 형태인 경우도 있고
　[반대는 **less** -- (덜 --) + than ~(~보다)]
▲ **불규칙적으로 변화**하는 경우도 있다.

1. 형용사 비교

1) --er 아니면 more--

1음절인 짧은 형용사는 er를 붙여 비교급을 만들고,
2음절인 경우는 er를 붙이든지 앞에 more를 쓰든지 하며,
3음절 이상인 경우는 er를 붙이지 않고 앞에 more를 쓴다.

■ This ball is **bigger than** that ball. (이 공은 더 크다. 저 공보다)

■ This ball is **more popular than** that ball.
　(이 공은 더 인기 있다. 저 공보다)
= That ball is **less popular than** this ball.

2) 음절수 관계없이 항상 more 쓰는 경우

(1) 동일 인이나 동일 사물의 성질 표시

다음과 같이 동일인이나 동일 사물의 성질을 표시할 때는 비교급에서 음절수 관계없이 항상 more를 쓴다.

■ He is **more wise** than clever. (그는 영리하다기보다는 슬기롭다.)

■ It is **more cold** than cool. (차갑기보다는 춥다.)

(2) 분사 형태 형용사의 비교급

그리고 다음과 같이 분사 형태의 형용사의 비교급은 more를 앞에 쓴다.

■ This movie is **more boring than** that one.
(이 영화는 저것보다 더 지루하다.)

■ He is **more tired than** me. (그는 나보다 더 피곤하다.)
그와 나, 주격끼리의 비교이므로 than(접속사) I 가 맞지만 회화에서는 보통 편하게 than을 전치사로 보아 목적격인 me로 쓴다.

2. 부사 비교

부사의 비교급은 주로 부사 앞에 more를 붙여 만들지만 (예: more freely), 예외적으로 ly로 끝나지 않으면서 짧은 단어인 경우는 형용사와 마찬가지로 er를 붙이는 경우(예: faster, harder, later)도 있고 불규칙적으로 변화(예: 원급 well - 비교급 better - 최상급 best) 하는 경우도 있다.

■ He will work **harder.** (그는 일할 것이다. 더 열심히)

■ We live **more freely than** you. (우리는 산다. 더 자유롭게, 너보다)
= You live **less freely than** we do.
(너는 산다. 덜 자유롭게, 우리가 사는 것보다)

여기서 do는 live 대신 쓴 대(代)동사이며 than은 접속사이다.

그런데 we do 대신에 회화에서는 보통 편하게 그냥 than을 전치사로 보아 than us(우리보다)를 쓰기도 한다.

【비교】 more, less, fewer

	형용사 (명사를 수식)	부사 (형용사, 부사, 동사를 수식)
more	many(셀 수 있는 것이 많은)와 much(셀 수 없는 것이 많은)의 비교급 ■ I need **more** books. (난 **더 많은** 책들이 필요해) ■ Give me some **more** time to think. (내게 주세요. 좀 **더 많은** 시간을, 생각할) ------------------ 대명사로도 씀 ■ We must save **more**. (**더 많은 수**를 구해야 한다./ **더 많은 것**을 저축해야 한다.)	much(매우)의 비교급 ① **형용사 수식** ■ The city grew **more** <u>crowded</u>. (그 도시는 더 붐벼져갔다.) more는 부사로서 형용사(crowded)의 비교급으로 쓰임 ② **부사 수식** ■ He runs **more** <u>slowly</u> than she. (그는 달린다. 더 천천히, 그녀보다) ③ **동사 수식** ■ He <u>likes</u> her **more** than Mary. (그는 그녀를 좋아한다. 더. 메리보다)
less	little(셀 수 없는 것이 적은)의 비교급 셀 수 없는 명사 앞에서 (two less books '2권이 적은 책들' 같이 수사와 같이 쓰는 경우는 가산명사 앞에도 씀) ■ Tell me how to use **less** cooking oil. (말해줘. 사용방법을, **보다 적은** 요리기름을) ------------------ 대명사로도 씀 ■ I'm trying to spend **less**. (나는 **보다 적은 것**을 쓰려고 노력하고 있다.)	little(적게)의 비교급 ① **형용사 수식** ■ You are **less** <u>likely</u> to be ill than he. (너는 덜 그럴듯해. 아플, 그보다 = 너는 그보다 덜 아플 것 같다) be likely to부정사는 '~할 것 같다' 는 뜻 ② **부사 수식** ■ He treated the task **less** <u>seriously</u>. (그는 다루었다. 그 임무를, 덜 심각하게) ③ **동사 수식** ■ I <u>know</u> **less** about it than he. (나는 안다. 덜, 그것에 대해, 그보다)

fewer	**few(셀 수 있는 것이 적은)의 비교급** 셀 수 있는 명사 앞에서 ■ Who made **fewer** mistakes? (누가 **보다 적은** 실수들을 했는가?) ---------------------- **대명사로도 씀** ■**Fewer** came than were expected. (**더 적은 수**가 왔다. 예상되었던 것보다)	few, fewer, fewest는 부사로는 쓰이지 않음

【참고】비교급, 최상급 불규칙 변화

(비교급 ~er이나 more/ 최상급 ~est나 most를 쓰지 않는 경우)

원급, 비교급, 최상급이 불규칙으로 변화하는 경우(예)		
원급	비교급	최상급
good 좋은	better	best
well 잘	better	best
bad 나쁜	worse	worst
ill 아픈	worse	worst
many (셀 수 있는 것이)많은	more	most
much (셀 수 없는 것이)많은	more	most
little 작은, 조금	less 더 적은	least 가장 적은(적게)
late 시간이 늦은, 늦게	later 더 늦은	latest 최근의
late 순서가 늦은, 늦게	latter 후자의(나중 것의)	last 마지막의
old 시간이 오래된, 늙은	older 더 오래된	oldest
old 순서가 먼저인(오래된)	elder 연상의	eldest
far **거리**가 먼, 멀리	farther 더 먼, 더 멀리	farthest 가장 먼(멀리)
far **정도, 수량, 시간**이 먼, 멀리, 훨씬	further 더 먼(깊은), 더 멀리(깊이)	furthest 가장 먼(깊은), 가장 멀리(깊게)

3. 비교 대상을 주의하자.

그리고 비교할 때는 다음과 같이 비교 대상을 잘 파악해야 한다.

1) 형용사의 비교급에서

■ The price of this car is **higher than** that of that one.
   (이 차의 가격은 **더 높**다. 저 차의 그것(가격)**보다**)
 = This car is **more expensive than** that one.
      (이 차는 **더 비싸**다. 저 차**보다**)

여기서 앞 문장의 비교 대상은 이 차와 저 차가 아니라 이 차의 가격과 저 차(that one)의 가격(that)이다.

즉 가격이 더 높은 것이지 차가 더 높은 것은 아니므로 higher than 다음에 that of (--의 가격)를 써 주어야 한다.

그런데 뒤 문장의 비교 대상은 이 차와 저 차(that one)이다. 즉, 차의 가격이 더 비싼 것이 아니라 차가 더 비싼 것이다. (가격은 비싼 것이 아니라 높은 것)
      = That car is **less expensive than** this one.

■ I am **more attracted** to individuals who behave sincerely **than** to people who are sophisticated.
   (나는 **더 끌린**다. 성실하게 행동하는 사람들에게, 세련된 사람들에게 **보다**)

'~한 사람들에게 보다 ~한 사람들에게 더 끌림을 당하는' 것이므로 비교 대상은 **to** individuals ~ (--에게) 와 **to** people ~ (--에게) 이다.

2) 부사의 비교급에서

■ The problem can be solved **sooner** by you **than** by me.
   (그 문제는 해결될 수 있다. **더 빨리** 너에 의해서, 나에 의해서 **보다**
    = 나보다 네가 빨리 해결할 것)

여기서는 by you 와 by me를 비교하고 있다. (여기서 than은 접속사)

■ He likes her **more than** I.
(그는 그녀를 좋아한다. 더. 나(가 그녀를 좋아하는 것)**보다**)
I 다음에 like her가 생략된 것으로, 비교대상은 He와 I 이다.

■ He likes her **more than** me. (그는 그녀를 좋아한다. 더. 나**보다**)
비교대상은 her와 me 이다.

4. get, grow + 비교급

그리고 get이나 grow 등에 비교급이 오게 되면 '점점 ~하게 되다(하다)'는 뜻이 된다.

■ The sky is getting **clearer**. (하늘이 점점 맑아지고 있다.)

■ The star grows **brighter**. (그 별이 점점 밝아지고 있다.)

■ He grows **better**. (그는 점점 좋아지고 있다.)

■ The rich are getting **richer**, whereas the poor are getting **poorer**.
(부자들은 점점 부유해지고, 반면에 가난한 이들은 점점 가난해지고 있다.)

5. 비교급을 강조하거나 수식할 때

1) 둘 사이에 차이가 많이 나서 강조할 때

much, so much, very much, a lot, lots, far, even, still 등의 부사를 써서 비교급을 강조한다.

■ This is <u>much</u> better than that. (이것은 **훨씬** 더 좋다. 저것보다)
much 대신 very 등을 쓰면 안 된다.
(very, too, so 등은 비교급을 수식할 수 없음)

■ You are <u>a lot</u> faster than Tom. (너는 **훨씬** 더 빨라. 톰보다)

■ She was <u>far</u> less experienced than Jack.
(그녀는 **훨씬** 경험이 적었다. 잭보다)

- She can do it, **still** more this mission.
  (그녀는 그것을 할 수 있고, 하물며 이 임무는 **훨씬** 더 잘한다.
  = 이 임무는 말할 것도 없고 그것도 할 수 있다.) still more = much more

- She can't do it, **still** less this mission.
  (그녀는 그것을 할 수 없고, 하물며 이 임무는 **더욱** 더 못한다.
  = 이 임무는 말할 것도 없고 그것도 할 수 없다.) still less = much less

2) 둘 사이에 차이가 크지 않을 때

　a little, a bit, a little bit, not much, slightly, any, no 등의 부사를 써서 비교급을 수식한다.

- This is <u>a little</u> better than that. (이것은 **약간** 더 좋다. 저것보다)

- You are <u>slightly</u> faster than Tom. (너는 **약간** 더 빨라. 톰보다)

- She was <u>a little bit</u> less experienced than Jack.
  (그녀는 **조금** 경험이 적었다. 잭보다)

- Is the Antarctic **any** colder than the Arctic? (남극이 북극보다 더 추워요?)

　any가 비교급을 수식하는 것은 주로 의문문, 부정문, if명사절('~인지')에서 많이 사용된다.

- I can't stand it **any** longer.(난 더 이상은 못 참아.) = I can't stand it **any**more.

- I have **no** less than $100. = I do**n't** have **any** less than $100.
  　　　　　　　　　　　　(no = not any)
  (나는 있다. 더 적지 않게, 100불보다 = 100불은 있다. (그 정도는 된다))

6. the + 비교급, the + 비교급 ('~할수록 더 ~하다' 는 뜻)

- **The more, the better.** (더 많을수록, 더 좋다)

- **The more** he has, **the better** he is. (더 많이 그가 가질수록, 더 좋다. 그는)

- **The harder** you work, **the sooner** you can finish it.
  (더 열심히 네가 일할수록, 더 빨리 너는 마칠 수 있다. 그것을)

7. no + 비교급과 not + 비교급의 차이

■ I have **no more than** $100.
　(나는 있다. 더 많지는 않게, 100불보다 = 100불밖에 없다. (그 정도밖에 없다))

■ I have **not more than** $100.
　(나는 있다. 100불 보다 더 많지 않게 = 같거나 적게)

■ I have **no less than** $100.
　(나는 있다. 더 적지는 않게, 100불보다 = 충분히 100불은 있다. (그 정도는 된다))

■ I have **not less than** $100.
　(나는 있다. 100불 보다 적지 않게 = 같거나 많게)

■ He is **no better than** a beast.
　(그는 더 좋지는 않다. 짐승보다 = 짐승 정도밖에 안 된다. (그 정도밖에 안 된다))

■ He is **not better than** a beast.
　(그는 더 좋지 않다. 짐승보다 = 짐승보다 같거나 못하다.)

■ His opinion is **no worse than** hers.
　(그의 의견은 더 나쁘진 않다. 그녀의 의견(hers = her opinion)보다
　 = 충분히 그녀 의견 정도는 된다.)

■ His opinion is **not worse than** hers.
　(그의 의견은 더 나쁘지 않다. 그녀의 의견보다. = 같거나 더 좋다.)

■ He is **no taller than** she is.
　(그는 그녀보다 더 크지는 않다 = 그녀 정도밖에 안 된다.)
　(주격끼리 비교하는 것이고 than이 접속사이므로 she is가 맞지만 일상대화에서는 편하게 than을 전치사로 보아 she is 가 아닌 her로 쓰기도 함)

■ He is **not taller than** she is.
　(그는 그녀보다 더 크지 않다 = 같거나 작다.)

8. 라틴어 비교급

라틴어에서 나온 비교급으로서 than 대신 to를 쓴다.

■ He is ten years **senior to** me. (그는 10년 연상이다. 나보다)
  = He is ten years **older than** I.
  = I am ten years **junior to** him. = I am ten years **younger than** he.

■ I **prefer** swimming **to** running. (나는 더 좋아한다. 수영을, 달리기보다)
  = I **prefer** swimming **rather than** running.
  = I **like** swimming **better than** running.
  = I **prefer to** swim **rather than** (to) run.

■ I **prefer** the more interesting one of the two books.
  (나는 더 좋아한다. 그 더 재미있는 것을, 그 2권의 책들 중에서)

【참고】 prefer / would rather 사용 형태

- S(주어) + prefer + 명사 ■ I prefer tea. (차가 더 좋아)

- S + prefer + 동명사 ■ I prefer eating at home. (집에서 먹는 게 더 좋아)

- S + prefer + to부정사 ■ I prefer to be alone. (혼자 있는 게 더 좋아)

- S + prefer + that절
  ■ I prefer that they precede me at all times. (그들이 항상 나보다 앞서는 게 더 좋아)
  ■ I would prefer that you **didn't** mention me. (날 언급하지 않기를 바라)
    would 때문에 that절에 가정법 동사(과거형인 did)를 쓴 것이다.
    (prefer는 더 선호한다는 것이고 would prefer는 지금 더 선호하고 싶다는 의미임)

- S + prefer + 목적어 + 목적보어
  ■ I prefer you not to go there. (난 네가 거기 가지 않았으면 좋겠다.)
    목적어는 you, 목적보어는 not to go there 인 5형식 문장이다.

- S + prefer + 명사 + to + 명사
  - I prefer tea to coffee. (차가 커피보다 더 좋아)

- S + prefer + 동명사 + to + 동명사
  - I prefer studying to playing. (공부하는 게 노는 것보다 더 좋아)

- S + prefer + to부정사 + to + to부정사 (x) 이렇게 쓰면 안 되고 (to to 이상함)
  S + prefer + to부정사 + rather than + to부정사 (O) 로 써야 함
  - I would prefer to go rather than (to) stay. (머무르기보다 가는 게 좋을 것 같다.)
    여기서 than 다음 to는 생략 가능함. rather를 생략하기도 한다.

- S + prefer + to부정사 + 부사 + rather than + 부사
  - I prefer to go by bus rather than by taxi. (택시보다 버스로 가는 게 더 좋아)
    than 다음 to go가 생략됨

- S + prefer + to부정사 + 명사 + rather than + 명사
  - I prefer to eat pork rather than beef. (쇠고기보다 돼지고기 먹는 게 더 좋아)
    than 다음 to eat가 생략됨

- S + prefer + 명사 + rather than + 명사
  - I prefer soft music rather than loud music.(소리 큰 것보다 조용한 음악이 더 좋아)

- S + prefer + 동명사 + rather than + 동명사
  - I prefer running rather than climbing. (등반보다 달리기가 더 좋아)

- S + would rather + 동사원형
  - I would rather go (가는 게 좋을 것 같다.)
  - I would rather not go (가지 않는 게 좋을 것 같다.)

- S + would rather + 동사원형 + than + 동사원형
  - I would rather go than stay. (머무는 것보다 가는 게 좋을 것 같다.)

- S + would rather + 동사원형 + 부사 + than + 부사
  - I would rather go with you than with him.
    (그와 함께 보다 너와 함께 가는 게 좋겠다.)

- S + would rather + 동사원형 + 명사 + than + 명사
  - I'd rather study English than French.
    (불어보다 영어 공부하는 게 좋겠다.)

- S + would rather + have pp(과거분사)
  - I would rather have gone. (나는 차라리 갔었더라면 좋았다.)
  - I would rather not have gone. (나는 차라리 가지 않았더라면 좋았다.)

- S + would rather + have pp(과거분사) + than + have pp
  - I would rather have gone than have stayed.
    (나는 머무르기보다 차라리 갔었더라면 좋았다.)
  - I'd rather never (또는 not) have been born than have seen it .
    (나는 그 꼴을 볼 바에는 차라리 태어나지 않았었더라면 좋았다.)

- S + would rather + that절 (가정법과거동사)
  - I would rather that I went there. (나는 거기 가는 게 낫겠다.)

- S + would rather + that절 (가정법과거완료동사)
  - I would rather that I had gone there. (나는 거기 갔었더라면 좋았을 텐데)

----

9. rather than (~라기 보다는 ~)
   than을 쓰는 이유는 rather가 sooner(비교급)의 뜻을 가지고 있어서 비교급에 쓰는 than을 쓰는 것임

1) 명사 비교

■ He looks like me rather than you.
   (그는 너보다는 날 닮았다.)
   접속사 than 뒤에 he looks like 가 생략된 것이다.

■ He rather drinks coffee than tea.
   (그는 차 보다는 커피를 마신다.)
   접속사 than 뒤에 he drinks 가 생략된 것이다.

2) 형용사 비교

- He looks **blue** rather than **calm**. (그는 차분하기보다는 우울해 보인다.)

- Try to become a man **of value** rather than (a man) **of success**.
  (성공한 사람보다는 가치 있는 사람이 되려고 노력하라. - Albert Einstein -)

3) 부사 비교

- He acted **impulsively** rather than **by design**.
  (그는 계획적이기보다는 충동적으로 행동했다.)

4) 동사 비교

- He **watches** rather than **plays** soccer.
  (그는 축구를 하기보다는 구경한다.)

- He chose to **run** rather than **take** a bus.
  (그는 버스를 타기보다 달리기를 선택했다.)

제6절 최상급 (~ 중에서 가장 --)

형용사나 부사의 '~중에서 **가장** --'이라는 최상을 나타낼 때는 다음처럼 쓴다.

▲ the **--est** (가장 --) 형태인 경우(1음절 단어, 2음절 단어는 —est나 앞에 most 씀)도 있고

▲ the **most** -- (가장 --) 형태인 경우(3음절 이상 단어)도 있고
[반대는 the **least** --(가장 덜 --)]

▲ **불규칙적으로 변화**하는 경우도 있다.

1. 형용사 최상급

■ He is **the tallest** in our class. (그는 가장 크다. 우리 학급에서)
tallest 다음에 He를 의미하는 명사(boy 등)가 생략된 것

■ This is **the most interesting** movie. (이것은 가장 재미있는 영화다.)

■ This is **the least interesting** film. (이것은 가장 재미없는 영화다.)

■ This book is one of **the most interesting** books in Korea.
('가장 ~한 것 중에서 하나' 라는 표현은
'**one of** the + **최상급** + **복수**명사' 임)
(이 책은 하나이다. 가장 재미있는 책 들 중에서, 한국에서)

■ Seogwipo is **the southernmost** city in Korea.
(서귀포는 가장 남쪽의 도시이다. 한국에서)

■ He is **my best** friend. (그는 나의 가장 좋은 친구이다.)
이처럼 최상급에서 the 대신 소유격을 쓸 수도 있다.
the와 my 둘 다 한정사인데 같은 부류의 한정사는 겹쳐서 쓸 수 없으며 하나만 써야 한다.

2. 부사의 최상급

부사는 명사를 수식하는 것이 아니므로 부사의 최상급 앞에는 the를 쓰지 않는다.

그런데 최상급이므로 마치 습관처럼 the를 쓰기도 한다.

특히 여러 대상 중에서 그 대상이 최상임을 강조할 경우 습관처럼 the를 쓰는 경우가 많다.

■ He works (the) **hardest** among them.
(그는 일한다. **가장 열심히**, 그들 중에서)

■ He works **hardest** in the morning.
(그는 일한다. **가장 열심히**, 아침에)

■ He lives (the) **most freely** of all.
(그는 산다. **가장 자유롭게**, 모두들 중에서)

■ He lives (the) **least freely** of all.
(그는 산다. **가장 덜 자유롭게**, 모두들 중에서)

■ He lives **most freely** nowadays.
(그는 산다. **가장 자유롭게**, 요즘에)

■ I like reading **best.** (나는 좋아한다. 독서를, **가장**)

■ He runs **fastest.** (그는 달린다. **가장 빠르게**)
fast는 형용사(빠른)도 되고 부사(빨리)도 됨

【비교】 most, least, fewest

	형용사 (명사를 수식)	부사 (형용사, 부사, 동사를 수식)
most	many(셀 수 있는 것이 많은)와 much(셀 수 없는 것이 많은)의 최상급 ■ I have the **most** books among us. (나는 가지고 있다. **가장 많은** 책들을, 우리중에) ■ The cup with the **most** water is mine. (**가장 많은** 물이 담긴 그 컵은 내 것이다.) ---------------------- **대명사로도 씀** ■ Make the **most** of the time. (만들라. **최대한의 것**, 그 시간의 = 시간을 최대한 활용하라.)	much(매우)의 최상급 ① **형용사 수식** ■ This is the **most** suitable book for you. (이것은 **가장** 적당한 책이다. 너에게) 여기 most는 부사이지만 형용사(suitable)의 최상급을 만드는 것 ② **부사 수식** ■ The product is **most** commonly used. (그 제품이 **가장** 일반적으로 사용된다.) ③ **동사 수식** ■ I love you **most**. (나는 당신을 사랑한다. **가장**)
least	little(셀 수 없는 것이 적은)의 최상급 셀 수 없는 명사 앞에서 (가산명사에 쓰기도 함) ■ The **least** contact with each other is needed. (**최소한의** 접촉이, 서로간의, 필요된다.) ---------------------- **대명사로도 씀** ■ It's the **least** I can do. (그것이 **최소한의 것**이다. 내가 할 수 있는)	little(적게)의 최상급 ① **형용사 수식** ■ It is **least** likely to happen. (그것은 **가장** 일어날 것 같지 **않다**.) be likely to부정사는 '~할 것 같다'는 뜻 ② **부사 수식** ■ He lives **least** freely among us. (그는 산다. **가장 덜** 자유롭게, 우리 중에) ③ **동사 수식** ■ He **least** worried about it. (그는 **가장 덜** 걱정했다. 그것에 대해)

fewest	few(셀 수 있는 것이 적은)의 **최상급** 셀 수 있는 명사 앞에서 ■ Who made **the fewest** mistakes? (누가 **가장 적은** 실수들을 했는가?) --------------------- 대명사로도 씀 ■ Who has **the fewest**? (누가 **가장 적은 수를** 가졌는가?)	few, fewer, fewest는 부사로는 쓰이지 않음

3. 최상급 앞에 쓰는 the 또는 소유격

최상급은 그 의미가 '하나인 그 대상'으로 한정되기 때문에 그 앞에 the나 소유격 등의 한정사를 붙인다.

물론 the 또는 소유격을 쓴다는 것은 뒤에 the나 소유격이 한정시켜주는 명사가 있든지 명사가 생략되었다는 것이다.

그러므로 다음처럼 뒤에 명사를 쓸 수 없는 경우는 당연히 the나 소유격을 쓰지 않는다.

1) 형용사 최상급인데도 뒤에 명사가 올 수 없는 경우 the나 소유격을 안 씀

(1) 최상급 형용사가 뒤에 명사 없이 최상급 형용사 자체가 주격보어인 경우

■ He is **best**. (그는 최상이다.)
best 다음에 명사가 없이 best가 He를 설명해주는 주격보어이므로 the가 없다.

그런데 만약 He is **the best** player (among them). (그는 (그들 중) 최고의 선수이다.) 인 경우나 player 같은 명사가 생략된 경우는 the를 써야 한다는 것이다.

그러므로 He is **best**. 라고 쓰면 best 뒤에 명사 없고 주격보어로 쓰였구나 생각하면 되고, He is **the best**. 라고 쓰면 best 뒤에 어떤 명사가 생략되었구나 라고 생각하면 된다.

결국, 뒤에 명사가 없는 경우는 명사가 생략된 것일 수도 있고, 애당초 명사 없이 최상급 형용사가 주격보어로 쓰인 것일 수도 있으므로, 결국 보여지는 형태는 the를 **써도 되고 안 써도** 된다는 말이다.

(2) 논리적으로 뒤에 명사가 올 수 없는 경우

이것도 사실 (1)에서 설명할 수 있는 것인데, 다음처럼 뒤에 명사가 오면 어색한 경우이다.

어떤 책에서는 **'다른 대상과 비교하는 것이 아니라 동일한 대상 내에서 내부 속성끼리 자체 비교할 때는 the를 쓰지 않는다'** 고 가르치고 있는데 그렇게 설명할 것이 아니라 다음을 읽어보면 쉽게 이해가 될 것이다.

■ I am **happiest** now. (나는 지금 가장 행복하다.)

내가 다른 사람과 비교해서 가장 행복한 것이 아니라, 내 자신의 과거와 현재 중에서 가장 행복한 것이다.

그러므로 happiest 뒤에 명사가 온다면 '사람' 등이 올 텐데 '누구누구 중에서 가장 행복한 사람'은 말이 되지만, '과거, 현재 등 어떠한 시점들 중에서 가장 행복한 사람'은 말이 안 되어서 '사람' 등의 명사가 올 수 없고 따라서 the를 쓰면 안 된다.

■ The pond is **deepest** at this point. (그 연못은 가장 깊다. 이 지점에서)

그 연못이 다른 연못과 비교해서 가장 깊은 것이 아니라, 그 연못의 여러 지점 중 그 지점이 가장 깊은 것이다.

그러므로 deepest 뒤에 명사가 온다면 '연못'이 올 텐데 여러 연못 중에서 가장 깊은 연못'은 말이 되지만, '그 연못의 여러 지점들 중에서 가장 깊은 연못'은 말이 안 되어서 '연못'이라는 명사가 올 수 없고 따라서 the를 쓰면 안 된다.

the를 쓰려면 This point is **the deepest** in the pond.

(이 지점이 가장 깊다. 그 연못에서)(deepest 다음에 point가 생략됨) 처럼 써야 한다.

2) 부사의 최상급인 경우

부사는 명사를 수식하는 것이 아니므로 부사의 최상급 앞에는 the나 소유격을 쓰지 않는다.

■ He runs **fastest**. (그는 **가장 빨리** 달린다.)

그런데 부사의 최상급이라도 그것이 형용사를 수식하고 형용사는 명사를 수식하여 결국 뒤에 명사가 오는 경우(「부사의 최상급 + 형용사 + 명사」)는 다음처럼 당연히 the를 쓴다.

■ He's **the fastest** running boy. (그는 **가장 빨리** 달리는 소년이다.)

그리고 **부사의 최상급에도 다음처럼 the를 쓰는 경우가** 있다.

■ I love you **the most**. (나는 당신을 사랑한다. **가장**)

부사의 최상급이지만 미국인들이 최상급이니까 마치 습관처럼 the를 쓰는 것이다.

그래서 결과적으로 말하면, 안 쓰는 것이 원칙이지만 써도 된다는 말이다.

특히 여러 대상 중에서 그 대상이 최상임을 강조할 경우 습관처럼 the를 쓰게 된다.

■ He works **the hardest** among them.
(그는 일한다. **가장 열심히**, 그들 중에서)

4. 비교급으로 최상급 표현하기

1) 비교급 + than any other 단수명사

■ He is **taller than any other student** in our class.
(그는 더 크다. 어떤 다른 학생보다도, 우리 반에서 = 가장 크다)
여기서 any other student 을 anyone else로 써도 된다.

■ The area has **better** weather **than any other area**.
(그 지역은 더 좋은 날씨를 가지고 있다. 어떤 다른 지역보다도)

2) 부정의 완료형 + 비교급

■ I have never been **happier**.
   (나는 해 본 적이 없다. 더 행복한 = 지금 가장 행복하다)

   = I am **happiest** now.

5. 원급으로 최상급 표현하기

■ <u>No</u> one of the students is **so tall as** he.
   (그 학생들 중 아무도 그렇게 크지 않다. 그만큼 = 그가 제일 크다.)

■ He is **as** <u>tall a student</u> **as** any other student in our class.
   (그는 ~만큼 큰 학생이다. 어떤 다른 학생만큼, 우리 반에서 = 제일 크다.)

6. 최상급을 강조하거나 수식할 때

much, by far, only, the very 등의 부사를 써서 최상급을 강조한다.

■ This is <u>**much**</u> the best car in the town.
   (이것은 **정말** 최고의 차다. 그 읍내에서)

   = This is **<u>the very</u>** best car in the town.

■ This is **<u>by far</u>** the most important.
   (이것이 **단연코** 가장 중요하다.)

■ We will employ <u>**only**</u> the most qualified people.
   (우리는 가장 자격 있는 사람들**만** 고용할 것이다.)

제9장 전치사 (前置詞, Preposition)

전치사는 <u>명사나 대명사 앞에 놓여서</u>(전치해서) 명사나 대명사와 함께 대개 부사구(형용사구인 경우도 있음) 역할을 하게 하는 품사이다.

「학교**에** (**to** school)」라는 부사구에서 '**에** (**to**)' 가 명사(학교) 앞에 붙어 있기 때문에 전치사인 것이다.

그래서 전치사는 **명사**(동명사 등) 앞에 써야 한다.

about eating (먹는 것에 **관하여**) /   about eat (먹다(eat)에 **관하여**)
(전치사 + 명사) ⇒ <u>말이 됨</u>   /   (전치사 + 동사) ⇒ <u>말이 안 됨</u>

《전치사 + 명사 = 모양은 전치사구 = 뜻은 부사구
(형용사구인 경우도 있음. the pen **on** the desk 등)**》**

여러 전치사가 있고, 하나의 전치사에도 여러 뜻이 있지만 주요한 것들은 다음과 같다. (누락된 것들이 있을 수도 있으니 사전으로 확인할 것)

전치사	장소 표시	시간 표시	관계 표시
in	I live **in** Jeju. (나는 제주 **안에** 산다.) I slept **in** the room. (나는 그 방 **안에서** 잤다.)	She was born **in** 2009. (그녀는 2009년**에** 태어났다.) It will be ready **in** an hour. (그것은 한 시간 **있다가** (한 시간 **내로**) 준비될 것이다.)	I'm **in** love. (난 사랑**에** 빠졌어.) Say it **in** English. (영어**로** 말하라) **in** haste (성급히) **in** reality (사실상)
on	There is a picture **on** a wall. (한 개 그림이 벽에 **붙어**(**걸려**) 있다.) The book **on** the desk is mine. (그 책상에 붙어 있는 (**위의**) 책은 내 것이다.)	She was born **on** May 1, 2006. (그녀는 2006년 5월 1일**에** 태어났다.) **On** arriving home, call me. (집에 도착**하자마자**, 내게 전화해) (= **upon** arriving home, ~) **on** my vacation 내 방학때	I came **on** the bus. (나는 왔다. 버스 **타고**) I am **on** it. (내 담당(**관여**)이야) a book **on** foxes (여우에 **관한** 책) **on** purpose (고의로) **on** occasion (때때로)

전치사	장소 표시	시간 표시	관계 표시
at	Let's meet **at** the station. (그 역에서 만납시다.) 역에서 어느 곳인지는 관계없고, at은 지도에서 한 지점을 의미함	My eldest daughter was born **at** 8:24 pm. (내 큰 딸은 오후 8시 24분에 태어났다.)	Look **at** me. (나에게(를) 보라)
inside	He went **inside** the house. (그는 집 안으로 갔다.)	He will come **inside** a year. (그는 1년 안에 올 거야)	
into	She dived **into** the water. (그녀는 물속으로 다이빙했다.)	He did it late **into** the night. (그는 밤늦게까지 그걸 했다.)	Make an apple **into** jam. (한 사과를 잼으로 만들어라.)
before	He was **before** me. (그는 나 앞에 있었다.)	He went there the day **before** yesterday. (그는 거기에 갔다, 어제 앞날에 (그저께))	Do the work **before** you above all. (우선 네 앞에 놓인 일을 해라)
after	Be careful **after** you. (너 등 뒤를 조심하라)	We'll leave **after** lunch (우리는 떠날거야, 점심 후에)	2 comes **after** 1. (2는 1 다음에 나온다.)
within	The house is **within** a mile of the school. (그 집은 그 학교와 1마일 안에 있다.)	You should come back **within** seven days. (너는 돌아와야 한다. 7일 내로)	It isn't **within** this task. (그것은 이 임무 범위 안에 안 들어간다.)
till		We're open **till** 6 pm. (우리는 오후 6시까지 문 연다)	
until		**Until** now I have always lived alone. (지금까지, 나는 항상 홀로 살아왔다)	
during		You may sleep **during** lunch time. (너는 잘 수 있다. 점심시간 동안)	
since		He has been eating nothing **since** yesterday. (그는 어제 이후로 안 먹고 있다.)	

전치사	장소 표시	시간 표시	관계 표시
below	Don't go **below** this line.(가지 말라, 이 선 **밑으로**)		**below** 0℃ (영하)
above	The airplane is flying **above** the clouds. (그 비행기는 날고 있다, 구름 **위를**)		Your score is **above** average. (너의 점수는 평균**보다** 높다.)
up	We live **up** the valley. (우리는 계곡 **위에** 산다) I ran **up** the hill. (난 언덕**으로** 뛰어 올라갔다.)	Time's **up**. (시간 다 됐다.) 이 up은 전치사가 아니고 부사임	
down	The stone rolled **down** the hill. (돌이 굴렀다, 그 언덕 **아래로**)	The rule remained the same **down** the ages. (그 규칙은 **예로부터** 여전하다.)	
beside	He was **beside** me. (그는 내 **옆에** 있었다.)		This looks trivial **beside** that. (이것은 그것에 **비해** 하찮게 보인다.)
besides			He has many friends **besides** me. (그는 많은 친구들이 있다, 나 **외에**)
through	The river runs **through** the village. (그 강은 흐른다, 그 마을을 **통하여**)	He studied English **through** the night. (그는 영어 공부했다, 밤새)	It came true **through** patience. (그것은 인내를 **통하여** 이루어졌다.)
across	■ He walked **across** the village.(그는 걸었다, 그 마을을 **가로질러**) ■ There's a bank **across** the street. (길 **건너편에** 은행이 있다.) ■ They live **across** the country. (그들은 전국에 **걸쳐** 산다.)		

전치사	장소 표시	시간 표시	관계 표시
along	■ He walked **along** the road.(그는 걸었다, 그 도로를 **따라**)		
over	■ The clouds are **over** our heads. (구름이 우리 머리 **위에** 있다.) ■ They've travelled all **over** the world. (그들은 **전** 세계를 여행했다.) ■ The house **over** the street is hers. (거리 **저편의** 집은 그녀 거야.)	I was lonely **over** the weekend. (주말 **동안** 외로웠다.)	■ I am **over** sixty. (60살이 **넘었**다.) ■ **Over** 10 people were injured. (10명 **이상** 다쳤다.) ■ He cried **over** it. (그는 그 **일로** 울었다.) ■ Six **over** two is 3 (2 **분의** 6은 3)
off	■ Keep **off** the grass. (잔디밭에서 **떨어져** =들어가지 마)		I am **off** work. (일 **떠나있다** = 휴무이다.)
out	■ I went **out** the door. (문에서 **밖으로** 나갔다.) ■ I live **out** the street. (난 그 거리 **변두리**에 산다.)		
outside	Park your car **outside** my house. (내 집 **밖에** 주차하세요.)	Do it **outside** working hours.(근무시간 **외에** 그걸 해라.)	It's **outside** my authority. (그건 내 권한 **밖**이다.)
of	the north **of** Seoul. (서울**의** 북쪽)	a girl **of** 16 (16세 **된** 소녀) the year **of** his birth (그가 태어난 해)	It is a ball **of** his. (그것은 그의 공이다) his는 '그의 것' **of** use 쓸모있는 **of** no use 쓸모없는
for	This is the bus **for** Seogwipo. (이것이 서귀포행 버스다)	I have been here **for** 10 years. (나는 여기 있어 왔다. 10년 **동안**)	■ What can I do **for** you? (무엇을 할 수 있을까요? 당신을 **위해서** = 뭘 도와드릴까요?) ■ Jeju is famous **for** tourism. (제주는 관광**으로** 유명해.) ■ The book is available **for** 10 dollars. (그 책은 10달러**로** 살 수 있다.)

전치사	장소 표시	시간 표시	관계 표시
by	He was **by** me. (그는 내 **옆에** 있었다.)	I'll do it **by** tomorrow. (나는 그것을 할 것이다, 내일**까지**)	He was knocked down **by** a bus. (그는 넘어졌다, 버스에 **의해서**) I came **by** bus. (버스**로** 왔다.) **by** accident (우연히) **by** mistake (실수로)
from	I came **from** Jeju. (나는 제주에서 왔다.)	We're open **from** 9 to 6 every day. (우리는 매일 9시**부터** 6시까지 문 연다.)	■ I'm **from** Kenya. (나는 케냐 **출신**이다.) ■ Steel is made **from** iron. (강철은 철**로** 만든다.) ■ Translate it **from** Korean to English. (한국어**에서** 영어로 번역해라)
to	I went **to** the school. (나는 그 학교**에** 갔다.)	It's five **to** ten. (10시**까지** 5분 = 5분 전 10시다)	He got married **to** her. (그는 그녀**에게(와)** 결혼했다.) **to** perfection (완전하게)
under	The dog is sleeping **under** the table. (그 개는 자고 있다, 책상 **아래서**)		■ The house is still **under** construction. (그 집은 여전히 건축 **중**이다.) ■ Nobody **under** 18 can vote. (18세 **미만** 누구도 투표 못한다.)
about	Look **about** the room. (그 방 **여기저기 주변** (둘러)보라)	It takes **about** 5 days. (약 5일**쯤** 걸립니다.)	It is a book **about** animals. (그것은 동물에 **관한** 책이다.) The book is **about** how oxen live. (그 책은 숫소들이 어떻게 사는지에 **관한** 것이다.)
about	【비교】 How about ~ 과 What about ~ ① 동일하게 쓰일 경우 : 단순 제안(~어때?)일 경우 How **about** we go there? = What **about** we go there? ② 다르게 쓰일 경우 (How는 단순히 ~어떨까?, What은 구체적인 의견을 물음) How **about** you? (넌 어때? = 같이 하자는 제안) What **about** you? (넌 의견이 **뭐야**?) What **about** the miserable? (불쌍한 사람들은 **어쩌라고**?) What **about** me? (난 **어쩌라고**?)		

전치사	장소 표시	시간 표시	관계 표시
without			We can't live **without** food. (우리는 음식 **없이** 살 수 없다)
except			We study every day **except** Sunday. (우리는 일요일 **제외하고** 매일 공부한다.)
save			It's the last **save** one. (하나 **제외하고** 마지막 = 끝에서 두 번째)
but			Who **but** you would do such a thing? (너 **말고** 누가 그런 짓을 하겠느냐?)
despite			The bill was passed **despite** the opposition. (그 법안은 통과되었다. 반대에도 **불구하고**)
like			■ He sings **like** a bird. (그는 새**처럼** 노래한다.) ■ It looks **like** rain. (비 올 것**처럼** 보인다.) ■ What's he **like**?(그는 ~**닮은**가? = 어떤 사람인가?) He is very **like** you.(그는 너를 아주 **닮았다**.)
as			■ I'm telling you **as** a senior. (너에게 선배**로서** 말하고 있다.) ■ I regard him **as** a genius. (난 그를 천재**라고** 여긴다.) ■ It was wrapped **as** a gift. (그것은 선물**처럼** 포장되어 있었다.)
with			■ She lives **with** me. (그녀는 나와 **함께** 산다.) ■ The girl **with** glasses is Mary. (안경 **쓴** 소녀가 메리다.) ■ He is an employee **with** the company. (그는 그 회사**의** 직원이다.) ■ Cut it **with** a knife. (칼**로** 그걸 잘라라) ■ Are you pleased **with** the result? (그 결과**에 대해** 만족하십니까?) ■ **With** all her faults I still love her. (그녀의 모든 단점에 **불구하고** 여전히 사랑한다.) ■ **With** your help, I can get back on my feet. (너의 도움이 **있으면** 나는 회복할 수 있어.) **with** ease = easily **with** safety = safely

【참고】 전치사와 접속사

구분	전치사	접속사
기능	**전치사** + 명사, 동명사, 명사구, 명사절	**접속사** + 절(주어 + 동사)
-- 하는 동안	I studied English **during** the meeting. 동안에 그 모임 그 모임 동안에 (= 모임 중에) (○ 말이 됨) during meet 동안에 모이다 모이다 동안에(= 모이다 중에) (×) (말이 안 됨) 그래서 전치사 다음에는 명사가 옴	I studied English **while** they met. (그들이 만나는 동안에)
--에도 불구하고	He is not happy **despite** his richness. (그는 행복하지 않다. 그의 부유함에도 **불구하고**) (despite = in spite of)	He is not happy **although** he is rich. (although = though)
-- 전에	Call me **before** departure. (내게 전화해라. 출발 **전에**)	Call me **before** you depart. (내게 전화해라. 출발하기 **전에**)
-- 후에	Call me **after** departure. (내게 전화해라. 출발 **후에**)	Call me **after** you depart. (내게 전화해라. 네가 출발한 **후에**)
--부터 (--이래)	I have studied English in earnest **since** 1990. (나는 영어 공부를 해왔다. 본격적으로, 1990년**부터**)	He's been crying **since** he was severely scolded. (그는 계속해서 울고 있는 중이다. 심하게 혼난 **이후로**) 여기서 He's = He has 현재완료진행 문장임
--까지	I will do it **until** four o'clock. (나는 그것을 하겠다. 4시**까지**)	Wait for him **until** he comes back. (그를 기다려라. 그가 돌아올 때**까지**)
--까지	Never put off your work **till** tomorrow. (너의 일을 미루지 말라. 내일**까지**)	It's not over **till** it's over. (끝난 게 아니다. 끝날 때**까지**)

【참고】 전치사 + 명사절

전치사의 목적어로 명사절이 올 수도 있는데 주로 다음과 같은 것들이다.

- We talked **about** which way we should go to. = ~~ which way to go
 (우리는 <u>어느 길로 가야 하는지</u>에 **관하여** 이야기했다.)
 go 다음에 to가 있으면 which way는 명사(어느 길), to가 없으면 부사(어느 길로)임

- I'm interested **in** what actors say in movies.
 (나는 <u>영화에서 배우들이 뭐라고 하는지</u>에 관심 있다.)

- I will give the ticket **to** whoever wants it.
 (나는 <u>원하는 사람 누구</u>에게든 그 티켓을 주겠다.)

- Life is a question **of** how we live.
 (인생은 <u>우리가 어떻게 살지</u>에 **관한** 질문이다.)
 여기서는 of + 명사절이 앞에 있는 명사(question)를 수식하고 있다.

- There is a dispute **over** whether it is the right procedure.
 (<u>그것이 올바른 절차인지</u>에 **관한** 논쟁이 있다.)
 여기서는 over + 명사절이 앞에 있는 명사(dispute)를 수식하고 있다.

- I want to write a book **on** what breaks stereotypes.
 (나는 <u>무엇이 고정관념을 깨는지</u>에 **대한** 책을 쓰고 싶다.)
 여기서는 on + 명사절이 앞에 있는 명사(book)를 수식하고 있다.
 그리고 여기서 what은 관계대명사(the thing which)로 볼 수도 있다.

그런데 전치사 뒤의 명사절로서 that절이 오지는 않는다. 다만 in that(~인 점에서), except that(~를 제외하고 = save that) 등인 경우는 that절이 올 수 있다.

- The operation was considered a success **in** that there were no fatalities. (그 작전은 <u>사망자가 없었다는</u> **점에서** 성공으로 여겨졌다.)

- I know nothing **except** that it rained on that day.
 (나는 <u>그날 비가 왔다는 것</u>을 **제외하고는** 아무것도 모른다.)

- I'm well **save** that I have a cold. (나는 <u>감기 걸린 것</u> **외에는** 괜찮다.)

그리고 전치사 다음에 that절이 바로 오지는 않지만, 전치사 + the fact + that절 등의 형태(동격절)로 쓰는 경우는 많다.

- She is proud **of** the fact that she is a self-made woman.
 (그녀는 <u>자신이 자수성가한 사람이라는 사실</u>을 자랑스러워한다.) the fact와 that절은 동격

【참고】 전치사와 부사

많은 전치사들이 부사로도 사용되는데, 그중에서 두 가지만 보자.

구분	전치사	부사
on	■ Put your name tag **on** your jacket. (붙여라. 너의 이름표를, 너의 자켓**에**) 명사(jacket) 상태는 변화가 없는데, 그에게 연결되는 것이 전치사임 (자켓 상태는 변화가 없는데, 그냥 있는 자켓에 이름표가 붙여지는 것일 뿐) on을 뒤로 보낼 수 없음 ※ jacket이 아니라 <u>name tag가</u> 자켓에 <u>on 하는 것임</u>	■ Put **on** your jacket. (입어라. 너의 자켓을) 명사(jacket) 자체의 상태가 on 상태로 (몸에 달라붙는 상태로) 변화되는 것이므로 on은 부사임 부사인 경우는 Put your jacket on. 으로 바꿔 쓸 수도 있다. ※ <u>jacket</u>이 몸에 <u>on되는 것임</u>
off	■ Keep **off** the grass. (잔디에게서 **떨어져** 있어라 = 잔디에 들어가지 말라.) (잔디 상태는 변화가 없는데, 그 잔디에 off가 붙여지는 것) (전치사는 항상 명사 앞에 붙여야 하고 명사 뒤로 갈 수 없음) ※ <u>사람이 잔디로부터 off 하는 것임</u>	■ Keep **off**. (떨어져 있어라.) ■ Get **off** the car. (그 차에서 내려라.) (<u>차가 사람에게서 **떨어지도록**</u>) = Get the car **off** . ■ Take **off** the pants. (벗어라. 그 바지를) (<u>바지가 몸에서 **떨어지도록**</u>) = Take the pants **off**.

■ Keep **off** the grass.에서 off 다음의 명사(the grass)가 off(떨어져)하는 것이면 off는 부사인데, 잔디가 떨어지는 것이 아니라 사람이 잔디로부터 떨어지는 (off하는) 것이므로 off는 **전치사**임.
■ Take **off** the pants.에서 off 다음의 **명사**(the pants)**가** off(몸으로부터 떨어져) 하는 것이므로 off는 **부사**임 ----- 대개 이런 식으로 생각하면 된다.

제10장 접속사 (接續詞, Conjunction)

접속사는 절(주어 + 동사)과 절을 연결하든지, 절 속에서 두 성분들(단어와 단어, 구와 구)을 연결(접속) 시켜주는 품사이다.

접속사에는 같은 것끼리 연결시키는 등위접속사와, 딸린(종속된) 것을 주된 것에 연결시키는 종속접속사가 있다.

제1절 등위접속사 (等位接續詞)

등위는 (지위나 위치가) 같다는 뜻이고, 접속사는 연결하는 것이므로 등위접속사는 A + B처럼 (지위가) 같은 것끼리 연결해 주는 접속사이다.

이렇게 등위접속사가 들어가 있는 문장이 중문(重文)이다.

등위접속사는 and, but, or, so, for, yet 등이다.

■ He is a boy **and** she is a girl. (절과 절을 연결)
   (그는 소년이**고** 그녀는 소녀다.)

and 같은 등위접속사 앞에 comma(,)를 쓰는 것이 원칙이지만, 짧은 두 개의 절을 연결하는 경우는 콤마가 없어도 뜻을 명확히 알 수 있으므로 종종 생략한다.

마찬가지로 등위접속사가 두 개의 구나 단어를 연결하는 경우는 comma를 쓰지 않는다.

■ He is poor **but** she is rich. (절과 절을 연결)
   (그는 가난하**지만** 그녀는 부유하다.)

■ He wasn't a boy **but** an adult. (명사와 명사를 연결)
   (그는 소년이 아니**라** 성인이었다.)

but 다음에 he was가 중복되므로 생략되었다고 보면 but이 절과 절을 연결하는 것인데, 생략된 상태로 보면 단어(a boy)와 단어(an adult)를 연결하는 셈이다.

■ We were tired **but** happy. (형용사와 형용사를 연결)
   (우리는 피곤했**지만** 행복했다.)

- He can't <u>read</u> **or** <u>write</u>. (동사와 동사를 연결)
  (그는 읽거**나** 쓸 수 없다.)

- <u>I was painful</u>, **so** <u>I went to see a doctor</u>. (절과 절을 연결)
  (나는 고통스러웠다, **그래서** 나는 의사에게 갔다.)

- <u>We respect your decision</u>, **for** <u>it is rational</u>. (절과 절을 연결)
  (우리는 너의 결정을 존중한다, **왜냐하면** 그것은 합리적이기 **때문이다**.)

- <u>He is poor</u>, **yet** <u>he is happy</u>. (절과 절을 연결)
  (그는 가난하다, **그러나** 그는 행복하다.)

다음과 같은 것들도 등위접속사와 같이 연결(상관)지어 쓰는 등위상관접속사라고 하여 같은 것을 연결해 준다.

- both A and B (A와 B 모두 = A 그리고 B)
  Both Tom **and** Jack <u>were</u> late. (탐**과** 잭 **모두** 늦었다.)

  주어(Both Tom and Jack)는 복수취급을 하여 동사가 were가 되었다.

- either A or B (A나 B나 = A 또는 B 이것 아니면 저것)
  Either the students **or** the teacher <u>has</u> the camera.
  (그 학생들**이나** (아니면 = 또는) 그 교사나 카메라를 가지고 있다.)

  either A or B는 동사를 B에 일치시킨다.
  그래서 여기서는 B가 the teacher이므로 단수동사인 has를 쓴 것이다.

- neither A nor B (A나 B나 아니 = A 또는 B 이것도 저것도 아니)
  Neither we **nor** they <u>know</u> what she meant by saying it.
  (우리들**이나** (아니면 = 또는) 그들**이나** 그녀가 말한 게 무얼 의미하는지 알지 **못한다**.)

  neither A nor B는 동사를 B에 일치시킨다.
  그래서 they에 맞춰 know를 쓴 것이다.

■ not only A but also B (A뿐만 아니라 B도)
   Not only you **but also** he doesn't know it.
   (너**뿐만 아니라** 그**도** 그것을 알지 못한다.)

   not only A but also B는 동사를 B에 일치시킨다.
   그래서 he(3인칭 단수)에 맞는 doesn't를 썼다.

■ B as well as A (A뿐만 아니라 B도)
   He as well as you doesn't know it.
   (너**뿐만 아니라** 그**도** 그것을 알지 못한다.)

   「B as well as A」는 동사를 B에 일치시킨다.
   그래서 doesn't를 썼다.

■ not A but B (A가 아니라 B)
   Her blood type is **not** A **but** B.
   (그녀의 혈액형은 A형이 **아니라** B형**이다**.)

   He mentioned her appearance **not** just in passing, **but** rather as a central, focal point of conversation.
   〈그는 언급했다. 그녀의 외모를, 단지(just) 지나가는 말로(in passing)가 아니고, 오히려(rather) 대화의 중심적인 초점 포인트로서(as a central ~~~)〉

   여기서 not과 but 뒤에는 중복된 것들이 생략되어 각각 부사구만 남아 있다.
   따라서 등위상관접속사가 부사(구)와 부사(구)도 연결할 수 있는 것이다.

제2절 종속접속사 (從屬接續詞)

종속은 ~에 딸려 붙는다는 뜻이고, 접속사는 연결하는 것이므로 종속접속사는 주된 절(A)에 딸려 붙는 종속절(b)을 이끄는(이끌며 주절에 연결하는) 접속사이다.

종속절을 이끌면서 주절에 연결시키는 접속사이다.
 (주**절**과 종속**절**을 연결시킴)

이러한 종속접속사가 들어가 있는 문장이 복문(複文)이다.

문장 (복문)	주된 절 (A)	**종속접속사**	종속된 절 (b)
나는 그가 정직하다는 것을 믿는다	나는 믿는다	-- 하다는 것	그는 정직하다
		명사절 (그가 정직하다는 것)	
그는 야구를 좋아하는 사람이다	그는 사람이다	-- 하는	그는 야구를 좋아한다
		형용사절 (야구를 좋아하는)	
나는 세상을 구하고 싶기 때문에 공부한다	나는 공부한다	--하기 때문에	나는 세상을 구하고 싶다
		부사절 (세상을 구하고 싶기 때문에)	

주절(A)에 종속된 종속절(b)은 그 내용에 따라 명사절, 형용사절, 부사절이 있다.
 그래서 명사절을 이끄는 종속**접속사**,
  형용사절을 이끄는 종속**접속사**,
   부사절을 이끄는 종속**접속사**로 나눌 수 있다.

그리고 이러한 종속접속사에는 일반적인 접속사 이외에도 다음과 같이 의문사, 관계사 등이 종속접속사로 쓰일 수 있다.

1. 명사절을 이끄는 접속사 (that, if 등, 의문사, 관계사)

접속사		예문
일반적인 접속사	접속사 that + 완전한 절	⟨주어 역할하는 명사절⟩ ■ **That** honesty is the best policy is a proverb. 　(정직이 최선의 방책이라**는 것**은 하나의 격언이다) ■ It is true **that** he is rich. 　(그가 부유**한 것**은 사실이다.)　It = that절 　여기서 It는 가(짜)주어, that절이 진(짜)주어이다. (진)주어가 길어서 뒤로 보내고, 대신 간단히 It를 쓴 것 ⟨목적어 역할하는 명사절⟩ ■ I believe **that** he is honest. 　(나는 믿는다, 그가 정직하다**는 것**을) ⟨보어 역할하는 명사절⟩ ■ His problem is **that** he is lazy. 　(그의 문제는 그가 게으르다**는 것**이다.) ⟨동격절 역할하는 명사절⟩ ■ I was amazed at the news **that** there was a traffic accident. (나는 놀랐다. 교통사고가 있었**다는** 그 뉴스에) 　that절은 the news와 동격(동격 명사절)이다. 　(news를 수식하는 형용사절처럼 보이기도 한다.)
	접속사 whether, if	■ I don't know **whether** she's at home. (나는 모른다. 그녀가 집에 있**는지**) (whether는 know의 목적절) 　= I don't know **if** she's at home. 　(여기서 if는 '~라면'이 아니라 '~인지') ■ It isn't certain **whether** she is honest. 　(확실치 않다. 그녀가 정직**한지**가) 　주어(whether절)가 길어서 뒤로 보내고, 대신 간단히 가주어로 It를 쓴 것이다.　It(가주어) = whether절(진주어), 진주어는 whether 대신 if도 가능 ■ I am not sure **whether or not** it is true. 　(나는 확실치 않다. 그것이 사실**인지** 아닌지) 　= I am not sure **whether**(또는 if) it is true **or not** 　whether절을 부사절로 볼 수도 있지만 여기서 sure 다음에 of가 탈락되어서 whether절이 전치사 of의 목적어 역할을 한다고 볼 수 있다. (그래서 명사절이라고도 할 수 있음)

접속사		예문
일반적인 접속사	접속사 whether, if	**[비교] 접속사 whether와 if** ① whether는 **주어, 보어, 목적어** 절로 쓸 수 있지만 **if는 목적절만 가능** ■ Whether he is happy is doubtful. 　(그가 행복한지는 의심스럽다) 은 되지만 　If he is happy is doubtful.은 틀림 (주어절 불가) 　(다만, **진주어는 if도 가능**) ■ The problem is whether he will do it. 　(문제는 그가 그것을 할 것인지이다.) 은 되지만 　The problem is if he will do it.은 틀림 (보어절 불가) 　(if절이 보어로 쓰이는 경우도 있지만 잘 쓰지는 않음) ② whether는 **전치사의 목적어**로 쓸 수 있지만 **if는 안 됨** ■ He raises the question **of whether** the facilities are available at the moment. (그는 그 시설을 지금 이용할 수 있는지 하는 의문을 제기하고 있다.) 는 되지만 ~ of if ~ 는 틀림 ③ whether는 **to부정사 앞에** 쓸 수 있지만 **if는 안 됨** ■ I don't know **whether to do** it. (= I don't know whether I should do it.) 은 되지만 I don't know if to do it. 은 틀림 ④ **~whether or not~** 은 되지만 **~if or not~은 틀림** ■ I wonder **whether or not** she's well trained. (나는 그녀가 잘 훈련되었는지 아닌지 궁금하다.)는 되지만 ~ if or not ~은 틀림 (다만, I wonder **whether** she's well trained **or not**. 이나 I wonder **if** she's well trained **or not**. 은 둘 다 맞음)

접속사		예문
의문사	의문대명사 + 불완전한 절	■ I don't know **who** <u>he is</u>. (나는 모른다. 그가 **누구**인지) ■ Please tell me **which** <u>is better</u>. (저에게 말해 주세요. **어느 것**이 더 좋은지) ■ I asked him **what** <u>I should do</u>. (나는 그에게 물었다. **무엇**을 내가 해야 하는지) ■ Do you know **whose** <u>this is</u>? (아십니까? 이것이 **누구의 것**인지) 여기서 whose는 '누구의 것'이라는 뜻으로 who의 소유대명사이다.
	의문형용사 + 문장 속의 명사	■ I know **whose** <u>house</u> that is. (나는 안다. 저것이 **누구의** 집인지) ■ I am not sure **which** <u>car</u> is the best. (나는 확실치 않다(모르겠다). **어느** 차가 가장 좋은지) (sure 뒤에 of가 탈락되었다고 보면 명사절로 볼 수 있음) ■ Let me know **what** <u>time</u> it is now. (알려 줘. 지금 **몇** 시인지)
	의문부사 + 완전한 절	■ I don't know **when** <u>he departed Jeju</u>. (나는 모른다. **언제** 그가 제주를 떠났는지) ■ I wonder **where** <u>he lives</u>. (나는 궁금하다. **어디에** 그가 사는지) ■ **Why** <u>he went there</u> is an object of study. (**왜** 그가 거기 갔는지가 연구대상이다.) ■ **How** <u>they lived there</u> is mysterious. (**어떻게** 그들이 거기서 살았는지가 미스테리다.) ■ We have no idea of **how** <u>he died</u>. (우리는 그가 **어떻게** 죽었는지 전혀 모른다.) 의문사(how)절이 전치사(of)의 목적어로 쓰인 것이며, 이 경우 구어체에서 보통 전치사(of)는 생략된다.

관계사	관계형용사	■ I gave him **what** money I had. (나는 그에게 주었다. **그리고 그** 돈은 내가 가졌었다. = 나는 그에게 내가 가졌던 그 (모든)돈을 주었다.
	복합 관계대명사 + <u>불완전한 절</u>	■ I know **what** <u>he told you</u>. (나는 안다. **어떤 것을, 그리고 그것을** 그가 너에게 말했다. = 나는 안다. 그가 너에게 말했**던 것을**) what은 '~한 것(the thing which)'이라는 복합관계 대명사로서 명사절을 이끄는 접속사로 쓰였다. ■ **Whoever** <u>came here</u> was kind. (**누구든, 그리고 그는** 여기 왔다, 친절했다. = 여기 왔던 **누구든지** 친절했다.) 여기서 whoever는 anyone who(--하는 누구든지)와 같다. ■ You may invite **who(m)ever** <u>you like</u>. (너는 초대할 수 있다. **누구든, 그리고 그를** 너는 좋아한다. = 너는 초대할 수 있다. 네가 좋아하는 **누구든지**) 여기서 whomever는 anyone whom과 같다. ■ You can choose **whatever** <u>you want</u>. (너는 선택할 수 있다. **어떤 것을, 그리고 그것을,** 너는 원한다. = 너는 선택할 수 있다. 네가 원하는 **무엇이든지**) 여기서 whatever는 anything that(--하는 어떤 것)과 같다. ■ Take **whichever** <u>you want</u>. (가져라. **어떤 것을, 그리고 그것을** 너는 원한다. = 가져라. 네가 원하는 **어느 것이든지**) 여기서 whichever는 anything that과 같다.
	복합 관계형용사 + <u>문장속의 명사</u>	■ Choose **whichever** <u>job</u> you want. (선택하라. 네가 원하는 **어느** 직업**이든지**) ■ He likes **whatever** <u>food</u> she makes. (그는 좋아한다. 그녀가 만드는 **어떤** 음식**이든지**)

2. 형용사절을 이끄는 접속사 (관계사)

접속사	예문 (관계사 + <u>밑줄 친 절</u>은 형용사 역할하는 <u>종속절</u>)
관계대명사 + <u>불완전한 절</u> (대명사가 앞의 관계대명사 속으로 가 버렸<u>으므로</u> 불완전한 절)	■ He is the man **who** <u>met you yesterday</u>. 　　　　　　　　　　(주격 관계대명사) (그는 이다. 남자, **그리고 그는** 만났다 너를 어제) 　　(= 그는 어제 너를 만났**던** 남자이다.) ■ He is the man **who(m)** <u>you saw then</u>. 　　　　　　　　　　(목적격 관계대명사) (그는 이다. 남자, **그리고 그를** 너는 보았다 그때) 　　(= 그는 네가 그때 보았**던** 남자이다) ■ He is the man **whose** <u>car is red</u>. (소유격 관계대명사. 여기서 whose는 of which로도 쓸 수 있다.) (그는 이다. 남자, **그리고 그의** 차는 빨간색이다.) 　　(= 그는 **그의** 차가 빨간색**인** 남자이다) ■ He has the book **which** <u>was written by her</u>. 　　　　　　　　　　(주격 관계대명사) (그는 가지고 있다. 그 책을, **그리고 그것은** 쓰여졌다, 그녀에 의해서)　(= 그는 그녀에 의해 쓰여**진** 책을 가지고 있다) ■ He has the book **which** <u>you lost</u>. 　　　　　　　　　　(목적격 관계대명사) (그는 가지고 있다. 그 책을, **그리고 그것을** 네가 잃어버렸다) 　　(= 그는 네가 잃어버렸**던** 책을 가지고 있다) ■ The girl and the dog **that** <u>are going home</u> are very cute.　　(주격 관계대명사) (그 소녀와 그 개는, **그리고 그들은** 집에 가고 있다, 매우 귀엽다) 　　(= 집에 가고 있**는** 그 소녀와 그 개는 매우 귀엽다.) ■ He has all **that** <u>I gave him</u>. 　　　　　　　　　　(목적격 관계대명사) (그는 가지고 있다. 모두를, **그리고 그것들은** 내가 그에게 주었다) 　　(= 그는 내가 주었**던** 모든 것을 가지고 있다.)

관계부사 + 완전한 절 (부사가 앞의 관계부사 속으로 갔지만 부사는 문장의 중요 성분이 아니므로 완전한 절이 남게 됨)	■ I remember the time **when** he died. 　(난 기억해. 그 시간을, **그리고 그때** 그가 죽었어. 　= 나는 기억한다. 그 시간을, 그가 죽었**던**) ■ I remember the place **where** we met. 　(난 기억해. 그 장소를, **그리고 거기서** 우린 만났어 　= 나는 우리가 만났**던** 장소를 기억해.) ■ I know the reason **why** he died. 　(나는 안다. 그 이유를, 그가 죽**은**) ■ This is **how** I did the work. 　(이것은 내가 그 일을 했**던** 이유다.) 　(how를 쓸 때는 선행사인 the way를 생략함) 　　(선행사를 생략하니 명사절로 보일 수도 있음) ■ This is the way **that** I did the work. 　(이것은 내가 그 일을 했**던** 방법이다.) 　여기서 how대신 that을 쓸 수 있고, that을 쓰게 되면 선행사인 the way를 생략할 수 없게 된다.
유사 관계대명사 + 불완전한 절	■ There is <u>no</u> rule **but** *has some exceptions*. 　(예외 없**는** 규칙 없다.) ■ He is not <u>the same</u> man **as** *he was before*. 　(그는 전과 같**은** 사람이 아니다.) ■ There is <u>no</u> work **but** *you can do*. 　(네가 할 수 없**는** 일은 없다.) ※ 유사 관계대명사에 관하여 자세한 것은 문장론 - 문장의 분류 - 복문 - 형용사절 - 관계대명사절 편을 참고하기 바람

3. 부사절을 이끄는 접속사 (when, while 등, that, 관계사, 의문사)

1) 일반적인 접속사

(1) 시간 표현

■ I wish I had studied a little harder **when** I was in Seoul.
(조금만 더 열심히 공부했더라면 좋았을 텐데. 서울에 있었을 **때**)
(여기의 when은 '언제'라는 뜻이 아니므로 의문사가 아니고 일반 접속사임)
이렇게 종속접속사(when)가 중간에 있어서 종속절이 뒤에 올 경우는 종속접속사 앞에 comma를 쓰지 않는데,
When I was in Seoul, I studied hard. 처럼 종속접속사가 앞에 있어서 종속절이 앞에 올 경우는 주절 앞에 comma를 쓴다.

■ I was studying English **while** you were asleep.
(나는 영어를 공부하고 있었다. 네가 잠자는 **동안에**)

■ He finished his homework **before** he went to bed.
(그는 그의 숙제를 마쳤다. 그가 잠자기 **전에**)

■ He went to bed **after** he finished his homework.
(그는 잠잤다. 숙제를 다 마친 **후에**)

■ Wait here **until** the rain stops. (여기서 기다려라. 비가 멈출 **때까지**)

■ **Once** you start, you must not stop it.
(**일단** 네가 시작**하면**, 너는 그것을 멈추어서는 안 된다.)

■ He stood waiting for her **as** she was putting on her make-up.
(그는 그녀를 기다리며 서 있었다. 그녀가 화장하는 **동안**)

■ **As soon as** I know it, I'll let you know.
(내가 그것을 알자**마자 곧**, 나는 너에게 알게끔 해 주겠다.)

■ He has been there **since** he went to China.
(그는 거기에 있어 왔다. 그가 중국에 간 **이후로**)

(2) 이유 표현

■ He failed the examination **because** he had not studied hard.
 (그는 시험에 실패했다. 그가 열심히 공부하지 않았었기 **때문에**)

　시험 실패보다 공부하지 않은 것이 먼저이므로 과거완료 (had + 과거분사, 즉 had studied)를 쓴 것이다.

■ **Since** the school was closed, I went to Europe.
 (그 학교가 문을 닫았기 **때문에**, 나는 유럽에 갔다.)

■ **As** you were out, I had dinner alone.
 (네가 밖에 있었기 **때문에**, 나는 혼자서 저녁을 먹었다.)

■ **As** I helped you yesterday, help me now.
 (내가 어제 너를 도왔기 **때문에**, 지금 나를 도와주라.)
 = I helped you yesterday, <u>so</u> help me now.
　(내가 어제 너를 도왔다, <u>그래서</u> 지금 날 도와라.)
 여기서 so는 절과 절을 대등하게(~, 그래서 ~) 연결하는 등위접속사이다.
　　(---comma 등위접속사---)

【참고】 이유 표현 접속사와 비슷한 접속 구 (접속사처럼 쓰는 숙어)
■ We are going out to play **now that** the examination is over.
 (우리는 놀러 밖에 간다. **이제** 시험이 끝났**으니까**)

■ You are lucky **in that** you're safe.
 (너는 운이 좋다. 안전하다**는 점에서**)

　추가로 다음 문장들도 부사절을 이끄는 접속사 that이 있는 것으로 볼 수 있다.
 (여기에 관해서는 부사 – 부사 역할 하는 것 – 부사절 편을 참고할 것)

■ I was happy **(that)** my father trusted me.
 (나는 행복했다. 내 아버지가 나를 믿어주**어서**)
 (happy 뒤에 about the fact가 생략되었다고 하며 that절을 동격 명사절로 보기도 한다.)

■ I am afraid **(that)** he will be hurt. (나는 걱정된다. 그가 다칠까 **봐서**)
 (= 그가 다칠 것 같다.) (afraid 뒤에 of가 탈락되었다고 보고 that절을 명사절로 보기도 함)

【참고 - 부연설명】 that절, whether절 등이 <u>부사절인지 명사절인지</u>?
- I'm sure (that) he is innocent. (그가 무죄라고 확신한다.)
- He was surprised (that) she behaved like that.
  (그는 그녀가 그렇게 행동해서 놀랐다.)
- I'm not sure whether it is true. (그것이 사실인지 확실치 않다.)
- I'm not certain who he is. (그가 누구인지 확실치 않다.)

- **부사절로 보는 견해** : 형용사(sure 등) 수식 및 보충어임
- **명사절로 보는 견해** : sure, certain 등 뒤에 of 탈락, surprised 뒤에 at 탈락되었다고 보고 전치사(of, at 등)의 목적어로 명사절이 온 것이라고 함. 또는 형용사도 목적어를 가지는 경우가 있어서 명사절이 형용사의 목적어라는 의견도 있음

---

(3) 목적 표현

- so that + 주어 + 조동사(can등) + 동사원형 (~해서 ~할 수 있다/ **~ 하기 위하여**)
  (반대로 so that - can not ~ 은 '-가 ~ 할 수 없도록')
  = in order that + 주어 + 조동사 + 동사원형
  = so as to + 동사원형 (~하기 위해)(반대로 so as **not** to ~ 는 '~ 하지 않기 위해')
  = in order to + 동사원형 (~하기 위해)(반대로 in order **not** to ~ 는 '~ 하지 않기 위해')

She takes a bus every day **so that** she can go to school early.
(그녀는 버스를 탄다. 매일, 학교에 일찍 갈 수 있을 정도로)
(= 그녀는 학교에 일찍 가기 **위해서** 매일 버스를 탄다.) that이나 so 중 하나는 생략 가능

= She takes a bus every day **in order that** she can go to school early.
= She takes a bus every day **so as to** go to school early.
= She takes a bus every day **in order to** go to school early.
= She takes a bus every day **to** go to school early.

- I will take an umbrella **lest** it (should) rain. ※( )는 생략 가능하다는 뜻
  (나는 우산을 가져갈 것이다. 비가 오지나 **않을까 하여**)
  = I will take an umbrella **for fear (that)** it (should) rain.

(4) 결과 표현

■ She got up early, **so that** she could take the bus.
(그녀는 일찍 일어났다, **그 결과** 그녀는 그 버스를 탈 수 있었다.)
　so that은 보통 '목적' 표현으로 쓰이지만 앞에 콤마가 있는 경우 '결과' 표현으로도 쓰이며 이때 that은 생략 가능하고 그러면 so는 등위접속사로 보면 된다.

■ <u>so</u> + 형용사나 부사 + <u>that</u> + 주어 + 동사 (~할 정도로 ~~하다 = 그렇게 ~해서 ~하다)
I got up **so** late **that** I couldn't go swimming.
(나는 일어났다 **그렇게** 늦게, 그래서 수영하러 갈 수 없었다)
(= 나는 그렇게 늦게 일어나서 수영하러 가지 못했다.)

접속사 that이 so와 연결되어서 '결과'를 표현하고 있다.

■ <u>so</u> + 형용사 + a 명사 + <u>that</u> + 주어 + 동사 (그렇게 ~한 ― 여서 ~하다)
That is **so** good a plan **that** everybody likes it.
(저것은 **그렇게**(아주) 좋은 계획이어서 모두가 그것을 좋아한다.)
　(= 모두 좋아할 정도로 좋은 계획이다.)

■ <u>such</u> + a 형용사 명사 + <u>that</u> + 주어 + 동사 (그렇게 ~한 ― 여서 ~하다)
That is **such** a good plan **that** everybody likes it.
(저것은 **그렇게**(아주) 좋은 계획이어서 모두가 그것을 좋아한다.)

■ <u>such</u> + 불가산명사 + <u>that</u> + 주어 + 동사
He had **such** good luck **that** he was promoted.
(그는 **그렇게** 좋은 운(행운)을 가져서 승진했다.)

■ <u>such</u> + 가산명사 복수 + <u>that</u> + 주어 + 동사
He has **such** books **that** he can study conveniently.
(그는 **그러한** 책들을 가지고 있어서 편리하게 공부할 수 있다.)

■ <u>such</u> + <u>that</u> + 주어 + 동사
Her temper is **such that** the slightest provocation would make her cry.
(그녀의 성격이 **그렇게 되어서** 조금의 자극도 그녀를 울게 할 것이다.)

■ **so** + much / little + 불가산명사 + **that** + 주어 + 동사
He has **so** much money **that** he can buy the building.
(그는 <u>그렇게</u> 많은 돈을 가지고 있어서 그 빌딩을 살 수 있다.)

She ate **so** little food **that** she was very skinny.
(그녀는 <u>그렇게</u> 조금의 음식을 먹었기에 매우 말랐었다.)

■ **so** + many / few + 가산명사 복수 + **that** + 주어 + 동사
You have broken your promise **so** many times **that** I don't believe you.
(너는 약속을 <u>그렇게</u> 여러 번 어겨 왔기 때문에 나는 널 믿지 않아.)

You made **so** few mistakes **that** I can trust you.
(너는 <u>그렇게</u> 적은 실수를 해서 나는 널 믿을 수 있어.)

(5) 조건 표현

■ I will not go there **unless** he comes here.
(나는 가지 않겠다. 거기에, 그가 여기에 오지 **않으면**)

■ **If** it rains tomorrow, I won't go out.
(내일 비가 **오면**, 나는 밖에 가지 않겠다.)

■ **Supposing (that)** you <u>win</u> the prize, your mother <u>will</u> be glad.
(네가 그 상을 탄**다면**, 너의 엄마는 기뻐할 거야.)

이 문장은 단순조건을 나타내는 직설법으로 쓰여서 동사를 win, will ~ 로 쓴 것인데, 다음처럼 가정법으로 써서 동사를 won, would ~로 쓸 수도 있다.

Supposing (that) you <u>won</u> the prize, your mother <u>would</u> be glad.
〈(어렵지만) 네가 그 상을 탄**다면**, 너의 엄마는 기뻐할 거야.〉

■ **Assuming (that)** there are no delays, the letter should arrive tomorrow.
　(늦어지지 않는**다면**, 그 편지는 내일 도착할 것이다.)

　If we assume (that) ~ (~라고 추정한다면) 을 분사구문으로 고친 것으로 생각하면 쉽다. (비인칭 독립분사구문 참고)
　결국 Assuming that 이 If 역할을 하고 있다.
　앞의 Supposing 도 마찬가지다.

　---- there are no delays, the letter ~~에서 ----에 들어갈 말을 고르라는 문제에서 otherwise, nevertheless, however 등의 접속부사는 접속사가 아니므로 안 되고, 접속사도 마땅한 것이 없다면, 'that이 생략된 분사구문이구나' 라고 생각하면서 보기 중에서 Assuming을 고를 수 있어야 한다.

■ You may go to play, **providing (that)** you finish your homework.
　　(너는 놀러가도 좋다. 숙제를 마친**다면**)

■ You could get a scholarship, **provided (that)** the conditions are met.
　　(너는 받을 수도 있다. 장학금을, 그 조건들이 충족된**다면**)
　　　　meet a condition 조건을 만족시키다

　조건절인 provided (that)절에는 직설법 동사(are)를 썼는데, 주절에는 could를 써서 이상하게 보일 수도 있다. 그런데 이렇게 쓰이기도 한다.
　여기서는 '그 조건들이 충족된다는 것'이 불확실한 직설법적 조건인데 그 조건이 충족될 경우에도 장학금을 받을 수 있다기보다 받을 수**도** 있다는 것이어서 can이 아니라 could를 쓴 것이다.

【참고】If 와 비슷한 <u>접속 구</u> (접속사처럼 쓰는 숙어)

■ <u>In case</u> there is an accident, you need the insurance.
　(사고가 **나면(날 것을 대비해서)**, 너는 그 보험이 필요하다.)
　In case가 절을 이끌 때는 if와 비슷하지만 '~를 대비해서'라는 뜻이 있다.

■ <u>As long as</u> you are with me, you will be safe.
　(네가 나와 함께 있는 **한**, 너는 안전할 것이다.)

(6) 양보(~이지만) 표현

■ **Though** she was very tired, she studied hard.
　　(그녀는 매우 피곤**했지만**, 열심히 공부했다.)

■ The two paintings are similar, **although** not identical.
　　(그 두 그림은 유사하다. 동일하지는 않**지만**) although 다음에 they are가 생략됨

■ **Even if** he is rich, he isn't happy. (그가 부자**라고 해도**, 그는 행복하지 않다.)

■ **Even though** he is introverted, he tries to associate with people.
　　(그가 내성적이**라고 해도**, 그는 사람들과 어울리려고 노력한다.)

■ **While** she liked this dress, he liked that dress.
　　(그녀는 이 옷을 좋아했음에 **반하여**, 그는 저 옷을 좋아했다.)

■ Some of the students are reserved, **whereas** others are extroverted.
　　(다른 학생들이 외향적인 **반면에** 일부 학생들은 내성적이다.)
　여기서 whereas는 comma 다음에 쓰여서, 그 형태가 앞 절과 뒤 절을 연결하는 등위접속사처럼 보일 수도 있다.

■ **Whether** you like it or not, you have to put your mind to it.
　　(네가 그것을 좋아하든 안 하**든 상관없이** 그것에 온 힘을 다해야 한다.)

(7) 장소(소재) 표현

■ Sit **where** you can see me. (날 볼 수 있는 **곳에** 앉아라.) 의문사(어디) 아님

■ **Where** there is a will, there is a way. (뜻이 있는 **곳에** 길이 있다.)

2) 부사절을 이끄는 관계사 (복합관계부사)

■ You may go **wherever** you want.
　　(너는 가도 좋다. **어디에, 그리고 거기를** 너는 원한다
　　 = 너는 가도 좋다. 네가 원하는 **어디라도**)

　여기서 wherever는 at any place where ('어디에, 그리고 거기를' = '~하는 어디든지') 라는 뜻으로서 복합관계부사절을 이끌고 있다.

■ Call me **whenever** you need me.
　(내게 전화해라. **언제든, 그리고 그때** 너는 내가 필요하다.
　= 내게 전화해라. 네가 나를 필요로 **할 때 언제든지**)
　여기서 whenever는 at any time when ('언제든, 그리고 그때' = '~할 때 언제든지') 라는 뜻의 복합관계부사이다.

3) 부사절을 이끄는 의문사

(1) 의문대명사 + ever 절 (= no matter 의문사 절)

■ **Whatever** you like, do your best to get it.
　(네가 좋아하는 **무엇이든지**(~이라도), 그걸 얻으려고 최선을 다해라.)
　여기서 whatever는 no matter what으로 바꿔 쓸 수 있다.

■ **No matter what** happened, he didn't care.
　(무슨 일이 일어났**든지**, 그는 신경 쓰지 않았다.)
　여기서 no matter what은 whatever로 바꿔 쓸 수 있다.

(2) 의문형용사 + ever 절 (= no matter 의문사 절)

■ **Whatever** book you want, it is free.
　(네가 원하는 **어떤 책이든지**(~이라도), 그것은 공짜다.)
　여기서 whatever는 no matter what으로 바꿔 쓸 수 있다.

(3) 의문부사 + ever 절 (= no matter 의문사 절)

■ **However** good it looks, don't be addicted to it.
　(**아무리** 좋게 그것이 보여**도**, 그것에 빠지지 말라.)
　여기서 however는 no matter how로 바꿔 쓸 수 있다.

■ I will go with you **no matter where** you go.
　(나는 가겠다. 너와 함께, **아무리 어디든지**, 네가 가는
　= 네가 어딜 가든 함께 가겠다.)
　여기서 no matter where는 wherever로 바꿔 쓸 수 있다.

【참고】 that

1. 한정사(限定詞) (지시 형용사)

■ Jack is **that** man. (잭이 **저** 사람이다.)
that은 명사(man)를 지시하며 형용해 주는 지시형용사이다.
즉, 명사(man)를 한정시켜주는 한정사이다.

2. 대명사

1) 지시대명사

■ Who's **that**? (**저 사람** 누구야?)   ■ What's **that**? (**저것**이 무엇이냐?)

2) 관계대명사 (형용사절을 이끎)

■ He is the man **that** came yesterday.
(그는 그 사람이다. **그리고 그는** 어제 왔다) (= 어제 왔**던** 사람이다)
　　　　　　　　주격 관계대명사

※ 관계대명사로 주로 that을 쓰는 경우
선행사(관계대명사가 가리키는 앞에 나온 말 = 관계대명사절이 수식하는 말) 가 <u>사람과 사물(동물)</u>이 함께 있는 경우, <u>최상급</u>(the best 등), <u>서수</u>(the first 등), <u>의문사</u>, <u>~thing, ~body, ~one</u> 등,   <u>all, every, any, no, the only, the very, the same, the last</u> 등의 수식을 받을 때.

■ I got <u>the best</u> grade **that** I could get in the test.
(나는 최고 성적을 얻었다. **그리고 그것을** 나는 얻을 수 있었다. 그 테스트에서
 = 얻을 수 있**는** 최고 점수를 얻었다.) 목적격 관계대명사이므로 생략도 가능함

■ He is <u>the only</u> man **that** I met yesterday.
(그는 유일한 사람이다. **그리고 그를** 나는 만났다. 어제
 = 그는 어제 내가 만났**던** 유일한 사람이다)
　　목적격 관계대명사이므로 생략도 가능

■ I saw a girl and a dog **that** played together.
(나는 보았다 한 소녀와 개를, **그리고 그들은** 함께 놀았다.
= 나는 함께 노**는** 한 소녀와 개를 보았다.)

■ Who **that** came here can dare to defy you?
(누가 **그리고 그는** 왔다 여기에, 감히 당신에게 반항할 수 있습니까?
= 여기 온 누가 감히 당신에게 대들 수 있나요?)
여기서 who는 의문대명사(누구)인데 관계대명사(that)의 선행사이다.

※ 관계대명사 that은 ,(comma) 뒤에는 쓰지 않으며 (계속적 용법으로 쓸 수 없음)
전치사 뒤에도 쓰지 않는다.

3. 접속사

1) 명사절을 이끄는 종속접속사

(1) 목적절을 이끄는(목적어 역할하는) that

■ She said **that** he was a student.
(그녀는 말했다. 그가 학생이었다**는 것**을)   여기의 that은 생략 가능함

(2) 주어절을 이끄는(주어 역할하는) that

■ That he is alive is true. (그가 살아 있다**는 것**은 사실이다.)

(3) 보어절을 이끄는(보어 역할하는) that

■ His problem is **that** he is lazy. (그의 문제는 그가 게으르다**는 것**이다.)

(4) 같은 격(동격)**절을 이끄는** that

■ I knew the fact **that** he came yesterday.
(나는 알았다. 그 사실을 그가 어제 왔다**는**.)
여기서는 that이 the fact와 같은 동격절(명사절)을 이끌고 있다.
(fact를 수식하는 형용사절처럼 보이기도 하지만 동격 명사절이다.)

(5) It (가주어) ~ that~~(진주어)   (구어체에서는 that을 생략하기도 함)

■ It was true **that** she gave me the book.
   (그녀가 나에게 그 책을 주었던 **건** 사실이었다.)
   진주어(that ~~)가 너무 길어서 가주어 It가 that~~을 대신해 쓰였다.

[비교] It + be동사 + ~ **that**~~ 강조 구문   (구어체에서는 that을 생략하기도 함)

■ It was she **that** gave me the book. (나에게 그 책을 주었던 **건** 그녀였다.)
   이 문장은 She gave me the book. (그녀가 내게 그 책을 주었다.)에서 '그녀'를 강조한 것이다.
   'It + be동사 + 강조하고픈 말 + that + 나머지 말' 형식으로 쓰므로 that은 관계사 역할처럼 보이며
   (그래서 that을 who로 바꿀 수도 있음/ 구어체에서는 that이나 who 생략도 가능)
   that 다음에는 **불완전한 문장**(강조하고픈 she가 앞으로 빠져버린 문장)이 쓰인다.
   (이것이 It(가주어) ~ that(진주어) 구문과 차이점이다. 진주어의 that절에는 빠진 게 없다.)
   (강조구문에서는 It, be동사, that, 이 3가지를 빼면 완전한 원래 문장이 된다.)

■ It was in the house **that** I played the guitar.
   (내가 기타를 쳤던 곳은 그 집 (안)이었다.)
   부사구(in the house)를 강조하는 구문이다.
   (that을 where로 바꿀 수도 있음)
   이 경우에는 that 다음에 **완전한 문장**(부사구인 in the house가 앞으로 빠졌지만 부사구는 주된 문장 성분이 아니므로) 이 쓰인다.

■ Was it you **that** went there?
   (거기 간 것이 너였나?)   **(that을 who로 바꿀 수도 있음)**
   you를 강조하는 구문이다.

■ What was it **that** he said to you?
   (그가 너에게 말한 것이 무엇이었지?)   **(that을 which로 바꿀 수도 있음)**
   what을 강조하는 구문이다.

[참고] It ~ that 강조구문 속의 that을 관계사로 바꾸면?

○ 위 문장(It was she **that** gave me the book.)에서

- that을 관계대명사(who)로 바꿔 써 본다면?

    ■ It was she **who** gave me the book. (내게 그 책을 주었던 건 그녀였다.)

        - 말이 됨(○) ⇒ 그래서 위 문장에서 that을 who로 바꿀 수도 있다고 한 것임.

        〈비교 가주어 진주어〉 It is undecided who will go there. (누가 갈지 미정이다.)
                        여기의 who는 관계대명사가 아닌 의문대명사이며, It는 가주어, who절은 진주어임

○ 위 문장(It was in the house **that** I played the guitar.)에서

- that을 관계대명사(which)로 바꿔 써 본다면?

    ■ It was in the house **which** I played the guitar. 처럼 쓴다면
            (여기서 It은 '그곳은'이란 뜻으로 강조구문과 다름)
    (그곳은 그 집 안이었다. 그리고 그곳을 나는 기타를 쳤다.- 말이 안됨)(×) 틀린 문장
    ※ 해석해 보니 말이 안 된 이유는 관계대명사(which) 다음에는 불완전한 절이 와야 하는데 여기는 완전한 절(I played the guitar)이 왔기 때문임.

- that을 관계부사(where = in which)로 바꿔 써 본다면?

    ■ It was the house **in which**(또는 관계부사 **where**) I played the guitar.
        (그곳은 그 집이었다. 그리고 그곳(안)에서 나는 기타를 쳤다. - 말이 됨)(○)
        (= 그곳은 내가 기타를 쳤던 집이었다.)
    ⇒ 그래서 위 문장에서 that을 where로 바꿀 수도 있다고 한 것임.
----

2) 부사절을 이끄는 종속접속사

(1) 형용사의 보충어 (~해서(이유) 등등) (형용사편 참고 / 부사 - 부사역할어 - 부사절 편 참고)

〈형용사(afraid, certain등) 뒤에 전치사가 탈락되었다고 보면 that절을 **명사절**로 볼 수도 있음〉

여기의 that은 생략도 가능함

■ I was happy **that** my father bought me a book.
    (나는 행복했다. 내 아버지가 내게 책을 사 주**어서**)

■ I am afraid **that** he will be hurt.
    (나는 걱정된다. 그가 다칠까 **봐서**) = (나는, 그가 다칠 것 같다.)

■ Tom wasn't certain **that** he passed the exam.
    (톰은 그가 시험에 합격했**는지** 확신하지 못했다.)

(2) **so** (형용사나 부사) (~) **that** 구문 (~할 정도로 ~하다 = 너무 ~해서 ~하다)

■ He was <u>so</u> tired **that** he went to bed.   구어체에서는 that 생략하기도 함
   (그는 그렇게 피곤했다. 그가 잠잘 **정도로**. = 그는 너무 피곤하여 잠잤다.)

■ I studied hard <u>so</u> **that** I could pass the exam.   that은 생략 가능
   (나는 그렇게 열심히 공부했다. 시험에 합격할 **정도로** = 그렇게 열심히 해서 합격했다.
   = 나는 시험에 합격할 수 있도록 하기 **위해서** 열심히 공부했다.)

■ I was <u>so</u> sick **that** I couldn't work out.   구어체에서는 that 생략하기도 함
   (나는 운동 못할 **정도로** 그렇게 아팠다 = 그렇게 아파서 운동할 수 없었다.)
   = I was **too** sick **to** work out. (운동하기에는 너무 아팠다.)

[비교] so that이 목적을 나타낼 때 회화에서 접속사 that이 많이 생략되는데
   so 앞에 ,가 있으면 (~~, so ~~) so는 접속사로서 ~~, 그래서 ~~
   ,가 없으면 (~~ so (that) ~~) so는 부사(so that을 접속사 취급), ~~하기 위해
----

(3) **such** (~) (명사) **that** 구문 (~할 정도로 ~하다 = 그렇게 ~해서 ~하다)

■ It was <u>such</u> a success **that** they adopted it as a major policy.
   (그것은 매우 성공적이어서 그들이 주요 정책으로 채택했다.)
   구어체에서는 that 생략하기도 함
〈that 앞에 명사가 있을 때는 명사가 선행사인 관계절로 오인될 여지(목적격이면 생략가능이므로 오인되어도 별 문제 없지만 그 외는 문제)가 생겨서 that 생략이 불가하다는 이들도 있다.〉

[비교] such a 형용사 명사 ⇒ so 형용사 a 명사
   such a good job ⇒ so good a job (그렇게 좋은 직장)
   (이처럼 such 다음에 '**a 형용사 명사**' 가 올 경우에만 so로 바꿀 수 있음)
----

4. 부사

1) 지시부사

■ The cat can't go **that** far. (그 고양이는 **그렇게** 멀리 갈 수 없다.)

2) 관계부사 (형용사절을 이끎)

■ I remember the day **that** I met her.   관계부사 that은 생략도 가능
(나는 기억한다. 그날을, **그리고 그날에** 내가 그녀를 만났다.
= 나는 내가 그녀를 만났**던** 그날을 기억한다.)

여기서 관계부사 that은 관계부사 when(그리고 그 때에)과 같은 것이며, on which 〈전치사(~에) + 관계대명사(그리고 그때) = 관계부사(그리고 그때에)〉 와 같은 것이다.

※ 관계부사 that은 (문장 뜻을 명확히 알 수 있어야 하므로) **선행사를 생략할 경우에는 쓰지 않고** (관계부사를 생략할 수 있는 경우에만 씀), 만약 선행사를 생략하면 where, when 등의 관계부사를 쓴다.

【참고】 접속사 that의 생략

1. 명사절을 이끄는 that 생략

〈타동사 뒤에 **목적어 역할**을 하는 명사절의 접속사 that은 생략 가능〉

■ I think (that) the organization has been transformed.
　(나는 그 조직이 혁신되어져 왔다고 생각한다.)

■ He said (that) you would come. (그는 네가 올 것이라고 말했다.)

■ I believed (that) you could do it. (나는 네가 그것을 할 수 있다고 믿었다.)

그런데 다음처럼 S + V + that절 + 등위접속사 + that절에서는 첫 번째 종속접속사인 that은 (생략)할 수 있지만 <u>두 번째 that</u> 부터는 생략할 수 없다.

■ We know (that) it is true but <u>that</u> this is not true.
　(우리는 안다. 그것은 사실이고 그러나 이것은 사실이 아니라는 것을)

[참고]
- <u>**주어 역할**</u>을 하는 명사절의 접속사 that은 생략 불가
- <u>**보어 역할**</u>을 하는 명사절의 접속사 that도 생략 불가 (구어체에서는 생략하기도 함)
- <u>**동격절**</u>을 이끄는 접속사 that도 생략 불가
　　(구어체에서 예외적으로 생략하는 경우도 있기는 함)
- It(가주어) ~~ that(**진주어**) 구문에서의 that도 구어체에서는 생략하기도 함

2. 형용사절을 이끄는 that 생략

1) 목적격 관계대명사 that은 생략 가능

■ I saw the movie (that) you praised highly.
　(나는 네가 극찬했던 그 영화를 보았다.)

　[참고] 주격 관계대명사 that은 생략할 수 없는데, that + be동사 생략, 관계대명사절의 주격보어로 쓰일 때 생략, there is 구문에서의 생략, 관계대명사 뒤에 삽입절이 올 때의 생략 등 일부 예외도 있다.
　그리고 It ~~ that 강조구문의 that도 구어체에서는 생략하기도 한다.

2) 관계부사 that은 생략 가능

선행사를 생략하지 않았을 때 관계부사 that을 쓸 수 있는데, 선행사만 놔두고 이 that은 생략할 수도 있다.

■ I saw the movie on the day (that) you departed for America.
(나는 네가 미국으로 떠난 날에 그 영화를 보았다.)
depart(타동사) Seoul = depart(자동사) from Seoul

3. 부사절을 이끄는 that 생략

1) 형용사 보충어로 쓰이는 부사절의 접속사 that은 생략 가능
(감정 표현이나 확신 표현 등의 형용사 뒤의 절을 이끄는 that)

■ I am glad (that) you told me the truth. (나는 네가 사실을 말해주어 기쁘다.)

■ She was sad (that) her friend had left. (그녀는 친구가 떠나버려서 슬펐다.)

■ I'm sure (that) he will keep the promise. (나는 그가 약속을 지키리라 확신해.)

■ I'm convinced (that) he is innocent. (나는 그가 무죄임을 확신한다.)

2) 다른 단어(아래의 so, such, providing 등)와 연관(상관)되면서 부사절을 만드는 접속사 that은 생략 가능 (주로 구어체에서 생략 가능)

■ I get up early so (that) I can clear my head.   so that은 '목적'의 의미
(나는 머리를 맑게 하려고 일찍 일어난다.) so를 생략하기도 함(that이나 so중 하나만)

■ I got up so late (that) I missed the bus.   so ~ that은 '정도', '결과' 의미
(나는 그 버스를 놓칠 정도로 늦게 일어났다. = 그리 늦게 일어나서 버스 놓쳤다.)

■ The room was such a mess (that) I didn't dare to clean it.
(그 방은 너무 어지러워 청소할 엄두가 나지 않았다.)
that 앞에 명사가 올 때는 그 명사가 선행사인 관계절로 오인될 여지가 있어서 생략할 수 없다는 이들도 있다.

■ You can go out, providing (that) the weather is good.
(너는 날씨가 좋으면 나갈 수 있다.)

---------------------- 수 고 하 셨 습 니 다 ----------------------